Der vergleichbare Arbeitnehmer
im Arbeitsrecht

Europäische Hochschulschriften

European University Studies

Publications Universitaires Européennes

Reihe II **Rechtswissenschaft**

Series II Law

Série II Droit

Band/Volume **5662**

Lars Lubisch

Der vergleichbare Arbeitnehmer im Arbeitsrecht

PL ACADEMIC RESEARCH

Bibliografische Information der Deutschen Nationalbibliothek
Die Deutsche Nationalbibliothek verzeichnet diese Publikation in der Deutschen Nationalbibliografie; detaillierte bibliografische Daten sind im Internet über http://dnb.d-nb.de abrufbar.

Zugl.: Bochum, Univ., Diss., 2014

D 294
ISSN 0531-7312
ISBN 978-3-631-65647-1 (Print)
E-ISBN 978-3-653-04927-5 (E-Book)
DOI 10.3726/978-3-653-04927-5

PL Academic Research ist ein Imprint der Peter Lang GmbH.
Peter Lang – Frankfurt am Main · Bern · Bruxelles · New York · Oxford · Warszawa · Wien

Diese Publikation wurde begutachtet.

www.peterlang.com

Für meine Mirela

Vorwort

Die vorliegende Arbeit hat im Sommersemester 2014 der juristischen Fakultät der Ruhr-Universität Bochum als Dissertation vorgelegen.

Mein besonderer Dank für die hervorragende Betreuung der Arbeit gebührt meinem Doktorvater, Herrn Professor Dr. Rolf Wank, der sich immer Zeit für ein hilfreiches Gespräch genommen hat und nicht nur mit sehr wertvollen Anregungen zum Gelingen der Arbeit beitrug, sondern auch meine Ausbildung maßgeblich prägte. Dank gebührt auch Herrn Professor Dr. Jacob Joussen, der die Mühe der Zweitbegutachtung auf sich genommen hat und diese sehr zügig durchführte.

Weiterhin möchte ich allen Kollegen und Mitarbeiter des Lehrstuhls für die freundliche Unterstützung und gute Zusammenarbeit während meiner Promotionszeit an der Ruhr-Universität Bochum danken.

Herzlich bedanken möchte ich mich bei meiner Familie. Insbesondere danke ich meiner Mutter Juliane für ihre Unterstützung. Außerdem danke ich der Familie meiner Verlobten für ihren Rückhalt. Mein ganz besonderer Dank gilt meiner Verlobten Mirela, die mir während meines gesamten Ausbildungsweges immer zur Seite stand.

Bochum, im August 2014 *Lars Lubisch*

Inhaltsverzeichnis

Einleitung

Der Rechtsbegriff des vergleichbaren Arbeitnehmers kommt in verschiedenen arbeitsrechtlichen Gesetzen vor und hat zum Teil vollkommen unterschiedliche Funktionen. Der vergleichbare Arbeitnehmer ist insbesondere im Rahmen der Sozialauswahl bei der betriebsbedingten Kündigung relevant. Dies zeigt sich in der großen und zum Teil unübersichtlichen Anzahl an Beiträgen rund um den vergleichbaren Arbeitnehmer bei § 1 III KSchG. Daher wird bei der Darstellung des vergleichbaren Arbeitnehmers auch der deutliche Schwerpunkt auf diesen Bereich gelegt. Die Sozialauswahl ist aber nur ein Beispiel, bei dem dem vergleichbaren Arbeitnehmer, als gesetzlichem Tatbestandsmerkmal, eine erhebliche Bedeutung zukommt. In allen Fällen geht es letztlich um das gleiche Abgrenzungsproblem: es werden Arbeitnehmer nach bestimmten Kriterien und vor dem Hintergrund eines bestimmten Zwecks entweder als miteinander vergleichbar oder nicht vergleichbar eingestuft.

Obwohl es also letztlich um den gleichen Rechtsbegriff geht, wird der „vergleichbare Arbeitnehmer" von Rechtsprechung und Literatur in den verschiedenen Gesetzen zum Teil unterschiedlich bestimmt. Die Kriterien zur Bestimmung des vergleichbaren Arbeitnehmers unterscheiden sich, je nach Gesetz und Anwendungsfall, zum Teil erheblich. Zusätzlich kommt erschwerend hinzu, dass zum Teil unterschiedliche Begriffe für gleiche Abgrenzungskriterien verwendet werden. Außerdem existiert in einigen Gesetzen eine gesetzliche Legaldefinition des vergleichbaren Arbeitnehmers, etwa im TzBfG. In manchen Gesetzen, wie dem KSchG, existiert ein solcher gesetzgeberischer Anknüpfungspunkt für die Begriffsbestimmung nicht. Dies macht es für den Rechtsanwender schwierig, die Tatbestandsvoraussetzung des vergleichbaren Arbeitnehmers im Einzelfall zu bestimmen.

Ziel dieser Arbeit ist es zu untersuchen, ob es möglich ist, eine einheitliche Begriffsbestimmung des vergleichbaren Arbeitnehmers für das gesamte Arbeitsrecht zu entwickeln oder ob es zumindest möglich ist, einzelne Kriterien und Wertungen gesetzesübergreifend anzuwenden und so die Rechtssicherheit bei der Bestimmung des vergleichbaren Arbeitnehmers zu erhöhen. Schließlich soll versucht werden, die in der Rechtsprechung und Literatur verwendeten Kriterien zu systematisieren und so für den Rechtsanwender praktikabler zu machen.

Hierzu werden in einem ersten Teil der Arbeit der vergleichbare Arbeitnehmer und die jeweils zur Bestimmung relevanten Kriterien in verschiedenen praxisrelevanten Gesetzen dargestellt. Anschließend werden in einem zweiten Teil die Ergebnisse zu den Kriterien des vergleichbaren Arbeitnehmers in den einzelnen Gesetzen einander gegenüber gestellt.

1. Teil

A. Der vergleichbare Arbeitnehmer im Rahmen des Kündigungsschutzgesetzes

Dem „vergleichbaren Arbeitnehmer[1]" kommt innerhalb des Kündigungsschutzgesetzes an unterschiedlichen Stellen eine entscheidende Bedeutung zu.

Innerhalb des Kündigungsschutzgesetzes ist der „vergleichbare Arbeitnehmer" vor allem für die Sozialauswahl nach § 1 III KSchG relevant. Hier ist die Feststellung der Vergleichbarkeit von Arbeitnehmern für die Festlegung des für die Sozialauswahl relevanten Personenkreises erforderlich. Doch nicht nur im Rahmen der Sozialauswahl bei der betriebsbedingten Beendigungskündigung kommt dem „vergleichbaren Arbeitnehmer" eine entscheidende Rolle zu. So hat dieser auch bei der betriebsbedingten Änderungskündigung eine nicht unerhebliche Bedeutung für die Bestimmung des Kreises der für die dort vorzunehmende Auswahl relevanten Arbeitnehmer.

Da der Arbeitgeber auch bei der, wenn auch nur selten statthaften, außerordentlichen betriebsbedingten Kündigung nach § 626 BGB eine Sozialauswahl durchführen muss, ist die Frage nach der Vergleichbarkeit von Arbeitnehmern auch hier relevant[2]. Schließlich ist die außerordentliche Kündigung in Bezug auf eine Auswahl nach sozialen Gesichtspunkten einer ordentlichen Kündigung gleichgestellt[3].

Die Frage nach einem auswahlrelevanten Personenkreis, also letztlich nach denjenigen Arbeitnehmern, die miteinander vergleichbar sind, stellt sich letztlich auch im Rahmen der Sozialauswahl eigentlich vorgelagerten Frage der Weiterbeschäftigungsmöglichkeit nach § 1 II KSchG[4].

---

1 Zum Arbeitnehmerbegriff s. z.B. BAG Urteil vom 12.12.2001-5 AZR 253/00-AP BGB § 611 Persönliche Abhängigkeit Nr. 111; a.A. grundlegend *Wank*, Arbeitnehmer und Selbständige.

2 BAG Urteil vom 4.6.1987-2 AZR 416/86-AP KSchG 1969 § 1 Soziale Auswahl Nr. 16; *Linck*, Die Sozialauswahl bei betriebsbedingter Kündigung, S. 14.

3 Stahlhacke/Preis/Vossen-*Preis*, Rn. 1024; KR-*Griebeling*, § 1 KSchG Rn. 606.

4 ErfK-*Oetker*, § 1 KSchG Rn. 253.

Im Folgenden sollen all die genannten Bereiche in Bezug auf den „vergleichbaren Arbeitnehmer" im Rahmen des Kündigungsschutzgesetzes dargestellt und untersucht werden. Einen deutlichen Schwerpunkt bildet hierbei die Betrachtung und Darstellung des für die Praxis äußerst relevanten vergleichbaren Arbeitnehmers im Rahmen der Sozialauswahl nach § 1 III KSchG. Nicht berücksichtigt werden sollen die Besonderheiten der Vergleichbarkeit von Arbeitnehmern im öffentlichen Dienst[5].

I. Der vergleichbare Arbeitnehmer bei der Sozialauswahl nach § 1 III KSchG im Rahmen der ordentlichen betriebsbedingten Beendigungskündigung

Der vergleichbare Arbeitnehmer spielt, wie erwähnt, zunächst und vor allem im Rahmen der betriebsbedingten Kündigung bei der Sozialauswahl nach § 1 III KSchG eine entscheidende Rolle. Diese ergibt sich aus der Tatsache, dass durch die Vergleichbarkeit von Arbeitnehmern der Kreis der in die Sozialauswahl einzubeziehenden Arbeitnehmer bestimmt wird[6]. Dies sind dann die Arbeitnehmer, deren Sozialdaten im Sinne des § 1 III KSchG miteinander verglichen werden. Trotz Aufgabe der sog. Dominotheorie[7] durch das BAG[8] kommt dem vergleichbaren Arbeitnehmer nach wie vor eine herausragende Bedeutung im Rahmen der Sozialauswahl zu. Nach dem Wegfall dieser Theorie können sich Arbeitnehmer im Rahmen des Kündigungsschutzprozesses nur noch auf Fehler des Arbeitgebers bei der Sozialauswahl berufen, wenn ihnen ohne diesen Fehler nicht hätte gekündigt werden dürfen[9]. Zuvor hatte das BAG durch die sog. Dominotheorie noch den Ansatz vertreten, dass sich alle Arbeitnehmer, die von der Sozialauswahl betroffen waren, auf einen Fehler bei der Sozialauswahl berufen durften, auch wenn ihnen selbst bei fehlerfreier Auswahl hätte gekündigt werden können[10]. Doch auch mit der Aufgabe dieser Dominotheorie ist der vergleichbare Arbeitnehmer noch immer für die Sozialauswahl von herausragender Bedeutung. Denn jeder Arbeitnehmer, der mit dem kündigungsbedrohten

5 Siehe hierfür z.B. *Bröhl*, BB 2006, S. 1050, 1051.

6 Münchener Kommentar- *Hergenröder*, § 1 KSchG Rn. 340.

7 So früher das BAG, z.B. BAG Urteil vom 18.10.1984-2 AZR 543/83-AP KSchG 1969 § 1 Soziale Auswahl Nr. 6.

8 Aufgabe der sog. Dominotheorie durch BAG Urteil vom. 9.11.2006-2 AZR 812/05-AP KSchG 1969, § 1 Soziale Auswahl Nr. 87.

9 BAG Urteil vom 9.11.2006-2 AZR 812/05-AP KSchG 1969 § 1 Soziale Auswahl, Nr. 87.

10 Münchener Kommentar- *Hergenröder*, § 1 KSchG Rn. 397.

Arbeitnehmer als vergleichbar eingestuft wird und damit in die Sozialauswahl einzubeziehen ist, trägt letztlich das Risiko für eine unternehmerische Kündigungsentscheidung des Arbeitgebers mit[11]. Außerdem führt eine fehlerhafte Sozialauswahl zur Unwirksamkeit der Kündigung[12].

Die Bedeutung der Festlegung des auswahlrelevanten Personenkreises und damit der miteinander zu vergleichenden Arbeitnehmer zeigt sich auch dadurch, dass dem Arbeitgeber bei ihr, im Gegensatz zur Gewichtung der Sozialkriterien nach § 1 III KSchG, kein eigener Wertungsspielraum zusteht[13]. Zu Recht hat daher das LAG Hamm in einer Entscheidung zur Sozialauswahl ausgeführt, dass die Festlegung des auswahlrelevanten Personenkreises und damit letztlich die Frage nach der Vergleichbarkeit von Arbeitnehmern der „Grundstein einer ordnungsgemäßen Sozialauswahl" ist[14]. Dies wird auch noch dadurch verstärkt, dass das BAG explizit darauf hinweist, dass der Arbeitgeber auch nicht durch Auswahlrichtlinien im Sinne des § 95 BetrVG i.V.m. § 1 IV KSchG, den Kreis der auswahlrelevanten Arbeitnehmer festlegen kann, sondern dass diese Richtlinien nur die Gewichtung der einzelnen Kriterien für die Sozialauswahl betreffen oder betriebliche Bedürfnisse im Sinne des § 1 III 2 KSchG konkretisieren[15]. Daher kommt es für die Frage des auswahlrelevanten Personenkreises ausschließlich auf die Vergleichbarkeit von Arbeitnehmern und nicht auf Wertungen des Arbeitgebers an[16].

Bei der Festlegung der für die Auswahl relevanten vergleichbaren Arbeitnehmer handelt es sich um eine reine sog. Rechtsfrage, für die es keiner Wertung und Gewichtung seitens des Arbeitgebers bedarf[17]. Einzig bei der später noch zu erörternden Frage der maximalen Einarbeitungszeit steht dem Arbeitgeber ein gewisser Beurteilungsspielraum zu[18].

Dieser erste Prüfungsschritt im Rahmen der Sozialauswahl, die Festlegung des auswahlrelevanten Personenkreises im Rahmen der Sozialauswahl, wird

---

11 *Bütefisch,* Die Sozialauswahl, S. 33.

12 MünchArbR-*Berkwosky,* § 110 Rn. 27.

13 *Bütefisch,* Die Sozialauswahl, S. 188.

14 LAG Hamm Urteil vom 6.7.2000-4 Sa 799/00-DZWIR 2001, 107.

15 BAG Urteil vom. 5.6.2008-2 AZR 907/06-AP KSchG 1969 § 1 Betriebsbedingte Kündigung Nr. 179.

16 Anmerkung *Reiserer* zu BAG Urteil vom. 5.6.2008-2 AZR 907/06-AP KSchG 1969 § 1 Betriebsbedingte Kündigung, Nr. 179; BB 2009, S. 447, 448.

17 *Bütefisch,* Die Sozialauswahl, S. 188.

18 *Bütefisch,* Die Sozialauswahl, S. 189.

unter dem Schlagwort der Vergleichbarkeit von Arbeitnehmern diskutiert[19]. Nur zwischen diesen vergleichbaren Arbeitnehmern kommt es zur Sozialauswahl anhand eines Vergleichs der in § 1 III KSchG aufgeführten Sozialdaten. Daher sind alle mit dem unmittelbar kündigungsbedrohten Arbeitnehmer vergleichbaren Arbeitnehmer in den Kreis der für die Sozialauswahl relevanten und im Sinne des § 1 III KSchG miteinander zu vergleichenden Kreis von Arbeitnehmern aufzunehmen[20]. Das Merkmal der Vergleichbarkeit in § 1 KSchG ist gesetzlich nicht normiert[21]. Daher fehlt es auch an gesetzlichen Vorgaben, nach welchen Kriterien sich die Vergleichbarkeit von Arbeitnehmern in § 1 KSchG bestimmen lässt[22]. Die Vergleichbarkeit ist letztlich als gesetzlich nicht definiertes Merkmal der „Auslegungsertrag[23]" des Begriffs der Auswahl in § 1 III KSchG durch die Rechtsprechung und Literatur[24]. Einzelne Kriterien und die Details der Vergleichbarkeitsprüfung sind in Rechtsprechung und Literatur umstritten.

Die Sozialauswahl ist ein Prüfungspunkt von mehreren in Hinblick auf die Wirksamkeit einer betriebsbedingten Kündigung.

So muss zunächst nach § 1 II 1 KSchG die betriebsbedingte Kündigung durch dringende betriebliche Erfordernisse bedingt sein[25]. Neben dem Vorliegen von dringenden betrieblichen Erfordernissen, die sich aus innerbetrieblichen oder außerbetrieblichen Umständen ergeben können, muss eine, nur beschränkt überprüfbare, unternehmerische Entscheidung vorhanden sein, die zum Wegfall des Arbeitsplatzes führt[26]. Hierbei ist die unternehmerische Entscheidung als Ausgangspunkt der Kündigung dieser jedoch nachgeordnet[27]. Betriebliche Erfordernisse im Sinne der Norm liegen vor, wenn aufgrund eines aus der unternehmerischen Entscheidung resultierenden Organisationskonzeptes des Arbeitgebers hinsichtlich der zu verrichtenden Tätigkeit mehr Arbeitnehmer zur Verfügung stehen als Arbeitsmenge vorhanden ist[28]. Es muss also für betriebliche Erfordernisse im Sinne des § 1 II 1 KSchG ein Überhang

---

19 Z.B. *Schiefer,* NZA-RR 2002, 169 ff.; *Bröhl,* BB 2006, S. 1050, 1056.
20 Moll/*Ullrich*-Arbeitsrecht, § 43 Rn. 173.
21 *Bütefisch,* Die Sozialauswahl, S. 31.
22 *Bütefisch,* Die Sozialauswahl, S. 31.
23 *Schmitt,* Sozialauswahl bei der Konkurrenz um anderweitige Beschäftigung, S. 103.
24 *Schmitt,* Sozialauswahl bei der Konkurrenz um anderweitige Beschäftigung, S. 103.
25 ErfK-*Oetker,* § 1 KSchG Rn. 214.
26 *Junker,* Grundkurs Arbeitsrecht, S. 213 f.; ErfK-*Oetker,* § 1 KSchG, Rn. 213 ff.
27 ErfK-*Oetker,* § 1 KSchG Rn. 214.
28 ErfK-*Oetker,* § 1 KSchG Rn. 220.

an noch vorhandenen Arbeitskräften gegenüber den vorhandenen Beschäftigungsmöglichkeiten bestehen[29].

Im Anschluss an die Feststellung der dringenden betrieblichen Erfordernisse muss geprüft werden, dass keine anderweitige Beschäftigungsmöglichkeit im Sinne des § 1 II 2 KSchG in denselben Betrieb oder einem anderen Betrieb des Unternehmens besteht[30]. Die Prüfung der Weiterbeschäftigungsmöglichkeit muss bereits vor der Überprüfung der Sozialauswahl nach § 1 III KSchG stattfinden[31]. Es müssen daher beide Prüfungspunkte voneinander unterschieden werden. Die Prüfung nach § 1 II KSchG ist vor der Prüfung des § 1 III KSchG durchzuführen.

Die Sozialauswahl nach § 1 III KSchG im Rahmen der betriebsbedingten Kündigung erfolgt wiederum in drei Schritten[32]. Bevor anhand der in § 1 III KSchG normierten Kriterien eine Auswahlentscheidung hinsichtlich des betriebsbedingt zu kündigenden Arbeitnehmers getroffen werden kann, muss in einem ersten Schritt zunächst der Kreis der für die Sozialauswahl relevanten Arbeitnehmer festgelegt werden, also der Kreis von Arbeitnehmern, die im Sinne des § 1 III KSchG hinsichtlich ihrer sozialen Schutzwürdigkeit miteinander verglichen werden[33]. Anschließend erfolgt unter den in die Sozialauswahl einzubeziehenden Arbeitnehmern eine Auswahl nach den sozialen Kriterien des § 1 III KSchG danach, wer sozial stärker ist und wem daher vorrangig zu kündigen ist[34]. Schließlich ist in einem dritten Schritt zu überprüfen, ob der Arbeitgeber nach § 1 III 2 KSchG einzelne Arbeitnehmer aus der Sozialauswahl herausnehmen kann[35].

Die Sozialauswahl hat das Ziel bei einer unvermeidlichen Kündigung aus dem Kreis der zu vergleichenden Arbeitnehmer denjenigen Arbeitnehmer auszuwählen, der aufgrund seiner Sozialdaten am wenigsten auf den Arbeitsplatz angewiesen ist[36]. Jedoch muss der Arbeitgeber gegebenenfalls auch beim Weiterbeschäftigungsanspruch nach § 1 II KSchG eine Auswahl zwischen mehreren in Frage kommenden Arbeitnehmern treffen. Die Rolle des vergleichbaren

---

29 Henssler/Willemsen/Kalb-*Quecke*, §1 KSchG Rz. 262.

30 *Berkowsky*, Die betriebsbedingte Kündigung, S. 113.

31 Anm. *Gentges* zu BAG Urteil vom 7.4.1993-2 AZR 449/91-AP KSchG 1969 § 1 Soziale Auswahl Nr. 22.

32 *Schiefer*, NZA-RR 2002, S. 169.

33 *Bütefisch*, Die Sozialauswahl, S. 31; Stahlhacke/Preis/Vossen-*Preis*, Rn. 1030.

34 *Schiefer*, NZA-RR 2002, S. 169; Stahlhacke/Preis/Vossen-*Preis*, Rn. 1030.

35 Stahlhacke/Preis/Vossen–*Preis*, Rn. 1030.

36 KR-*Griebeling*, § 1 KSchG Rn. 607.

Arbeitnehmers bei diesem wird in einem gesonderten Abschnitt im Anschluss an den vergleichbaren Arbeitnehmer bei der Sozialauswahl behandelt und soll daher an dieser Stelle nicht weiter vertieft werden.

1. Geschichte der Sozialauswahl

Für die historische Auslegung von § 1 III KSchG ist es hilfreich, die Geschichte der Sozialauswahl zumindest in den wesentlichen Zügen kurz zu beleuchten. Vor allem bei der Frage der räumlichen Reichweite ist, wie noch darzustellen ist, eine historische Auslegung von § 1 III KSchG von Bedeutung.

Die Geschichte der Sozialauswahl beginnt mit § 13 der Demobilisierungsverordnung vom 12.2.1920[37]. Nach dieser Vorschrift war erstmals eine Auswahl zwischen Arbeitnehmern eines Betriebes nach sozialen Gesichtspunkten bei betrieblich bedingten Kündigungen vorgesehen[38]. Vor 1920 war die Kündigungsentscheidung des Arbeitgebers, als Teil der seit der Abschaffung des Zunftzwangs im Jahre 1811 aus der Gewerbefreiheit resultierenden Vertragsfreiheit, gesetzlich nicht eingeschränkt[39]. Lediglich für einige Berufsgruppen existierte ein formaler Kündigungsschutz durch festgelegte Kündigungstermine oder Kündigungsfristen[40], so dass die lediglich formal bestehende Vertragsfreiheit zu massiven sozialen Missständen führte[41]. Nach 1920 blieb das Prinzip der Auswahl nach sozialen Gesichtspunkten bei der betriebsbedingten Kündigung anerkannt[42] und fand schließlich in dem auf den Hattenheimer Entschließungen basierenden KSchG 1951 in § 1 III KSchG seine schriftliche Fixierung im Gesetz[43]. Gerade in jüngerer Vergangenheit hat der Gesetzgeber eine Reihe von Änderungen vorgenommen, um schließlich im Jahre 2003 den Rechtszustand von 1996 wieder herzustellen, der dem heutigen Rechtszustand der Sozialauswahl entspricht[44].

---

37 *Pollmann,* Die Sozialauswahl, S. 6.

38 von Hoyningen-Huene/Linck-*Krause,* § 1 KSchG Rn. 894.

39 *Bütefisch,* Die Sozialauswahl, S. 2.

40 *Bütefisch,* Die Sozialauswahl, S. 2.

41 *Hueck/Nipperdey,* Lehrbuch des Arbeitsrechts Bd. I, S. 9.

42 von Hoyningen-Huene/Linck-*Krause,* § 1 KSchG Rn. 894; zur ausführlichen Geschichte der Sozialauswahl, siehe *Bütefisch,* S. 5 ff.

43 *Bütefisch,* Die Sozialauswahl, S. 11.

44 Stahlhacke/Preis/Vossen-*Preis,* Rn. 1021.

2. Sachlicher Anwendungsbereich der Sozialauswahl

Zunächst ist der sachliche Anwendungsbereich der Sozialauswahl festzulegen. Es ist zu fragen, bei welchen Kündigungen der Arbeitgeber eine Sozialauswahl im Sinne des § 1 III KSchG durchzuführen hat und wann sich im Gegenteil die Frage nach der Vergleichbarkeit von Arbeitnehmern im Rahmen der betriebsbedingten Kündigung überhaupt nicht stellt.

Eine Sozialauswahl nach § 1 III KSchG muss der Arbeitgeber grundsätzlich bei allen betriebsbedingten Kündigungen durchführen[45]. Bei einer personen- oder verhaltensbedingten Kündigung hat der Arbeitgeber aufgrund des eindeutigen Wortlautes des § 1 III KSchG keine Pflicht zur Sozialauswahl, da bei dieser der Kündigungsgrund dem Arbeitnehmer direkt zuzuordnen ist, was bei der betriebsbedingten Kündigung nicht der Fall ist[46].

Beim Anwendungsbereich der Sozialauswahl bei einer betriebsbedingten Kündigung ist jedoch zu beachten, dass eine solche nur dann durchzuführen ist, wenn der Arbeitgeber überhaupt zwischen mehreren Arbeitnehmern eine Auswahl treffen muss[47]. Voraussetzung, um eine Auswahl nach sozialen Gesichtspunkten vornehmen zu können ist, dass die Anzahl der auf dem jeweiligen Kündigungsentschluss beruhenden Kündigungen geringer ist als die Anzahl der in Betracht kommenden Arbeitnehmer[48]. Eine Sozialauswahl ist daher bei einer betriebsbedingten Kündigung nur vorzunehmen, wenn einer bestimmten Anzahl von vergleichbaren Arbeitnehmern gekündigt werden muss, während gleichzeitig weitere vergleichbare Arbeitnehmer aus dem auswahlrelevanten organisatorischen Rahmen weiterbeschäftigt werden können[49].

Daher ist bei der betriebsbedingten Kündigung eine Sozialauswahl nicht durchzuführen, wenn keine mit dem kündigungsbedrohten Arbeitnehmer vergleichbaren Arbeitnehmer existieren oder allen vergleichbaren Arbeitnehmern in einem bestimmten Bereich gekündigt worden ist[50]. Auch wenn nur ein einziger Arbeitnehmer für die Kündigung durch den Arbeitgeber in Frage kommt und diesem gekündigt wird, braucht der Arbeitgeber keine Auswahl vorzunehmen,

---

45 ErfK-*Oetker*, §1 KSchG, Rn. 302.
46 *Linck*, AR-Blattei SD, 1020.1.2., S. 4.
47 MünchArbR-*Berkwosky*, § 113 Rn. 23.
48 Henssler/Willemsen/Kalb-*Quecke*, § 1 KSchG Rz. 327.
49 *Berkowsky*, Die betriebsbedingte Kündigung, S. 163.
50 Löwisch/Spinner-*Löwisch*, § 1 Rn. 349.

so dass die Sozialauswahl nicht zur Anwendung kommt und sich die Frage nach der Vergleichbarkeit von Arbeitnehmern nicht stellt[51].

Nur wenn in einem bestimmten Bereich einige, aber nicht alle Beschäftigungsmöglichkeiten bzw. Arbeitsplätze entfallen und von einem bestimmten Kreis vergleichbarer Arbeitnehmer nur noch einige weiterbeschäftigt werden können, muss der Arbeitgeber denjenigen Arbeitnehmer auswählen, den die Kündigung treffen soll bzw. dann ist eine Sozialauswahl im Sinne des § 1 III KSchG seitens des Arbeitgebers vorzunehmen[52].

3. *Die betriebliche Auswahl*

Es ist allgemein anerkannt, dass für die Festlegung des für die Sozialauswahl auswahlrelevanten Personenkreises zunächst als Ausgangspunkt für diese Vergleichbarkeitsprüfung der Kreis der unmittelbar kündigungsbedrohten Arbeitnehmer zu ermitteln bzw. die Frage zu klären ist, welcher Arbeitsplatz von der der Kündigung zur Grunde liegenden Unternehmerentscheidung betroffen ist[53].

Ausgangspunkt zur Beantwortung dieser Frage ist daher die unternehmerische Entscheidung, welche zum Wegfall des Arbeitsplatzes führt[54]. Von dieser ausgehend lässt sich, anhand des Anforderungsprofils des entfallenden Arbeitsplatzes, der Kreis der unmittelbar kündigungsbedrohten Arbeitnehmer bestimmen[55].

Die Anknüpfung an die unternehmerische Entscheidung des Arbeitgebers ergibt sich vor allem aus dem Zweck der Sozialauswahl, welcher in der personellen Zuordnung eines aus der Sphäre des Arbeitgebers bestehenden Kündigungsgrundes liegt[56]. Die kündigungsbegründende Unternehmerentscheidung, auf welcher die betriebsbedingte Kündigung basiert, ist immer darauf gerichtet, Arbeitsabläufe, welche einem bestimmten Zweck innerhalb des Betriebes dienen, quantitativ oder qualitativ zu verändern[57].

---

51 BAG Urteil vom 17.2.2000-2 AZR 142/99-AP KSchG 1969 § 1 Soziale Auswahl Nr. 46; MünchArbR-*Berkwosky,* § 113 Rn. 23; *ders.*, Die betriebsbedingte Kündigung, S. 163.

52 *Bütefisch,* Die Sozialauswahl, S. 1; *Berkowsky,* Die betriebsbedingte Kündigung, S. 163.

53 KR-*Griebeling,* § 1 KSchG Rn. 614; ErfK-*Oetker,* § 1 KSchG Rn. 318.

54 *Bütefisch,* Die Soziale Auswahl, S. 32.

55 Stahlhacke/Preis/Vossen-*Preis,* Rn. 1032; *Berkowsky,* Die betriebsbedingte Kündigung, S. 161.

56 *Bütefisch,* Die Soziale Auswahl, S. 32.

57 Stahlhacke/Preis/Vossen-*Preis,* Rn. 1032.

Daher sind von dieser unternehmerischen Entscheidung stets die Arbeitsplätze betroffen, die der zu verändernden innerbetrieblichen Zwecksetzung dienen[58]. Diese von der Unternehmerentscheidung betroffenen Arbeitsplätze sind aufgrund der jeweiligen Funktion innerhalb des Betriebes einer bestimmten Ebene der Hierarchie des Betriebes zuzuordnen und weisen ein bestimmtes Anforderungsprofil auf[59]. Daher sind diese Arbeitnehmer, die auf diesen von der Arbeitgeberentscheidung betroffenen Arbeitsplätzen zurzeit beschäftigt sind, aufgrund der unternehmerischen Entscheidung unmittelbar von der Kündigung bedroht, da die dringenden betrieblichen Erfordernisse ihrer Weiterbeschäftigung entgegenstehen[60]. Es werden auch in die Sozialauswahl grundsätzlich nur die Arbeitnehmer einbezogen, welche nach einer betrieblichen Auswahl für eine betriebsbedingte Kündigung in Frage kommen, also, wie eben dargestellt, unmittelbar kündigungsbedroht sind[61].

Diese Auswahl, die Festlegung des Kreises der unmittelbar von der unternehmerischen Entscheidung kündigungsbedrohten Arbeitnehmer, wird häufig auch als „betriebliche Auswahl" bezeichnet[62]. Da der Bezugspunkt der Sozialauswahl, wie noch gezeigt wird, der betroffene Beschäftigungsbetrieb ist, hat sich auch die sog. „betriebliche Auswahl" auf diesen zu beschränken[63]. Die betriebliche Auswahl ist notwendig, da der unmittelbar kündigungsbedrohte Arbeitsplatz häufig nicht exakt feststellbar ist[64] und die unmittelbar kündigungsbedrohten Arbeitnehmer unstrittig den Ausgangspunkt für die weitere Vergleichbarkeitsprüfung im Rahmen des § 1 III KSchG darstellen[65].

Gerade bei sog. rein quantitativen Anpassungsprozessen, z.B. dem bloßen Abbau von personellem Überhang in einer bestimmten Gruppe von Arbeitnehmern wie Hilfsarbeitern, lassen sich unmittelbar betroffene Arbeitnehmer oftmals nur schwer ermitteln[66]. In solchen Fällen ist für die sog. betriebliche Auswahl von einer „gruppenspezifischen Betrachtungsweise" auszugehen[67]. Die Arbeitsplätze

58 Stahlhacke/Preis/Vossen-*Preis,* Rn. 1032.

59 *Bütefisch,* Die Soziale Auswahl, S. 33; Stahlhacke/Preis/Vossen-*Preis,* Rn. 1032.

60 *Bütefisch,* Die Sozialauswahl, S. 33.

61 ErfK-*Oetker,* § 1 KSchG Rn. 318.

62 ErfK-*Oetker,* § 1 KSchG Rn. 318.

63 St. Rspr. z.B. BAG Urteil vom 15.12.2005-6 AZR 199/05-AP KSchG 1969 § 1 Soziale Auswahl Nr. 76; ErfK-*Oetker,* § 1 KSchG Rn. 318.

64 *Berkowsky,* Die Betriebsbedingte Kündigung, S. 159.

65 MünchArbR-*Berkwosky,* § 113 Rn. 33.

66 KR-*Griebeling,* § 1 KSchG Rn. 615.

67 KR-*Griebeling,* § 1 KSchG Rn. 615; *Müller,* DB 1975, S. 2130, 2134.

der Arbeitnehmer dieser „Funktionsgruppe“, wie z.B. die Funktionsgruppe der ungelernten Hilfsarbeiter in einem Betrieb, sind dann im Sinne der betrieblichen Auswahl im hier dargestellten Sinne unmittelbar betroffen[68]. Bis hierhin ist das Vorgehen im Rahmen der Sozialauswahl zur Bestimmung des für die Auswahl relevanten Kreises von Arbeitnehmern noch unstrittig.

Es besteht jedoch eine große Uneinigkeit darüber, wie der Kreis der vergleichbaren Personen im Weiteren festzulegen ist. Insbesondere ist es umstritten, ob sich der für die Sozialauswahl relevante Personenkreis nur auf den Kreis der nach der betrieblichen Auswahl unmittelbar kündigungsbedrohten Arbeitnehmer beschränken sollte oder ob auch solche Arbeitnehmer in die Sozialauswahl einzubeziehen sind, die nicht nach dieser Auswahl unmittelbar kündigungsbedroht sind[69]. Diese wären nur mittelbar kündigungsbedroht, weil z.B. ihr Arbeitsplatz einer anderen innerbetrieblichen Zwecksetzung dient oder gar ein anderes Anforderungsprofil aufweist[70].

Für die bisher nicht unmittelbar kündigungsbedrohten Arbeitnehmer würde hiernach letztlich die Sozialauswahl eine Kündigungsmöglichkeit schaffen[71]. Folge wäre, dass durch § 1 III KSchG ein bisher nur mittelbar kündigungsbedrohter Arbeitnehmer, dessen Beschäftigungsmöglichkeit nicht im Sinne des § 1 II KSchG unmittelbar entfällt, von seinem Arbeitsplatz durch einen sozial schwächeren, aber durch die unternehmerische Entscheidung unmittelbar kündigungsbedrohten Arbeitnehmer verdrängt würde[72].

Bei der Beantwortung dieser Frage geht es letztlich darum, eine Risikoverteilung vorzunehmen, für welche unternehmerischen Entscheidungen des Arbeitgebers der Arbeitnehmer das Kündigungsrisko tragen soll[73]. Je größer der auswahlrelevante Personenkreis bei der Sozialauswahl ist, desto höher ist die Chance des unmittelbar kündigungsbedrohten Arbeitnehmers, dass ein anderer Arbeitnehmer vorrangig zu kündigen ist. Gleichzeitig wird bei einem entsprechend weitem auswahlrelevanten Personenkreis auch das Risiko einer Kündigung für Arbeitnehmer erhöht, die nicht unmittelbar kündigungsbedroht sind.

---

68 KR-*Griebeling,* § 1 KSchG Rn. 615.

69 *Bütefisch,* Die Sozialauswahl, S. 33.

70 *Bütefisch,* Die Sozialauswahl, S. 33.

71 Stahlhacke/Preis/Vossen-*Preis,* Rn. 1033; *Bütefisch,* Die Sozialauswahl, S. 33.

72 *Bütefisch,* Die Sozialauswahl, S. 33.

73 *Bütefisch,* Die Sozialauswahl, S. 33.

4. *Funktion der Sozialauswahl im Rahmen der betriebsbedingten Beendigungskündigung*

Die Sozialauswahl hat sowohl für den betroffenen Arbeitnehmer als auch für den Arbeitgeber im Rahmen der betriebsbedingten Kündigung eine große Bedeutung. Für den Arbeitgeber stellt sich die schwierige Frage, welche Arbeitnehmer er in die Sozialauswahl nach § 1 III KSchG einbeziehen muss[74]. Der Arbeitnehmer hingegen kann sich bei einem Fehler des Arbeitgebers in Bezug auf die Auswahl des für die Sozialauswahl relevanten Personenkreises darauf berufen, dass ein weniger schutzbedürftiger Arbeitnehmer zu Unrecht nicht in die Sozialauswahl aufgenommen worden ist[75].

Als Vorfrage sollen für ein besseres Verständnis die wesentlichen Funktionen der Sozialauswahl kurz dargestellt werden. Diese lassen sich durch eine teleologische Auslegung des §1 III KSchG ermitteln[76]. Sinn und Zweck der Sozialauswahl ist neben dem Schutz des sozial schwächeren Arbeitnehmers die Konkretisierung des sich aus der Sphäre des Arbeitgebers ergebenden Kündigungsgrundes[77]. Es sollen nur diejenigen Arbeitnehmer in die Sozialauswahl einbezogen werden, denen aus den gleichen betrieblichen Erfordernissen ordentlich gekündigt werden könnte[78]. Aufgrund dieses Auslegungsertrages sind die Auswahl- und die Schutzfunktion der Sozialauswahl allgemein anerkannt.

a) Auswahlfunktion

Die betriebsbedingte Kündigung soll die Anzahl der Beschäftigten in einem Betrieb wieder der tatsächlich vorhandenen Arbeitsmenge anpassen[79]. Der Kündigungsgrund entstammt bei der betriebsbedingten Kündigung lediglich der Sphäre des Arbeitgebers und ist keinem Arbeitnehmer konkret zuzuordnen[80]. Aufgrund der Tatsache, dass eine direkte Verbindung zwischen dem Kündigungsgrund und dem tatsächlich zu entlassenen Arbeitnehmer bei der betriebsbedingten Kündigung nicht vorhanden ist, muss eine solche erst hergestellt werden[81]. Dafür, gibt es theoretisch verschiedene Möglichkeiten, wie z.B. die

74 *Oetker,* in: FS für Wiese, S. 333, 334.

75 *Oetker,* in: FS für Wiese, S. 333, 334.

76 Zur teologischen Auslegung; *Wank,* Die Auslegung von Gesetzen, S. 69ff.

77 *Oetker,* in: FS für Wiese, S. 333, 335; *Bütefisch,* Die Sozialauswahl, S. 32; BAG Urteil vom 7.2.1985-2 AZR 81/84-AP KSchG 1969 §1 Soziale Auswahl Nr. 9.

78 *Oetker,* in: FS für Wiese, S. 333, 336.

79 *Berkowsky,* Die betriebsbedingte Kündigung, S. 159.

80 *Bütefisch,* Die Sozialauswahl, S. 32.

81 MünchArbR-*Berkwosky,* § 113 Rn. 14.

freie Ermessensentscheidung, bei welcher der Arbeitgeber eine freie Auswahl hinsichtlich des zu kündigenden Arbeitnehmers treffen kann[82]. Auch eine Konkretisierung nach der sog. „individualrechtlichen Lösung[83]", bei welcher derjenige Arbeitnehmer zu entlassen ist, dessen Arbeitsplatz konkret entfällt, wird wie die freie Ermessensentscheidung des Arbeitgebers zu Recht abgelehnt[84].

Die Aufgabe der Sozialauswahl besteht daher vor allem darin, einen an sich bestehenden abstrakten Kündigungsgrund personell zu konkretisieren und diesen einem oder mehreren Arbeitnehmern zuzurechnen[85]. Sie dient dazu, betriebliche Erfordernisse im Sinne des § 1 II KSchG in personeller Hinsicht zu konkretisieren[86]. Zweck des § 1 III KSchG ist es daher vor allem, das „Übel der betriebbedingten Kündigung[87]" nach sozialen Gesichtspunkten zu verteilen. Der Sozialauswahl kommt daher vor allem eine Auswahlfunktion zu[88].

b) Schutzfunktion

Neben der Auswahlfunktion kommt der Sozialauswahl auch eine Schutzfunktion zu[89]. Die Sozialauswahl soll den sozial schwächeren Arbeitnehmer vor der betriebsbedingten Kündigung schützen[90]. Daher wird das Auswahlermessen des Arbeitgebers bei der betriebsbedingten Kündigung beschränkt[91]. Dies wird dadurch erreicht, dass der sozial nachrangige Arbeitnehmer durch die Sozialauswahl vor einer betriebsbedingten Kündigung geschützt wird, indem der Arbeitgeber verpflichtet ist, die Arbeitnehmer in der Reihenfolge ihrer sozialen Schutzwürdigkeit zu entlassen[92]. Denn der Arbeitgeber hat mithilfe der Auswahl nach § 1 III KSchG denjenigen Arbeitnehmer auszuwählen, den die betriebsbedingte Kündigung im Vergleich zu den anderen in Frage kommenden Arbeitnehmern am wenigsten hart trifft[93]. Die Sozialauswahl ist daher eine Korrektur

---

82 MünchArbR-*Berkwosky,* § 113 Rn. 15.

83 MünchArbR-*Berkwosky,* § 113 Rn. 15.

84 *Oetker,* in: FS Wiese, S. 333, 334.

85 *Bütefisch,* Die Sozialauswahl, S. 32. BAG Urteil vom 17.9.1998-2 AZR 725/97-AP KSchG 1969 § 1 Soziale Auswahl Nr. 36.

86 *von Hoyningen-Huene,* NZA 1994, S. 1009, 1013.

87 Stahlhacke/Preis/Vossen-*Preis,* Rn. 1022.

88 *Berkowsky,* Die betriebsbedingte Kündigung, S. 159.

89 *Berkowsky,* Die betriebsbedingte Kündigung, S. 161.

90 *Bütefisch,* Die Sozialauswahl, S. 32.

91 *Oetker,* ZfA 2001, 287, 319.

92 *Berkowsky,* Die betriebsbedingte Kündigung, S. 161.

93 *von Hoyningen-Huene,* NZA 1994, S. 1009, 1013.

dafür, dass der Gesetzgeber die ordentliche Kündigung aus Gründen zulässt, die nicht vom Arbeitnehmer beeinflusst werden können[94].

Durch die Sozialauswahl wird eine Rangfolge der zu entlassenden Arbeitnehmer nach sozialen Gesichtspunkten aufgestellt[95]. Der sozial schutzwürdigere Arbeitnehmer ist gleichzeitig auch berechtigt, dem Arbeitgeber gegenüber den Fortbestand des Arbeitsverhältnisses geltend zu machen[96].

5. *Räumlicher Geltungsbereich der Sozialauswahl*

Bevor eine Sozialauswahl nach § 1 III KSchG zwischen einzelnen Arbeitnehmern vorgenommen werden kann, muss, wie bereits dargelegt, zunächst der Kreis der auswahlrelevanten Arbeitnehmer festgelegt werden, also der Kreis derjenigen Arbeitnehmer, die in die Auswahl nach § 1 III KSchG einzubeziehen sind[97]. Mangels gesetzlicher Vorgaben stellt es in der Praxis häufig für den Arbeitgeber ein großes Problem dar, den Kreis der auswahlrelevanten Arbeitnehmer korrekt festzulegen[98].

Da es für die Frage des maßgeblichen Bezugspunktes für die Auswahl ebenfalls an einer ausdrücklichen gesetzlichen Regelung in § 1 KSchG mangelt[99], werden für diesen in Rechtsprechung und Literatur unterschiedliche Ansätze vertreten. Es ist vor allem umstritten, ob sich die Sozialauswahl lediglich auf den Beschäftigungsbetrieb des unmittelbar kündigungsbedrohten Arbeitnehmers beschränkt oder ob sich diese auf das Unternehmen oder gar auf den ganzen Konzern beziehen soll[100]. Zu dieser Frage werden im Wesentlichen drei Ansätze in Rechtsprechung und Literatur vertreten, welche im Folgenden einzeln dargestellt werden.

---

94 *Oetker*, in: FS Wiese, 333.

95 MünchArbR-*Berkwosky*, § 113 Rn. 19.

96 *Berkowsky*, Die betriebsbedingte Kündigung, S. 161.

97 *Meisel*, ZfA 1985, S. 213, 233.

98 MünchArbR-*Berkwosky*, § 113 Rn. 28.

99 KR-*Griebeling*, § 1 KSchG Rn. 608.

100 Siehe z.B. *Pollmann*, Die Sozialauswahl, S. 9.

a) Die Betriebsbezogenheit der Sozialauswahl

Nach der ständigen Rechtsprechung des Bundesarbeitsgerichts[101] und nach Ansicht eines großen Teils der Literatur[102] ist die Sozialauswahl im Sinne von § 1 III KSchG grundsätzlich streng betriebsbezogen durchzuführen und weder auf die Betriebsabteilung oder einen Betriebsteil zu beschränken[103], noch auf das Unternehmen[104] und erst recht nicht auf den Konzern auszuweiten[105], da der gesetzlich Kündigungsschutz betriebsbezogen ausgestaltet worden sei[106].

Der Arbeitgeber hat nach dieser Auffassung die Sozialauswahl auf alle vergleichbaren Arbeitnehmern des Betriebes zu erstrecken, in dem die Weiterbeschäftigungsmöglichkeit entfällt[107]. Dieser ist dann der Bezugspunkt für die weitere Sozialauswahl[108]. Die organisatorische Einheit Betrieb des unmittelbar kündigungsbedrohten Arbeitnehmers ist nach dieser Ansicht der größte denkbare „Auswahl-Topf“[109], in welchem die Auswahl nach § 1 III KSchG grundsätzlich

---

101 siehe. z.B., BAG Urteil vom 22.5.1986-2 AZR 612/85-AP KSchG 1969 § 1 Konzern Nr. 4; BAG Urteil vom 18.1.2007-2 AZR 796/05-AP KSchG 1969 § 1 Soziale Auswahl Nr. 89 und zuletzt BAG Urteil vom 20.6.2013-2 AZR 271/12-BeckRS 2013, 70662.

102 So z.B; *Schiefer* NZA- RR 2002, S. 169, 170; *Färber*, NZA 1985, S. 175; ErfK-*Oetker*, § 1 KSchG Rn. 318.; *ders.*, in: FS für Wiese, S. 333, 336; *Linck*, Die Sozialauswahl bei betriebsbedingter Kündigung, S. 49; *Meisel*, DB 1991, S. 92, 93; *ders*, BB 1963, S. 1058, 1060; *Schröder*, ZTR 1995, S. 394, 395; *Gaul*, NZA 1992, S. 673; Löwisch/Spinner-*Löwisch*, § 1 Rn. 345.; *von Hoyningen-Huene*, NZA 1994, S. 1009, 1013; KR-*Griebeling*, § 1 KSchG Rn. 608; Jobs, DB 1986, 538; Ascheid/Preis/Schmidt-*Kiel*, § 1 KSchG Rn. 665; *Linck*, AR-Blattei SD, 1020.1.2., S. 7; Henssler/Willemsen/Kalb-*Quecke*, § 1 KSchG Rz. 336; *Boewer*, NZA 1988, S. 1, 3; *B.Preis*, DB 1984, S. 2244; Schaub, Arbeitsrechtshandbuch-*Linck*, § 135 Rn. 3, 4.

103 BAG Urteil vom 31.05.2007-2 AZR 276/06-AP KSchG 1969 § 1 Soziale Auswahl Nr. 94.

104 BAG Urteil vom 22.5.1986-2 AZR 612/85-AP KSchG 1969 § 1 Konzern Nr. 4; für das Unternehmen als organisatorischer Rahmen der Sozialauswahl siehe *Schwerdtner*, ZIP 1984, S. 10, 15, mit dem Argument, dass auch die Weiterbeschäftigungspflicht nach § 1 II KSchG unternehmensbezogenen durchgeführt wird, soll dieses auch bei § 1 III KSchG gelten; *Oetker*, in: FS für Wiese, S. 333, 336.

105 *Pollmann*, Die Sozialauswahl, S. 12; *von Hoyningen-Huene*, NZA 1994, S. 1009, 1013; *Linck*, AR-Blattei SD, 1020.1.2., S. 4.

106 *von Hoyningen-Huene*, NZA 1994, S. 1009, 1013.

107 *von Hoyningen-Huene*, NZA 1994, S. 1009, 1013; *Linck*, AR-Blattei SD, 1020.1.2., S. 4.

108 *Schiefer*, NZA-RR 2002, S. 169, 170; Löwisch/Spinner-*Löwisch*, § 1 Rn. 345.

109 *Berkowsky*, NZA 1996, S. 290.

zwischen allen vergleichbaren Arbeitnehmern durchzuführen ist[110]. Auch ist nach dieser Ansicht die Sozialauswahl nicht auf einen einzelnen Betriebsteil zu beschränken[111]. Der Grundsatz der Betriebsbezogenheit der Sozialauswahl wird auch bei einer bloßen Teilbetriebsstilllegung oder einem Teilbetriebsübergang angewendet[112]. Auch in diesen Fällen ist die Sozialauswahl bezogen auf den gesamten Beschäftigungsbetrieb durchzuführen[113].

Von diesem Grundsatz weicht das BAG auch nicht bei einem arbeitsvertraglich vorbehaltenen betriebsübergreifenden Versetzungsrecht des Arbeitgebers ab[114].

Für diese Auffassung einer strengen Betriebsbezogenheit der Sozialauswahl werden in der Rechtsprechung und der herrschenden Meinung in der Literatur verschiedene Argumente angeführt.

aa) Wortlaut und Systematik des § 1 III KSchG

Der Wortlaut des § 1 III KSchG ist zunächst für die Bestimmung der Reichweite der Sozialauswahl nicht sehr ergiebig und wird daher auch innerhalb der h.M. unterschiedlich bewertet. Während einerseits angenommen wird, dass sich diesem nicht direkt entnehmen lässt, dass die Sozialauswahl betriebsbezogen ist[115], geht das BAG davon aus, dass der Wortlaut der Norm den Rückschluss auf eine betriebsbezogene Sozialauswahl direkt zulässt[116]. Das BAG macht dies vor allem daran fest, dass der Wortlaut des § 1 III KSchG an die dringenden *betrieblichen* Erfordernisse des § 1 II 1 KSchG anknüpft[117]. Weiterhin wird in § 1 III 2 KSchG

---

110 *von Hoyningen-Huene,* NZA 1994, S. 1009, 1013.

111 *Pollmann,* Die Sozialauswahl, S. 12.

112 von Hoyningen-Huene/ Linck-*Krause,* § 1 KSchG, Rn. 901.

113 BAG Urteil vom. 28.10.2004-8 AZR 391/03-AP Nr. 69 zu § 1 KSchG 1969 Soziale Auswahl Nr. 69; von Hoyningen-Huene/ Linck-Krause, § 1 KSchG, Rn. 901.

114 BAG Urteil vom 31. 5. 2007-Az.2 AZR 276/06-AP KSchG 1969 § 1 Soziale Auswahl Nr. 94; ErfK-*Oetker,* § 1 KSchG Rn. 318.

115 *Pollmann,* Die Sozialauswahl, S. 10; *Linck,* Die soziale Auswahl bei betriebsbedingter Kündigung, S. 19; beide Autoren gehen davon aus, dass sich dem Wortlaut des § 1 III KSchG nur entnehmen lässt, dass der Arbeitgeber bei der Auswahl soziale Gesichtspunkte ausreichend berücksichtigen soll. Eine Aussage bzgl. der räumlichen Reichweite der Sozialauswahl, lässt sich nach Ansicht der Autoren dem Wortlaut nicht entnehmen.

116 BAG Urteil vom 2.6.2005-2 AZR 158/04-NZA 2005, S. 1175, 1176; BAG Urteil vom 31.5.2007-2 AZR 218/05-AP KSchG 1969 § 1 Soziale Auswahl Nr. 94.

117 BAG Urteil vom 2.6.2005-2 AZR 158/04-NZA 2005, 1175, 1176; BAG Urteil vom 31.5.2007-2 AZR 218/05-AP KSchG 1969 § 1 Soziale Auswahl Nr. 94.

auf *betriebliche* Interessen des Arbeitgebers bei der sog. Leistungsträgerregelung abgestellt[118]. Daher spricht der Wortlaut von § 1 III KSchG nach dieser Ansicht eindeutig gegen eine betriebsübergreifende oder gar konzernbezogene Sozialauswahl[119].

§ 1 III 2 KSchG wird vom BAG auch als systematisches Argument für einen Betriebsbezug der Sozialauswahl angeführt[120]. Schließlich führt diese Ansicht für die Betriebsbezogenheit der Sozialauswahl noch weitere systematische Argumente an. So wird beispielsweise darauf hingewiesen, dass nach dem eindeutigen Wortlaut des § 1 II 1 KSchG für die soziale Rechtfertigung einer betriebsbedingten Kündigung einer Weiterbeschäftigung in *diesem Betrieb* dringende betriebliche Erfordernisse entgegenstehen müssten[121].

Entgegen dieser Auffassung wird teilweise in der Literatur aufgrund der Regelung des § 1 II KSchG, also der Obliegenheit des Arbeitgebers, eine unternehmensweite Weiterbeschäftigung zu prüfen, angenommen, dass auch die Sozialauswahl unternehmensweit durchzuführen sei[122].

Nach herrschender Meinung ist der Gegenansicht zwar zuzugeben, dass dem eindeutigen Wortlaut des § 1 II S. 2 Nr. 1 b KSchG nach die Auswahl für die Weiterbeschäftigung auf das Unternehmen erweitert wird[123]. Jedoch lasse sich aus dem Unternehmensbezug des § 1 II KSchG keine betriebsübergreifende Sozialauswahl herleiten[124].

Eine entsprechende Regelung enthält § 1 III KSchG dem Wortlaut nach nicht[125]. Es sei weiterhin zu berücksichtigen, dass in § 1 II und § 1 III KSchG vollkommen verschiedene Materien geregelt werden, einerseits die Weiterbeschäftigung auf einem freien Arbeitsplatz und andererseits die Sozialauswahl, so dass der Unternehmensbezug des § 1 II KSchG im Kündigungsschutzgesetz eine Ausnahme bleibe und daher nicht auf § 1 III KSchG übertragen werden könne[126]. Auch lasse sich aufgrund der Unterschiedlichkeiten der beiden in Absatz 2

---

118 BAG Urteil vom 2.6.2005-2 AZR 158/04- NZA 2005, S. 1175, 1176.

119 *Oetker,* in: FS für Wiese, S. 333, 336.

120 BAG Urteil vom 2.6.2005-2 AZR 158/04- NZA 2005, S. 1175, 1176.

121 Vgl. *Berkowsky,* NZA 1996, S. 290, 291, so auch z.B. *B.Preis,* DB 1984, S. 2244.

122 *Schwerdtner,* ZIP 1984, S. 10, 15.

123 B. Preis, DB 1984, S. 2244.

124 BAG Urteil vom 31.5.2007-2 AZR/276/06-AP KSchG 1969, § 1 Soziale Auswahl Nr. 94.

125 B. Preis, DB 1984, S. 2244.

126 *Linck,* Die soziale Auswahl bei betriebsbedingter Kündigung, S. 20; A.A. *Müller,* DB 1975, S. 2130, 2133.

und Absatz 3 geregelten Materien eine entsprechende Wertung nicht übertragen, so dass auch eine analoge Anwendung der Erweiterung auf Absatz 3 nicht in Frage komme[127].

bb) Entstehungsgeschichte des § 1 III KSchG

Für die Betriebsbezogenheit der Sozialauswahl wird weiterhin die Entstehungsgeschichte des § 1 KSchG angeführt[128]. Aus der Begründung zum Regierungsentwurf des KSchG 1951 gehe hervor, dass der Gesetzgeber das KSchG 1951 lediglich betriebsbezogen ausgestalten wollte[129]. Daher kommt eine analoge Anwendung des § 1 II 2 KSchG auf die Sozialauswahl nach § 1 III KSchG nicht in Betracht[130].

cc) Teleologische Auslegung des § 1 III KSchG

Außer mit dem Wortlaut, der Systematik und der historischen Auslegung begründet die h.M. die Betriebsbezogenheit der Sozialauswahl vor allem auch mit einer teleologischen Auslegung des § 1 KSchG[131]. Gerade Sinn und Zweck des § 1 III KSchG sprächen gegen eine unternehmensbezogene Sozialauswahl[132]. Anders als bei der unternehmensweiten Weiterbeschäftigung nach § 1 II KSchG gehe es bei § 1 III KSchG darum, unter mehreren Arbeitnehmern denjenigen zu bestimmen, dem gekündigt werden soll[133].

Eine unternehmensbezogene Sozialauswahl würde dazu führen, dass einem Arbeitnehmer aus Gründen gekündigt werden würde, die nicht in seinem Betrieb liegen, sondern mit der Tatsache begründet würden, dass ein betriebsfremder

---

127 B.Preis, DB 1984, S. 2244.

128 *Pollmann*, Die Sozialauswahl, S. 10; Begründung zum Regierungsentwurf des KSchG 1951, RdA 1951, S. 61, 63; *Linck*, Die Sozialauswahl bei betriebsbedingter Kündigung, S. 19.

129 *Pollmann*, Die Sozialauswahl, S. 10; Begründung zum Regierungsentwurf des KSchG 1951, RdA 1951, S. 61, 63; *Linck*, Die soziale Auswahl bei betriebsbedingter Kündigung, S. 19.

130 *Färber*, NZA 1985, S. 175.

131 BAG Urteil vom 31.5.2007-2 AZR/276/06-AP KSchG 1969, § 1 Soziale Auswahl Nr. 94.

132 *Linck*, Die soziale Auswahl bei betriebsbedingter Kündigung, S. 20; BAG Urteil vom 31.5.2007-2 AZR 218/05-AP KSchG 1969 § 1 Soziale Auswahl Nr. 94.

133 *Linck*, Die soziale Auswahl bei betriebsbedingter Kündigung, S. 20.

Arbeitnehmer in einem anderen Betrieb sozial schutzbedürftiger ist[134]. Dies würde dem Beschäftigungsschutz des Kündigungsschutzes zuwider laufen[135].

Würden Arbeitnehmer anderer Betriebe in die Sozialauswahl einbezogen und würde einem Arbeitnehmer dann betriebsbedingt gekündigt, wären diese Kündigungen nicht durch dringende betriebliche Erfordernisse, die einer Weiterbeschäftigung des Arbeitnehmers in diesem Betrieb entgegenstände, bedingt[136]. Ein weiteres Argument für die Betriebsbezogenheit der Sozialauswahl sei die Tatsache, dass sich die Kompetenz des Betriebsrates ebenfalls nur auf den Betrieb des unmittelbar kündigungsbedrohten Arbeitnehmers beschränke[137].

Diese Bedenken gelten im besonderen Maße auch hinsichtlich einer konzernbezogenen Sozialauswahl, da es weder im Wortlaut von § 1 III KSchG noch in der Entstehungsgeschichte Hinweise für einen Konzernbezug bei der Sozialauswahl gibt[138].

Des Weiteren wird die Betriebsbezogenheit der Sozialauswahl teilweise damit begründet, dass die Notwendigkeit der Sozialauswahl nach § 1 III KSchG eine Gemeinschaft zwischen Kündigungskandidaten voraussetzt, welche eine gewisse Mindestintensität aufweisen muss[139]. Diese sei, so die Ansicht, eher nicht in einem Unternehmen, sondern eher in kleineren organisatorischen Einheiten wie Betrieben vorhanden[140].

Sinn und Zweck der Sozialauswahl sprächen daher sowohl gegen eine unternehmensbezogene Sozialauswahl als auch gegen eine konzernbezogene Sozialauswahl[141].

Somit sind nach dieser Auffassung grundsätzlich alle vergleichbaren Arbeitnehmer, die in dem gleichen Betrieb wie der unmittelbar kündigungsbedrohte Arbeitnehmer angestellt sind, in die Sozialauswahl einzubeziehen[142]. Für Arbeitnehmer im öffentlichen Dienst entspricht der Betrieb der jeweiligen Dienststelle[143].

---

134 *Pollmann,* Die Sozialauswahl, S. 12.

135 *Pollmann,* Die Sozialauswahl, S. 12.

136 KR-*Griebeling,* § 1 KSchG Rn. 608.

137 *Pollmann,* Die Sozialauswahl, S. 11.

138 *Pollmann,* Die Sozialauswahl, S. 12; zur konzernbezogenen Sozialauswahl, *Kukat,* BB 2000, S. 1242.

139 Anm. Reuter zu BAG Urteil vom 15.12.1994-2 AZR 320/94-JuS 1995, S. 943.

140 Anm. Reuter zu BAG Urteil vom 15.12.1994-2 AZR 320/94-JuS 1995, S. 943.

141 *Pollmann,* Die Sozialauswahl, S. 11.

142 Z.B. *Bütefisch,* Die Sozialauswahl, S. 42.

143 *Bütefisch,* Die Sozialauswahl, S. 42.

b) Räumliche Beschränkung der Sozialauswahl innerhalb des Betriebes

Entgegen der h.M. befürwortet eine Ansicht in der Literatur, den räumlichen Rahmen für die Sozialauswahl, mithin also den Kreis der in Frage kommenden auswahlrelevanten und damit vergleichbaren Arbeitnehmer, innerhalb des Betriebes weiter einzuschränken. Hierfür wird unter anderem angeführt, dass bei Großbetrieben mit mehreren tausend Arbeitnehmern ein strikter Betriebsbezug der Sozialauswahl erhebliche Probleme für den Arbeitgeber mit sich bringen könne, da dieser unter Umständen eine große Menge an Daten zu verarbeiten hätte[144]. Mit einer steigenden Menge an Arbeitnehmern und damit zusammenhängenden Sozialdaten werde auch eine Abwägung für den Arbeitgeber im Sinne des § 1 III KSchG schwieriger[145].

Konträr zur ständigen Rechtsprechung des BAG und zur Mehrheit in der Literatur wurde in der früheren Diskussion zur räumlichen Reichweite der Sozialauswahl daher der Gedanke der Solidarität der Sozialauswahl betont[146]. Nach einer Ansicht bedeutet die Auswahlverpflichtung nach der Sozialauswahl ein Opfer des sozial stärkeren Arbeitnehmers, dem gekündigt wird, gegenüber dem sozial schwächeren Arbeitnehmer[147]. Dem sozial stärkeren Arbeitnehmer wird ein „Akt der Solidarität" in Bezug auf seine Arbeitskollegen abverlangt[148]. Ein solcher „Akt der Solidarität" kann jedoch nach dieser Ansicht nur von einem Arbeitnehmer verlangt werden, der in einem persönlichen Kontakt mit dem Arbeitnehmer steht, für den er diesen erbringen soll, da es ansonsten an einer Rechtfertigung für diesen fehlt[149]. Daher ist nach dieser älteren Ansicht die Sozialauswahl und damit die Prüfung der Vergleichbarkeit von Arbeitnehmern nur auf Arbeitnehmer zu erstrecken, die ihre Arbeit „in der Nachbarschaft zueinander" verrichten[150]. Diese Beschränkung führt dazu, dass in Betrieben mit einer hohen Belegschaft die Sozialauswahl häufig nicht über die Organisationseinheit der Betriebsabteilung hinausgehen dürfte[151].

---

144 *Pollmann,* Die Sozialauswahl, S. 13.

145 *Rost,* ZIP 1982, S. 1396, 1404 f.

146 *Gerhard Müller,* DB 1956, S. 965; ähnlich LAG Frankfurt Urteil vom.15.10.1957-IV LA 82/57-AP Nr. 45 zu § 1 KSchG; LAG Frankfurt Urteil vom 13.11.1957-II LA 351/57-AP Nr. 46 zu § 1 KSchG, mit abl. Anm Herschel.

147 *Gerhard Müller,* DB, 1956, S. 965.

148 *Gerhard Müller,* DB, 1956, S. 965.

149 *Gerhard Müller,* DB, 1956, S. 965.

150 *Gerhard Müller,* DB, 1956, S. 965.

151 *Gerhard Müller,* DB, 1956, S. 965.

c) Betriebsübergreifende Sozialauswahl nach der Reichweite des Direktionsrechts des Arbeitgebers

Eine weitere Ansicht in der Literatur will die Sozialauswahl nicht auf den Betrieb beschränken, sondern eine Sozialauswahl nach der Reichweite des arbeitgeberseitigen Direktionsrechts durchführen[152]. Häufig würden nämlich Arbeitsverträge eine entsprechende überbetriebliche Versetzungsklausel enthalten[153].

Nach dieser Ansicht entspricht die Reichweite des arbeitsvertraglichen Direktionsrechts gegenüber den unmittelbar kündigungsbedrohten Arbeitnehmern auch gleichzeitig der Reichweite der Sozialauswahl[154].

Nach dieser Ansicht hat daher die Sozialauswahl zwischen allen Arbeitnehmern, die vom Weisungsrecht gegenüber dem unmittelbar kündigungsbedrohten Arbeitnehmer erfasst sind, stattzufinden[155]. Nach Berkowsky kommt dem Arbeitsvertrag daher auch schon bei der Bestimmung der relevanten Organisationseinheit für die Sozialauswahl Bedeutung zu[156]. Für den Nachteil einer flexiblen Einsetzbarkeit eines Arbeitnehmers durch eine weite Reichweite des arbeitgeberseitigen Direktionsrechts erhält der Arbeitnehmer als „angemessene Gegenleistung“[157] einen entsprechend erweiterten Anwendungsbereich für die Sozialauswahl[158].

Daher ist nach Berkowsky die Sozialauswahl nicht streng betriebsbezogen durchzuführen, sondern bei einem entsprechend weiten Direktionsrecht auch darüber hinaus.

d) Stellungnahme zum räumlichen Geltungsbereich der Sozialauswahl

Entgegen einigen Ansätzen in der Literatur zum räumlichen Geltungsbereich der Sozialauswahl hält das BAG zu Recht weiterhin an der strengen Betriebsbezogenheit der Sozialauswahl fest, so dass der auswahlrelevante Personenkreis, ohne Rücksicht auf den konkreten Arbeitsvertrag, auf den jeweiligen Beschäftigungsbetrieb und auch nur auf diesen beschränkt ist[159]. Dies gilt auch dann, wenn

---

152 *Berkowsky,* Die betriebsbedingte Kündigung, S. 180.
153 *Berkowsky,* Die betriebsbedingte Kündigung, S. 180.
154 *Berkowsky,* Die betriebsbedingte Kündigung, S. 180 f.
155 *Berkowsky,* Die betriebsbedingte Kündigung, S. 180.
156 *Berkowsky,* Die betriebsbedingte Kündigung, S. 180.
157 *Berkowsky,* Die betriebsbedingte Kündigung, S. 180.
158 *Berkowsky,* Die betriebsbedingte Kündigung, S. 181.
159 BAG Urteil vom 15.12.2005-6 AZR 199/05-AP KSchG 1969 § 1 Soziale Auswahl Nr. 76; BAG Urteil vom 31.5.2007-2 AZR 276/06-AP KSchG 1969 § 1 Soziale Auswahl, Nr. 94.

eine betriebsübergreifende Versetzungsklausel vorgesehen ist[160] Die herrschende Ansicht verweist zu Recht darauf, dass das Kündigungsschutzgesetz betriebsbezogen und nur in Bezug auf die Weiterbeschäftigungspflicht des Arbeitgebers unternehmensbezogen[161], aber grundsätzlich nicht konzernbezogen ist[162].

Als Betrieb ist hierbei der Beschäftigungsbetrieb des unmittelbar kündigungsbedrohten Arbeitnehmers zu verstehen bzw. der Betrieb, in welchem die Weiterbeschäftigungsmöglichkeit entfallen ist[163]. Es überzeugt nicht, den räumlichen Geltungsbereich der Sozialauswahl nach § 1 III KSchG auf das ganze Unternehmen oder gar den Konzern auszudehnen[164]. Der von *Berkowsky* vertretene Ansatz, die räumliche Reichweite der Sozialauswahl entsprechend nach dem Direktionsrecht des Arbeitgebers gegenüber dem kündigungsbedrohten Arbeitnehmer auszurichten, verkennt die Systematik von § 1 II KSchG und § 1 III KSchG.

Für einen strikten Betriebsbezug spricht auch der Verweis in § 1 III KSchG auf § 1 II KSchG, welcher die Sozialwidrigkeit der Kündigung bei einer fehlerhaften Sozialauswahl vorsieht, obwohl diese auf dringenden *betrieblichen* Erfordernissen im Sinne des § 1 II KSchG beruht[165]. Hieraus wird deutlich, dass der räumliche Bezugspunkt der Sozialauswahl, der Betrieb, nach dem Willen des Gesetzgebers mit dem Kündigungsgrund nach § 1 II KSchG identisch sein soll[166].

Die Verweisung des § 1 III KSchG bezieht sich aufgrund der Gesetzeshistorie ausschließlich auf den heutigen § 1 II S. 1 KSchG, da diese Norm der ursprünglichen Fassung des § 1 II KSchG a.F. vor der Einführung des § 1 II S. 2, 3 KSchG im Jahre 1972 entsprach[167]. Der Gesetzgeber wollte den grundsätzlichen Betriebsbezug im Kündigungsschutzgesetz durch die Einführung des § 1 II S. 2, 3 KSchG nicht abschaffen, sondern lediglich die

---

160 BAG Urteil vom 15.12.2005-6 AZR 199/05-AP KSchG 1969 § 1 Soziale Auswahl Nr. 76.

161 BAG Urteil vom 17.5.1984, -2 AZR 109/83-AP KSchG 1969 § 1 Betriebsbedingte Kündigung, Nr. 21.

162 BAG Urteil vom 14.10.1982-2 AZR 568/80-AP KSchG 1969 § 1 Konzern Nr. 1; BAG Urteil vom 23.03.2006-2 AZR 162/05-AP KSchG 1969 § 1 Konzern. Nr. 12; *Kukat,* BB 2000, S. 1242.

163 Münchener Kommentar- *Hergenröder,* § 1 KSchG Rn. 336.

164 So auch z.B. BAG Urteil vom 27.11.1991 -2 AZR 255/91-AP § 1 KSchG 1969 Nr. 6 Konzern, A.A: *Löwisch,* DB 1975, S. 349, 354; *Berkowsky,* NZA 1996, S. 290 ff.

165 *Bütefisch,* Die Sozialauswahl, S. 42.

166 *Bütefisch,* Die Sozialauswahl, S. 42.

167 *Bütefisch,* Die Sozialauswahl, S. 43.

Weiterbeschäftigungspflicht auf den Bereich des Unternehmens ausdehnen[168]. Die unternehmensbezogene Regelung des § 1 II S. 2 KSchG ist eine Ausnahme im Rahmen des § 1 KSchG, die grundsätzliche Betriebsbezogenheit des § 1 KSchG bleibt hiervon unberührt[169]. Schließlich spricht auch die Regelung des § 1 III S. 2 KSchG für einen Betriebsbezug der Sozialauswahl. § 1 III S. 2 KSchG stellt für die Bedürfnisse einer Abweichung von der Sozialauswahl nach § 1 III KSchG auf den Betrieb ab[170]. Der Bezugsrahmen des § 1 III 2 KSchG muss mit dem Bezugsrahmen der Sozialauswahl identisch sein[171].

Auch einer Beschränkung der räumlichen Reichweite der Sozialauswahl innerhalb des Beschäftigungsbetriebes des kündigungsbedrohten Arbeitnehmers ist nicht zuzustimmen.

Mit der Funktion der Sozialauswahl lässt sich entgegen einer früheren Ansicht[172] nicht herleiten, dass für die Einbeziehung der Sozialauswahl ein persönlicher Kontakt oder eine kollegiale Verbundenheit zwischen den Arbeitnehmern erforderlich ist[173]. Die Tatsache, dass der soziale schwächere Arbeitnehmer im Rahmen der Auswahl nach § 1 III KSchG gegenüber dem Arbeitgeber geltend machen kann, einen sozial stärkeren Arbeitnehmer zu kündigen, stellt kein „freiwilliges Opfer“ im Sinne des früheren Ansatzes von Müller dar, sondern ist ein Recht des sozial schwächeren Arbeitnehmers gegenüber dem Arbeitgeber[174].

Letztlich ist es jedoch auch aus pragmatischer Sicht sinnvoll, die Sozialauswahl nur auf den Beschäftigungsbetrieb des Arbeitnehmers zu beschränken, da es ansonsten zu Problemen hinsichtlich der Beteiligung des Betriebsrates führen kann, wenn eine unternehmensweite Sozialauswahl durchgeführt würde[175]. Eine unternehmensweite Sozialauswahl würde, insbesondere bei den

---

168 *Bütefisch,* Die Sozialauswahl, S. 43.

169 *Bütefisch,* Die Sozialauswahl, S. 44; vgl. *Bitter/Kiel,* RdA 1994, S. 333, 352; *Weller,* AuR 1986, S. 225, 230.

170 *Bütefisch,* Die Sozialauswahl, S. 45.

171 *Bütefisch,* Die Sozialauswahl, S. 45.

172 *Gerhard Müller,* DB 1956, S. 965; LAG Frankfurt a.M Urteil vom 15.10.1957-IV LA 82/57-AP Nr. 45 zu § 1 KSchG; LAG Frankfurt a.M Urteil vom 13.11.1957-II LA 351/ 57-AP Nr. 46 zu § 1 KSchG.

173 *Bütefisch,* Die Sozialauswahl, S. 56.

174 *Preis,* DB 1984, S. 2244, 2245.

175 *Bröhl,* BB 2006, S. 1050; BAG Urteil vom 02.06.2005-2 AZR 158/04-AP KSchG1969 § 1 Soziale Auswahl Nr. 73.

Auswahlrichtlinien nach § 95 BetrVG, mit dem im Betriebsverfassungsgesetz vorgesehenen System der Mitbestimmung in Konflikt geraten[176].

Neben diesen betriebsverfassungsrechtlichen Bedenken würde eine betriebsübergreifende Sozialauswahl jedoch auch den Kündigungsentschluss des Arbeitgebers über Gebühr erschweren, wenn er Arbeitnehmer aus womöglich sehr weit entfernten selbständigen Betrieben mit in die Sozialauswahl einbeziehen müsste[177]. Insbesondere würde sich diese Erschwerung bei einer unternehmensweit durchzuführenden Prüfung der Vergleichbarkeit darin zeigen, dass der Arbeitgeber einem erheblichen Risiko für Fehlbeurteilungen ausgesetzt wäre[178]. Weiterhin würde diese deutliche Erschwerung einer Auswahl nach § 1 III KSchG bei einer unternehmensweit durchzuführenden Vergleichbarkeitsprüfung vor allem bei großen Unternehmen bestehen. In der Praxis sind in größeren Betrieben eines Unternehmens regelmäßig eigene Personalverwaltungen für Kündigungen zuständig, so dass Unternehmen eigens für die unternehmensweite Vergleichbarkeitsprüfung bzw. die dann unternehmensweit durchzuführende Sozialauswahl Koordinierungsstellen auf Unternehmensebene einrichten müssten[179].

Schließlich wird durch einen strengen Betriebsbezug bei der Sozialauswahl das Kündigungsrisiko auf den Beschäftigungsbetrieb des unmittelbar kündigungsbedrohten Arbeitnehmers begrenzt[180]. Insofern ist die Sozialauswahl von der unternehmensbezogenen Prüfung der Weiterbeschäftigungsmöglichkeit auf einem freien Arbeitsplatz streng zu unterscheiden[181].

Somit ist die Sozialauswahl mit der h.M. betriebsbezogen durchzuführen und der Kreis der auswahlrelevanten Arbeitnehmer auf die Mitarbeiter des Beschäftigungsbetriebs begrenzt.

e) Der Betriebsbegriff des KSchG und Betriebsteile

Da, wie eben aufgezeigt, die maßgebliche Organisationseinheit für die Sozialauswahl der Betrieb ist, stellt sich die Frage, welcher Betriebsbegriff § 1 III KSchG zu

176 Anm. *Löwisch* zu BAG Urteil vom 2.6.2005-2 AZR 158/04-AP KSchG 1969 § 1 Soziale Auswahl Nr. 73.

177 *Bröhl,* BB 2006, S. 1050.

178 *Löwisch,* Anm. zu BAG Urteil vom 2.6.2005-2 AZR 158/04-AP KSchG 1969 § 1 Soziale Auswahl Nr. 73.

179 *Löwisch,* Anm. zu BAG Urteil vom 2.6.2005-2 AZR 158/04-AP KSchG 1969 § 1 Soziale Auswahl Nr. 73.

180 *Bütefisch,* Die Sozialauswahl, S. 34.

181 *Bröhl,* BB 2006, S. 1050.

Grunde gelegt werden muss. Diese Frage ist insbesondere von Bedeutung bei der Abgrenzung von Betrieben zu einzelnen Betriebsteilen für die räumliche Festlegung der Vergleichbarkeitsprüfung.

Eine Legaldefinition des Betriebsbegriffs enthält das KSchG nicht[182]. Dennoch wird unter dem Begriff allgemein eine organisatorische Einheit verstanden, innerhalb derer der Arbeitgeber allein oder mit seinen Arbeitnehmern mit Hilfe von sächlichen und immateriellen Mitteln bestimmte arbeitstechnische Zwecke fortgesetzt verfolgt, die sich nicht in der Befriedigung von einem Eigenbedarf erschöpfen[183].

Das Hauptkriterium für eine solche organisatorische Einheit im Sinne der allgemeinen Betriebsbegriffsdefinition ist vor allem der selbständige Leitungsapparat[184]. Dieser zeichnet sich dadurch aus, dass er die wesentlichen Entscheidungen in personellen und sozialen Angelegenheiten selbständig treffen können muss[185].

Welchen arbeitstechnischen Zweck ein Betrieb verfolgt, ist demgegenüber für die Anwendung des § 1 KSchG und damit für den Betriebsbegriff des KSchG ohne Belang[186].

Die Frage, auf welchen Betriebsbegriff es im Rahmen des Kündigungsschutzgesetzes und damit auch bei der Sozialauswahl ankommt, wird zum Teil in der Literatur unterschiedlich beantwortet.

Sie hat für die Praxis entscheidende Bedeutung. So ist es gerade für Unternehmen mit Filialnetzen für die Sozialauswahl entscheidend, ob es sich bei den Filialen um einen einheitlichen Betrieb mit unselbständigen Betriebsteilen oder um einzelne Betriebe im Sinne des Kündigungsschutzgesetzes handelt. Dies ist gerade mit Blick auf die Sozialauswahl entscheidend, da je nach verwendetem Betriebsbegriff der Kreis der für die Vergleichbarkeitsprüfung in Frage kommenden Arbeitnehmer stark von einander abweichen kann. In Rechtsprechung und Literatur werden zur Frage des Betriebsbegriffes im KSchG zwei verschiedene Ansätze vertreten.

---

182 BAG Urteil vom 15.3.2001-2 AZR 151/00- NZA 2001, S. 831.

183 BAG Urteil vom 29. 1. 1987–6/ABR 23/85- AP BetrVG 1972 § 1 Nr. 6; BAG Urteil vom 15.3.2001-2 AZR 151/00- NZA 2001, S. 831 ff.; Stahlhacke/Preis/Schmidt, § 1 KSchG, Rn. 665; grds. zum Betriebsbegriff siehe auch: *Preis*, RdA 2000, S. 257 ff.

184 Löwisch/Spinner-*Löwisch,* § 1 Rn. 345+250 f.; BAG Beschluss vom 14.9.1988-7 ABR 10/87-AP BetrVG 1972 § 1 Nr. 9; zum Begriff der Legaldefinition siehe: *Wank,* Die Auslegung von Gesetzen, S. 19 ff.

185 KR- *Griebeling,* § 1 KSchG Rn. 133; auch ständige Rechtsprechung des BAG: z.B. BAG Urteil vom 15.3.2001-2 AZR 151/00-NZA 2001, S. 831.

186 KR-*Griebeling,* § 1 KSchG Rn. 134.

aa) Einheitlicher arbeitsrechtlicher Betriebsbegriff mit der Anwendung der Fiktion aus § 4 BetrVG

Eine Ansicht in der Literatur geht davon aus, dass im gesamten Arbeitsrecht ein einheitlicher Betriebsbegriff gilt[187]. Nach dieser Auffassung soll insbesondere auch die Fiktion des § 4 BetrVG für bestimmte Betriebsteile beim kündigungsrechtlichen Betriebsbegriff Anwendung finden[188]. Betriebsteile nehmen im Gegensatz zum Betrieb nur eine Teilfunktion des Betriebes wahr, verfügen aber ansonsten im Gegensatz zu einem Betrieb nicht über einen einheitlichen Leitungsapparat[189].

Gestützt wird diese Ansicht zunächst von der Entstehungsgeschichte des Kündigungsschutzgesetzes[190]. Der Gesetzgeber ging im Jahre 1951 ausweislich der Gesetzesbegründung zum Kündigungsschutzgesetz von einer Identität der Begrifflichkeiten aus dem damaligen Betriebsrätegesetz und dem Kündigungsschutzgesetz aus[191]. Zu diesem Zeitpunkt war bereits in § 3 des Gesetzesentwurfes zum BetrVG 1952 vorgesehen, dass einzelne Betriebsteile unter bestimmten Voraussetzungen betriebsratsfähig seien können[192].

Diese Ansicht spricht sich darüber hinaus auch für einen einheitlichen Betriebsbegriff im Betriebsverfassungsgesetz und im Kündigungsschutzgesetz aus, da es hierfür, aufgrund der engen Verknüpfung des Kündigungsschutzgesetzes und des Betriebsverfassungsgesetzes, ein praktisches Bedürfnis gebe[193]. So können z.B. beim Auseinanderfallen von betriebsverfassungsrechtlichem und kündigungsrechtlichem Betriebsbegriff Zuständigkeitsschwierigkeiten bei der Frage des Mitbestimmungsrechts des Betriebsrats auftreten[194]. Es könnte z.B. vorkommen, dass betriebsverfassungrechtlich, durch die Fiktion des § 4 BetrVG, zwei Betriebe vorliegen, während kündigungsrechtlich nur ein Betrieb im Sinne des Kündigungsschutzgesetzes vorliegt[195]. Hier ist es dann in Bezug auf die

187 *Kania/ Gilberg*, NZA 2000, S. 678, 680.

188 *Kania/Gilberg*, NZA 2000, S. 678, 680.

189 KR-*Weigand*, § 23 KSchG Rn. 25a.

190 *Bütefisch*, Die Sozialauswahl, S. 47.

191 Begründung zum Entwurf der Bundesregierung zu einem Kündigungsschutzgesetz v. 23.1.1951, abgedruckt in RdA 1951, S. 58, 63.

192 *Bütefisch*, Die Sozialauswahl, S. 47; siehe auch Entwurf der Bundesregierung zu einem Gesetz über die Neuordnung der Beziehung von Arbeitnehmern. und Arbeitgebern in den Betrieben(BetrVG) v. 31.8.1950, abgedruckt in RdA 1950, 343.

193 *Kania/Gilberg*, NZA 2000, S. 678, 680.

194 *Kania/Gilberg*, NZA 2000, S. 678, 680.

195 *Kania/Gilberg*, NZA 2000, S. 678, 680.

Mitbestimmung nach § 102 BetrVG bei einer Kündigung fraglich, welcher der beiden Betriebsräte dann zu beteiligen wäre[196].

Ein weiteres Argument dieser Ansicht ist die gesetzgeberische Intention des Kündigungsschutzgesetzes, wonach u.a. über § 1 III KSchG das Kündigungsrisiko nach sozialen Gesichtpunkten verteilt werden soll und demjenigen gekündigt werden soll, den die Kündigung „weniger hart trifft"[197]. Es wird auf die Verbundenheit der Arbeitnehmer abgestellt. Ohne die Fiktion des § 4 BetrVG ist die Sozialauswahl auch auf räumlich weit entfernte Betriebsteile zu erstrecken, welche dann dem Hauptbetrieb zuzurechnen sind[198]. Es liegt dann nur ein einheitlicher Betrieb vor. Zwar steht der Arbeitnehmer in einem räumlich weit entfernten Betriebsteil in einer organisatorischen Einheit zu einem Arbeitnehmer des Hauptbetriebes, nicht jedoch in einer „sozialen Betriebsgemeinschaft"[199]. Bei diesen Arbeitnehmern soll nach dieser Ansicht, aufgrund der fehlenden räumlichen Nähe, das Verständnis dafür fehlen, warum sie im Rahmen des § 1 III KSchG in einen „Verdrängungswettbewerb" mit Arbeitnehmern des räumlich weit entfernten Betriebsteils oder Hauptbetriebes treten sollen[200].

bb) Eigener Betriebsbegriff im Kündigungsschutzgesetz

Zwar wird der Betriebsbegriff im Kündigungsschutzgesetz einheitlich verwendet[201], die Rechtsprechung geht jedoch lediglich von einer weitestgehenden Identität der Betriebsbegriffe des Betriebsverfassungsgesetzes und des Kündigungsschutzgesetzes aus[202]. Dieser Ansicht nach kann für den Betriebsbegriff im Kündigungsschutzgesetz nicht der betriebsverfassungsrechtliche Betriebsbegriff zu 100 Prozent zugrunde gelegt werden, und es ist auf den allgemeinen Betriebsbegriff zurückzugreifen[203]. Insbesondere können die gesetzlichen Fiktionen der § § 3, 4 BetrVG, welche für den Betriebsbegriff im BetrVG gelten, nicht für den Betriebsbegriff des Kündigungsschutzgesetzes zur Anwendung kommen, sodass räumlich vom Hauptbetrieb weit entfernte Betriebsteile und organisatorisch eigenständige Betriebsteile im Sinne des § 4 BetrVG nicht als Betriebe im Sinne

---

196 *Kania/Gilberg*, NZA 2000, S. 678, 680.
197 *Kania/Gilberg*, NZA 2000, S. 678, 680.
198 KR-*Griebeling*, § 1 KSchG Rn. 134.
199 *Kania/Gilberg*, NZA 2000, S. 678, 681.
200 *Kania/Gilberg*, NZA 2000, S. 678, 681.
201 Henssler/Willemsen/Kalb-*Quecke*, § 1 KSchG Rz. 259.
202 Vgl. BAG Urteil vom 3.6.2004-2 AZR 386/03-AP KSchG 1969 § 23 Nr. 33.
203 Vgl. BAG Urteil vom. 31. 5. 2007-2 AZR 276/06-AP KSchG 1969 § 1 Soziale Auswahl Nr. 94.

des Kündigungsschutzgesetzes gelten[204]. Nach dieser Ansicht enthält § 4 BetrVG lediglich eine auf „betriebsverfassungsrechtliche Bedürfnisse“ zugeschnittene Begriffsdefinition des Betriebsbegriffes[205].

Dieses Problem zeigt sich vor allem bei räumlich vom Hauptbetrieb entfernten Betriebsteilen, welche nach der Fiktion des § 4 I Nr. 1 BetrVG betriebsverfassungsrechtlich als eigenständige Betriebe gelten.

Die in § 4 S. 1 Nr. 1 BetrVG vorgesehene Fiktion soll die tatsächlichen Voraussetzungen für eine effektive Vertretung der Arbeitnehmer durch den Betriebsrat sicherstellen[206]. Dies wird vor allem dadurch deutlich, dass das BAG bei der Frage der Auslegung des Tatbestandsmerkmals „räumlich weite Entfernung“ im Sinne des § 4 BetrVG nicht allein auf die räumliche Distanz abstellt, sondern darauf, ob bei dieser Entfernung noch eine ordnungsgemäße Betreuung durch den Betriebsrat möglich ist[207]. Gerade dieser Aspekt der gesetzgeberisch gewollten Austausch- und Kommunikationsmöglichkeit zwischen Betriebsrat und Belegschaft, die für das BetrVG maßgeblich sind, spielt für die Frage des Bezugsrahmens bei der betriebsbedingten Kündigung und der Sozialauswahl keine Rolle[208].

Bei Betriebsteilen, die unter § 4 S. 1 Nr. 1 BetrVG fallen und die damit als eigenständige Betriebe im Sinne des BetrVG gelten würden, wäre das Kündigungsschutzgesetz nach § 23 I 2 KSchG nicht anwendbar [209].

Der Betriebsbegriff kann deshalb nicht für alle gesetzlichen Regelungen im Arbeitsrecht einheitlich bestimmt werden[210]. Stattdessen ist nach vorzugswürdiger Ansicht der Betriebsbegriff unter Beachtung des jeweiligen Normzwecks zu bestimmen[211]. Da die betriebsbedingte Kündigung eine unternehmerische Entscheidung voraussetzt, die auf eine Veränderung von bestimmten Arbeitsabläufen innerhalb eines Betriebes gerichtet ist, kommt es für die Bestimmung des Betriebs im Sinne des Kündigungsschutzgesetzes vielmehr darauf an, wo die

204 KR-*Griebeling*, § 1 KSchG Rn. 134.
205 *Berkowsky*, Die betriebsbedingte Kündigung, S. 37.
206 *Bütefisch*, Die Sozialauswahl, S. 48; BAG Urteil vom 21.6.1995-2 AZR 693/94-AP BetrVG 1972, § 1 Nr. 16.
207 BAG Beschluss vom 17.2.1983-6 ABR 64/81-AP BetrVG § 4 Nr. 4.
208 *Bütefisch*, Die Sozialauswahl, S. 48.
209 *Großmann*, Zur Vergleichbarkeit im Rahmen der Sozialauswahl bei betriebsbedingter Kündigung, S. 13.
210 *Berkowsky*, Die betriebsbedingte Kündigung, S. 34.
211 *Preis*, RdA 2000, S. 257, 269.

Kompetenzen für eine derartige Entscheidung und deren Durchführung verortet sind[212].

Es ist daher nach wohl h.M. in erster Linie für die Bestimmung des Betriebes im Sinne des Kündigungsschutzgesetzes entscheidend, ob eine einheitliche Organisation vorliegt[213].

Es soll nach h.M. für die Bestimmung des Betriebes nicht auf eine örtliche Nähe oder einen identischen Arbeitszweck ankommen[214]. Die betriebsverfassungsrechtliche Eigenständigkeit einzelner Betriebsteile nach § 4 BetrVG steht daher einer betriebsbezogenen bzw. betriebsteilübergreifenden Auswahl nach § 1 III KSchG genauso wenig entgegen, wie eine räumliche Entfernung (zum Beispiel ca. 70 km) zum Hauptbetrieb[215]. Kündigungsrechtlich kann trotzdem ein Betrieb im Sinne des § 23 KSchG vorliegen[216].

Für den Betriebsbegriff im Kündigungsschutzgesetz ist es nach der Rechtsprechung des BAG entscheidend, ob eine organisatorische Einheit über einen einheitlichen organisatorischen Leitungsapparat für personelle und soziale Angelegenheiten verfügt[217].

Nach der Rechtsprechung reicht es im Gegensatz dazu für die Betriebsqualität nach dem Betriebsverfassungsgesetz und damit nach § 4 S. 1 Nr. 1 BetrVG aus, wenn im Betriebsteil lediglich eine bloße Vorgesetztenfunktion besteht, die lediglich das Weisungsrecht des Arbeitgebers ausübt[218]. Über einen Leitungsapparat mit Entscheidungskompetenz in personellen und sozialen Angelegenheiten muss der räumlich weit entfernte Betriebsteil nach ständiger Rechtsprechung des BAG für eine Betriebsqualität nach § 4 S. 1 Nr. 1 BetrVG gerade nicht verfügen[219].

Daher sind räumlich vom Hauptbetrieb getrennte Betriebsteile ohne eigenen Leitungsapparat kündigungsschutzrechtlich nicht als selbständige Betriebe zu behandeln, auch wenn diese nach § 4 BetrVG betriebsverfassungsrechtlich als selbständiger Betrieb im Sinne des BetrVG gelten[220]. Das Kündigungsschutzgesetz

---

212 *Bütefisch,* Die Sozialauswahl, S. 48.

213 Z.B. Münchener Kommentar-*Hergenröder,* § 1 KSchG Rn. 334; v. Hoyningen-Huene/Linck-*Krause,* § 1 KSchG Rn. 902.

214 von Hoyningen-Huene/Linck-*Krause*, § 1 KSchG, Rn. 902.

215 von Hoyningen-Huene/Linck-*Krause*, § 1 KSchG, Rn. 901; BAG Urteil vom 3.6.2004-2 AZR 577/03-AP Nr. 141 zu § 102 BetrVG 1972.

216 BAG Urteil vom. 3.6.2004-2 AZR 577/03-AP Nr. 141 zu § 102 BetrVG 1972.

217 BAG Urteil vom 21.6.1995-2 AZR 693/94-AP BetrVG 1972 § 1 Nr. 16.

218 *Bütefisch,* Die Sozialauswahl, S. 48.

219 *Bütefisch,* Die Sozialauswahl, S. 48.

220 KR-*Griebeling*, § 1 KSchG Rn. 139.

enthält keine Fiktion wie die des § 4 BetrVG[221]. Daher können die Regelungen der §§ 4 S. 1 Nr. 1, 3 I Nr. 3 BetrVG im Rahmen des kündigungsrechtlichen Betriebsbegriffs nicht übernommen werden[222]. Ebenfalls kommt nach dem Sinn und Zweck des Kündigungsrechts eine Anwendung von § 4 II BetrVG[223] und § 4 S. 1 Nr. 2 BetrVG zur Bestimmung des kündigungsrechtlichen Betriebsbegriffs nicht in Betracht[224].

Für den Betrieb im kündigungsschutzrechtlichen Sinne wird auf die Reichweite der einheitlichen Betriebsleitung abgestellt und nicht auf das Vorhandensein einer räumlichen Einheit[225]. Innerhalb dieser organisatorischen Einheit übt der Arbeitgeber sein Direktionsrecht aus und organisiert die Arbeit, was gerade für die Sozialauswahl von Bedeutung ist[226]. Dies führt dazu, dass nach h.M. vom Hauptbetrieb weit entfernte Betriebsteile (Filialen oder Zweigstellen ohne eigene Leitung im oben dargestellten Sinne) bei der Berechnung der Betriebsgröße nach § 23 I 2 KSchG dem Hauptbetrieb zuzurechnen sind, wenn die wesentlichen Entscheidungen in personellen und sozialen Angelegenheiten dort getroffen werden[227]. Diese nach § 4 S. 1 BetrVG selbständigen Betriebsteile (z.B. Filialen mit parallelen Betriebszwecken) sind dann aufgrund eines fehlenden Leitungsapparats keine selbständigen Betriebe im Sinne des § 1 KSchG und bilden dann einen Betrieb, auf welchen sich die Sozialauswahl bezieht[228]. Für die Anwendbarkeit des Kündigungsschutzgesetzes ist bei solchen Betrieben mit einem sog. Filialnetz auf die Belegschaft im Gesamtbetrieb abzustellen[229]. Die Sozialauswahl ist dann nach h.M. ebenfalls filial- bzw. betriebsteilübergreifend vorzunehmen und bezieht sich nach dem Grundsatz der Betriebsbezogenheit der Sozialauswahl auf den Betrieb mit allen möglicherweise räumlich weit entfernten Betriebsteilen[230].

cc) Stellungnahme zum Betriebsbegriff im Kündigungsschutzgesetz

Mit der h.M. ist die Anwendbarkeit des § 4 S. 1 BetrVG für den Betriebsbegriff im Kündigungsrecht zu verneinen. Folglich können auch räumlich weit entfernte

---

221 KR-*Griebeling*, § 1 KSchG Rn. 139.
222 KR-*Griebeling*, § 1 KSchG Rn. 139; *Schröder*, ZTR 1995, S. 394, 395.
223 ErfK-*Kiel*, § 23 KSchG Rn. 4.
224 *Bütefisch*, Die Sozialauswahl, S. 50.
225 ErfK-*Kiel*, § 23 KSchG Rn. 4.
226 Von Hoyningen-Huene/Linck-*Krause*, §1 KSchG, Rn. 901 ff.
227 ErfK-*Kiel*, § 23 KSchG Rn. 4.
228 *Linck*, AR-Blattei SD, 1020.1.2., S. 4.
229 BAG Urteil vom 26.8.1971-2 AZR 233/70-AP KSchG 1969 § 23 Nr. 1.
230 *Bütefisch*, Die Sozialauswahl, S. 53.

Betriebsteile im Sinne des § 4 I S. 1 Nr. 1 BetrVG und der Hauptbetrieb einen Betrieb im Sinne des § 23 KSchG bilden[231]. Betriebsverfassungsrechtlich abweichende Strukturen hinsichtlich der Bestimmung des Betriebes sind daher für das KSchG grundsätzlich nicht maßgeblich[232]. Dafür spricht auch der Grundsatz der Relativität der Rechtsbegriffe[233]. Danach kann ein und derselbe Rechtsbegriff in unterschiedlichen Gesetzen unterschiedliche Bedeutung haben[234]. Außerdem lassen sich die Zwecke für die Fiktion des § 4 BetrVG nicht auf den Sinn und Zweck von § 1 III KSchG übertragen.

Folgt man dieser Ansicht, führt dies allerdings in einigen Situationen zu Schwierigkeiten in Bezug auf die Mitbestimmung des Betriebsrates bei Kündigungsentscheidungen des Arbeitgebers[235]. Vor allem bei der Sozialauswahl nach einer Auswahlrichtlinie im Sinne des § 95 BetrVG kann es allerdings zu Schwierigkeiten kommen, wenn der Geltungsbereich der kollektivrechtlichen Vereinbarung des Betriebsrates und der räumliche Bereich des auswahlrelevanten Personenkreises auseinanderfallen[236].

Dennoch ist der ständigen Rechtsprechung des BAG[237] und der herrschenden Meinung in der Literatur[238] zu folgen, welche für das KSchG den allgemeinen Betriebsbegriff anwenden, jedoch ohne die Fiktionen der §§ 3,4 BetrVG zu verwenden. Bundesweit verstreute Filialen eines zentral gesteuerten und gelenkten Unternehmens können daher einen einheitlichen Betrieb im Sinne des Kündigungsschutzgesetzes und damit für die Sozialauswahl bilden[239].

Werden nach der h.M zum Betriebsbegriff einzelne Betriebsteile abweichend von § 4 BetrVG kündigungsrechtlich als zum Hauptbetrieb zugehörig angesehen, kann theoretisch der Fall eintreten, dass die Auswahlrichtlinie nur auf einen Teil des auswahlrelevanten Personenkreises Anwendung findet, da die Sozialauswahl nach h.M. zwischen allen Arbeitnehmern des Betriebes im Sinne des

---

231 BAG Urteil vom 31.5.2007-2 AZR 276/06-AP KSchG 1969 § 1 Soziale Auswahl Nr. 94.

232 BAG Urteil vom 18.10.2006-2 AZR 434/05-AP KSchG 1969 § 1 Betriebsbedingte Kündigung Nr. 160; Henssler/Willemsen/Kalb-*Quecke,* § 1 KSchG Rz. 259.

233 *Wank,* Die Auslegung von Gesetzen, S. 45.

234 *Wank,* Die Auslegung von Gesetzen, S. 45.

235 *Bütefisch,* Die Sozialauswahl, S. 50.

236 *Bütefisch,* Die Sozialauswahl, S. 51.

237 Siehe z.B. BAG Urteil vom 31.5.2007-2 AZR 218/06-AP KSchG 1969 § 1 Soziale Auswahl Nr. 94.

238 Vgl. statt vieler: ErfK-*Koch,* § 3 BetrVG Rn. 12.

239 Henssler/Willemsen/Kalb-*Quecke,* § 1 KSchG Rz. 259.

§ 1 KSchG, also auch den Arbeitnehmern der einzelnen Betriebsteile, durchzuführen ist[240]. Diese Konstellation scheint jedoch eher ein theoretisches Problem zu sein[241] und kann bei einer starken Zersplitterung des Betriebes in viele Betriebsteile mit einer Zuständigkeit des Gesamtbetriebsrates gem. § 50 I BetrVG gelöst werden[242]. Diese Einwände stehen daher der von der h.M. vertretenen Auslegung zum Betriebsbegriff im Rahmen des § 1 III KSchG nicht entgegen.

f) Räumliche Reichweite der Sozialauswahl beim Gemeinsamen Betrieb

Ein weiteres Sonderproblem in Bezug auf die für die Vergleichbarkeitsprüfung und die für die Sozialauswahl relevante Organisationseinheit stellt sich bei der betriebsbedingten Kündigung in einem Gemeinsamen Betrieb.

Es ist fraglich, welche Arbeitnehmer bei einer betriebsbedingten Kündigung in einem Gemeinsamen Betrieb in die Sozialauswahl im Sinne des § 1 III KSchG einzubeziehen sind. Ein Gemeinsamer Betrieb im Sinne des § 1 II BetrVG liegt vor, wenn mindestens zwei rechtlich selbständige Unternehmen in einer gemeinsamen Betriebsstätte die vorhandenen Betriebsmittel für einen oder mehrere arbeitstechnische Zwecke gemeinsam einsetzen und ein einheitlicher Leitungsapparat für die dort beschäftigten Arbeitnehmer besteht[243]. Hierzu müssen sich die Unternehmen zu einer gemeinsamen Führung rechtlich verbunden haben[244]. Entscheidende Voraussetzung für einen gemeinsamen Betrieb ist damit die gemeinsame Leitungsmacht und ein einheitlicher Leitungsapparat[245]. Ein einheitlicher Leitungsapparat zeichnet sich dadurch aus, dass die wesentlichen Arbeitgeberfunktionen in personellen und sozialen Angelegenheiten von einer einheitlichen Leitung wahrgenommen werden, insbesondere das Weisungsrecht von dieser ausgeübt wird[246]. Die Besonderheit bei einem Gemeinsamen Betrieb liegt darin, dass in einem Betrieb die Arbeitnehmer bei unterschiedlichen Arbeitgebern beschäftigt sind[247].

---

240 *Bütefisch,* Die Sozialauswahl, S. 51.

241 *Bütefisch,* Die Sozialauswahl, S. 51.

242 Siehe zur Zuständigkeitsverteilung zwischen Einzel und Gesamtbetriebsrat beim Abschluss von Auswahlrichtlinien BAG Urteil vom 3.5.1984-6 ABR 68/81-AP BetrVG 1972, § 95 Nr. 5; *Bütefisch,* Die Sozialauswahl, S. 51.

243 ErfK-*Koch,* § 1 BetrVG Rn. 14.

244 ErfK-*Koch,* § 1 BetrVG Rn. 14.

245 BAG Urteil vom 13.6.1985-2 AZR 452/84-AP KSchG 1969 § 1 Nr. 10.

246 von Hoyningen-Huene/Linck-*Krause,* § 1 KSchG, Rn. 902.

247 *Linck,* Die soziale Auswahl bei betriebsbedingter Kündigung, S. 22.

Da die Unternehmen rechtlich selbständig sind, würde sich im Rahmen einer betriebsbedingten Kündigung der auswahlrelevante Personenkreis an sich nur auf den betroffenen Betrieb des jeweiligen Unternehmens beschränken[248].

Nach h.M. ist bei einer betriebsbedingten Kündigung im gemeinsamen Betrieb die Sozialauswahl auf sämtliche vergleichbaren Arbeitnehmer des Betriebs bis zur Auflösung des Gemeinschaftsbetriebes zu erstrecken[249]. Dieser ist dann für den auswahlrelevanten Personenkreis maßgebend[250], und der Grundsatz der Betriebsbezogenheit der Sozialauswahl gilt damit auch für den Gemeinsamen Betrieb[251]. Dies führt dazu, dass infolge einer betriebsbedingten Kündigung in einem Unternehmen des Gemeinsamen Betriebes einem sozial stärkeren Arbeitnehmer im Sinne des § 1 III KSchG eines anderen Unternehmens in dem Betrieb vorrangig gekündigt werden muss[252]. Gleichzeitig wäre dieses Unternehmen verpflichtet, den sozial schwächeren Arbeitnehmer des anderen Arbeitgebers einzustellen und auf dem freigekündigten Arbeitsplatz zu beschäftigen[253]. Auf andere Betriebe eines einzelnen an dem gemeinsamen Betrieb beteiligten Unternehmens ist die Sozialauswahl jedoch nicht zu erstrecken[254].

g) Räumliche Reichweite der Sozialauswahl im Rahmen eines Betriebsübergangs nach § 613 a BGB

Auch bei einer betriebsbedingten Kündigung im Zusammenhang mit einem Betriebsübergang nach § 613 a BGB hat der Arbeitgeber nach ganz h.M. eine Sozialauswahl vorzunehmen[255].

---

248 *Grossmann,* Zur Vergleichbarkeit im Rahmen der Sozialauswahl bei betriebsbedingter Kündigung, S. 31.

249 *Grossmann,* Zur Vergleichbarkeit im Rahmen der Sozialauswahl bei betriebsbedingter Kündigung, S. 34; BAG Urteil vom 29.11.2007-2 AZR 214/04-AP KSchG 1969 § 1 Soziale Auswahl Nr. 95; von Hoyningen-Huene/Linck-*Krause*, § 1 KSchG, Rn. 902; Henssler/Willemsen/Kalb-*Quecke,* § 1 KSchG Rz. 336.

250 *Grossmann,* Zur Vergleichbarkeit im Rahmen der Sozialauswahl bei betriebsbedingter Kündigung, S. 34.

251 *Pollmann,* Die Sozialauswahl, S. 14; BAG Urteil vom 5.5.1994-2 AZR 917/93-AP KSchG 1969 § 1 Soziale Auswahl Nr. 23.

252 *Pollmann,* Die Sozialauswahl, S. 14.

253 *Pollmann,* Die Sozialauswahl, S. 14.

254 von Hoyningen-Huene/Linck-*Krause*, § 1 KSchG Rn. 904; BAG Urteil vom 15.12.1994-2 AZR 320/94-AP KSchG 1969 § 1 Betriebsbedingte Kündigung Nr. 66.

255 Münchener Kommentar-*Hergenröder,* § 1 KSchG Rn. 338; so auch die st. Rechtsprechung des BAG, z.B. BAG Urteil vom 24.2.2000-8 AZR 167/99-AP KSchG 1969 § 1 Soziale Auswahl Nr. 47; Henssler/Willemsen/Kalb-*Quecke,* § 1 KSchG Rz. 336.

Daher stellt sich die Frage der räumlichen Reichweite der Sozialauswahl auch bei einer betriebsbedingten Kündigung im Zusammenhang mit einem Betriebsübergang im Sinne des § 613 a BGB und insbesondere die Frage, ob der Ansatz der strengen Betriebsbezogenheit der Sozialauswahl auch in solchen Fällen angewendet werden kann.

Gerade wenn die betriebsbedingte Kündigung im Zusammenhang mit einem Betriebsübergang fällt, ist fraglich, auf welche Arbeitnehmer sich die Sozialauswahl im Sinne des § 1 III KSchG zu erstrecken hat. Für die Bestimmung des für die Sozialauswahl maßgeblichen Betriebes ist nach verschiedenen Fallkonstellationen im Einzelfall zu differenzieren[256].

Neben der Unterscheidung, ob die Kündigung vor oder nach dem Betriebsübergang ausgesprochen wird[257], ist es relevant, ob der Betrieb als eigenständige Organisation vom Erwerber fortgeführt wird oder nicht[258].

Vergleichsweise einfach ist die Frage zu beantworten, auf welchen Kreis der Arbeitnehmer sich die Sozialauswahl zu erstrecken hat, in der Konstellation, dass ein ganzer Betrieb auf einen neuen Inhaber übertragen wird, die Kündigung vor der Veräußerung erfolgt und der Inhaber den Betrieb als eigenständige Organisation weiterführt[259]. In diesem Fall sind nach dem Grundsatz der Betriebsbezogenheit der Sozialauswahl alle Arbeitnehmer dieses Betriebes in die Sozialauswahl einzubeziehen, solange diese ansonsten vergleichbar sind[260]. Hier spielt es auch keine Rolle, ob die Kündigung durch den Erwerber oder den Veräußerer ausgesprochen wird[261].

Schwieriger ist die räumliche Reichweite der Sozialauswahl in den Fällen zu beurteilen, in denen sich mit dem Betriebsübergang auch die organisatorische Zuordnung des Betriebes oder des Betriebsteils beim Erwerber ändert[262]. So kann z.B. ein bisher unselbständiger Betriebsteil nun als selbständiger Betrieb geführt werden oder ein bisher eigenständiger Betrieb in einen anderen Betrieb

---

256 Henssler/Willemsen/Kalb-*Quecke,* § 1 KSchG Rz. 336; *Bütefisch,* Die Sozialauswahl, S. 88.

257 von Hoyningen-Huene/Linck-*Krause,* § 1 KSchG, Rn. 909 ff.

258 *Bütefisch,* Die Sozialauswahl, S. 88.

259 *Bütefisch,* Die Sozialauswahl, S. 88.

260 *Bütefisch,* Die Sozialauswahl, S. 88.

261 Henssler/Willemsen/Kalb-*Quecke,* § 1 KSchG Rz. 336; *Bütefisch,* Die Sozialauswahl, S. 88;

262 *Bütefisch,* Die Sozialauswahl, S. 88.

eingegliedert werden[263]. Außerdem ist es entscheidend, zu welchem Zeitpunkt die betriebsbedingte Kündigung ausgesprochen wird[264].

aa) Kündigung vor dem Betriebs (Teil)übergang und vor dem Wirksamwerden des Übernahmevertrages

In dieser Konstellation kündigt der Veräußerer des Betriebes aufgrund einer eigenen unternehmerischen Entscheidung, um den Personalbestand zu verringern und so den Betrieb für einen Erwerber attraktiver und damit rentabler zu machen[265]. Sofern die Kündigung nicht gegen das Verbot des § 613 a IV BGB verstößt, ist die Kündigung an § 1 KSchG zu messen, d.h. der Arbeitgeber ist auch in diesem Fall verpflichtet, eine Sozialauswahl durchzuführen[266]. Kündigt der bisherige Arbeitgeber, der Veräußerer des Betriebes, aufgrund einer eigenen unternehmerischen Entscheidung vor dem Übergang des Betriebes, sind alle Arbeitnehmer in den Vergleich mit einzubeziehen, die in diesem beschäftigt sind[267]. Für diese Fallvariante ist die Frage nach der räumlichen Reichweite der Sozialauswahl vergleichsweise einfach zu beantworten.

Schwieriger wird es aber, wenn statt eines ganzen Betriebes nur ein Betriebsteil im Sinne des § 613 a I BGB veräußert wird. Hier stellt sich die Frage, ob nur die Arbeitnehmer des betroffenen Betriebsteils oder auch die übrigen Arbeitnehmer des Betriebes im Falle einer betriebsbedingten Kündigung vor Übergang dieses Betriebsteils in die Sozialauswahl einzubeziehen sind[268].

Nach herrschender Ansicht hat der Arbeitgeber die Sozialauswahl in Fällen des Teilbetriebsübergangs zwischen allen Arbeitnehmern des Betriebes einschließlich des später übergehenden Betriebsteils durchzuführen[269].

Demgegenüber vertritt eine andere Ansicht in der Literatur eine differenziertere Position[270]. Ausgangspunkt dieser Ansicht ist das Prognoseprinzip, welches

263 *Bütefisch,* Die Sozialauswahl, S. 88.
264 von Hoyningen-Huene/Linck-*Krause,* § 1 KSchG, Rn. 860.
265 *Bütefisch,* Die Sozialauswahl, S. 89.
266 Henssler/Willemsen/Kalb-*Quecke,* § 1 KSchG Rz. 336.
267 *Hergenröder* AR-Blattei SD 500.1 Rn. 389; von Hoyningen-Huene/Linck-*Krause,* § 1 KSchG, Rn. 910.
268 *Bütefisch,* Die Sozialauswahl, S. 89.
269 *Linck,* Die soziale Auswahl bei betriebsbedingter Kündigung, S. 32; *Lück,* Probleme der Sozialauswahl nach § 1 III KSchG S. 38, KR-*Griebeling,* § 1 KSchG Rn. 611; von Hoyningen-Huene/Linck-*Krause,* § 1 KSchG, Rn. 911.
270 *Moll/Steinbach,* MDR 1997, S. 711, 713.

sich nach dieser Ansicht auch auf die Sozialauswahl erstrecken soll[271]. Es kommt nach dieser Ansicht entscheidend darauf an, ob der Betriebsteil, der veräußert wird und in welchem die Beschäftigungsmöglichkeit weggefallen ist, in Zukunft noch Teil des Veräußererbetriebes ist oder nicht[272]. Endet die Kündigungsfrist des zu entlassenen Arbeitnehmers vor dem Zeitpunkt der Übertragung des Betriebes, so ist die Sozialauswahl nach Moll/Steinbach auf alle vergleichbaren Arbeitnehmer des Betriebes beim Veräußerer zu erstrecken[273]. Endet die Kündigungsfrist stattdessen erst nach der Übertragung des Betriebes, so ist die Sozialauswahl nur zwischen den vergleichbaren Arbeitnehmern des betroffenen Betriebsteils vorzunehmen, in welchem die Arbeitsplätze wegfallen sind[274]. Zwar ist dem Ansatz von Moll/Steinbach zuzugeben, dass das Prognoseprinzip dem Grunde nach auch bei der betriebsbedingten Kündigung zur Anwendung kommt[275], aber eben nicht bei der Sozialauswahl[276]. Es werden darüber hinaus zu Recht auch zahlreiche andere Bedenken in der Literatur gegen diesen Ansatz geäußert[277]. Dieser Ansatz widerspricht z.B. der klaren gesetzgeberischen Wertung, der § 1 III KSchG und § 622 BGB zugrunde liegt, wonach Arbeitnehmer mit einer längeren Betriebszugehörigkeit stärken Kündigungsschutz genießen sollen als Arbeitnehmer ohne Kündigungsschutz[278]. Der von Moll/Steinbach angeführte Ansatz würde aber dazu führen, dass in diesen Fällen Arbeitnehmer mit einer geringeren Betriebszugehörigkeit besser gestellt wären[279]. Bei Arbeitnehmern mit einer kürzeren Kündigungsfrist nach § 622 BGB wird die Kündigung häufiger vor dem Übergang des Betriebes wirksam, während bei Arbeitnehmern mit einer längeren Kündigungsfrist diese häufig erst nach dem Übergang abläuft[280].

---

271 *Moll/Steinbach,* MDR 1997, S. 711, 713; a.A, BAG Urteil vom 21.4.2005-2 AZR 241/04-AP KSchG 1969 § 1 Soziale Auswahl Nr. 74; hiernach ist der Kreis der in die Sozialauswahl einzubeziehenden Arbeitnehmer, also die Prüfung der Vergleichbarkeit von Arbeitnehmern, nach den Verhältnissen im Zeitpunkt der beabsichtigten des Kündigungszugangs zu bestimmen.

272 *Bütefisch,* Die Sozialauswahl, S. 90.

273 *Moll/Steinbach,* MDR 1997, S. 711, 713.

274 *Moll/Steinbach,* MDR 1997, S. 711, 713.

275 *Preis,* Prinzipien des Kündigungsrechts bei Arbeitsverhältnissen, S. 330 f.

276 BAG Urteil vom 21.4.2005-2 ATR 241/04-AP KSchG 1969 § 1 Soziale Auswahl Nr. 74.

277 *Bütefisch,* Die Sozialauswahl, S. 90.

278 *Bütefisch,* Die Sozialauswahl, S. 90.

279 *Bütefisch,* Die Sozialauswahl, S. 90.

280 *Bütefisch,* Die Sozialauswahl, S. 91.

Dies führt dazu, dass bei Arbeitnehmern mit einer kürzeren Kündigungsfrist bei der Sozialauswahl alle Arbeitnehmer des Ausgangsbetriebes für die Prüfung der Vergleichbarkeit einzubeziehen sind, während bei Arbeitnehmern mit einer längeren Frist die Sozialauswahl häufig auf die Arbeitnehmer des Betriebsteils beschränkt wäre[281]. Es ist daher der herrschenden Auffassung zu folgen, da es keine hinreichende Rechtfertigung dafür gibt, vom grundsätzlichen Betriebsbezug der Sozialauswahl zugunsten einer möglicherweise betriebsabteilungsbezogenen Sozialauswahl abzuweichen.

bb) Kündigung nach dem Übergang des Betrieb (Teilbetriebs) und nach dem Wirksamwerden des Übernahmevertrages

Auch bei einer betriebsbedingten Kündigung im Zusammenhang mit § 613 a BGB ist nach einem vollzogenen Betriebsübergang die Sozialauswahl grundsätzlich betriebsbezogen durchzuführen[282].

Bei einer betriebsbedingten Kündigung von Arbeitnehmern im alten Betrieb des Übernehmers nach einem Betriebsübergang ist hinsichtlich des auswahlrelevanten Personenkreises danach zu differenzieren, ob der neue übernommene Betrieb unabhängig als eigene organisatorische Einheit weitergeführt wird oder nicht[283].

Sofern der Erwerber des Betriebes oder des Betriebsteils den Betrieb oder den Betriebsteil als eigenständige organisatorische Einheit getrennt fortführt, sind im Falle einer Kündigung alle Arbeitnehmer dieser organisatorischen Einheit in den auswahlrelevanten Personenkreis einzubeziehen[284]. Dies ergibt sich bereits aus dem Grundsatz der Betriebsbezogenheit der Sozialauswahl, der ansonsten durchbrochen wäre[285]. § 613 a BGB will die Rechtsstellung der vom Übergang des Betriebes betroffenen Arbeitnehmer zwar erhalten, nicht jedoch verbessern, indem der Kreis der für die Vergleichbarkeitsprüfung relevanten Arbeitnehmer über den von der Kündigung betroffenen Beschäftigungsbetrieb hinaus erweitert wird[286].

---

281 *Bütefisch,* Die Sozialauswahl, S. 91.

282 von Hoyningen-Huene/Linck-*Krause,* § 1 KSchG, Rn. 912; Henssler/Willemsen/Kalb-*Quecke,* § 1 KSchG Rz. 337 f.

283 *Linck,* Die soziale Auswahl bei betriebsbedingter Kündigung, S. 34.

284 *Henckel,* ZGR 1984, S. 232, 234 f.; *Linck,* Betriebsbedingte Kündigung, S. 33; *Hergenröder,* AR-Blattei SD 500.1 Rn. 390.

285 von Hoyningen-Huene/Linck-*Krause,* § 1 KSchG, Rn. 912; *Kreitner,* Kündigungsrechtliche Probleme beim Betriebsinhaberwechsel, S. 116.

286 *Hergenröder,* AR-Blattei SD 500.1 Rn. 390.

Wird der übergehende Betrieb oder Betriebsteil jedoch in einen vorhandenen Betrieb des Erwerbers integriert, besteht also ein einheitlicher Leitungsapparat[287], ist es fraglich, ob alle vergleichbaren Arbeitnehmer in dem neuen Betrieb des Erwerbers in die Sozialauswahl räumlich einbezogen werden können[288]. Während einerseits ein enger sachlicher Zusammenhang zwischen der die Kündigung begründenden unternehmerischen Entscheidung und dem Betriebsteilübergang oder dem Betriebsübergang gefordert wird [289], wird überwiegend angenommen, dass die Sozialauswahl nach dem Grundsatz der Betriebsbezogenheit auch ohne einen solchen Zusammenhang streng betriebsbezogen zwischen allen Arbeitnehmern vorzunehmen ist[290].

Letzterer Ansatz ist vorzugswürdig, da bei einer Sozialauswahl, welche sich nur auf die übernommenen Arbeitnehmer erstrecken würde, diese gegenüber den anderen Arbeitnehmern unzulässig benachteiligen würden[291]. Somit ist in dem Fall einer Eingliederung des Betriebes oder des Betriebsteils des Veräußerers in den Betrieb des Erwerbers die Auswahl hinsichtlich der Vergleichbarkeitsprüfung im Falle einer betriebsbedingten Kündigung auf den gesamten Betrieb nach dem Prinzip der Betriebsbezogenheit der Sozialauswahl anzuwenden.

Besonders schwierig sind Fälle zu beurteilen, in denen ein Überhang an Arbeitskräften entsteht, der durch die betriebsbedingte Kündigung abgebaut werden soll, welcher aus der Übernahme oder der Eingliederung des Betriebsteils oder des Betriebes resultiert[292].

Nach einer Ansicht in der Literatur soll sich die Sozialauswahl in einem solchen Fall auf die Arbeitnehmer des übernommenen Betriebes oder Betriebsteiles beschränken[293]. Als Hauptargument wird angeführt, dass die Arbeitnehmer des Erwerberbetriebes durch die Einbeziehung in den für die Sozialauswahl nach § 1 III KSchG auswahlrelevanten Personenkreises nicht das Kündigungsrisiko tragen dürfen, deren Ursache alleine der Veräußerer setzt[294]. Daher ist nach dieser Ansicht der übernommene Betriebsteil bzw. der Betrieb, der in den Betrieb des Erwerbers integriert wird, als selbständiger Betrieb im Sinne des KSchG

287 Münchener Kommentar-*Hergenröder*, § 1 KSchG Rn. 338.
288 *Bütefisch*, Die Sozialauswahl, S. 94.
289 *Kreitner*, Kündigungsrechtliche Probleme beim Betriebsinhaberwechsel, S. 118.
290 *Hergenröder*, AR-Blattei SD 500.1 Rn. 390; *Linck*, AR-Blattei SD, 1020.1.2., S. 10.
291 *Hergenröder*, AR-Blattei SD 500.1 Rn. 391; vgl. *Loritz*, RdA 1987, S. 63, 84.
292 *Bütefisch*, Die Sozialauswahl, S. 94.
293 *Henckel*, ZGR 1984, S. 225, 235.
294 *Henckel*, ZGR 1984, S. 225, 235.

anzusehen, solange die Kündigung noch im Zusammenhang mit dem Übergang steht[295].

Gegen diese Ansicht wird von einer anderen Ansicht das Argument angeführt, dass es sich bei der Entscheidung zur Eingliederung in den bestehenden Betrieb um eine von Art. 12 und 14 GG grundrechtlich geschützte unternehmerische Entscheidung handelt[296]. Es ist kein Grund ersichtlich, warum diese, anders als andere unternehmerische Entscheidungen, kein Kündigungsrisiko für die Arbeitnehmer des aufnehmenden Betriebes oder Betriebsteiles begründen soll[297]. Gleichzeitig ist es auch § 613 a BGB nach h.M. nicht zu entnehmen, dass der Bestandsschutz dieser Norm nur für Arbeitnehmer des übertragenden Betriebes oder Betriebsteils gilt[298]. Daher ist diesem Ansatz nicht zu folgen.

Es ist vielmehr nach überzeugender Ansicht für die Einbeziehung der Arbeitnehmer des „alten" Betriebes zu unterscheiden zwischen der Eingliederung eines auch bislang unselbständigen Betriebsteils und der Eingliederung eines vor Übergang des Betriebes nach § 613 a BGB selbständigen Betriebes[299]. Solange ein Betriebsteil noch in den Veräußererbetrieb integriert ist, müsste der Veräußerer alle Arbeitnehmer des Betriebes bei sonstiger Vergleichbarkeit im Rahmen einer betriebsbedingten Kündigung in die Sozialauswahl einbeziehen[300].

Würde man die Sozialauswahl nach einem Betriebsübergang auf die Arbeitnehmer des übertragenden Betriebsteils beschränken, würde sich das Risiko der Kündigung des einzelnen Arbeitnehmers erhöhen, da statt einer betriebsbezogenen Sozialauswahl diese nun betriebsteilbezogenen durchgeführt werden würde[301]. Die gleiche Erhöhung des Kündigungsrisikos, in Form eines kleineren Kreises auswahlrelevanter Arbeitnehmer für die Sozialauswahl, ergibt sich auch, wenn ein Betriebsteil nach dem Übergang als eigenständiger Betrieb weitergeführt wird[302]. Diese kündigungsrechtliche Schlechterstellung würde gegen die Bestandsgarantie des § 613 a BGB verstoßen und zudem die anderen Arbeitnehmer benachteiligen[303]. Daher sind nach richtiger Auffassung alle Arbeitnehmer des Erwerberbetriebs in den auswahlrelevanten Personenkreis aufzunehmen,

---

295 *Henckel,* ZGR 1984, S. 225, 235.
296 *Bütefisch,* Die Sozialauswahl, S. 95.
297 *Bütefisch,* Die Sozialauswahl, S. 95.
298 *Linck,* Die soziale Auswahl bei betriebsbedingter Kündigung, S. 34.
299 *Bütefisch,* Die Sozialauswahl, S. 95.
300 *Bütefisch,* Die Sozialauswahl, S. 96.
301 *Kreitner,* Kündigungsrechtliche Probleme beim Betriebsinhaberwechsel, S. 119.
302 *Bütefisch,* Die Sozialauswahl, S. 96.
303 *Bütefisch,* Die Sozialauswahl, S. 96.

wenn in einem eingegliederten Betriebsteil aufgrund eines Erwerberkonzepts Beschäftigungsmöglichkeiten wegfallen[304].

Somit sind nach einem vollzogen Betriebsübergang grundsätzlich alle Arbeitnehmer des Betriebes in die Sozialauswahl einzubeziehen. Führt der Erwerber den Betriebsteil oder den Betrieb nicht als selbständige organisatorische Einheit weiter, sondern gliedert er diesen in eine vorhandene organisatorische Einheit, sind alle Arbeitnehmer des Erwerberbetriebes bei sonstiger Vergleichbarkeit in die Sozialauswahl einzubeziehen[305]. Die Arbeitnehmer des übergehenden Betriebes oder Betriebsteils werden nach einem wirksamen Betriebsübergang Arbeitnehmer des Übernahmebetriebes[306]. Eine räumliche Beschränkung der Auswahl auf diese wäre eine unzulässige Benachteiligung der anderen Arbeitnehmer[307]. Widerspricht der Arbeitnehmer nach § 613 a VI 1 BGB dem Übergang des Arbeitsverhältnisses, besteht das Arbeitsverhältnis beim alten Arbeitgeber fort, der nun betriebsbedingt kündigen kann[308]. Die Vergleichbarkeitsprüfung ist bei einem Teilbetriebsübergang, bei welchem noch Arbeitsplätze beim alten Arbeitgeber erhalten bleiben, nach nun h.M. unter allen nicht gekündigten vergleichbaren Arbeitnehmern des Betriebes eine Sozialauswahl durchzuführen[309]. Der Widerspruch des Arbeitnehmers ist im Rahmen der Sozialauswahl aufgrund des eindeutigen Wortlauts zwischen den vergleichbaren Arbeitnehmern nach h.M. nicht zu berücksichtigen[310].

6. *Horizontale oder vertikale Vergleichbarkeit der Arbeitnehmer bei der Sozialauswahl*

Wie eben ausgeführt, ist die räumliche Reichweite des auswahlrelevanten Personenkreises für die Sozialauswahl auf den Betrieb des unmittelbar kündigungsbedrohten Beschäftigten beschränkt. Es ist jedoch fraglich, auf welche vergleichbaren Arbeitnehmer sich die Sozialauswahl innerhalb des Beschäftigungsbetriebs erstrecken soll.

Es ist daher zu klären, ob innerhalb des Betriebes, der den organisatorischen Bezugsrahmen für die Auswahl darstellt, nur die Arbeitnehmer der gleichen

304 *Kreitner,* Kündigungsrechtliche Probleme beim Betriebsinhaberwechsel, S. 119.

305 *Linck,* AR Blattei, SD 1020.1.2. Rn. 16.

306 *Linck,* AR Blattei, SD 1020.1.2. Rn. 16.

307 *Linck,* AR Blattei, SD 1020.1.2. Rn. 16.

308 Münchener Kommentar-*Hergenröder,* § 1 KSchG Rn. 339.

309 BAG Urteil vom 31.5.2007-2 AZR 276/06-AP KSchG 1969 § 1 Soziale Auswahl Nr. 94 ; A.A. z.B. *Ingelfinger,* ZfA 1996, S. 591, 605 ff.

310 z.B. Münchener Kommentar-*Hergenröder,* § 1 KSchG Rn. 339.

Hierachiestufe[311] in die Sozialauswahl einzubeziehen sind, oder ob auch Arbeitnehmer, deren Arbeitsplätze auf unterschiedlicher Hierachieebene liegen, in die Auswahl nach § 1 III KSchG einzubeziehen sind und daher für die Vergleichbarkeitsprüfung berücksichtigt werden müssen.

Zu dieser Problematik existiert ebenfalls keine ausdrückliche gesetzliche Vorgabe in § 1 III KSchG, so dass es auch hier unterschiedliche Auffassungen vertreten werden[312].

In der Literatur wird diese Problematik unter dem Schlagwort der „horizontalen Vergleichbarkeit“ und der „vertikalen Vergleichbarkeit“ diskutiert[313]. Hierbei ist es wichtig, sich zunächst Klarheit über die in Rechtsprechung und Literatur verwendeten Begriffe zu verschaffen.

Unter einer vertikalen Vergleichbarkeit wird heute vor allem nur noch die Vergleichbarkeit „nach unten[314]“ verstanden, also die Situation, dass ein unmittelbar kündigungsbedrohter Arbeitnehmer bei einer entsprechenden Bereitschaft auch mit solchen Arbeitnehmern nach den noch auszuführenden Kriterien auf eine Vergleichbarkeit hin zu prüfen ist, die eine Tätigkeit auf einer niedrigeren Hierachiestufe innerhalb des Betriebes ausüben[315]. Ein Einsatz des Arbeitnehmers auf einer höheren Betriebsebene, also eine vertikale Vergleichbarkeit „nach oben[316]“, wird nicht ernsthaft diskutiert, da es gegen die Vertragsfreiheit des Arbeitgebers verstoßen würde, wenn dieser nicht Stellen auf einer höheren Betriebsebene frei selbst besetzten könnte[317]. Gleichzeitig dürfte in der Praxis dieser Fall nicht häufig relevant werden, da dem Arbeitnehmer häufig die entsprechende berufliche Qualifikation fehlen wird[318]. Daher wird im Folgenden unter einer vertikalen Vergleichbarkeit die Vergleichbarkeit eines unmittelbar kündigungsbedrohten Arbeitnehmers „nach unten[319]“ verstanden. Die horizontale Vergleichbarkeit meint folglich die Vergleichbarkeit von Arbeitnehmern auf der gleichen Betriebshierachieebene.

---

311 Hinsichtlich typischer Hierachiestufen in einem Betrieb, siehe *Berkowsky,* Die betriebsbedingte Kündigung, S. 174.

312 Vgl. *Färber,* NZA 1985, S. 175.

313 *Berkowsky,* Die betriebsbedingte Kündigung, S. 175.

314 *Linck,* Die soziale Auswahl bei betriebsbedingter Kündigung, S. 55.

315 *Berkowsky,* Die betriebsbedingte Kündigung, S. 175.

316 *Pollmann,* Die Sozialauswahl, S. 37.

317 *Pollmann,* Die Sozialauswahl, S. 37; BAG Urteil vom 29.3.1990-2 AZR 369/89-AP KSchG § 1 Betriebsbedingte Kündigung Nr. 50.

318 *Linck,* Die soziale Auswahl bei betriebsbedingter Kündigung, S. 55.

319 *Linck,* Die soziale Auswahl bei betriebsbedingter Kündigung, S. 55.

Es sind grundsätzlich zwei unterschiedliche Fallkonstellationen denkbar, bei denen die Frage einer vertikalen oder horizontalen Vergleichbarkeit, also die Frage, welcher Bezugsrahmen für die Sozialauswahl innerhalb des Betriebes maßgeblich ist, Bedeutung gewinnt[320].

Zum einen geht es um Fälle, in denen der unmittelbar durch die Kündigung bedrohte Arbeitnehmer nach seinem Arbeitsvertrag auf einen anderen Arbeitsplatz einer anderen Betriebsebene eingesetzt werden kann, in denen also eine sog. überbetriebliche Versetzungsklausel besteht[321]. Andererseits sind dies Konstellationen, in denen der unmittelbar kündigungsbedrohte Arbeitnehmer sich in zeitlichem Zusammenhang zur Kündigung dazu bereit erklärt, eine andere Tätigkeit bzw. einen Arbeitsplatz auf einer anderen, niedrigeren Betriebsebene anzunehmen[322].

Es stellt sich dann die Frage, ob die Arbeitnehmer der anderen Betriebsebene, also die Arbeitnehmer, die die als „niedriger" bewertete Tätigkeit ausüben, in die Vergleichbarkeitsprüfung mit dem unmittelbar kündigungsbedrohten Arbeitnehmer aufzunehmen sind und nun bei sonstiger Vergleichbarkeit ebenfalls in die Auswahl nach § 1 III KSchG einzubeziehen sind[323]. In beiden Konstellationen kann die Frage von entscheidender Bedeutung für den auswahlrelevanten Personenkreis und damit für die ganze Sozialauswahl sein. Um die Übersichtlichkeit zu wahren, werden beide Konstellationen getrennt voneinander dargestellt.

a) Betriebsebenen übergreifende Versetzungsklausel

Nach einer Ansicht in der Literatur sind im Falle einer betriebsebenen-übergreifenden Versetzungsklausel im Arbeitsvertrag des unmittelbar kündigungsbedrohten Arbeitnehmers auch die Arbeitnehmer dieser anderen Ebene der Betriebshierarchie bei sonstiger Vergleichbarkeit in die Sozialauswahl einzubeziehen[324]. Vor allem nach Berkowsky richtet sich, wie bereits dargelegt, die Reichweite der Sozialauswahl nach der Reichweite des arbeitsvertraglichen Direktionsrechts und damit eben auch über eine Betriebsebene hinaus[325]. Nach dieser Ansicht ist eine vertikale Vergleichbarkeit in diesen Fällen möglich, soweit das

---

320 *Bütefisch,* Die Sozialauswahl, S. 120.

321 *Bütefisch,* Die Sozialauswahl, S. 120.

322 *Bütefisch,* Die Sozialauswahl, S. 120.

323 *Färber,* NZA 1985, S. 175, 176.

324 *Berkowsky,* Die betriebsbedingte Kündigung, S. 175; *Gaul,* NZA 1992, S. 673, 676 ff.; *Lammermann,* Aktuelle Probleme im Rahmen der betriebsbedingten Kündigung, S. 169.

325 *Berkowsky,* Die betriebsbedingte Kündigung, S. 175.

Direktionsrecht des Arbeitgebers und der damit einhergehende Einsatzbereich des Arbeitnehmers mehr als eine Ebene der betrieblichen Hierarchie umfasst[326].

Von der h.M. wird eine vertikale Vergleichbarkeit in diesen Fällen abgelehnt[327]. Diese Auffassung führt mehrere Argumente an, die gegen eine vertikale und für eine horizontale Vergleichbarkeit sprechen.

So spricht vor allem das Ziel der Sozialauswahl gegen eine vertikale Vergleichbarkeitsprüfung[328]. Dieses Ziel liegt nach allgemeiner Auffassung in der personellen Konkretisierung der die betriebsbedingte Kündigung begründenden unternehmerischen Entscheidung[329]. Diese unternehmerische Entscheidung verfolgt eine bestimmte Zwecksetzung und ist ihrem Inhalt nach typischerweise auf eine Ebene der Betriebshierarchie begrenzt[330].

Diese ist in der Regel die Ebene, in welcher der Arbeitsplatz des kündigungsbedrohten Arbeitnehmers angesiedelt ist[331]. Bei einer, wie teilweise in der Literatur vorgeschlagenen, vertikalen Vergleichbarkeit bei der Sozialauswahl würde man Arbeitnehmern das Risiko einer betriebsbedingten Kündigung zumuten, obwohl diese nicht im Zusammenhang mit der jeweiligen unternehmerischen Entscheidung des Arbeitgebers stehen[332]. Daher ist mit der h.M. auch im Falle einer betriebsebenenübergreifenden Versetzungsklausel im Arbeitsvertrag des konkret kündigungsbedrohten Arbeitnehmers von einer streng betriebsbezogenen horizontalen Sozialauswahl auszugehen[333].

b) Bereitschaft des Arbeitnehmers, eine geringwertigere Tätigkeit auszuüben

Eine weitere Alternative, bei der über eine vertikale Vergleichbarkeitsprüfung im Rahmen der sozialen Auswahl nach § 1 III KSchG nachgedacht werden kann, ist der in der Praxis relevantere Fall, dass sich ein kündigungsbedrohter Arbeitnehmer bereit erklärt, zu geänderten, schlechteren Bedingungen auf einer

326 *Berkowsky,* Die betriebsbedingte Kündigung, S. 175; zur Darstellung des Problems auch *Künzl,* ZTR 1996, S. 385, 388.

327 Z.B. BAG Urteil vom 29.03.1990-2 AZR 369/89-AP-KSchG § 1 Betriebsbedingte Kündigung, Nr. 50; BAG Urteil vom. 3.12.1998-2 AZR 341/98- NZA 1999, S. 431; *Linck,* AR-Blattei SD 1020.1.2 S. 14; KR-*Griebeling,* § 1 KSchG Rn. 623.

328 *Oetker*, in: FS Wiese, S. 333, 348; *Bütefisch,* Die Sozialauswahl, S. 122.

329 Siehe z.B. *Bütefisch,* Die Sozialauswahl, S. 122.

330 *Bütefisch,* Die Sozialauswahl, S. 122.

331 *Bütefisch,* Die Sozialauswahl, S. 122.

332 *Bütefisch,* Die Sozialauswahl, S. 122.

333 So auch schon BAG Urteil vom 29.03.1990-2 AZR 369/89-AP KSchG § 1 Betriebsbedingte Kündigung Nr. 50.

niedriegeren Betriebsebene zu arbeiten. Auch hier stellt sich die Frage, ob dieser dann mit den Arbeitnehmern der „niedrigeren" Betriebsebene vergleichbar ist oder ob sich die Vergleichbarkeitsprüfung auf die jeweilige Betriebsebene des kündigungsbedrohten Arbeitnehmers beschränkt.

Eine Ansicht vertritt den Ansatz, dass eine solche vertikale Vergleichbarkeitsprüfung zulässig ist, wenn der Arbeitnehmer sich bereit erklärt, auf einer anderen Ebene der Betriebshierarchie zu arbeiten, um eine Kündigung zu vermeiden[334]. Insbesondere wurde früher teilweise die Auffassung vertreten, dass der Arbeitgeber verpflichtet sei, ein entsprechendes Änderungsangebot des Arbeitnehmers anzunehmen[335].

Innerhalb dieser Auffassung war es jedoch strittig, ob dieses Vertragsangebot des Arbeitnehmers vor dem Zugang der Kündigung abgegeben werden muss[336] oder nicht[337].

Dagegen hält das BAG heute den Arbeitgeber zu Recht nicht für verpflichtet, dem Arbeitnehmer ein entsprechendes Angebot zu offerieren[338]. Sowohl die lediglich einseitige Erklärung des Arbeitnehmers, eine geringwertigere Arbeit auszuüben[339], als auch die vertragliche Erweiterung des Einsatzbereiches des kündigungsbedrohten Arbeitnehmers mit der Folge, den Rahmen für die Vergleichbarkeit von Arbeitnehmern zu erhöhen, widersprächen der Schutzfunktion der Sozialauswahl[340].

Weiterhin spricht gegen die vertikale Vergleichbarkeitsprüfung im Rahmen der Sozialauswahl die Tatsache, dass bei einer solchen vor einer Kündigung das Einverständnis des unmittelbar kündigungsbedrohten Arbeitnehmers zur Umsetzung oder Versetzung eingeholt werden müsste[341]. Eine solche Vereinbarung wäre nach dem BAG ein Vertrag zu Lasten Dritter, da sich durch eine subjektive Entscheidung des unmittelbar kündigungsbedrohten Arbeitnehmers der Kreis

---

334 *Dudenbostel,* DB 1984, S. 826, 828.

335 Anm. *Dänzer-Vanotti,* zu: BAG Urteil vom 7.2.1985-2 AZR 91/84-AuR 1986, S. 126 ff.; *Schaub,* NZA 1987, S. 217, 222; *Dudenbostel,* DB 1984, S. 826, 828, *Weller,* AuR 1985, S. 286, 287.

336 Anm. *Dänzer-Vanotti,* zu: BAG Urteil vom 7.2.1985-2 AZR 91/84-AuR 1986, S. 126 ff.; *Schaub,* NZA 1987, S. 217, 222; *Dudenbostel,* DB 1984, S. 826, 828; Meisel, BB 1963, S. 1058, 1061.

337 *Rost,* ZIP 1982, S. 1396, 1402.

338 BAG Urteil vom 7.2.1985-2 AZR 91/84-AP KSchG 1969 § 1 Soziale Auswahl; Nr. 9.

339 *Berkowsky,* Die betriebsbedingte Kündigung, S. 176.

340 *Berkowsky,* Die betriebsbedingte Kündigung, S. 176.

341 BAG Urteil vom 3.12.1998-2 AZR 341/98-AP KSchG 1969 § 1 Soziale Auswahl, Nr. 39.

der potentiell vergleichbaren Arbeitnehmer vergrößern würde[342]. Für die Arbeitnehmer auf der anderen Betriebsebene würde der Kündigungsgrund nicht durch dringende betriebliche Erfordernisse bestehen, sondern erst durch die Entscheidung des unmittelbar kündigungsbedrohten Arbeitnehmers würde ein solcher geschaffen[343]. Diese subjektive Entscheidung, die zu einer Ausdehnung des Kündigungsrisikos führen würde, würde nach zutreffender Ansicht über die in § 1 III KSchG vorgesehene personelle Konkretisierung eines nach § 1 II KSchG schon bestehenden Kündigungsrisikos hinaus gehen und wird daher zu Recht abgelehnt[344].

Die Rechtsprechung und ein Großteil der Literatur geht daher auch in diesen Fällen von einer lediglich horizontalen Vergleichbarkeitsprüfung aus und lehnt eine vertikale Vergleichbarkeitsprüfung im Rahmen des § 1 III KSchG zu Recht ab[345].

Ein vielfach verwendetes Argument hierfür ist der drohende „Verdrängungswettbewerb", der entstehen könnte, wenn man für die Vergleichbarkeitsprüfung im Rahmen der Sozialauswahl Arbeitnehmer mehrerer Betriebsebenen einbezieht, also die Prüfung der Vergleichbarkeit vertikal vornimmt[346]. Die Gefahr bestehe, dass bei einer sozialen Auswahl nach den Grundsätzen einer vertikalen Vergleichbarkeitsprüfung der gering qualifizierte Arbeitnehmer bei günstigeren Sozialdaten des höher qualifizierten Arbeitnehmers von diesem verdrängt werde[347].

Daher wird in der Literatur und vom BAG auf das Risiko hingewiesen, dass eine solche vertikale Vergleichbarkeitsprüfung zu einem „Verdrängungswettbewerb nach unten" führen würde[348]. Eine vertikale Vergleichbarkeit würde

---

342 BAG Urteil vom 3.12.1998-2 AZR 341/98-AP KSchG 1969 § 1 Soziale Auswahl, Nr. 39.

343 BAG Urteil vom. 3.12.1998-2 AZR 341/98-AP KSchG 1969 § 1 Soziale Auswahl, Nr. 39.

344 *Bütefisch,* Die Sozialauswahl, S. 122.

345 Z.B. *Linck,* AR-Blattei 1020.1.2, Rn. 53; BAG Urteil vom 29.3.1990-2 AZR 369/89-AP KSchG §1 Betriebsbedingte Kündigung, Nr. 50; *Bitter/Kiel,* RdA 1994, S. 333, 353 f.; *Boewer,* NZA 1988, S. 1, 3.; *Färber,* NZA 1985, S. 175; *Rost,* Die Betriebsbedingte Kündigung in der Unternehmenskrise und bei Insolvenz, 35; *v. Hoyningen-Huene,* NZA 1994, S. 1009, 1013; Jobs, DB 1986, S. 538, 539.

346 So z.B. *Zwanziger,* NJW 1995, S. 916, 918.

347 *Kraushaar,* AIB 1994, S. 169, 172.

348 Münchener Kommentar-*Hergenröder,* § 1 KSchG Rn. 341; BAG Urteil vom 3.12.1998-2 AZR 341/98-NZA 1999, 431, 432.

außerdem für den Arbeitgeber „ein unübersichtliches Rotationssystem" von Arbeitsplätzen darstellen[349].

Weiterhin spricht für die h.M. das schon angeführte Argument, dass der Bestand von Arbeitsplätzen gefährdet wird, welche nicht von der kündigungsrelevanten Unternehmerentscheidung betroffen sind[350].

Ein weiteres Argument gegen eine vertikale Vergleichbarkeit ist der relevante Zeitpunkt für die soziale Rechtfertigung einer betriebsbedingten Kündigung[351]. Dieser Zeitpunkt ist nach ganz h.M. der Zeitpunkt des Zugangs der Kündigungserklärung[352]. Bei einer vertikalen Vergleichbarkeitsprüfung würde sich durch das Änderungsangebot des Arbeitnehmers womöglich nach Zugang der Kündigung der Kreis der auswahlrelevanten Arbeitnehmer erweitern[353].

Daher geht, wie ausgeführt, ein Teil der Gegenansicht davon aus, dass die Einverständniserklärung des Arbeitnehmers, zu den geänderten Arbeitsbedingungen zu arbeiten, vor Zugang der arbeitgeberseitigen Kündigung vorliegen muss, um bei der Sozialauswahl berücksichtigt zu werden[354]. Gegen die Ansicht, dass eine Zustimmung des kündigungsbedrohten Arbeitnehmers vor Zugang der Kündigungserklärung nach der vertikalen Vergleichbarkeit den Kreis der vergleichbaren Arbeitnehmer erweitert, spricht die Tatsache, dass es vom Zufall abhängt, ob der Arbeitnehmer rechtzeitig Kenntnis von der Kündigung erlangt[355].

Doch auch in diesem Fall würde eine vertikale Vergleichbarkeit dem Sinn und Zweck der Sozialauswahl widersprechen und das Kündigungsrisiko Arbeitnehmern aufzwingen, die in keinem sachlichen Zusammenhang mit der kündigungsbegründenen arbeitgeberseitigen Unternehmerentscheidung stehen[356]. Sinn und Zweck der Sozialauswahl ist die personelle Konkretisierung der abstrakten kündigungsbegründenden unternehmerischen Entscheidung, und diese beschränkt sich typischerweise auf eine Betriebsebene[357]. Darüber hinaus sind

349 von Hoyningen-Huene/ Linck-*Krause,* § 1 KSchG, Rn. 921 f.

350 KR-*Griebeling,* § 1 KSchG Rn. 624.

351 KR-*Griebeling,* § 1 KSchG Rn. 624.

352 BAG Urteil vom 6.6.1984-Az. 7 AZR 451/82-§ 1 KSchG 1969 Betriebsbedingte Kündigung Nr. 16; KR-*Griebeling,* § 1 KSchG Rn. 550.

353 KR-*Griebeling,* § 1 KSchG Rn. 624.

354 Anm. *Dänzer-Vanotti,* zu: BAG Urteil vom 7.2.1985-2 AZR 91/84-AuR 1986, S. 126 ff.; *Schaub,* NZA 1987, S. 217, 222; *Dudenbostel,* DB 1984, S. 826, 828; *Meisel,* ZfA 1985, S. 213, 234 f.

355 *Linck,* Die soziale Auswahl bei betriebsbedingter Kündigung, S. 55.

356 *Färber,* NZA 1985, S. 175, 178.

357 *Färber,* NZA 1985, S. 175, 178.

auch weitere praktische Probleme, die eine vertikale Vergleichbarkeitsprüfung mit sich bringen würde, zu berücksichtigen. Nach einer durchgeführten Vertragsänderung würde der Kreis der Arbeitnehmer nach der neuen Reichweite des Direktionsrechts erweitert werden, und es müsste einem anderen Mitarbeiter gekündigt werden[358]. Auch diesen Arbeitnehmern müsste aber ebenfalls die Gelegenheit gegeben werden, mit einer Vertragsänderung eine Versetzung auf einen anderen Arbeitsplatz möglich zu machen, womit wiederum die Vergleichbarkeit mit wieder anderen Arbeitnehmern einhergeht[359]. Dies würde neben dem bereits oben aufgeführten „Verdrängungswettbewerb" unter Umständen zu einer für den Arbeitgeber schwer vorhersehbaren Anzahl von Prozessen führen[360].

Daher ist nach überzeugender Ansicht die Reichweite der Sozialauswahl nicht von der subjektiven Entscheidung eines Arbeitnehmers abhängig zu machen, sondern sie ist auf die von der Kündigungsentscheidung unmittelbar betroffene Ebene des Betriebes nach der sog. „horizontalen Vergleichbarkeit" beschränkt[361].

Das BAG, welches zu Recht eine vertikale Vergleichbarkeit im Rahmen des § 1 III KSchG mit Blick auf einen Verdrängungswettbewerb ablehnt, setzt sich mit seiner Rechtsprechung zum Vorrang der Änderungskündigung vor der Beendigungskündigung dazu jedoch in deutlichen Widerspruch[362]. In der neueren Rechtsprechung des BAG wird die Obliegenheit des Arbeitgebers zum Vorrang der Änderungskündigung vor der Beendigungskündigung aus dem Verhältnismäßigkeitsprinzip abgeleitet, sie wird auch bei § 1 II KSchG verortet und erheblich ausgedehnt[363]. Nach dieser Rechtsprechung ist außer bei eng zu fassenden Extremfällen jede freie Stelle dem Arbeitnehmer vor der Beendigungskündigung im Rahmen der Weiterbeschäftigung anzubieten[364]. Dies heißt, dass im Rahmen des § 1 II KSchG beim Vorrang der Änderungskündigung vor der Beendigungskündigung alle Hierachiebenen, mit Ausnahme von sog. Extremfällen, berücksichtigt werden müssen, während bei § 1 III KSchG nach der Rechtsprechung des BAG nur die Hierachieebene des zu kündigenden Arbeitnehmers für die

---

358 *Gehlhaar,* NJW 2010, S. 2550, 2551.

359 *Gehlhaar,* NJW 2010, S. 2550, 2551.

360 *Gehlhaar,* NJW 2010, S. 2550, 2551; BAG Urteil vom 17.2.2000-2 AZR 142/99-AP KSchG 1969 § 1 Soziale Auswahl Nr. 46.

361 So z.B. auch *Boewer,* NZA 1988, S. 1, 3.

362 BAG Urteil vom 21.4.2005-2 AZR 244/04-AP KSchG 1969 § 2 Nr. 80; BAG Urteil vom 21.9.2006-2 AZR 607/05-AP KSchG § 2 Nr. 130.

363 *Wank,* Anm. zu BAG Urteil vom. 21.4.2005-2 AZR 132/05-AP, KSchG 1969 § 2 Nr. 79.

364 BAG Urteil vom 21.4.2005-2 AZR 132/05-AP, KSchG 1969 § 2 Nr. 79.

Vergleichbarkeitsprüfung im Rahmen der Sozialauswahl maßgeblich ist. Dies ist ein offensichtlicher Widerspruch des BAG zwischen den Absätzen 2 und 3. Da, wie gezeigt, die vertikale Vergleichbarkeitsprüfung aus überzeugenden Gründen abzulehnen ist, ist dies ein weiteres Argument gegen die Ansicht des BAG zu § 1 II KSchG. Die Kritik in der Literatur an der Rechtsprechung des BAG zum Vorrang der Änderungskündigung vor der Beendigungskündigung ist daher berechtigt[365].

Mit der h.M. ist daher eine vertikale Vergleichbarkeit in beiden Fallkonstellationen abzulehnen. Daher hat die Vergleichbarkeitsprüfung einen sog. stellungsbezogenen Aspekt, da sie nur auf derselben Ebene der Betriebshierarchie durchgeführt wird[366].

7. *Zwischenergebnis zum Bezugspunkt der Sozialauswahl*

Der organisatorische Bezugsrahmen der Sozialauswahl ist nur der Beschäftigungsbetrieb des unmittelbar kündigungsbedrohten Arbeitnehmers. Innerhalb dieses Betriebes wird nach der so genannten horizontalen Vergleichbarkeit der für die Sozialauswahl auswahlrelevante Personenkreis auf der gleichen betrieblichen Ebene wie der kündigungsbedrohte Arbeitnehmer bestimmt, um einen „Verdrängungsewettbewerb nach unten" zu vermeiden. Damit steht der Bezugspunkt der Sozialauswahl fest. Offen ist jedoch, wie der in die Sozialauswahl einzubeziehender Personenkreis innerhalb des betroffenen Betriebes festgestellt werden kann und welche Kriterien zur Festlegung des auswahlrelevanten Personenkreises herangezogen werden.

8. *Der maßgebliche Zeitpunkt für die Festlegung des für die Sozialauswahl auswahlrelevanten Personenkreises*

Die soziale Rangfolge von Arbeitnehmern, denen aufgrund der betriebsbedingten Kündigung zu kündigen ist, wird durch die soziale Auswahl mittels eines Vergleiches anhand der in § 1 III KSchG genannten Sozialdaten festgelegt[367]. Keine Regelung trifft das Gesetz hinsichtlich der Festlegung des auswahlrelevanten Personenkreises und hinsichtlich des dafür maßgeblichen Zeitpunktes, auf den es für diese ankommt.

---

365 Siehe hierzu z.B.: Anm. *Wank* zu BAG Urteil vom 21.4.2005-2 AZR 132/05-AP, KSchG 1969 § 2 Nr. 79; *Jüttner* Der Vorrang der Änderungskündigung vor der Beendigungskündigung, S. 82 ff.

366 Moll/*Ullrich*-Arbeitsrecht, § 43, Rn. 173.

367 *Berkowsky,* Die betriebsbedingte Kündigung, S. 165.

Für die Festlegung des auswahlrelevanten Personenkreises ist der maßgebliche Zeitpunkt auf den nach der h.M. abzustellen ist, der Zeitpunkt der beabsichtigten Kündigung[368]. Nach herrschender Auffassung wird das Prognoseprinzip für die Frage der Vergleichbarkeit von Arbeitnehmern nicht angewendet, sondern der Kreis der für die Auswahl relevanten Arbeitnehmer ist nach den Verhältnissen im Zeitpunkt der beabsichtigten Kündigung auszuwählen[369].

9. *Die Kriterien zur Bestimmung des vergleichbaren Arbeitnehmers im Rahmen der Sozialauswahl*

Eine gesetzliche Regelung zur Bestimmung des auswahlrelevanten Personenkreises bei § 1 III KSchG existiert nicht. Aufgrund dieser fehlenden gesetzlichen Kodifizierung ist die Festlegung des auswahlrelevanten Personenkreises umstritten. Insbesondere ist umstritten, ob sich der auswahlrelevante Personenkreis lediglich auf die nach der betrieblichen Auswahl ausgewählten Arbeitnehmer, also die Arbeitnehmer, die von der unternehmerischen Kündigungsentscheidung unmittelbar betroffen sind, erstreckt, oder ob das Kündigungsrisiko, wie nach Ansicht der höchstrichterlichen Rechtsprechung, auch auf lediglich mittelbar kündigungsbetroffene Arbeitnehmer durch das gesetzlich nicht vorgesehene Merkmal der „Vergleichbarkeit" übertragen werden soll[370]. Mithin ist also der Kreis der für die Auswahl nach § 1 III KSchG auswahlrelevanten Arbeitnehmer festzulegen, der je nach Lösungsansatz unterschiedlich festgelegt wird. Diese Festlegung des auswahlrelevanten Personenkreises wird unter dem Stichwort der Vergleichbarkeit von Arbeitnehmern in Literatur und Rechtsprechung diskutiert[371].

Im Wesentlichen werden vier verschiedene Ansätze dazu vertreten, nach welchen Kriterien sich der auswahlrelevante Personenkreis bzw. die Vergleichbarkeit von Arbeitnehmern bestimmen lassen soll. Einmal wird in der Literatur der Ansatz vertreten, dass der für die Sozialauswahl auswahlrelevante Personenkreis nach der Reichweite der unternehmerischen Entscheidung bestimmt wird (s. 9.a.). Diese Ansicht verzichtet auf das gesetzlich nicht vorgesehene Merkmal

---

368 Ascheid/Preis/Schmidt-*Kiel*, § 1 KSchG Rn. 664.

369 Ascheid/Preis/Schmidt-*Kiel*, § 1 KSchG Rn. 664; BAG Urteil vom. 21.4.2005-2 AZR 241/04-AP KSchG 1969, § 1 Soziale Auswahl Nr. 74; Anm. *Krebber* zu BAG Urteil vom 21.4.2005-2 AZR 241/04-RdA 2006, S. 235, 238.

370 *Hasler-Hagedorn,* Die „Austauschkündigung" und die „Freikündigung" im Rahmen der betriebsbedingten Kündigung, S. 195.

371 Stahlhacke/Preis/Vossen-*Preis,* Rn. 1031.

der Vergleichbarkeit. Die Rechtsprechung und mit ihr ein Großteil der Literatur bestimmt den auswahlrelevanten Personenkreis anhand des vergleichbaren Arbeitnehmers. Der vergleichbare Arbeitnehmer wird jedoch in Rechtsprechung und Literatur unterschiedlich bestimmt. Nach der h.M. bestimmt sich der vergleichbare Arbeitnehmer nach der tatsächlichen und rechtlichen Austauschbarkeit, sodass sich das Kündigungsrisiko auch auf von der unternehmerischen Entscheidung lediglich mittelbar betroffene Arbeitnehmer erstrecken kann (s. 9.b.). Schließlich werden in der Literatur noch die rein tatsächliche (s. 9.c.), also arbeitsplatzbezogene Vergleichbarkeit, sowie die rein arbeitsvertragliche (s. 9.d.) Vergleichbarkeit zur Bestimmung des auswahlrelevanten vergleichbaren Arbeitnehmers im Rahmen der Sozialauswahl nach § 1 III KSchG vertreten.

a) 1. Ansicht: Bestimmung des auswahlrelevanten Personenkreises nach der Reichweite der unternehmerischen Entscheidung

Eine Ansicht, welche insbesondere von *Wank* vertreten wird, legt § 1 KSchG aufgrund von methodischen Überlegungen eine gänzlich andere Prüfungsstruktur zugrunde als die h.M[372]. Diese Ansicht legt bei der Prüfung der betriebsbedingten Kündigung eine klare Trennung zwischen der Auswahl nach § 1 II KSchG und der Auswahl nach § 1 III KSchG zu Grunde.

Insbesondere wird von dieser Ansicht das von der h.M. in § 1 III KSchG verwendete, jedoch gesetzlich nicht normierte, Merkmal der Vergleichbarkeit zur Bestimmung des auswahlrelevanten Personenkreises für die Sozialauswahl abgelehnt, da sich nach einer teleologischen Auslegung die Sozialauswahl nicht auf sämtliche Arbeitnehmer eines Betriebes beziehen kann[373]. Vielmehr darf nach dieser Ansicht § 1 III KSchG kein Kündigungsrisiko für Arbeitnehmer schaffen, sondern die Sozialauswahl setzt ein solches voraus[374]. Außerdem ist ein solches Hilfsmerkmal, wie in diesem Fall das Merkmal der Vergleichbarkeit des Arbeitnehmers nach dieser Ansicht nur notwendig, wenn der Tatbestand des Gesetzes eine entsprechende Leistung nicht erbringt[375].

---

372 *Wank, Anm. AR-Blattei* (D), Kündigungsschutz, Entsch. Nr. 304; MünchArbR-*ders.*, § 98 Rn. 112 ff., *ders.*, RdA 1987, S. 129, 138 ff.

373 Münchener Handbuch zum Arbeitsrecht-*Wank*, § 98, Rn. 112 f.; *ders.* Anm. AR-Blattei (D), Kündigungsschutz, Entsch. Nr. 304; *ders.* RdA 1987, S. 129, 138 ff.

374 Anm. *Mummenhoff* zu BAG Urteil vom 5.5.1994-2 AZR 917/93-AP KSchG 1969 § 1 Soziale Auswahl Nr. 23.

375 Anm. *Gentges*, zu BAG vom 7.4.1993-2 AZR 449/91-AP KSchG 1969 § 1 Soziale Auswahl Nr. 22.

Diese Ansicht beruht auf einem anderen Verständnis und einer anderen Auslegung des § 1 KSchG. Das von der h.M. für die Sozialauswahl zugrunde gelegte Merkmal der „betrieblichen Vergleichbarkeit“ widerspricht nach dieser Ansicht dem Zweck und der Systematik des § 1 III KSchG[376]. Es ist dieser Ansicht nach aus der systematischen Auslegung von § 1 KSchG nicht zu erkennen, was die von der h.M. erörterten Merkmale der „Vergleichbarkeit“ und der „Austauschbarkeit“ mit der sozialen Auswahl nach § 1 III KSchG zu tun haben sollen[377]. Vor allem nach einer teleologischen Auslegung des § 1 III KSchG ergibt sich nach dieser Ansicht, dass nicht alle Arbeitnehmer des betroffenen Betriebes in den auswahlrelevanten Personenkreis einbezogen werden können, sondern nur die, auf die sich die Ursache der Kündigung und die entsprechende unternehmerische Entscheidung unmittelbar auswirken[378]. Daher wird nach dieser Ansicht ein enger Zusammenhang zwischen der unternehmerischen Entscheidung und dem Wegfall des Beschäftigungsbedarfs gefordert[379]. Nach dieser Ansicht wird die Qualifikation des Arbeitnehmers und die Reichweite des arbeitgeberseitigen Direktionsrechts für die Frage des auswahlrelevanten Personenkreises zu stark betont[380]. Die h.M. kann nach dieser Ansicht im Extremfall dazu führen, dass sämtliche Arbeitnehmer eines Betriebes zum auswahlrelevanten Personenkreis gerechnet werden müssten, wenn der unmittelbar kündigungsbedrohte Arbeitnehmer die Qualifikation bzw. Austauschbarkeit für sämtliche Arbeitplätze besitzt.

Nach *Wank* ist für § 1 III KSchG alleine eine soziale Vergleichbarkeit maßgeblich, welche einen betrieblichen Vergleich im Sinne des § 1 II KSchG bereits vorab voraussetzt[381]. Demnach ist strikt zwischen der Auswahl nach § 1 II KSchG und der Sozialauswahl nach § 1 III KSchG zu trennen[382]. Sofern dringende betriebliche Erfordernisse im Sinne des § 1 KSchG vorliegen, muss nach dieser Ansicht vor der Sozialauswahl nach § 1 III KSchG im Rahmen des § 1 II KSchG

---

376 Anm. *Wank*, AR-Blattei (D), Kündigungsschutz, Entsch. Nr. 304.

377 *Wank*, RdA 1987, S. 129, 139.

378 *Hasler-Hagedorn*, Die „Austauschkündigung“ und die „Freikündigung“ im Rahmen der betriebsbedingten Kündigung, S. 200 ff.

379 Anm. *Mummenhoff* zu BAG Urteil vom 5.5.1994-2 AZR 917/93-AP KSchG 1969 § 1 Soziale Auswahl Nr. 23.

380 *Hasler-Hagedorn*, Die „Austauschkündigung“ und die „Freikündigung“ im Rahmen der betriebsbedingten Kündigung, S. 201.

381 Anm. *Wank*, *AR-Blattei* (D), Kündigungsschutz, Entsch. Nr. 304.

382 Anm. *Gentges* zu BAG vom 7.4.1993-2 AZR 449/91-AP KSchG 1969 § 1 Soziale Auswahl Nr. 22.

eine Auswahl zwischen den Arbeitnehmern vorgenommen werden, welche weiterbeschäftigt werden können[383]. Bei dieser Auswahl sind alle Arbeitnehmer bzw. Tätigkeiten einzubeziehen, die von der unternehmerischen Entscheidung tatsächlich betroffen sind[384]. Die Auswahl erfolgt nach der Vergleichbarkeit der Arbeitsplätze und der jeweiligen unternehmerischen Entscheidung[385]. Sie ist jedoch nach *Wank* nicht auf eine Betriebsabteilung begrenzt und stellt auch nicht, die zu Recht angenommene, Betriebsbezogenheit der Sozialauswahl in Frage. Manche Autoren sind jedoch der Ansicht, dass nach der Auffassung von *Wank* sich die soziale Auswahl ausschließlich auf die Betriebsabteilung oder den Betrieb beschränken solle. Dies bedeutet jedoch eine vollkommene Verdrehung der Ansicht von *Wank*. Vielmehr stellt *Wank*, wie gezeigt, aus methodischen Gründen auf die unternehmerische Entscheidung als Merkmal für den auswahlrelevanten Personenkreis bei § 1 III KSchG ab. Bezieht sich diese zufällig auf eine Betriebsabteilung, so würde sich der auswahlrelevante Personenkreis für die Sozialauswahl auch auf diese beschränken. Bei einer entsprechenden unternehmerischen Entscheidung könnte sich die Auswahl aber auch auf das Unternehmen erstrecken, da es nach Auffassung von *Wank* nicht auf den Betrieb oder die Betriebsabteilung ankommt, sondern allein auf die unternehmerische Entscheidung[386].

Daher wird nach dieser Ansicht der auswahlrelevante Personenkreis bereits in dem der Sozialauswahl vorgelagerten Prüfungspunkt der „betriebliche Auswahl" nach § 1 II KSchG entsprechend der unternehmerischen Entscheidung festgelegt und zwischen diesen dann nur noch die Auswahl nach § 1 III KSchG vorgenommen[387].

Für diesen Ansatz wird von *Wank* der Wortlaut des § 1 III KSchG angeführt[388]. So sieht § 1 III KSchG als Vergleichsgruppe einen Arbeitnehmer vor, dem „aus dringenden betrieblichen Erfordernissen im Sinne des Absatzes 2 gekündigt worden ist und stellt ihm andere Arbeitnehmer gegenüber, die statt ihm „aus dringenden betrieblichen Erfordernissen im Sinne des Absatzes 2" hätte gekündigt werden können[389]. Der Kreis der auswahlrelevanten Arbeitnehmer, bzw. die

383 Anm. *Wank* zu BAG Urteil vom 18.10.2000-2 AZR 494/99-SAE 2002, S. 7, 10 ff.

384 Anm. *Wank* zu BAG Urteil vom 18.10.2000-2 AZR 494/99-SAE 2002, S. 7, 10 ff.

385 Anm. *Wank* zu BAG Urteil vom 18.10.2000-2 AZR 494/99-SAE 2002, S. 7, 10 ff.

386 *Wank, Anm AR-Blattei* (D), Kündigungsschutz, Entsch. Nr. 304; *ders.*, ZIP 1986, S. 206, 213 f.; *ders.* RdA 1987, S. 129, 138.

387 *Wank, Anm AR-Blattei* (D), Kündigungsschutz, Entsch. Nr. 304; *ders.*, ZIP 1986, S. 206, 213 f.; *ders.* RdA 1987, S. 129, 138.

388 *Wank, Anm AR-Blattei* (D), Kündigungsschutz, Entsch. Nr. 304.

389 *Wank, Anm AR-Blattei* (D), Kündigungsschutz, Entsch. Nr. 304.

für § 1 III KSchG relevanten Vergleichsgruppe, wird nach dieser Ansicht daher dem Wortlaut nach bereits durch die Auswahl nach § 1 II KSchG vorgegeben[390]. Für die Auswahl nach § 1 III KSchG verbleibt nach dieser Ansicht allein eine Prüfung der sozialen Vergleichbarkeit zwischen den durch § 1 II KSchG bereits vorgegebenen Arbeitnehmern hinsichtlich ihrer sozialen Schutzbedürftigkeit[391]. Eine weitere Begründung für das Abstellen auf die unmittelbare Kündigungsbedrohung für den auswahlrelevanten Personenkreis der Sozialauswahl ist, dass die Rechtsprechung und die Literatur nach dieser Ansicht zu einer „Perversion" des Kündigungsschutzrechts führen[392]. So kann die h.M. der bloß mittelbaren Vergleichbarkeit bzw. Betroffenheit dazu führen, dass einem Arbeitnehmer gekündigt werden kann, der nichts mit der Ursache der Kündigung bzw. dem Kündigungsentschluss des Arbeitgebers zu tun hat, während dem Arbeitnehmer, der unmittelbar kündigungsbedroht ist, also demjenigen, der von der unternehmerischen Entscheidung unmittelbar betroffen ist, nicht gekündigt werden darf[393]. Dies dürfte nach dieser Ansicht bei dem betroffenen Arbeitnehmer auf wenig Verständnis stoßen.

Der Kreis der auswahlrelevanten Arbeitnehmer beschränkt sich somit nach dieser Ansicht auf die durch die unternehmerische Entscheidung und die „betriebliche Auswahl" nach § 1 II KSchG unmittelbar kündigungsbedrohten Arbeitnehmer[394]. Daher ist der Kreis der für die soziale Auswahl relevanten Arbeitnehmer abhängig von der potentiellen Kündigungsbetroffenheit der Arbeitnehmer[395].

Das Kündigungsrisiko der Arbeitnehmer hinsichtlich der unternehmerischen Entscheidung des Arbeitgebers ist nach dieser Ansicht auf diejenigen begrenzt, die von der unmittelbaren Kündigungsbedrohung im Sinne der betrieblichen Auswahl nach § 1 II KSchG betroffen sind, so dass ein Einbeziehen in die Sozialauswahl eine entsprechende Kündigungsbedrohung bzw. Kündigungsmöglichkeit des Arbeitgebers voraussetzt[396].

---

390 *Wank, Anm AR-Blattei* (D), Kündigungsschutz, Entsch. Nr. 304; *ders.*, ZIP 1986, S. 206, 213 f.; *ders.*, RdA 1987, S. 129, 138 f.

391 *Wank, Anm AR-Blattei* (D), Kündigungsschutz, Entsch. Nr. 304.

392 *Wank,* RdA 1987, S. 129, 143.

393 *Hasler-Hagedorn,* Die „Austauschkündigung" und die „Freikündigung" im Rahmen der betriebsbedingten Kündigung, S. 199.

394 *Wank, Anm AR-Blattei* (D), Kündigungsschutz, Entsch. Nr. 304.

395 *Wank, Anm AR-Blattei* (D), Kündigungsschutz, Entsch. Nr. 304.

396 Vgl. *Bütefisch,* Die Sozialauswahl, S. 34.

Eine gesonderte Festlegung des auswahlrelevanten Personenkreises getrennt von der Festlegung des § 1 II KSchG für die Sozialauswahl nach § 1 III KSchG ist nach dieser Ansicht somit nicht erforderlich, da dieser Kreis bereits nach § 1 II KSchG feststeht und die Auswahl in betrieblicher Hinsicht von der Auswahl in sozialer Hinsicht zu unterscheiden ist[397].

Ist die Zahl der von der Kündigung betroffenen Arbeitsplätze und die Zahl der in Betracht kommenden Arbeitnehmer identisch, so ergibt sich auch nach dieser Ansicht kein Auswahlproblem, weder bei der „betrieblichen Auswahl", noch bei der sozialen Auswahl[398].

Sind jedoch mehr vergleichbare Arbeitnehmer vorhanden als von der unmittelbaren kündigungbegründenden Unternehmerentscheidung Arbeitnehmer unmittelbar betroffen sind, so ist auch nach dieser Ansicht eine Auswahl vorzunehmen[399]. Nach dieser Ansicht wird für diese Auswahl ebenfalls der Begriff „betriebliche Auswahl"[400] verwendet, wobei darunter nach dieser Ansicht nicht die Feststellung der unmittelbar kündigungsbedrohten Arbeitnehmer gemeint ist, sondern die Festlegung, zwischen welchen Arbeitnehmern die Auswahl nach § 1 III KSchG vorzunehmen ist. Diese Auswahl hat nach dieser Auffassung nichts mit der rein auf soziale Belange konzentrierten Sozialauswahl nach § 1 III KSchG zu tun[401].

Für diese betriebliche Auswahl im hier verstandenen Sinne ist nach dieser Ansicht die unternehmerische Entscheidung und die Vergleichbarkeit der Arbeitsplätze in betrieblicher Hinsicht der entscheidende Maßstab[402]. Allen Arbeitnehmern, denen aufgrund derselben unternehmerischen Entscheidung und aufgrund der gleichen betrieblichen Erfordernisse im Sinne des § 1 II KSchG gekündigt werden könnte, sind in die Sozialauswahl einzubeziehen[403]. Auf eine über die unmittelbare Betroffenheit hinausgehende Vergleichbarkeit von Arbeitnehmern kommt es für die Einbeziehung in die Sozialauswahl daher nicht an. Nach dieser Ansicht bezieht sich § 1 III KSchGt allein auf eine „soziale Vergleichbarkeit" und setzt eine „betriebliche Auswahl" nach § 1 II KSchG bereits voraus[404]. Die maßgebliche Vergleichsgruppe von Arbeitnehmern, die nach

397 *Wank,* ZIP 1986, S. 206, 213; *ders,* RdA 1987, S. 129, 138.
398 *Wank,* RdA 1987, S. 129, 138.
399 *Wank,* RdA 1987, S. 129, 138.
400 *Wank,* RdA 1987, S. 129, 138.
401 *Wank,* RdA 1987, S. 129, 138.
402 *Wank,* RdA 1987, S. 129, 138.
403 *Wank, Anm AR-Blattei* (D), Kündigungsschutz, Entsch. Nr. 304.
404 *Wank, Anm AR-Blattei* (D), Kündigungsschutz, Entsch. Nr. 304.

§ 1 III KSchG nach sozialen Gesichtspunkten miteinander verglichen werden, wird somit durch § 1 II KSchG vorgegeben[405].

Nach dieser Ansicht ergibt sich ein von der herrschenden Meinung unterschiedlicher Prüfungsaufbau für die Prüfung der Sozialauswahl[406]. So ist diesem Ansatz folgend zunächst festzustellen, ob dringende betriebliche Erfordernisse vorliegen, die eine betriebsbedingte Kündigung von einigen Arbeitnehmern nach § 1 II KSchG rechtfertigen[407]. Anschließend wird überprüft, ob für diese betroffenen Arbeitnehmer als milderes Mittel eine Weiterbeschäftigungsmöglichkeit nach § 1 II 2 KSchG besteht und letztlich wird unter den verbleibenden kündbaren Arbeitnehmern die Sozialauswahl nach § 1 III KSchG durchgeführt[408].

Nach dieser Ansicht wird das Kündigungsrisiko auf die Arbeitnehmer, die unmittelbar kündigungsbedroht sind, begrenzt und nicht, wie nach herrschender Ansicht, auf lediglich mittelbar betroffene Arbeitnehmer erweitert.

Daher würde sich die Vergleichbarkeit von Arbeitnehmern nach dieser Ansicht im Rahmen des § 1 III KSchG anhand eines Beispiels wie folgt bestimmen:

A ist als Schreiner in der Schreinerabteilung in einem Unternehmen tätig. B arbeitet ebenfalls in demselben Unternehmen, jedoch in einer anderen Abteilung als Schneider. Beide Tätigkeiten sind „gleichwertig“ und befinden sich auf der gleichen Hierachieebene. B und A sind nach ihren Arbeitsverträgen im gesamten Betrieb des Unternehmens einsetzbar. Weiterhin üben A und B Tätigkeiten mit unterschiedlichen Berufsbezeichnungen aus. Zufällig hat A vor 10 Jahren eine Schneiderlehre gemacht.

Soll der Arbeitsplatz des A nun aufgrund der unternehmerischen Entscheidung des Arbeitgebers betriebsbedingt entfallen, trägt B nach dieser Ansicht nicht das Kündigungsrisiko, da er nicht in die Sozialauswahl nach § 1 III KSchG einzubeziehen ist. Das Kündigungsrisiko ist auf A beschränkt, da die kündigungsrelevante unternehmerische Entscheidung sich nur auf diesen Arbeitsplatz bezieht. Darauf, dass A zufällig die Qualifikation besitzt, um auch die Tätigkeit des B auszuüben, kommt es, ebenso wie auf die Vertragsgestaltung von A und B, nach dieser Ansicht nicht an.

---

405 *Wank*, ZIP 1986, S. 206, 213 f; *ders.*, RdA 1987, S. 129, 138; *ders.*, AR-Blattei (D), Kündigungsschutz, Entsch. Nr. 304.

406 *Wank*, *Anm AR-Blattei* (D), Kündigungsschutz, Entsch. Nr. 304.

407 *Wank*, *Anm AR-Blattei* (D), Kündigungsschutz, Entsch. Nr. 304.

408 *Wank*, *Anm AR-Blattei* (D), Kündigungsschutz, Entsch. Nr. 304.

b) 2. Ansicht: Vergleichbarkeit als Austauschbarkeit

Die herrschende Ansicht beschränkt den Kreis der auswahlrelevanten Personen, also der Arbeitnehmer, die im Sinne von § 1 III KSchG miteinander zu vergleichen sind, im Gegensatz zur ersten Ansicht nicht nur auf die von der Kündigungsentscheidung des Arbeitgebers nach einer „betrieblichen Auswahl" unmittelbar kündigungsbedrohten Arbeitnehmer[409]. Der auswahlrelevante Personenkreis für die Sozialauswahl wird nach der h.M. über die unmittelbare Betroffenheit von der unternehmerischen Entscheidung hinaus noch durch das Merkmal der Vergleichbarkeit von Arbeitnehmern erweitert[410]. Die Festlegung des auswahlrelevanten Arbeitnehmers erfolgt daher über das ungeschriebene Merkmal des „vergleichbaren Arbeitnehmers[411]". Nach dieser herrschenden Ansicht können auch lediglich mittelbar kündigungsbedrohte Arbeitnehmer in den Kreis der auswahlrelevanten Personen bei bestehender Vergleichbarkeit aufgenommen werden[412]. Die damit gegenüber der ersten Ansicht verbundene Ausdehnung des auswahlrelevanten Personenkreises und damit letztlich des Kündigungsrisikos wird damit gerechtfertigt, dass es bei der betriebsbedingten Kündigung nicht um den Wegfall eines bestimmten Arbeitsplatzes, sondern um den Wegfall einer Weiterbeschäftigungsmöglichkeit gehe[413].

Das Merkmal der Vergleichbarkeit ist nach dieser Ansicht durch den Zweck der Sozialauswahl erforderlich[414]. Da die Kündigung nach § 1 III KSchG gegenüber demjenigen auszusprechen ist, für den sie nach sozialen Gesichtspunkten am ehesten zu verkraften ist, setzt die Vergleichbarkeit voraus, dass dessen Arbeit von dem anderen nicht zu kündigenden Kollegen ausgeübt werden kann[415]. Ein Arbeitnehmer kann nur aufgrund einer Berufung auf die Sozialauswahl nach § 1 III KSchG die Weiterbeschäftigung auf einem Arbeitsplatz verlangen, den ein sozial nicht so schutzbedürftigen Arbeitnehmer innehat, wenn er in der Lage ist, die Arbeitsleistung von diesem zu übernehmen und diesen somit ersetzen

---

409 Z.B. Stahlhacke/Preis/Vossen-*Preis*, Rn. 1031.

410 Vgl. Moll/*Ullrich*-Arbeitsrecht, § 43 Rn. 173.

411 St. Rspr. seit BAG Urteil vom 4.12.1959-1 AZR 382/57-AP KSchG § 1 Betriebsbedingte Kündigung Nr. 2.

412 BAG Urteil vom 30.5.1985-2 AZR 321/84-AP KSchG 1969 § 1 Nr. 24 Betriebsbedingte Kündigung.

413 BAG Urteil vom 30.5.1985-2 AZR 321/84-AP KSchG 1969 § 1 Nr. 24 Betriebsbedingte Kündigung.

414 *Oetker*, in: FS für Wiese, S. 333, 342.

415 *Oetker*, in: FS für Wiese, S. 333, 342.

könnte[416]. Daher kann der Arbeitnehmer, dessen Arbeitsplatz entfallen ist, auch nur mit Arbeitnehmern verglichen werden, deren Tätigkeit er auch tatsächlich und rechtlich ausüben könnte[417]. Daher ist nach dieser herrschenden Ansicht eine Austauschbarkeit bzw. Substituierbarkeit erforderlich[418].

Die mittelbare Betroffenheit verdeutlicht das folgende Beispiel:

A ist als Schreiner in der Schreinerabteilung in einem Unternehmen tätig. B arbeitet ebenfalls in der demselben Unternehmen, jedoch in einer anderen Abteilung. A und B üben eine als „gleichwertig" einzustufende Tätigkeit aus und sind arbeitsvertraglich im ganzen Betrieb einsetzbar. Zufällig hat B vor 10 Jahren eine Schreinerlehre gemacht. Soll der Arbeitsplatz des A nun betriebsbedingt entfallen, trägt B ebenfalls das Kündigungsrisiko und muss, da er mittelbar mit A vergleichbar bzw. austauchbar ist, in die Sozialauswahl nach § 1 III KSchG einzubeziehen, obwohl er mit der Kündigungsentscheidung des Unternehmers nichts zutun hat.

Diese Erhöhung des Kündigungsrisikos auch auf lediglich von der Kündigungsentscheidung mittelbar Betroffene, aber mit den unmittelbar kündigungsbedrohten vergleichbare Arbeitnehmer wird aber durch die h.M. dadurch begrenzt, dass die Vergleichbarkeitsprüfung nach dieser Ansicht räumlich auf den Beschäftigungsbetrieb beschränkt ist und sich nicht auf das ganze Unternehmen oder gar den Konzern erstreckt[419]. Weiterhin wird nach dieser Ansicht, das Kündigungsrisiko für bloß mittelbar von der Kündigungsentscheidung betroffene Arbeitnehmer dadurch beschränkt, dass die Sozialauswahl keinen eigenen Kündigungsgrund schafft[420]. Sonst würde dies nach dieser Ansicht dem Zweck der Sozialauswahl, welcher in der Festlegung des auswahlrelevanten Personenkreises besteht, zuwider laufen[421]. Vielmehr muss der Arbeitgeber berechtigt sein, gegenüber allen in die Auswahl nach § 1 III KSchG Einzubeziehenden betriebsbedingt zu kündigen, da sonst Arbeitnehmer in die Auswahl aufzunehmen wären, denen gegenüber der Arbeitgeber nicht zur Kündigung berechtigt wäre[422]. Dies ist sogar konkret zu verstehen, sodass den Arbeitnehmern, die in die Auswahl einzubeziehen sind, aus denselben inner- oder außerbetrieblichen Umständen

416 *Lammermann,* Aktuelle Probleme im Rahmen der betriebsbedingtenKündigung, S. 120.

417 von Hoyningen-Huene/Linck-*Krause*, § 1 KSchG, Rn. 915.

418 *Oetker,* in: FS für Wiese, S. 333, 342.

419 Stahlhacke/Preis/Vossen-*Preis,* Rn. 1033; siehe I 4 a).

420 *Jobs,* DB 1984, S. 538, 539; *Oetker,* in: FS für Wiese, S. 333, 335.

421 *Oetker,* in: FS für Wiese, S. 333, 335.

422 *Oetker,* in: FS für Wiese, S. 333, 335.

gekündigt werden können muss[423]. Nach dieser Ansicht ist es nicht erforderlich, dass sich diese Umstände auf einen konkreten Arbeitsplatz beziehen, sondern es ist ausreichend, wenn der Arbeitnehmer nur mittelbar betroffen wird[424]. Es ist nach dieser Ansicht ausreichend, wenn der Zusammenhang zwischen der Kündigung und dem Wegfall des Weiterbeschäftigungsbedarfs „durch die Sozialauswahl vermittelt wird"[425]. Die Sozialauswahl ist daher auch auf Arbeitnehmer zu erstrecken, die „aufgrund der dringenden betrieblichen Erfordernisse eben nur mittelbar betroffen sind[426]". Dies wird damit begründet, dass es nicht um den Wegfall eines bestimmten und konkreten Arbeitsplatzes, sondern um den Wegfall einer Weiterbeschäftigung geht[427]. Der Arbeitgeber ist aus denselben betrieblichen Erfordernissen daher auch gegenüber dem bloß mittelbar von der Kündigung betroffenen Arbeitnehmer berechtigt.

Innerhalb des Betriebes soll den Arbeitnehmer daher das Risiko, von einer Kündigungsentscheidung getroffen zu werden, unabhängig davon treffen, ob diese unternehmerische Entscheidung die konkrete Zwecksetzung innerhalb des Betriebes betrifft, die seiner momentanen Betätigung entspricht und unabhängig davon, ob sein Arbeitsplatz das gleiche Anforderungsprofil aufweist, wie das des von der unternehmerischen Entscheidung unmittelbar Betroffenen[428].

Die unternehmerische Entscheidung ist nach dieser Ansicht nur der Ausgangspunkt für die Frage nach dem Kreis der für die Sozialauswahl relevanten und damit vergleichbaren Arbeitnehmer innerhalb des Beschäftigungsbetriebes[429]. Daher ist Ausgangspunkt für die Feststellung der Vergleichbarkeit bzw. Austauschbarkeit von Arbeitnehmern der Arbeitsplatz, der unmittelbar vom Wegfall betroffen ist[430]. Von diesem Arbeitsplatz und von der betrieblichen Auswahl ausgehend ist zu überprüfen, ob in demselben Betrieb ein Arbeitsplatz mit identischen oder vergleichbaren Aufgaben vorhanden ist[431].

---

423 *Oetker,* in: FS für Wiese, S. 333, 335.

424 *Oetker,* in: FS für Wiese, S. 333, 336.

425 *Oetker,* in: FS für Wiese, S. 333, 336.

426 BAG Urteil vom 5.5.1994-2 AZR 917/93-AP KSchG 1969 § 1 Soziale Auswahl Nr. 23.

427 BAG Urteil vom 5.5.1994-2 AZR 917/93-AP KSchG 1969 § 1 Soziale Auswahl Nr. 23; BAG Urteil vom 30.5.1985-2 AZR 321/84-AP KSchG 1969 § 1, Betriebsbedingte Kündigung, Nr. 24.

428 Stahlhacke/Preis/Vossen-*Preis,* Rn. 1034.

429 KR-*Griebeling,* § 1 KSchG Rn. 616.

430 *Salamon,* RdA 2011, S. 266, 268.

431 KR-*Griebeling,* § 1 KSchG Rn. 616.

Nach der herrschenden Ansicht in der Literatur und nach der ständigen Rechtsprechung des BAG sind diejenigen Arbeitnehmer innerhalb des Beschäftigungsbetriebes mit dem unmittelbar kündigungsbedrohten Arbeitnehmer vergleichbar, die anhand ihrer Fähigkeiten und Kenntnisse sowie nach dem Vertragsinhalt austauschbar sind, so dass deren Funktion auch von dem Arbeitnehmer wahrgenommen werden kann, dessen Arbeitsplatz weggefallen soll[432]. Der Arbeitnehmer, der schutzwürdiger ist und dessen Arbeitsplatz weggefallen ist, muss tatsächlich und rechtlich in der Lage sein, den Arbeitsplatz des weniger schutzwürdigen Arbeitnehmers zukünftig auszufüllen, um in die Auswahl nach § 1 III KSchG aufgenommen zu werden[433]. Auszugehen ist bei der Prüfung von dem unmittelbar kündigungsbedrohten Arbeitnehmer[434]. Anschließend ist zu prüfen, welche Arbeitnehmer mit diesem vergleichbar sind. Die Vergleichbarkeit von zwei Arbeitnehmern wird daher nach dieser Ansicht durch die Austauschbarkeit bestimmt. Die Voraussetzung der Austauschbarkeit ist mehrschichtig und beinhaltet eine rechtliche und eine inhaltliche bzw. tatsächliche Komponente[435].

Nach h.M. kann daher von einer Austauschbarkeit und damit von einer Vergleichbarkeit von zwei Arbeitnehmern nur gesprochen werden, wenn beide Voraussetzungen erfüllt sind[436]. Nur Arbeitnehmer, die diese beiden Voraussetzungen erfüllen, können nach herrschender Ansicht als mit dem unmittelbar kündigungsbedrohten Arbeitnehmer, also dem Arbeitnehmer, dessen Arbeitsplatz vom Wegfall betroffen ist, als austauschbar und damit vergleichbar angesehen werden.

Zum einen wird eine sog. „qualifikationsmäßige Austauschbarkeit[437]" des Arbeitnehmers gefordert[438], welche auch teilweise als arbeitsplatzbezogene

---

432 Z.B. BAG Urteil vom 7.2.1985-2 AZR 91/84-AP KSchG 1969 § 1 Soziale Auswahl Nr. 9; KR-Griebeling § 1 KSchG Rn. 614 ff.; *Oetker,* in: FS Wiese, S. 333, 342; *Hoyningen–Huene,* NZA 1994, S. 1009, 1113; *Linck,* Die soziale Auswahl bei betriebsbedingter Kündigung, S. 50; ders., AR-Blattei 1020.1.2., S. 13.; *Dudenbostel,* DB 1984, S. 826, 827; KDZ-*Deinert,* § 1 KSchG Rn. 608; *Ascheid*/Preis/Schmidt-*Kiel,* § 1 KSchG Rn. 680; zuletzt BAG Urteil vom 20.6.2013-2 AZR 271/12-BeckRS 2013, 70662.

433 *Linck,* AR-Blattei 1020.1.2., S. 17.

434 KR-*Griebeling,* § 1 KSchG Rn. 614.

435 Moll/*Ulrich*-Arbeitsrecht, § 43 Rn. 173.

436 Siehe z.B. *Salamon,* RdA 2011, S. 266, 267.

437 BAG Urteil vom 5.6.2008-2 AZR 907/06-AP KSchG § 1 Betriebsbedingte Kündigung Nr. 179.

438 Stahlhacke/Preis/Vossen-*Preis,* Rn. 1034.

Austauschbarkeit bezeichnet wird[439]. Dies ist der „tätigkeitsbezogene Aspekt" der Austauschbarkeitsprüfung, also die tatsächliche Einsetzbarkeit auf dem fortbestehenden Arbeitsplatz[440].

Zum anderen setzt die Austauschbarkeit von zwei Arbeitnehmern voraus, dass der Arbeitgeber den unmittelbar kündigungsbedrohten Arbeitnehmer aufgrund der arbeitsvertraglichen Regelung einseitig auf den anderen fortbestehenden Arbeitsplatz um- oder versetzen kann[441]. Daher ist neben einer arbeitsplatzbezogenen Austauschbarkeit für eine Austauschbarkeit und damit eine Vergleichbarkeit von zwei Arbeitnehmern nach ständiger Rechtsprechung des BAG auch eine sog. arbeitsvertragsbezogene Austauschbarkeit erforderlich[442].

Beide Voraussetzungen für eine Austauschbarkeit und damit für eine Vergleichbarkeit von Arbeitnehmern im Sinne der Sozialauswahl nach der h.M. werden im Folgenden getrennt dargestellt. Zunächst werden die sog. arbeitsplatzbezogene Austauschbarkeit und ihre Voraussetzungen im Detail dargestellt. Hier wird ein Schwerpunkt auf der Frage nach der maximalen Dauer einer für die arbeitsplatzbezogenen Austauschbarkeit unschädlichen Einarbeitungszeit liegen. Anschließend wird die sog. arbeitsvertragliche Austauschbarkeit dargestellt. Auch hier werden einzelne Spezialprobleme, nämlich die der Konkretisierung einer Tätigkeit im Arbeitsverhältnis und deren Auswirkungen auf die Vergleichbarkeit, besprochen. So ist es, neben der Frage der unschädlichen Einarbeitungszeit, für die sog. arbeitsvertragliche Austauschbarkeit entscheidend, wie sich eine erfolgte Konkretisierung der Arbeitstätigkeit des betroffenen Arbeitnehmers auf seine Vergleichbarkeit auswirkt.

aa) Arbeitsplatzbezogene Austauschbarkeit

Miteinander vergleichbar und damit in den Kreis der Sozialauswahl einzubeziehen sind nach dieser herrschenden Ansicht nur Arbeitnehmer, die auf dem fortbestehenden Arbeitsplatz tatsächlich einsetzbar sind und die Tätigkeiten des anderen zu vergleichenden Arbeitnehmers tatsächlich wahrnehmen können[443]. Der unmittelbar kündigungsbedrohte Arbeitnehmer, der den Ausgangspunkt für die Vergleichbarkeit darstellt, muss daher anhand seiner tatsächlichen Kenntnisse und Fähigkeiten in der Lage sein, die Funktion des Arbeitnehmers

---

439 *Salamon,* RdA 2011, S. 266, 267.

440 Moll/*Ulrich*-Arbeitsrecht, § 43 Rn. 173.

441 *Salamon,* RdA 2011, S. 266, 267.

442 Siehe zuletzt BAG Urteil vom 5.6.2008-2 AZR 907/06-AP KSchG § 1 Betriebsbedingte Kündigung Nr. 179.

443 KR-*Griebeling,* § 1 KSchG Rn. 614.

auf dem fortbestehenden Arbeitsplatz zu übernehmen[444]. Daher fehlt es an einer arbeitsplatzbezogenen Austauschbarkeit, wenn der vom Arbeitsplatzwegfall betroffene Arbeitnehmer aufgrund seiner Qualifikation nicht auf dem Arbeitsplatz eines anderen Arbeitnehmers eingesetzt werden kann[445]. Ein anhand der unternehmerischen Entscheidung unmittelbar kündigungsbedrohter Arbeitnehmer ist daher nur mit einem anderen Arbeitnehmer vergleichbar, wenn dieser hinsichtlich der Anforderungen des fortbestehenden Arbeitsplatzes austauschbar ist[446]. Im Interesse des Arbeitgebers muss bei der Festlegung des auswahlrelevanten Personenkreis und damit bei der Frage, welche Arbeitnehmer miteinander vergleichbar sind, sichergestellt werden, dass der sozial schwächere Arbeitnehmer die Anforderungen des Arbeitsplatzes erfüllt, der nach der unternehmerischen Entscheidung fortbesteht und auf dem er zukünftig beschäftigt werden soll[447]. Er soll die Arbeitsaufgaben des anderen Arbeitnehmers in dem Beschäftigungsbetrieb wahrnehmen[448] und die Anforderungen erfüllen, die der Arbeitsplatz mitbringt, den er zukünftig nach einer Sozialauswahl ausfüllen soll[449].

Mit der Prüfung der Austauschbarkeit soll daher sichergestellt werden, dass der nach einem Vergleich anhand der Kriterien des § 1 III KSchG sozial schwächere und daher nicht betriebsbedingt zu kündigende Arbeitnehmer den Anforderungen des fortbestehenden Arbeitsplatzes in Zukunft gerecht wird[450]. Hierbei ist jedoch die Prüfung der Vergleichbarkeit, welche den Kreis der auswahlrelevanten Arbeitnehmer nach § 1 III 1 KSchG bestimmt, von § 1 III 2 KSchG zu unterscheiden, der die Voraussetzungen für eine Herausnahme aus dem Kreis der unmittelbar kündigungsbedrohten Arbeitnehmer normiert[451]. Für diese Unterscheidung ist Folgendes zu beachten:

Die Frage, ob ein Arbeitnehmer über notwendige persönliche Eigenschaften, wie z.B. Einsatzbereitschaft oder Zuverlässigkeit verfügt, ist eine Frage des § 1 III

---

444 BAG Urteil vom 17.9.1998-2 AZR 725/97-AP KSchG 1969 § 1 Soziale Auswahl Nr. 36.

445 *Salamon,* RdA 2011, S. 266, 267; BAG Urteil vom 5.6.2008-2 AZR 907/06- AP KSchG § 1 Betriebsbedingte Kündigung Nr. 179.

446 *Von Hoyningen–Huene,* NZA 1994, S. 1009, 1113.

447 Stahlhacke/Preis/Vossen-*Preis,* Rn. 1034.

448 *Linck,* AR-Blattei 1020.1.2., S. 13; Anm. *Oetker* zu BAG Urteil vom 17.9.1998-2 AZR 725/97- AP KSchG 1969 § 1 Soziale Auswahl Nr. 36; KDZ-*Deinert,* § 1 KSchG Rn. 608.

449 *Bütefisch,* Die Sozialauswahl, S. 173; *Oetker,* in: FS für Wiese, S. 333, 343.

450 *Bütefisch,* Die Sozialauswahl, S. 173.

451 Stahlhacke/Preis/Vossen-*Preis,* § 2, Rn. 1038.

S. 2 KSchG[452]. Die Frage, ob ein Arbeitnehmer entsprechende tatsächliche tätigkeitsbezogene Anforderungen erfüllt, ist im Rahmen der arbeitsplatzbezogenen Vergleichbarkeit zu überprüfen[453].

Die arbeitsplatzbezogene Austauschbarkeit richtet sich nach ständiger Rechtsprechung des BAG[454] und nach der überwiegenden Ansicht in der Literatur in erster Linie nach rein objektiven arbeitsplatzbezogenen Merkmalen, also nach der zuletzt vom Arbeitnehmer ausgeübten Tätigkeit[455]. Doch nicht nur bei identischen Tätigkeiten und identischen Arbeitsplätzen ist eine arbeitsplatzbezogene Austauschbarkeit gegeben, sondern auch wenn der Arbeitnehmer auf Grund seiner Tätigkeit und seiner Ausbildung bzw. Qualifikation eine andersartige, aber gleichwertige Tätigkeit ausführen kann, ist von einer arbeitsplatzbezogenen Austauschbarkeit auszugehen[456]. Da es für die arbeitsplatzbezogene Austauschbarkeit im Rahmen der Sozialauswahl maßgeblich auf die ausgeübte Tätigkeit des Arbeitnehmers ankommt, fehlt es auch innerhalb der gleichen Hierachieebene des Betriebes an einer Austauschbarkeit, wenn die „Werthaltigkeit[457]" der Tätigkeitsinhalte verschieden ist[458]. Für eine arbeitsplatzbezogene Austauschbarkeit zweier Arbeitnehmer kommt es daher nicht auf identische Tätigkeiten an, sondern auch wenn der Arbeitnehmer andersartige Tätigkeiten ausüben kann, kann dies eine Austauschbarkeit begründen, solange diese Tätigkeit die gleiche „Werthaltigkeit" aufweist, wie die des anderen Arbeitnehmers[459].

Die Prüfung der arbeitsplatzbezogenen Austauschbarkeit wird teilweise auch als „Vergleichbarkeit im engeren Sinne[460]" oder als sog. „qualifikationsbezogene

452 Stahlhacke/Preis/Vossen-*Preis*, Rn. 1038; BAG Urteil vom 24.3.1983-2 AZR 21/82-AP KSchG 1969 § 1 Betriebsbedingte Kündigung Nr. 12.

453 Stahlhacke/Preis/Vossen-*Preis*, Rn. 1038; BAG Urteil vom 5.5.1994-2 AZR 917/93-AP BetrVG 1972 § 1 Gemeinsamer Betrieb Nr. 5.

454 Z.B. BAG Urteil vom 7.2.1985-2 AZR 91/84-AP KSchG 1969 § 1 Nr. 9 Soziale Auswahl; BAG Urteil vom 5.6.2008-2 AZR 907/06-AP KSchG § 1 Betriebsbedingte Kündigung Nr. 179.

455 Z.B. KR-*Griebeling* § 1 KSchG Rn. 614, *Von Hoyningen-Huene,* NZA 1994, S. 1009, 1013; *Bitter/ Kiel,* RdA 1994, S. 333, 353 f.

456 BAG Urteil vom 5.6.2008-2 AZR 907/06-AP KSchG § 1 Betriebsbedingte Kündigung Nr. 179; ErfK-*Oetker,* § 1 KSchG Rn. 323.

457 *Salamon,* RdA 2011, S. 266, 267.

458 BAG Urteil vom 18.10.2006-2 AZR 676/05-NZA 2007, S. 798, 800; *Salamon,* RdA 2011, S. 266, 267.

459 *Salamon,* RdA 2011, S. 266, 267; BAG Urteil vom 5.6.2008-2 AZR 907/06-AP KSchG § 1 Betriebsbedingte Kündigung Nr. 179.

460 *Bütefisch,* Die Sozialauswahl, S. 173.

Austauschbarkeit[461]" bezeichnet. Diese Austauschbarkeit richtet sich nach arbeitsplatzbezogenen Merkmalen[462]. Hierfür kommt es entscheidend darauf an, welche Tätigkeit der unmittelbar kündigungsbedrohte Arbeitnehmer im Zeitpunkt der Kündigung ausgeübt hat und welche sonstigen Tätigkeiten er aufgrund seiner sonstigen Fähigkeiten und Erfahrungen hypothetisch übernehmen könnte[463]. Schließlich muss der sozial schutzbedürftigere Arbeitnehmer den anderen Arbeitnehmer, mit dem er verglichen wird, ersetzen[464]. Es kommt somit zunächst auf die tatsächlich ausgeübte Tätigkeit und auf die zufälligen Fähigkeiten des Arbeitnehmers an.

Denn es ist dem bisherigen Inhaber des Arbeitsplatzes nicht zuzumuten, seinen Arbeitsplatz für einen Arbeitnehmer „aufzugeben", dessen Anforderungen dieser nicht gewachsen ist[465]. Im Folgenden werden die tätigkeitsbezogenen Anforderungen und die sonstigen Maßstäbe für die arbeitsplatzbezogene, also tatsächliche Austauschbarkeit, dargestellt.

(1) Tätigkeitsbezogene Anforderungen für den Maßstab bei arbeitsplatzbezogener Austauschbarkeit

Wie dargestellt, kommt es für die Bewertung einer arbeitsplatzbezogenen Austauschbarkeit von Arbeitnehmern maßgeblich auf die ausgeübte Tätigkeit und die Qualifikation des Arbeitnehmers an[466]. Also auch darauf, welche zufälligen Kenntnisse der Arbeitnehmer hat und welche Tätigkeiten er aufgrund dieser ausüben könnte. Für eine arbeitsplatzbezogene Austauschbarkeit kommt es daher darauf an, dass der Arbeitnehmer, dessen Arbeitsplatz aufgrund der unternehmerischen Entscheidung entfallen würde, die Funktion des anderen Arbeitnehmers, dessen Arbeitsplatz nach der unternehmerischen Entscheidung fortbesteht, ausüben kann[467].

Daher ist ein Vergleich zwischen dem Anforderungsprofil des fortbestehenden Arbeitsplatzes und dem Eigenprofil des nach der betrieblichen Auswahl unmittelbar kündigungsbedrohten Arbeitnehmers erforderlich[468]. Ausgangspunkt

---

461 Stahlhacke/Preis/Vossen-*Preis*, Rn. 1034.
462 BAG Urteil vom 2.3.2006-2 AZR 23/05-NZA 2006, S. 1350.
463 MünchArbR-*Berkwosky*, § 113 Rn. 34.
464 *B.Preis*, DB 1984, S. 2244, 2246.
465 *Bütefisch*, Die Sozialauswahl, S. 173.
466 *Salamon*, RdA 2011, S. 266, 267.
467 Moll/*Ulrich*-Arbeitsrecht, § 43 Rn. 175.
468 *Bütefisch*, Die Sozialauswahl, S. 178; *Dudenbostel*, DB 1984, S. 826, 827; *Berkowsky*, NZA 1996, S. 290, 293.

ist die vom unmittelbar kündigungsbedrohten Arbeitnehmer zuletzt ausgeübte Tätigkeit[469].

Dies lässt sich durchaus mit Dudenbostel als „Soll- Ist- Vergleich" bezeichnen, wobei das „Soll" durch das Anforderungsprofil des weitererhaltenen Arbeitsplatz und das „Ist" durch das Eignungsprofil des Arbeitnehmers bestimmt wird[470]. Der kündigungsbedrohte Arbeitnehmer muss daher die Eigenschaften innehaben, die für den fortbestehenden Arbeitsplatz erforderlich sind[471]. Dies kann aufgrund seiner tatsächlich ausgeführten Tätigkeiten oder aufgrund zufälliger weiterer Fähigkeiten der Fall sein[472].

Sind die Aufgabenbereiche bzw. das Anforderungs- und das Eignungsprofil von zwei zu vergleichenden Arbeitnehmern identisch, wird problemlos von einer arbeitsplatzbezogenen Austauschbarkeit im hier dargestellten Sinne ausgegangen[473]. Jedoch ist eine arbeitsplatzbezogene Austauschbarkeit nicht nur bei völliger Identität der Arbeitsplätze und der damit verbundenen Anforderungs- oder Eignungsprofile zu bejahen[474]. Es ist daher auch zu überprüfen, welche sonstigen Tätigkeiten der unmittelbar kündigungsbedrohte Arbeitnehmer aufgrund seiner Qualifikation und seiner bisherigen Erfahrungen übernehmen könnte[475].

Daher sind auch Arbeitnehmer miteinander austauschbar und damit vergleichbar, wenn der unmittelbar kündigungsbedrohte Arbeitnehmer eine andersartige, aber gleichwertige Tätigkeit aufgrund seiner zufälligen Fähigkeiten und seiner Ausbildung ausüben kann[476]. Wie lange eine hierfür notwendige Einarbeitungszeit einer tatsächlichen Austauschbarkeit nicht im Wege steht, wird später gesondert dargestellt.

Um einen solchen Vergleich vorzunehmen, ist zunächst die Frage zu beantworten, ob es ausreicht, wenn der unmittelbar kündigungsbedrohte Arbeitnehmer den fortbestehenden Arbeitsplatz anhand seiner bisherigen Tätigkeit und

---

469 MünchArbR-*Berkwosky*, § 113 Rn. 33.

470 *Dudenbostel*, DB 1984, S. 826.

471 *Dudenbostel*, DB 1984, S. 826, 827.

472 *Bütefisch*, Die Sozialauswahl, S. 178.

473 Siehe z.B. Stahlhacke/Preis/Vossen-*Preis*, Rn. 1039; BAG Urteil vom 17.9.1998-2 AZR 725/97-AP KSchG 1969 § 1 Soziale Auswahl Nr. 36; Moll/*Ulrich*-Arbeitsrecht, § 43 Rn. 175.

474 Ascheid/Preis/Schmidt-*Kiel*, § 1 KSchG Rn. 681.

475 vgl. Darstellung in: MünchArbR-*Berkwosky*, § 113 Rn. 34.

476 BAG Urteil vom 31.5.2007-2 AZR 276/06-AP KSchG 1969 § 1 Soziale Auswahl Nr. 94; BAG Urteil vom 2.3.2006 2 AZR 23/05-NZA 2006, S. 1350; *Bütefisch*, Die Sozialauswahl, S. 178; KDZ-*Deinert*, § 1 KSchG Rn. 608; *Bröhl*, BB 2006, S. 1050, 1051.

seiner zufälligen weiteren Fähigkeiten und sonstigen Qualifikationen ausüben kann, oder ob es vielmehr darauf ankommt, dass die Arbeitnehmer wechselseitig austauschbar sind. Bei einer wechselseitigen Austauschbarkeit muss auch der Arbeitnehmer auf dem fortbestehenden Arbeitsplatz in der Lage sein, die Tätigkeit auf dem weggefallenen Arbeitsplatz auszuüben.

(a) Wechselseitige Austauschbarkeit

Eine wechselseitige Austauschbarkeit wird jedoch zu Recht abgelehnt, da es zu einer Einengung des auswahlrelevanten Personenkreises und damit letztlich zu einer Einengung der Sozialauswahl führen würde, die so nicht dem Willen des Gesetzgebers entspricht[477]. Eine wechselseitige Austauschbarkeit würde dazu führen, dass Arbeitnehmer nur noch dann als austauschbar und damit vergleichbar anzusehen wären, wenn ihre Tätigkeiten und damit die Anforderungsprofile ihrer Arbeitsplätze identisch wären[478]. Auf die zufälligen Kenntnisse und Fähigkeiten, also die Frage, welche Tätigkeiten hypothetisch ausgeübt werden könne, käme es dann nicht mehr an.

Eine solche strikte wechselseitige Austauschbarkeit wird daher zu Recht abgelehnt[479]. Hiernach sollten nur Arbeitnehmer in die Sozialauswahl einbezogen werden, die eine gleichartige Tätigkeit ausüben, mithin also gerade wechselseitig austauschbar sind[480]. Diese Einschränkung der Sozialauswahl hat der Gesetzgeber in § 1 III KSchG gerade nicht übernommen, so dass zu Recht davon auszugehen ist, dass dieser Vorschlag als zu eng für die Sozialauswahl vom Gesetzgeber empfunden worden ist[481].

Eine Feststellung, ob der Arbeitnehmer des fortbestehenden Arbeitsplatzes den weggefallenen Arbeitsplatz ausfüllen könnte, wäre ohne Nutzen, da dieser ja durch die unternehmerische Entscheidung entfällt und stattdessen tatsächlich über die Besetzung des wegfallenden Arbeitsplatzes zu entscheiden ist[482]. Eine wechselseitige Austauschbarkeit ist daher zu Recht abzulehnen, und für eine Vergleichbarkeit im hier dargestellten Sinne reicht es aus, dass eine einseitige

---

477 *Bütefisch,* Die Sozialauswahl, S. 179; so lehnt auch das BAG im Ergebnis eine wechselseitige Austauschbarkeit als Voraussetzung ab, siehe z.B. BAG Urteil vom 24.5.2005-8 AZR 398/04-AP BGB § 613a Nr. 284.

478 *Bütefisch,* Die Sozialauswahl, S. 179.

479 *Bütefisch,* Die Sozialauswahl, S. 179.

480 *Bütefisch,* Die Sozialauswahl, S. 179; der Hattenheimer Entwurf ist abgedruckt in, RdA 1950, S. 63.

481 *Bütefisch,* Die Sozialauswahl, S. 179.

482 *Bütefisch,* Die Sozialauswahl, S. 179.

Austauschbarkeit des unmittelbar kündigungsbedrohten Arbeitnehmers mit dem Inhaber des in Frage kommenden fortbestehenden Arbeitsplatzes besteht[483]. Dem steht auch nicht entgegen, dass hierdurch das Kündigungsrisiko auch auf lediglich von der unternehmerischen Entscheidung mittelbar betroffene Arbeitnehmer erstreckt wird. Daher ist eine wechselseitige Austauschbarkeit für die Vergleichbarkeit von Arbeitnehmern im Rahmen der Sozialauswahl nicht erforderlich[484]. Eine Vergleichbarkeit im Sinne des § 1 III KSchG ist somit nicht nur bei identischen Tätigkeiten und identischen Anforderungsprofilen von Arbeitnehmern gegeben, sondern auch dann, wenn der Arbeitnehmer aufgrund seines Anforderungsprofil, also aufgrund seiner Ausbildung und Fähigkeit, eine andersartige, aber gleichwertige Tätigkeit ausüben kann[485].

(b) Arbeitsplatzbezogene Austauschbarkeit durch Vergleich des Anforderungsprofils und des Eignungsprofils

Es reicht für eine Austauschbarkeit aus, wenn der Arbeitnehmer, dessen Arbeitsplatz weggefallen ist, die Anforderungen an die Qualifikation eines in Frage kommenden Arbeitsplatzes erfüllt, um den Inhaber dieses Arbeitsplatzes bei ansonsten bestehender vertraglicher Vergleichbarkeit in die Sozialauswahl einzubeziehen[486]. Für die Feststellung der arbeitsplatzbezogenen Austauschbarkeit kommt es darauf an, dass Anforderungsprofil des fortbestehenden Arbeitsplatzes mit dem Eignungsprofil des unmittelbar kündigungsbedrohten Arbeitnehmers zu vergleichen. Es besteht für die Feststellung der Vergleichbarkeit somit die Notwendigkeit, Eignungs- und Anforderungsprofil zu vergleichen, da allein mit einem bloßen Vergleich von nicht identischen Arbeitsplatzprofilen, ohne eine Einbeziehung des Eignungsprofils des Arbeitnehmers, die Vergleichbarkeit im Sinne des § 1 III KSchG nicht festgestellt werden kann[487].

Ob der Arbeitnehmer den tätigigkeitsbezogenen Anforderungen des fortbestehenden Arbeitsplatzes, mit dessen Inhaber er verglichen werden soll, gewachsen ist bzw. ob er anhand seiner notwendigen Fähigkeiten dazu in der Lage ist, ist durch einen Vergleich zwischen dem Anforderungsprofil des fortbestehenden

---

483 *Preis,* DB 1984, S. 2244, 2246; Stahlhacke/Preis/Vossen-*Preis* Rn. 1040; ErfK-*Oetker,* § 1 KSchG Rn. 323.

484 ErfK-*Oetker,* § 1 KSchG Rn. 323.

485 So auch die st. Rechtsprechung, z.B. BAG Urteil vom 7.4.1993-2 AZR 449/91-AP KSchG 1969 § 1 Soziale Auswahl Nr. 22.

486 *Oetker,* in: FS für Wiese, S. 333, 343.

487 *Bütefisch,* Die Sozialauswahl, 178; a.A. Anm. *Mummenhof,* zu BAG Urteil vom 5.5.1994-2 AZR 917/93-AP KSchG 1969 § 1 Soziale Auswahl Nr. 23.

Arbeitsplatzes und dem Eigenprofil des kündigungsbedrohten Arbeitnehmers zu überprüfen[488].

Ist der Arbeitnehmer nach dem Vergleich von Anforderungs- und Eignungsprofil anhand seiner wenn auch zufälligen Fähigkeiten in der Lage, die Tätigkeit auf dem fortbestehenden Arbeitsplatz auszuüben, liegt eine arbeitsplatzbezogene bzw. qualifikationsmäßige Austauschbarkeit vor, und bei auch sonstiger vertraglicher Vergleichbarkeit ist der Inhaber dieses Arbeitsplatzes mit dem unmittelbar kündigungsbedrohten Arbeitnehmer vergleichbar[489].

Die Feststellung der Vergleichbarkeit wird insbesondere dann komplizierter, wenn die Anforderungsprofile der Arbeitsplätze (des weggefallenen und des fortbestehenden Arbeitsplatzes) unterschiedlich sind, und es überprüft werden muss, ob der Arbeitnehmer mit seinem Eignungsprofil den Anforderungen des fortbestehenden Arbeitsplatzes gerecht wird und damit arbeitsplatzbezogen austauschbar ist[490]. Hierfür ist eine genaue Bestimmung des Anforderungsprofils des fortbestehenden Arbeitsplatzes und des Eigenprofils des unmittelbar kündigungsbedrohten Arbeitnehmers erforderlich[491].

Da es für die Austauschbarkeit nicht auf eine gegenseitige Austauschbarkeit ankommt, sondern nur darauf, ob der unmittelbar kündigungsbedrohte Arbeitnehmer in der Lage ist, den Arbeitsplatz des Kollegen auszufüllen, ist zunächst das Anforderungsprofil des fortbestehenden Arbeitsplatzes festzulegen, welches die Reichweite der Sozialauswahl maßgeblich bestimmt[492]. Dieses ist dann, wie eben ausgeführt, mit dem Eigenprofil bzw. Leistungsprofil des unmittelbar kündigungsbedrohten Arbeitnehmers zu vergleichen.

(aa) Bestimmung des Eignungsprofils des unmittelbar kündigungsbedrohten Arbeitnehmers

Zunächst stellt sich somit die Frage, wonach sich das Eignungsprofil des nach der betrieblichen Auswahl unmittelbar kündigungsbedrohten Arbeitnehmers bestimmt. Für die Bestimmung des Eignungsprofils des unmittelbar kündigungsbedrohten Arbeitnehmers wird auf die Leistungsbeschreibung im Arbeitsvertrag zurückgegriffen[493]. Dieser lässt Rückschlüsse auf die ausgeübte Tätigkeit zu, da diese im Vertrag umschrieben und konkretisiert wird. Es kommt daher für das

488 Stahlhacke/Preis/Vossen-Preis, Rn. 1041.
489 *Dudenbostel,* DB 1984, S. 826, 827 f.
490 *Bütefisch,* Die Sozialauswahl, S. 181.
491 *Bütefisch,* Die Sozialauswahl, S. 180.
492 B.Preis, DB 1984, S. 2244, 2246; *Berkowsky,* MünchArbR-*Berkwosky,* § 113 Rn. 33.
493 *Bütefisch,* Die Sozialauswahl, S. 181; Stahlhacke/Preis/Vossen-Preis, Rn. 1041.

Eignungsprofil des unmittelbar kündigungsbedrohten Arbeitnehmers darauf an, zu welcher Leistung er sich gegenüber dem Arbeitgeber arbeitsvertraglich verpflichtet hat[494]. Dieser Rückgriff auf den Arbeitsvertrag im Rahmen des tatsächlichen Vergleiches darf nicht mit der später noch zu erläuternden arbeitsvertraglichen Austauschbarkeit im Rahmen der Vergleichbarkeitsprüfung nach der 2. Auffassung zur Vergleichbarkeit verwechselt werden.

Somit können die vertraglichen Leistungspflichten des Arbeitnehmers für die Bestimmung seines Eignungsprofils maßgeblich sein[495].

Weiterhin bestimmt sich das Eignungsprofil des betroffenen Arbeitnehmers nach seinen tatsächlichen Fähigkeiten und Kenntnissen, die er aufgrund seiner Berufsausbildung und seines bisherigen Verlaufs seines Arbeitsverhältnisses hat sammeln können[496]. Somit kommt es für die Bestimmung des Eignungsprofils auf die Leistungsbeschreibung im Arbeitsvertrag und die tatsächlichen Fähigkeiten und Kenntnisse des Arbeitnehmers an. Woher diese Fähigkeiten und Kenntnisse stammen, ist für das Eignungsprofil des Arbeitnehmers im Rahmen der arbeitsplatzbezogenen Austauschbarkeit irrelevant.

(bb) Bestimmung des Anforderungsprofils des fortbestehenden Arbeitsplatzes

Für eine arbeitsplatzbezogene Austauschbarkei kommt es, wie dargestellt, maßgeblich darauf an, wie das Anforderungsprofil des fortbestehenden Arbeitsplatzes zu bestimmen ist. Dieses Anforderungsprofil des fortbestehenden Arbeitsplatzes ist sogleich nach der Festlegung des auswahlrelevanten Personenkreises im Rahmen der betrieblichen Auswahl festzulegen[497].

Die Festlegung des konkreten Anforderungsprofils eines bestimmten Arbeitsplatzes unterliegt der freien unternehmerischen Entscheidung des Arbeitgebers[498]. Dieser kann folglich grundsätzlich frei das Anforderungsprofil eines Arbeitsplatzes festlegen[499]. Soweit für eine bestimmte Aufgabe bestimmte sachliche und persönliche Voraussetzungen erforderlich sind, kann die Entscheidung des Unternehmers, welche Anforderungen an den Inhaber einer bestimmten Stelle zu stellen sind, nur auf eine offensichtliche Unsachlichkeit gerichtlich

---

494 Stahlhacke/Preis/Vossen-*Preis*, Rn. 1042.

495 *Bütefisch*, Die Sozialauswahl, S. 181.

496 *Bütefisch*, Die Sozialauswahl, S. 181; Stahlhacke/Preis/Vossen- *Preis*, Rn. 1043.

497 MünchArbR-*Berkwosky*, § 113 Rn. 79.

498 Münchener Kommentar- *Hergenröder*, § 1 KSchG Rn. 318; BAG Urteil vom 7.7.2005-2 AZR 399/04-AP KSchG 1969 § 1 Betriebsbedingte Kündigung Nr. 138.

499 Moll/*Ulrich*-Arbeitsrecht, § 43 Rn. 175.

überprüft werden[500]. Eine entsprechende Entscheidung des Arbeitgebers hinsichtlich der Voraussetzungen für ein Anforderungsprofil ist hinzunehmen, sofern die geforderten Qualifikationsmerkmale einen nachvollziehbaren Bezug zur Organisation der auszuführenden Arbeit haben[501]. Insofern ist die unternehmerische Entscheidung hinsichtlich des Anforderungsprofils des fortbestehenden Arbeitsplatzes nur auf eine Missbräuchlichkeit hin zu überprüfen[502].

Für die konkrete Bestimmung des aktuellen Anforderungsprofils des betreffenden Arbeitsplatzes ist es entscheidend, wie der Arbeitgeber diesen Arbeitsplatz in einer Stellenausschreibung beschreiben würde, wenn dieser neu ausgeschrieben werden müsste[503].

Nach richtiger Ansicht sind jedoch Veränderungen dieses Anforderungsprofiles des fortbestehenden Arbeitsplatzes, die im Zeitpunkt der Kündigung bereits feststanden und vom Arbeitgeber entsprechend umgesetzt worden sind, nach dem Prognoseprinzip bei der Festlegung des Profils für den Vergleich mit dem Eignungsprofil für das Profil des fortbestehenden Arbeitsplatzes zu berücksichtigen[504].

Für diese kommt es vor allem auf die Kenntnisse, Fähigkeiten und Fertigkeiten an, die für eine fachgerechte Durchführung der Arbeiten auf dem Arbeitsplatz erforderlich sind[505]. Entscheidender Zeitpunkt für diese hypothetische Ausschreibung ist der Zeitpunkt der Sozialauswahl[506]. Des Weiteren ist zu beachten, dass auch betriebliche Spezialisierungen, die sich im Laufe der Zeit ergeben haben, für die Bestimmung des Anforderungsprofils des fortbestehenden Arbeitsplatzes hinsichtlich der einzelnen Anforderungen zu berücksichtigen sind[507].

---

500 BAG Urteil vom 7.7.2005-2 AZR 399/04-AP KSchG 1969 § 1 Betriebsbedingte Kündigung Nr. 138.

501 BAG Urteil vom 7.7.2005-2 AZR 399/04-AP KSchG 1969 § 1 Betriebsbedingte Kündigung Nr. 138; BAG Urteil vom 24.06.2004-2 AZR 326/03-AP KSchG 1969 § 1 Nr. 76.

502 BAG Urteil vom 7.7.2005-2 AZR 399/04-AP KSchG 1969 § 1 Betriebsbedingte Kündigung Nr. 138.

503 *Mummenhoff,* zu BAG Urteil vom 5.5.1994-2 AZR 917/93-AP KSchG 1969 § 1 Soziale Auswahl Nr. 23; *Bütefisch,* Die Sozialauswahl, S. 181.

504 *Bütefisch,* Die Sozialauswahl, S. 181; LAG Hamm v. 8.3.1994, 6 Sa 1819/ 93- LAGE § 1 KSchG Soziale Auswahl Nr. 9.

505 KDZ-*Deinert,* § 1 KSchG Rn. 613.

506 *Mummenhoff,* zu BAG Urteil vom 5.5.1994-2 AZR 917/93-AP KSchG 1969 § 1 Soziale Auswahl Nr. 23.

507 *Mummenhoff,* zu BAG Urteil vom 5.5.1994-2 AZR 917/93-AP KSchG 1969 § 1 Soziale Auswahl Nr. 23.

So hat die Instanzrechtsprechung beispielsweise examinierte Krankenschwestern und einjährig ausgebildete Hilfskräfte aufgrund der unterschiedlichen Qualifikation als nicht miteinander vergleichbar im Sinne des § 1 III KSchG eingestuft[508]. Gegen eine Austauschbarkeit in diesem Fall sprach nach Ansicht des LAG Bremen die höhere und breitere Qualifikation einer examinierten Kraft gegenüber einer nicht examinierten Kraft[509]. Es fallen demnach bei einer examinierten Krankenschwester Tätigkeiten an, für die eine nicht examinierte Kraft nicht eingesetzt werden kann, so dass die Hilfskraft den Arbeitsplatz einer examinierten Krankenschwester nicht ausfüllen kann und das Eignungsprofil der Hilfskraft somit nicht dem Anforderungsprofil des Arbeitsplatzes der examinierten Krankenschwester entspricht und beide demnach nicht tatsächlich austauschbar sind[510]. Daher sind beide Arbeitnehmer nicht arbeitsplatzbezogen austauschbar und waren im vorliegenden Fall nicht im Rahmen der Sozialauswahl miteinander zu vergleichen[511].

Jedoch lässt sich dieses Urteil hinsichtlich der tätigkeitsbezogenen Austauschbarkeit nicht in jeder Hinsicht verallgemeinern und stellt nur einen ungefähren Richtwert dar[512]. Ein genereller Ausschluss der Austauschbarkeit bzw. der Vergleichbarkeit von „gelernten" und „ungelernten" Arbeitnehmern ist unstatthaft und mit dem Grundsatz der sehr stark tätigkeitsbezogenen Austauschbarkeitsprüfung und der für die Austauschbarkeit unschädlichen möglichen Einarbeitungszeit, nicht zu vereinbaren[513]. So ist es auch vorstellbar, dass ein Arbeitnehmer ohne eine entsprechende Berufsausbildung mit einem Arbeitnehmer mit entsprechender Berufsausbildung austauschbar ist und über die notwendige Qualifikation und Fähigkeiten verfügt, wenn der „ungelernte" Arbeitnehmer die Tätigkeit seit vielen Jahren beanstandungsfrei ausgeübt hat[514].

(2) Einarbeitungszeit und die Austauschbarkeit von Arbeitnehmern

Wie gezeigt, ist der Vergleich von Anforderungs- und Eignungsprofil im Rahmen der arbeitsplatzbezogenen tatsächlichen Austauschbarkeit für die Vergleichbarkeitsprüfung im Einzelfall schwierig.

508 LAG Bremen Urteil vom 13.8.1999-3(2) Sa 305/98, LSK 2000 330697.
509 LAG Bremen Urteil vom 13.8.1999-3(2) Sa 305/98, LSK 2000 330697.
510 LAG Bremen Urteil vom 13.8.1999-3(2) Sa 305/98, LSK 2000 330697.
511 LAG Bremen Urteil vom 13.8.1999-3(2) Sa 305/98, LSK 2000 330697.
512 Ascheid/Preis/Schmidt-*Kiel*, § 1 KSchG Rn. 682.
513 Ascheid/Preis/Schmidt-*Kiel*, § 1 KSchG Rn. 682.
514 Ascheid/Preis/Schmidt-*Kiel*, § 1 KSchG Rn. 682.

Besonders problematisch ist die Tatsache, dass einer arbeitsplatzbezogenen Austauschbarkeit, also einem Vergleich der Tätigkeiten im hier dargestellten Sinne, häufig ein gewisser Routinevorsprung des bisherigen Arbeitsplatzinhabers entgegensteht[515]. Jedoch muss ein Arbeitnehmer, um für einen fortbestehenden Arbeitsplatz geeignet zu sein, die dortige Tätigkeit mit seinen Fähigkeiten nicht sofort übernehmen können[516]. Es ist daher allgemein anerkannt, dass der unmittelbar kündigungsbedrohte Arbeitnehmer auch als mit einem anderen Arbeitnehmer austauschbar und damit vergleichbar anzusehen ist, wenn er die auf dem weiterhin bestehenden Arbeitsplatz auszuübende Tätigkeit nicht sofort ausüben kann[517].

Eine gewisse Einarbeitungszeit, um den Qualifikationsstand zu erreichen, die notwendig ist, um auf dem fortbestehenden Arbeitsplatz wirtschaftlich eingesetzt zu werden, führt nach h.M. nicht zum Scheitern einer Austauschbarkeit bzw. einer Vergleichbarkeit, sondern ist dem Arbeitnehmer zuzubilligen[518]. Erst wenn der zu kündigende Arbeitnehmer auch nach einer angemessenen Einarbeitungszeit seine Arbeitsleistung für den Arbeitgeber nicht mehr wirtschaftlich einsetzen kann, scheidet eine Austauschbarkeit von Arbeitnehmern bei nicht identischen Tätigkeiten aus[519].

Insbesondere ein sog. „Routinevorsprung[520]" des bisherigen Arbeitsplatzinhabers ist für die Austauschbarkeit unbeachtlich, da ansonsten die Sozialauswahl faktisch auf Arbeitnehmer begrenzt wäre, die lediglich eine identische Tätigkeit ausüben, was nicht der Intention des Gesetzgebers und dieser Ansicht entspricht, da wie dargestellt auch Arbeitnehmer verglichen werden sollen, deren Tätigkeit nicht komplett identisch ist[521]. Um daher die Vergleichbarkeit und damit die Sozialauswahl nicht nur auf Arbeitnehmer mit identischen Aufgabenbereichen zu beschränken, ist es allgemein anerkannt, dass für die Vergleichbarkeit der arbeitsplatzbezogene Routinevorsprung eines Arbeitnehmers, der mit dem unmittelbar kündigungsbedrohten Arbeitnehmer verglichen werden soll, außer Betracht bleiben muss[522].

---

515 *Linck,* AR-Blattei 1020.1.2., S. 13.

516 *Bütefisch,* Die Sozialauswahl, S. 182.

517 Vgl. zum Streitstand der Einarbeitungszeit, *Bütefisch,* Die Sozialauswahl, S. 182 ff.

518 *Bütefisch,* Die Sozialauswahl, S. 182.

519 Stahlhacke/Preis/Vossen-*Preis,* Rn. 1038.

520 Zum Begriff siehe: *Linck,* Die Soziale Auswahl bei der betriebsbedingten Kündigung, S. 52.

521 *Oetker,* in: FS für Wiese, S. 333, 343 f.; *Bütefisch,* Die Sozialauswahl, S. 183.

522 *Färber,* NZA 1985, S. 175, 176.

Die Frage nach der konkreten Dauer einer für die Vergleichbarkeit von Arbeitnehmern unschädlichen Einarbeitungszeit wird in Rechtsprechung und Literatur unterschiedlichen bewertet[523]. Mangels jeglicher gesetzlicher Vorgaben, fehlt auch hier ein vom Gesetzgeber vorgegebener Maßstab, um die Einarbeitungszeit zu bestimmen. Auch liegen bezogen auf die Vergleichbarkeit von Arbeitnehmern unschädliche Dauer der Einarbeitungszeit keine abschließenden höchstrichterlichen Entscheidungen vor[524].

Der Rechtsprechung des BAG lässt sich in Bezug auf die unschädliche Einarbeitungszeit nur eine vage Richtlinie hinsichtlich der Dauer entnehmen. So hat das BAG beispielsweise festgelegt, dass die Einarbeitungszeit einer Vergleichbarkeit nicht entgegen steht, wenn sie ausschließlich dazu dient, den Routinevorsprung des bisherigen fortbestehenden Arbeitsplatzinhabers aufzuholen und wettzumachen[525].

Fähigkeiten und Kenntnisse, die der unmittelbar kündigungsbedrohte Arbeitnehmer sich erst einmal aneignen muss, können einer Vergleichbarkeit jedoch entgegen stehen[526]. Eine Vergleichbarkeit von Arbeitnehmern ist daher konsequenterweise zu verneinen, wenn seitens des kündigungsbedrohten Arbeitnehmers Spezialkenntnisse erst noch erworben werden müssen, um die Tätigkeit des Kollegen auf dem fortbestehenden Arbeitsplatzes auszuüben, die über einen Routinevorsprung hinaus gehen[527]. Es besteht gleichzeitig für den Arbeitgeber aber auch keine Pflicht, die Vergleichbarkeit durch Fortbildung oder Umschulung des Arbeitnehmers erst herzustellen[528]. Eine solche Pflicht würde gegen den Sinn und Zweck des § 1 III KSchG verstoßen, welcher wie dargestellt in einer Konkretisierung des abstrakten Kündigungsgrundes besteht und eine Vergleichbarkeit voraussetzt[529].

Im Gegensatz zur Weiterbeschäftigung nach § 1 II KSchG sind bei der Frage der Vergleichbarkeit im Sinne des § 1 III KSchG auch die Interessen des Arbeitnehmers auf dem fortbestehenden und möglicherweise vergleichbaren Arbeitsplatz zu berücksichtigen[530].

---

523 Siehe z.B: *Bütefisch*, Die Sozialauswahl, S. 183.

524 *Oetker*, in: FS für Wiese, S. 333, 343 f.

525 *Linck*, Die Sozialauswahl bei betriebsbedingter Kündigung, 52 f; *Oetker*, in: FS für Wiese, S. 333, 343 f.

526 ErfK-*Oetker*, § 1 KSchG Rn. 325.

527 BAG Urteil vom 5.5.1994-2 AZR 917/93-NJW 1994, S. 3370, 3372.

528 *Oetker*, in: FS für Wiese, S. 333, 344; *Meisel*, ZfA 1985, S. 213, 234.

529 *Färber*, NZA 1985, S. 175, 176.

530 ArbG Kiel Urteil vom 5.9.1997-4 Ca 3376/96, NZA RR-1998, S. 67.

Bei der Frage der konkreten Länge der unschädlichen Einarbeitungszeit müssen jedoch verschiedene Wertungen und Interessen berücksichtigt werden. Die hier als zweite Ansicht dargestellte herrschende Auffassung zur Bestimmung des vergleichbaren Arbeitnehmers weitet das Kündigungsrisiko, wie gezeigt, auch auf lediglich mittelbar betroffene Arbeitnehmer aus. Diese sind von der Kündigungsentscheidung nicht direkt betroffen und ihnen ist lediglich aufgrund zufälliger Fähigkeiten das Kündigungsrisiko aufgebürdet worden.

Es muss eine hohe Wahrscheinlichkeit bestehen, dass der Arbeitnehmer, der sozial schwächer ist, den Anforderungen an den fortbestehenden Arbeitsplatz gewachsen ist, da ansonsten der Kreis der auswahlrelevanten Arbeitnehmer aufgrund der nur lediglich mittelbaren Kündigungsbetroffenenheit zu weit gezogen werden würde[531]. Weiterhin muss berücksichtigt werden, dass der Arbeitgeber auf dem fortbestehenden Arbeitsplatz einen eingearbeiteten Arbeitnehmer beschäftigt und eine neue Einarbeitung eines Arbeitnehmers auf diesem Arbeitsplatz erheblichen Aufwand für den Arbeitgeber bedeuten kann[532]. Daher hält das BAG zu Recht auch nur eine kurze Einarbeitungszeit hinsichtlich der Austauschbarkeit für unbeachtlich und zulässig[533]. Der aktuelle „Routinevorsprung" des Inhabers des fortbestehenden Arbeitsplatzes steht daher einer Austauschbarkeit nicht im Wege[534]. Für zu lang im Sinne einer „alsbaldigen Substituierbarkeit[535]" hat das BAG z.B. in seiner Entscheidung vom 5.5.1994 eine notwendige dreimonatige Einarbeitungszeit für die Aneignung von PC-Kenntnissen befunden[536].

Die in die unterinstanzliche Rechtsprechung und die in der Literatur vorgeschlagenen Zeitspannen für die Dauer einer Einarbeitungszeit, die einer Austauschbarkeit nicht im Wege stehen, reichen von einer Woche bis zu 6 Monaten[537].

---

531 *Stahlhacke/Preis/Vossen-Preis,* Rn. 144.

532 ArbG Kiel Urteil vom 5.9.1997-4 Ca 3376/c96, NZA RR-1998, 67.

533 BAG Urteil vom 31.5.2007-2 AZR 306/06-AP KSchG 1969 § 1 Soziale Auswahl Nr. 93.

534 ErfK -*Oetker,* § 1 KSchG Rn. 325; BAG Urteil vom 24.5.2005-8 AZR 398/04-AP BGB § 613a Nr. 284.

535 BAG Urteil vom 5.5.1994-2 AZR 917/93-AP KSchG 1969 § 1 Soziale Auswahl Nr. 23.

536 BAG Urteil vom 5.5.1994-2 AZR 917/93-AP KSchG 1969 § 1 Soziale Auswahl Nr. 23.

537 Stahlhacke/Preis/Vossen-*Preis,* Rn. 1044, in der Entscheidung des BAG vom 14.8.1986-2 AZR 616/85-nimmt das BAG eine Einarbeitungszeit von zwei Woche an. Diese Entscheidung bezog sich jedoch auf einen Betrieb, der kurze Zeit später stillgelegt werden sollte, so dass diese Entscheidung nicht zu verallgemeinern ist.

(a) Feste Zeitspannen für die Höchstdauer der Einarbeitungszeit nach der unterinstanzlichen Rechtsprechung

Zwar geht das Arbeitsgericht Kiel mit dem BAG von einer sehr kurzen Einarbeitungszeit aus, damit diese für die Austauschbarkeit unschädlich ist, es hält jedoch in seiner Entscheidung vom 5.9.1997 beispielsweise eine achtwöchige Einarbeitungszeit für eine absolute Obergrenze[538].

Im Gegensatz dazu steht nach dem Urteil des Arbeitsgerichts Wetzlar vom 26.7.1983 auch eine Einarbeitungszeit von maximal 6 Monaten einer arbeitsplatzbezogene Austauschbarkeit nicht entgegen[539].

(b) Höchstdauer der Einarbeitungszeit nach der Probezeit

Eine Ansicht in der Literatur stellt für die Konkretisierung der für die Austauschbarkeit und damit für die Vergleichbarkeit unschädlichen Einarbeitungszeit auf die Gesamtumstände des Einzelfalls, insbesondere der Dauer der Beschäftigung und der konkreten Art der neuen Tätigkeit ab[540]. Als zeitliche Obergrenze dient nach dieser Ansicht die für diese Tätigkeit übliche vertragliche Probezeit oder die branchenübliche tarifvertragliche Probezeit[541]. In der Regel geht diese Ansicht, auch bei Berücksichtigung der Gesamtumstände, davon aus, dass die zulässige Einarbeitungszeit in der Regel einen Monat nicht überschreitet[542]. Für die Verwendung der Probezeit als Konkretisierung der Obergrenze der Einarbeitungszeit spricht nach dieser Ansicht die Tatsache, dass die Probezeit den Zweck verfolgt herauszufinden, ob ein Arbeitnehmer dem Anforderungsprofil eines bestimmten Arbeitsplatzes gerecht wird[543]. Dieser Ansatz ist jedoch abzulehnen, da er die zu vergleichenden Tätigkeiten zu pauschal bewertet und dazu führt, dass eine für viele Berufe einheitliche 6-monatige Einarbeitungsfrist bestehen würde, da die Probezeit in den meisten Fällen eben 6 Monate beträgt[544]. Gegen diese Ansicht spricht ebenfalls die Tatsache, dass die Probezeit nicht nur der Einarbeitung dient, sondern diese auch den Zweck verfolgt, eine Überprüfung der Eignung des Arbeitnehmers zu ermöglichen[545]. Außerdem würde sich durch

538 ArbG Kiel Urteil vom 5.9.1997-4 Ca 3376/c96-NZA RR-1998, S. 67.

539 ArbG Wetzlar Urteil vom 26.7.1983-1 Ca 128/ 83-DB 1983, S. 2785.

540 *Färber,* NZA 1985, S. 175, 176.

541 *Färber,* NZA 1985, S. 175, 176; *Künzl,* ZTR 1996, S. 385, 387; *Schröder,* ZTR 1995, S. 394, 399.

542 *Färber,* NZA 1985, S. 175, 176.

543 *Färber,* NZA 1985, S. 175, 176.

544 Stahlhacke/Preis/Vossen-*Preis,* Rn. 1044; *Bütefisch,* Die Sozialauswahl, S. 184.

545 *Bütefisch,* Die Sozialauswahl, S. 184.

eine entsprechend großzügig gefasste Einarbeitungszeit der potentielle Kreis der vergleichbaren und damit für die Sozialauswahl relevanten Arbeitnehmer vergrößern und damit das Kündigungsrisiko der Arbeitnehmer auf den fortbestehenden Arbeitsplätzen erhöhen[546].

(c) Höchstdauer der Einarbeitungszeit nach der gesetzlichen Kündigungsfrist

Eine weitere Ansicht in der Literatur zieht die Kündigungsfrist des unmittelbar kündigungsbedrohten Arbeitnehmers zur Bestimmung der für die qualifikationsmäßige Austauschbarkeit unschädlichen Einarbeitungszeit heran[547]. Dieser Ansicht nach entspricht nämlich die gesetzliche Kündigungsfrist, da sie nach § 622 BGB von der Dauer der Betriebszugehörigkeit und dem Lebensalter abhängt, dem Grad der sozialen Schutzbedürftigkeit des Arbeitnehmers[548]. Gerade ältere Arbeitnehmer seien schutzbedürftig, da diese nach dieser Ansicht häufig aufgrund der Spezialisierung und aufgrund einer langjährigen einseitigen Beschäftigung, lediglich beschränkter einsetzbar und damit beschränkter austauschbar wären[549]. Außerdem führt diese Ansicht das Argument an, dass der nach der Sozialauswahl aus dringend betrieblichen Erfordernissen zu kündigende Arbeitnehmer noch für die Dauer der gesetzlichen Kündigungsfrist beschäftigt werden muss und in dieser Zeit daher für die Einarbeitung gesorgt werden kann[550].

Diese Ansicht, die auf dem ersten Blick pragmatisch ist, ist jedoch abzulehnen. So werden nach dieser Ansicht die in § 1 III KSchG aufgeführten Kriterien der Dauer der Betriebszugehörigkeit und des Lebensalters in doppelter Weise berücksichtigt[551]. Neben der Anwendung der Kriterien bei der eigentlichen Auswahl nach sozialen Kriterien würde diese schon vorher bei der Festlegung des auswahlrelevanten Personenkreises für die Festlegung der unschädlichen Einarbeitungszeit für eine arbeitsplatzbezogene Austauschbarkeit berücksichtigt werden[552]. Daher würde dieser Ansatz zwei der Kriterien aus § 1 III KSchG gegenüber den anderen bevorzugen und zu deren Lasten gehen[553].

546 Stahlhacke/Preis/Vossen-Preis, Rn. 1044.
547 *B.Preis,* DB 1984, S. 2244, 2247.
548 *B.Preis,* DB 1984, S. 2244, 2247.
549 *B.Preis,* DB 1984, S. 2244, 2247.
550 *B.Preis,* DB 1984, S. 2244, 2247.
551 Stahlhacke/Preis/Vossen-*Preis,* Rn. 1044.
552 Stahlhacke/Preis/Vossen-*Preis,* Rn. 1044.
553 *Bütefisch,* Die Sozialauswahl, S. 184.

(d) *Höchstdauer der Einarbeitungszeit unter anderem nach der Leistungsfähigkeit des Arbeitgebers*

Mit der h.M. nimmt eine weitere Ansicht an, dass eine gewisse Einarbeitungszeit zur Überwindung des Routinevorsprungs des Arbeitsplatzinhabers einer Vergleichbarkeit nicht im Wege steht[554]. Diese Ansicht bemisst die Dauer der Einarbeitungszeit nach dem Einzelfall und setzt wie *Färber* als äußerste zeitliche Grenze die übliche Probezeit an[555]. Zusätzlich ist nach dieser Ansicht jedoch auch die wirtschaftliche Leistungsfähigkeit des Arbeitgebers zu berücksichtigten, so dass Betrieben, die sich in wirtschaftlichen Schwierigkeiten befinden, keine lange Einarbeitungszeit zugemutet werden soll[556].

Gegen diese Ansicht spricht die Tatsache, dass von der wirtschaftlichen Lage des Arbeitgebers bei einer entsprechenden kurzen Einarbeitungszeit auch der Kreis der auswahlrelevanten Arbeitnehmer kleiner werden würde. Zwar wird die finanzielle Belastbarkeit des Arbeitgebers nach § 1 II S. 3 KSchG im Rahmen der Zumutbarkeit von Um- und Fortbildungsmaßnahmen berücksichtigt, diese Wertung lässt sich jedoch nicht auf § 1 III KSchG übertragen[557]. Es ist im Ergebnis auch nicht begründbar, warum ein Arbeitnehmer mit stärkeren Sozialdaten seinen Arbeitsplatz aufgrund der weiter gefassten Sozialauswahl leichter zugunsten eines sozial schwächeren Kollegen verlieren würde, als bei einem wirtschaftlich schwachen Arbeitgeber[558]. Daher ist diese Ansicht abzulehnen.

(e) *Höchstdauer der Einarbeitungszeit nach den Umständen des Einzelfalls*

Letztlich wird noch der Ansatz vertreten, die Einarbeitungszeit nach den jeweiligen Umständen des Einzelfalls und nicht nach starren Fristen zu bestimmen[559]. Jedoch ist innerhalb dieser Ansicht das Meinungsbild nicht einheitlich und es werden verschiedene Ansätze vertreten, wie im konkreten Einzelfall die maximale Einarbeitungsfrist zu bestimmen ist.

Zunächst ist auch für *Oetker* die Bestimmung der maximalen Dauer der Einarbeitungszeit anhand der Umstände des Einzelfalls vorzugswürdiger als ausschließlich der Einsatz einer starren Frist, wie es teilweise vertreten wird[560]. Nach

---

554 *Linck,* Die soziale Auswahl bei betriebsbedingter Kündigung, S. 53.
555 *Linck,* Die soziale Auswahl bei betriebsbedingter Kündigung, S. 53.
556 *Linck,* Die soziale Auswahl bei betriebsbedingter Kündigung, S. 53; *Dudenbostel,* DB 1984, S. 826, 828; *Schwerdtner,* ZIP 1984, S. 10, 15.
557 *Bütefisch,* Die Sozialauswahl, S. 184.
558 *Bütefisch,* Die Sozialauswahl, S. 184.
559 So z.B. *Bütefisch,* Die Sozialauswahl, S. 184.
560 *Oetker,* in: FS für Wiese, S. 333, 345.

Oetker ist zur Bestimmung der maximalen Einarbeitungsfrist, die für die Austauschbarkeit unerheblich ist, im Einzelfall eine Einstellungssituation zu simulieren[561]. Es ist nach *Oetker* die hypothetische Frage zu stellen, ob ein verständiger Arbeitgeber bei ausschließlicher Berücksichtigung der fachlichen Qualifikation den unmittelbar kündigungsbedrohten Arbeitnehmer für den konkreten fortbestehenden Arbeitsplatz eingestellt hätte[562]. Hierdurch wird nach *Oetker* ausgeschlossen, dass im konkreten Einzelfall ein Routinevorsprung zur fehlenden Austauschbarkeit und damit zur fehlenden Vergleichbarkeit führt[563]. Bei einem zu großen Qualifikationsdefizit würde ein verständiger Arbeitgeber nach *Oetker* aufgrund der fehlenden Kenntnisse den Arbeitnehmer für diesen fortbestehenden Arbeitsplatz nicht einstellen, so dass eine Vergleichbarkeit ausscheidet[564].

Neben dem Ansatz von *Oetker* werden weitere Ansätze vertreten. So besteht z.B. innerhalb dieser Ansicht Uneinigkeit darüber, ob zur Bestimmung der maximalen Einarbeitungsfrist im Einzelfall auch die Dauer der Betriebszugehörigkeit und das Lebensalter zu berücksichtigen ist[565].

Gegen die Berücksichtigung von zwei in § 1 III KSchG aufgeführter Sozialdaten bei der Bestimmung der maximalen Einarbeitungsfrist spricht, dass wie bereits dargestellt, dieser Ansatz dazu führen würde, dass einzelne Sozialkriterien doppelt berücksichtigt werden.

Daher wird schließlich der Ansatz vertreten, hinsichtlich der Dauer der Einarbeitungszeit im Einzelfall das Kriterium der inhaltlichen Anforderungen an den konkreten fortbestehenden Arbeitsplatz zu verwenden[566]. Dieser Ansatz geht in der Regel von einer zulässigen Einarbeitungszeit von 3 bis 6 Wochen aus, wobei die maximale Dauer sich nach den konkreten Anforderungen richtet[567]. Ein gewichtiges Indiz für die Anforderungen an einen Arbeitsplatz ist nach dieser Ansicht die Stellung des fortbestehenden Arbeitsplatzes in der Betriebshierachie[568].

---

561 *Oetker,* in: FS für Wiese, S. 333, 345.

562 *Oetker,* in: FS für Wiese, S. 333, 345.

563 *Oetker,* in: FS für Wiese, S. 333, 345.

564 *Oetker,* in: FS für Wiese, S. 333, 345.

565 Für eine Berücksichtigung dieser Kriterien bei der Bewertung im Einzelfall, z.B. Ascheid/Preis/Schmidt-*Kiel,* § 1 KSchG Rn. 68; *Linck,* Die soziale Auswahl bei betriebsbedingter Kündigung, S. 53; *Lück,* Probleme bei der Sozialauswahl nach §1 III KSchG, S. 89; Gegen eine Berücksichtigung dieser Kriterien z.B. *Bütefisch,* Die Sozialauswahl, S. 184.

566 Stahlhacke/Preis/Vossen-*Preis,* Rn. 1044.; *Bütefisch,* Die Sozialauswahl, S. 186.

567 Stahlhacke/Preis/Vossen-*Preis,* Rn. 1044 ; *Bütefisch,* Die Sozialauswahl, S. 186.

568 *Bütefisch,* Die Sozialauswahl, S. 186.

Letztlich wird vertreten, für die Bestimmung der maximalen Einarbeitungszeit auf die besonderen betrieblichen Umstände im Einzelfall, insbesondere auf Umsetzungen und Versetzungen, die aus außerkündigungsrechtlichen Umständen erfolgen, abzustellen[569]. Anhaltspunkt für die Einarbeitungszeit kann die Zeit sein, die der Arbeitgeber in vergleichbaren Fällen einem Arbeitnehmer für die Einarbeitung gewähren würde[570].

(f) Stellungnahme zur Höchstdauer der Einarbeitungszeit
Unstrittig ist, dass eine gewisse Einarbeitungszeit der „qualifikationsmäßigen[571]" Austauschbarkeit im oben dargestellten Sinne nicht entgegensteht.

Um die Sozialauswahl von der personellen Reichweite hinsichtlich der arbeitsplatzbezogenen Austauschbarkeit jedoch nicht zu sehr einzuschränken, ist es unstrittig und richtig, eine gewisse höchste Einarbeitungszeit als für die Vergleichbarkeit von Arbeitnehmern unschädlich einzustufen. Hinsichtlich der Frage nach der Höchstdauer einer für die Austauschbarkeit unbeachtlichen Einarbeitungszeit sind angesichts der möglichen Vielfalt der verschiedenen Anforderungen im Einzelfall pauschale Höchstzeiten, wie sie teilweise vertreten werden und wurden, wenig sinnvoll[572].

Denn eine für alle Arbeitsplätze einheitlich geltende Höchstdauer der Einarbeitungszeit würde den unterschiedlichen Anforderungen der fortbestehenden Arbeitsplätze im Einzelfall nicht gerecht werden[573]. Es ist vielmehr mit dem BAG lediglich von einer baldmöglichsten Austauschbarkeit auszugehen, wobei zu berücksichtigen ist, dass die Einarbeitungszeit primär einen Routinevorsprung des bisherigen Arbeitsplatzinhabers ausgleichen soll. Daher ist der letztgenannten Auffassung zu folgen. Die konkrete maximale Dauer der Einarbeitungszeit ist daher nach den jeweiligen Besonderheiten des Einzelfalls zu bestimmen. Hierfür ist jedoch, um bestimmte Sozialkriterien nicht zu bevorzugen, nicht auf die Dauer des Arbeitsverhältnisses und das Lebensalter abzustellen, sondern stattdessen ist der Ansicht zu folgen, die die Anforderungen an den fortbestehenden Arbeitsplatz als das entscheidende Kriterium für die Bestimmung heranziehen. Diese sollte, vor dem Hintergrund, dass lediglich ein Routinevorsprung

---

569 ErfK-*Oetker*, § 1 KSchG Rn. 325.

570 ErfK-*Oetker*, § 1 KSchG Rn. 325.

571 BAG Urteil vom 5.6.2008-2 AZR 907/ 06-AP KSchG § 1 Betriebsbedingte Kündigung Nr. 179.

572 Siehe z.B. Stahlhacke/Preis/Vossen-*Preis*, Rn. 1044.

573 *Bütefisch*, Die Sozialauswahl, S. 183; *Oetker*, in: FS für Wiese, S. 333, 345.

ausgeglichen werden soll und mit den Anforderungen des BAG nach einer alsbaldigen Austauschbarkeit, in der Regel 6 Wochen nicht überschreiten.

(3) Weitere objektive Merkmale für die Beurteilung der arbeitsplatzbezogenen Austauschbarkeit

Der Vergleich von Anforderungs- und Eignungsprofil ist nicht das einzige Kriterium für die Bestimmung der arbeitsplatzbezogenen Austauschbarkeit im Rahmen der Vergleichbarkeitsprüfung nach der zweiten Ansicht. Vielmehr können neben diesem Vergleich auch weitere objektive Merkmale für die Beurteilung der arbeitsplatzbezogenen Austauschbarkeit und damit für die Vergleichbarkeit von Arbeitnehmern herangezogen werden[574].

(a) Tarifliche Eingruppierung und die Austauschbarkeit von Arbeitnehmern

Ein erstes objektives Merkmal für die arbeitsplatzbezogene Austauschbarkeit zweier Arbeitnehmer könnte eine identische tarifliche Eingruppierung der für die Auswahl in Frage kommenden Arbeitnehmer sein.

Da ein Vergleich der ausgeübten Tätigkeiten, wie ihn die „qualifikationsmäßige Austauschbarkeit" erfordert, von einzelnen Arbeitnehmern häufig aufgrund der möglichen Vielfalt der verschiedenen Tätigkeit schwierig ist, stellt sich die Frage, ob eine etwaige gleiche tarifliche Eingruppierung für die Frage der Austauschbarkeit relevant ist und ob insbesondere eine tarifliche Eingruppierung eines Arbeitnehmers ein Indiz dafür ist, dass der Arbeitnehmer geeignet ist, die Tätigkeit auf einem entsprechenden Arbeitsplatz der gleichen tariflichen Vergütungsgruppe auszuüben[575].

Rechtsprechung und Teile der Literatur sind sich uneinig darüber, ob und inwieweit eine tarifliche Eingruppierung ein Indiz dafür sein kann, dass der Arbeitnehmer bestimmte Arbeitsplätze und damit verbundene Tätigkeiten eines Kollegen im Beschäftigtenbetrieb übernehmen kann und von daher mit den entsprechenden Inhabern dieser Arbeitsplätze vergleichbar ist[576].

Bei nicht identischen Tätigkeiten von Arbeitnehmern kann die tarifliche Eingruppierung in die gleiche Tarifgruppe von Arbeitnehmern im Einzelfall für die Frage der arbeitsplatzbezogenen Austauschbarkeit von Arbeitnehmern als Indiz für eine Austauschbarkeit und damit eine Vergleichbarkeit herangezogen

---

574 Ascheid/Preis/Schmidt-*Kiel*, § 1 KSchG Rn. 682.
575 *Bütefisch,* Die Sozialauswahl, S. 181.
576 *Bütefisch,* Die Sozialauswahl, S. 181.

werden[577]. Dies Indizwirkung beschränkt sich nach h.M. jedoch nur auf Hilfstätigkeiten, die keinerlei Anlernzeit und im Höchstfall nur eine geringe Einarbeitungszeit erfordern[578]. Jedoch verliert die tarifliche Eingliederung in eine Vergütungsgruppe mit steigender Qualifikation an Bedeutung, da hier der Grad der betrieblichen Spezialisierung steigt[579]. Die Reichweite der Indizwirkung für die arbeitsplatzbezogene Austauschbarkeit von geringer qualifizierten Arbeitnehmern hängt von der Ausgestaltung des jeweiligen Tarifvertrages ab[580]. Sind die Eingruppierungsmerkmale in einem Tarifvertrag allgemein gefasst, kommt der Eingruppierung ein geringerer Indizwert zu, als wenn konkrete Qualifikationen für die Eingruppierung vorgesehen sind[581]. Doch auch wenn im Einzelfall einer tariflichen Eingruppierung bei der Frage der Austauschbarkeit ein Indizwert zukommt, hat der Arbeitgeber im Einzelfall zu prüfen, ob der unmittelbar kündigungsbedrohte Arbeitnehmer austauschbar ist[582].

(b) Subjektive Merkmale zur Bestimmung der arbeitsplatzbezogenen Austauschbarkeit

Für die Austauschbarkeit und damit die Frage der Vergleichbarkeit im Sinne der h.M. ist es fraglich, ob diese allein anhand von objektiven rein arbeitsplatzbezogenen Kriterien, also nach der Tätigkeit zu bestimmen ist, oder ob über einen reinen Vergleich der Tätigkeiten hinaus auch arbeitnehmerbezogene subjektive Vergleichskriterien, wie z.B. Führungsqualitäten, Einsatzbereitschaft, Zuverlässigkeit und Lernbereitschaft für die Austauschbarkeit eine Rolle spielen[583].

Es stellt sich die Frage, wie sich gesundheitliche Leistungsmängel betroffener Arbeitnehmer, insbesondere krankheitsbedingte Fehlzeiten und sonstige persönliche Eigenschaften wie Fleiß und Führungsvermögen auf die Austauschbarkeit bzw. Vergleichbarkeit von Arbeitnehmern im Rahmen des § 1 III KSchG auswirken. Insbesondere ist die Frage relevant, wenn der fortbestehende Arbeitsplatz solche Fähigkeiten im Anforderungsprofil aufweist. Hierzu werden im

577 *Jobs,* DB 1986, S. 538; *B.Preis,* DB 1984, S. 2244, 2247.

578 *B.Preis,* DB 1984, S. 2244, 2247; BAG Urteil vom 25.4.1985-2 AZR 140/84-AP KSchG 1969 § 1 Soziale Auswahl Nr. 7; BAG Urteil vom 15.6.1989-2 AZR 580/88-AP KSchG 1969 § 1 Soziale Auswahl Nr. 18.

579 *Bütefisch,* Die Sozialauswahl, S. 182.

580 *Bütefisch,* Die Sozialauswahl, S. 182.

581 *Lück,* Probleme der Sozialauswahl nach § 1 III KSchG, S. 80 f.; *Bütefisch,* Die Sozialauswahl, S. 182.

582 *Bütefisch,* Die Sozialauswahl, S. 182.

583 *Pollmann,* Die Sozialauswahl, S. 29.

Wesentlichen zwei konträre Ansätze in Rechtsprechung und Literatur vertreten, die im Folgenden kurz getrennt dargestellt werden.

Nach einer Auffassung in der Literatur führen Leistungsmängel und häufige krankheitsbedingte Fehlzeiten des unmittelbar kündigungsbedrohten Arbeitnehmers dazu, dass dieser, auch wenn er die Aufgaben des Arbeitnehmers, dessen Arbeitsplatz fortbesteht, wahrnehmen könnte, nicht im Sinne des § 1 III KSchG mit diesem vergleichbar ist[584]. Insbesondere wird vertreten, dass bei nicht identischen Tätigkeitsfeldern, also nicht identischen Anforderungsprofilen der Arbeitsplätze der zu vergleichenden Arbeitnehmer, Fehlzeiten aufgrund von Krankheit einer Vergleichbarkeit dieser Arbeitnehmern grundsätzlich entgegen stehen können[585]. Aber auch andere persönliche Eigenschaften und subjektive Kriterien, wie z.B. die Lernbereitschaft und die Leistungsfähigkeit sollen nach dieser Ansicht für die Vergleichbarkeit maßgeblich sein, wenn das Anforderungsprofil des fortbestehenden Arbeitsplatzes solche vorsieht, und können gleichzeitig einer solchen aber auch entgegen stehen[586]. Dieser Auffassung folgend, wären leistungsstarke und gesunde Arbeitnehmer nicht nach § 1 III KSchG mit leistungsschwächeren Arbeitnehmern zu vergleichen (da nicht tatsächlich bzw. arbeitsplatzbezogen austauschbar), und der Kreis der auswahlrelevanten Arbeitnehmer würde sich lediglich auf eine Auswahl unter den z.B. leistungsschwachen Arbeitnehmern beschränken[587].

Nach anderer Auffassung, welche insbesondere auch vom BAG vertreten wird, ist die Frage von Leistungsmängeln und krankheitsbedingten Fehlzeiten vor allem im Rahmen des § 1 III 2 KSchG als Ausnahme von der Sozialauswahl zu erörtern und steht einer grundsätzlichen Vergleichbarkeit von Arbeitnehmern im hier dargestellten Sinne nicht im Wege[588]. Lediglich wenn diese dazu führen, dass der Arbeitgeber den Arbeitnehmer aufgrund seiner Erkrankung nicht auf den Arbeitsplatz des anderen Arbeitnehmers per Direktionsrecht versetzen könnte, ist mangels Austauschbarkeit auch keine Vergleichbarkeit anzunehmen[589].

---

584 *Lammermann,* Aktuelle Probleme im Rahmen der betriebsbedingten Kündigung, S. 130 ff., der eine Vergleichbarkeit ausschließt, wenn der sozial schwächere Arbeitnehmer nicht die Funktion des sozial stärkeren Arbeitnehmers aufgrund des Leistungsdefizits ausüben könnte; Schaub NZA 1987, S. 217, 221.

585 *Jobs,* DB 1986, S. 538.

586 *Jobs,* DB 1986, S. 538.

587 *Linck,* Die Sozialauswahl bei betriebsbedingter Kündigung, S. 53.

588 *Bütefisch,* Die Sozialauswahl, S. 187.

589 BAG Urteil vom 6.11.1997-2 AZR 94/97-AP KSchG 1969 § 1 Nr. 42.

Nach herrschender Ansicht spielen daher zu Recht gesundheitliche Leistungsmängel oder andere persönliche Eigenschaften und subjektive Merkmale, wie die individuelle Leistungsfähigkeit eines Arbeitnehmers, für die Bestimmung der Austauschbarkeit und damit für die Bestimmung des auswahlrelevanten Personenkreises grds. keine Rolle[590]. Auch kranke und gesunde Arbeitnehmer müssen bei arbeitsplatzbezogener Austauschbarkeit grundsätzlich miteinander vergleichbar sein und zwischen ihnen muss eine Auswahl im Sinne des § 1 III KSchG erfolgen können. Dieser Ansicht nach erfolgt die Prüfung der Austauschbarkeit allein funktions- bzw. arbeitsplatzbezogenen nach der zuletzt ausgeübten Tätigkeit und dem Anforderungsprofil des fortbestehenden Arbeitsplatzes[591].

Persönliche Eigenschaften und subjektive Merkmale einzelner Arbeitnehmer spielen daher lediglich im dritten Prüfungsschritt der Sozialauswahl im Rahmen des § 1 III 2 KSchG eine Rolle, nicht jedoch für die Frage der Vergleichbarkeit von Arbeitnehmern[592]. Diese richtet sich im Rahmen der arbeitsplatzbezogenen Austauschbarkeit zu Recht nach rein objektiven Kriterien.

(c) Bedeutung der Berufsausbildung, der Berufsbezeichnung und von Titeln für die Austauschbarkeit bzw. arbeitsplatzbezogene Austauschbarkeit von Arbeitnehmern

Weiterhin ist fraglich, ob eine Identität von Berufs– oder Ausbildungsbezeichnungen der Arbeitnehmer, die miteinander verglichen werden sollen, Auswirkungen auf die arbeitsplatzbezogene Austauschbarkeit im hier dargestellten Sinne haben.

Für die sog. tätigkeitsbezogenen Anforderungen bei der Vergleichbarkeitsprüfung von Arbeitnehmern ist das formale Vorliegen eines Berufsabschlusses nur dann maßgeblich, wenn das Fehlen eines solchen einer Austauschbarkeit des Arbeitnehmers mit und eines Arbeitnehmers ohne Berufsabschluss einer Vergleichbarkeit tatsächlich oder aus rechtlichen Gründen entgegensteht[593]. Es ist

---

590 KR-*Griebeling,* § 1 KSchG Rn. 629; Stahlhacke/Preis/Vossen-*Preis* Rn. 1038; Löwisch/Spinner-*Löwisch,* § 1 Rn. 351.

591 *B. Preis,* DB 1984, S. 2244, 2246, für eine Beachtlichkeit von gesundheitlichen Leistungsmängeln, wenn diese die Leistungsfähigkeit so beeinträchtigten, dass der Arbeitnehmer nicht die Funktion des anderen übernehmen kann, Ascheid/Preis/Schmidt-*Kiel,* § 1 KSchG Rn. 683.

592 BAG Urteil vom 24.3.1983-2 AZR 21/82-AP KSchG § 1 Betriebsbedingte Kündigung Nr. 12.; *Linck,* Die Sozialauswahl bei betriebsbedingter Kündigung, S. 53; *ders,* AR-Blattei 1020.1.2., S. 17.

593 *Stahlhacke/Preis/Vossen-Preis,* Rn. 1038.

jedoch davon auszugehen, dass insbesondere mit steigender Qualifikation der Arbeitnehmer die Aussagekraft der Berufsbezeichnung hinsichtlich der Austauschbarkeit von Arbeitnehmern abnimmt[594]. Werden jedoch Arbeitnehmer mit und ohne Berufsabschluss nach dem Konzept des Arbeitgebers für die gleiche Tätigkeit eingesetzt, so sind diese regelmäßig als vergleichbar anzusehen[595]. Darüber hinaus können sich nämlich insbesondere entgegen formeller Berufsqualifikationen auch andere Anforderungsprofile von Arbeitsplätzen ergeben, die je nach betrieblicher Organisation variieren können[596]. So können formale Qualifikationen wie eine Berufsausbildung als Anhaltspunkt für die arbeitsplatzbezogene Austauschbarkeit und damit für die Vergleichbarkeit herangezogen werden[597]. Diesbezüglich sind auch Spezialkenntnisse des jeweiligen Berufes maßgebend und bei der Frage der Austauschbarkeit zu berücksichtigen, sofern sie für den fortbestehenden Arbeitsplatz erforderlich sind[598].

Daher kann im Einzelfall die gleiche Berufsbezeichnung von Arbeitnehmern, also die Zugehörigkeit zur gleichen Berufsgruppe, für die Beurteilung einer Austauschbarkeit von Arbeitnehmern als Indiz für eine Vergleichbarkeit herangezogen werden[599]. Die formale Berufsbezeichnung hat, wie gezeigt, jedoch nur in Ausnahmefällen eine wirkliche Bedeutung, wenn etwa die Ausübung des Berufes an eine formale Qualifikation gebunden ist. Einer arbeitsplatzbezogenen Austauschbarkeit und damit einer Vergleichbarkeit im hier dargestellten Sinne stehen unterschiedliche Berufsbezeichnungen von Arbeitnehmern jedoch grundsätzlich nicht im Wege.

Soweit ein Arbeitnehmer über „Titel“ verfügt, können diese ebenfalls nur als Indiz für die Qualifikation des Arbeitnehmers für die Frage der Austauschbarkeit herangezogen werden und ersetzen grds. nicht die Prüfung der arbeitsplatzbezogenen Austauschbarkeit[600].

(4) Zusammenfassung zur arbeitsplatzbezogenen Austauschbarkeit

Für eine arbeitsplatzbezogene Austauschbarkeit kommt es darauf an, dass der unmittelbar kündigungsbedrohte Arbeitnehmer tatsächlich anhand seiner

594 *B.Preis,* DB 1984, S. 2244, 2246.

595 BAG Urteil vom 6.7.2006-2 AZR 442/05-NZA 2007, S. 139; Stahlhacke/Preis/Vossen-*Preis,* Rn. 1038.

596 *Dudenbostel,* DB 1994, S. 826, 827.

597 Ascheid/Preis/Schmidt-*Kiel,* § 1 KSchG Rn. 682.

598 *Stahlhacke/Preis/Vossen-Preis,* Rn. 1038.

599 Ascheid/Preis/Schmidt-*Kiel,* § 1 KSchG Rn. 682.

600 *Kerbein,* NZA 2002, S. 889; Ascheid/Preis/Schmidt-*Kiel,* § 1 KSchG Rn. 682.

bisherigen Tätigkeit und seiner Qualifikation in der Lage ist, den Arbeitsplatz des Kollegen auf dem fortbestehenden Arbeitsplatz auszufüllen. Hierfür müssen die Tätigkeiten der zu vergleichenden Arbeitnehmer gleichwertig sein, und der Vergleich muss auf derselben Ebene der Betriebshierarchie durchgeführt werden[601]. Die Frage, ob der unmittelbar kündigungsbedrohte Arbeitnehmer die Funktion des anderen Arbeitnehmers ausüben kann, ist durch einen Abgleich zwischen dem Eignungsprofil des unmittelbar kündigungsbedrohten Arbeitnehmers und dem Anforderungsprofil des fortbestehenden Arbeitsplatzes, welcher von dem Kollegen ausgefüllt wird, festzustellen[602]. Das Eignungsprofil des Arbeitnehmers bestimmt sich nach seiner arbeitsvertraglich geschuldeten Tätigkeit. Außerdem richtet sich die arbeitsplatzbezogene Austauschbarkeit nach seinen tatsächlichen Fähigkeiten und Kenntnissen, auch wenn diese nur zufällig vorhanden sind. Das Anforderungsprofil des fortbestehden Arbeitsplatzes wird nach einer hypothetischen Ausschreibung des Arbeitgebers im Zeitpunkt der Sozialauswahl bestimmt.

Ein Routinevorsprung des bisherigen Arbeitsplatzinhabers ist für die arbeitsplatzbezogene Austauschbarkeit unerheblich und es ist dem unmittelbar kündigungsbedrohten Arbeitnehmer eine Einarbeitungszeit im Sinne einer alsbaldigen Austauschbarkeit von in der Regel nicht mehr als 6 Wochen zuzugestehen. Die maximale Länge einer Einarbeitungszeit ist aber im Einzelfall unter Berücksichtigung der aktuellen Kenntnisse und Fähigkeiten vorzunehmen[603]. Subjektive Merkmale, wie persönliche Eigenschaften, die über die Tätigkeit hinausgehen, sind für die arbeitsplatzbezogene Austauschbarkeit und damit für die Vergleichbarkeit und die Einbeziehung in die Sozialauswahl unerheblich. Es kommt für die arbeitsplatzbezogene Austauschbarkeit nur auf einen objektiven Vergleich an. Einer tariflichen Eingruppierung kommt in der Privatwirtschaft nach ständiger Rechtsprechung lediglich in einigen Fällen eine Indizwirkung für eine solche arbeitsplatzbezogene Austauschbarkeit zu[604], während das BAG der tariflichen Eingruppierung für die Vergleichbarkeit von Arbeitnehmern im öffentlichen Dienst größeres Gewicht zumisst[605]. Berufsbezeichnungen und Titel sind ebenfalls nur Indizien für eine arbeitsplatzbezogene Austauschbarkeit.

---

601 Moll/*Ulrich*-Arbeitsrecht, § 43 Rn. 173.

602 Moll/*Ulrich*-Arbeitsrecht, § 43 Rn. 175.

603 Moll/*Ulrich*-Arbeitsrecht, § 43 Rn. 176.

604 So z.B. BAG Urteil vom 31-5-2007-2 AZR 306/06- NZA 2007, S. 1362; BAG Urteil vom 2.02.2006-2 AZR 38/05-AP KSchG 1969 § 1 Betriebsbedingte Kündigung Nr. 142.

605 Siehe beispielsweise BAG Urteil vom 2.03.2006-2 AZR 23/05-AP KSchG 1969 § 1 Soziale Auswahl Nr. 81.

bb) Arbeitsvertragliche Austauschbarkeit

Für eine Vergleichbarkeit von Arbeitnehmern im hier dargestellten Sinne, die für eine Einbeziehung in die Sozialauswahl notwendig ist, kommt es nach der herrschenden Auffassung neben der oben dargestellten arbeitsplatzbezogenen Austauschbarkeit, der sog. „qualifkationsmäßigen Austauschbarkeit [606]", zusätzliche auf eine „arbeitsvertragliche Austauschbarkeit[607]" an[608]. Neben einer tatsächlichen ist somit nach dieser Ansicht auch eine rechtliche Austauschbarkeit erforderlich. Die Reichweite des arbeitsvertraglichen Direktionsrechts gegenüber dem nach der betrieblichen Auswahl unmittelbar kündigungsbedrohten Arbeitnehmer ist für die Bestimmung des auswahlrelevanten Personenkreises und die Vergleichbarkeit entscheidend[609]. Nach h.M. beschränkt sich daher die Vergleichbarkeitsprüfung nicht nur auf eine rein objektive und tatsächliche arbeitsplatzbezogene Austauschbarkeit[610]. Es ist vielmehr bei der Beurteilung einer Vergleichbarkeit verschiedener Arbeitnehmer miteinander nicht nur auf eine rein arbeitsplatzbezogene Austauschbarkeit des unmittelbar kündigungsbedrohten Arbeitnehmers mit dem Arbeitnehmer auf dem fortbestehenden Arbeitsplatz abzustellen[611]. Daher fehlt es nach Ansicht des BAG an einer Vergleichbarkeit von Arbeitnehmern im Sinne des §1 III KSchG, „...wenn der Arbeitgeber den Arbeitnehmer auf Grund des zu Grunde liegenden Arbeitsvertrages nicht einseitig auf den anderen Arbeitsplatz versetzen kann"[612].

Schon in der älteren Rechtsprechung ließ das BAG erkennen, dass sich nach Auffassung des Gerichts die Austauschbarkeit von Arbeitnehmern bei der Sozialauswahl nur „in erster Linie" nach arbeitsplatzbezogenen Merkmalen richtet[613]. Nach nunmehr ständiger Rechtsprechung des BAG liegt trotz objektiv arbeitsplatzbezogener Austauschbarkeit keine Vergleichbarkeit im Sinne des § 1 III

606 BAG Urteil vom 5.6.2008-2 AZR 907/06-AP KSchG 1969 § 1 Betriebsbedingte Kündigung, Nr. 179.

607 BAG Urteil vom 31.5.2007-2 AZR 306/06-AP KSchG 1969 § 1 Soziale Auswahl Nr. 93.

608 BAG Urteil vom 5.6.2008-2 AZR 907/06-AP KSchG 1969 § 1 Betriebsbedingte Kündigung, Nr. 179; KR-*Griebeling,* § 1 KSchG Rn. 621.

609 Stahlhacke/Preis/Vossen-*Preis*, Rn. 1035.

610 *Oetker,* in: FS für Wiese, S. 333, 346.

611 *Oetker,* in: FS für Wiese, S. 333, 346.

612 BAG Urteil vom 5.6.2008-2 AZR 907/06-AP KSchG 1969 § 1 Betriebsbedingte Kündigung Nr. 179.

613 Erstmals in einem unveröffentlichten Urteil vom 10.11.1988; BAG Urteil vom 15.6.1989-2 AZR 580/88- AP KSchG § 1 Soziale Auswahl Nr. 18; BAG Urteil vom 17.9.1998-2 AZR 725/97-AP KSchG § 1 Soziale Auswahl Nr. 36.

KSchG vor, wenn der Arbeitnehmer nicht einseitig kraft Direktionsrechts auf den anderen Arbeitsplatz umgesetzt oder versetzt werden kann[614].

Somit bedarf es für eine Vergleichbarkeit nach dieser Ansicht neben einer „tatsächlichen Einsetzbarkeit[615]" im Sinne einer bereits oben dargestellten arbeitsplatzbezogenen Austauschbarkeit noch zusätzlich einer „rechtlichen Einsetzbarkeit[616]". Daher fehlt es an einer arbeitsvertraglichen Austauschbarkeit und damit an einer Vergleichbarkeit, wenn der Arbeitgeber dem Arbeitnehmer nur durch eine Vertragsänderung oder eine Änderungskündigung die Tätigkeit auf dem fortbestehenden Arbeitsplatz zuweisen kann[617]. Der vertraglich festgelegten Arbeitspflicht des Arbeitnehmers entspricht die Beschäftigungspflicht des Arbeitgebers[618].

Der für die Sozialauswahl relevante Personenkreis, innerhalb dessen die Arbeitnehmer nach den Kriterien des § 1 III KSchG miteinander zu vergleichen sind, wird daher nach h.M. auf die mittels Direktionsrecht erreichbaren Arbeitsplätze und deren Arbeitsplatzinhaber beschränkt[619].

Als Begründung hierfür führt die h.M. an, dass, wenn der Arbeitgeber nicht einseitig den Arbeitnehmer umsetzen könnte, die Reichweite der Sozialauswahl und damit die Vergleichbarkeit letztlich von dem Einverständnis des betroffenen Arbeitnehmers abhängen würde[620].

Der Ansatz, dass die Vergleichbarkeit von Arbeitnehmern nach der Voraussetzung der „arbeitsvertraglichen Austauschbarkeit" nicht über die Reichweite des Direktionsrechts hinaus gehen kann, ist unabhängig von der Weite des arbeitgeberseitigen Weisungsrechts im Einzelfall nach dieser Ansicht immer anzuwenden[621]. In der Konsequenz kann dies sogar dazu führen, dass ein Arbeitnehmer ohne Sozialauswahl entlassen werden muss, wenn sich seine arbeitsvertragliche Leistungspflicht durch eine Vertragsänderung auf einen einzigen speziellen Arbeitsplatz im Betrieb verengt hat, dieser entfällt und nach den Voraussetzungen

---

614 so z.B. BAG Urteil vom 3.12.1998-2 AZR 341/98-AP KSchG 1969 § 1 Soziale Auswahl Nr. 39; BAG Urteil vom 5.6.2008-2 AZR 907/06-AP KSchG 1969 § 1 Betriebsbedingte Kündigung, Nr. 179.

615 KR-*Griebeling,* § 1 KSchG Rn. 617.

616 KR-*Griebeling,* § 1 KSchG Rn. 617.

617 Moll/*Ulrich*-Arbeitsrecht, § 43 Rn. 174.

618 Stahlhacke/Preis/Vossen-*Preis,* Rn. 1035.

619 Anm. *Oetker* zu BAG Urteil vom 17.9.1998-2 AZR 725/97-AP KSchG 1969 § 1 Soziale Auswahl Nr. 36.

620 *Gelhaar,* NJW 2010, S. 2550, 2551.

621 *Gelhaar,* NJW 2010, S. 2550, 2551.

einer „arbeitsvertraglichen Austauschbarkeit“ keine vergleichbaren Arbeitnehmer, die für einen Vergleich nach § 1 III KSchG erforderlich sind, vorhanden sind[622]. Dies gilt auch dann, wenn der Arbeitnehmer die Tätigkeit auf dem fortbestehenden Arbeitsplatz nach seiner Qualifikation ausüben könnte[623]. Entsprechend hat das BAG in der Entscheidung vom 17.9.1998[624] die Vergleichbarkeit einer Arbeitnehmerin eingeschränkt, deren Tätigkeit sich auf einen bestimmten Betrieb beschränkte[625]. Fortgesetzt hat das BAG seine Rechtsprechungslinie auch bei der Entscheidung vom 17.2.2000[626], in der die Vergleichbarkeit einer Arbeitnehmerin, welche sich vertraglich nur für Tätigkeiten bei einer Redaktion verpflichtet hat, mit Arbeitnehmern aus anderen Zeitungsredaktionen beim gleichen Arbeitgeber verneint wurde[627].

Nach der herrschenden Auffassung kommt daher der Gestaltung des einzelnen Arbeitsvertrages für die Frage der Vergleichbarkeit, wie dargestellt, eine entscheidende Bedeutung zu. So steht z.B. dem „Vorzug“ des Arbeitgebers, welches ein weites Direktionsrecht gegenüber dem Arbeitgeber während des laufenden Arbeitsverhältnisses mit sich bringt, der „Nachteil“ einer ausgedehnteren Sozialauswahl gegenüber[628]. Wird dagegen die vertragliche Leistungspflicht des Arbeitgebers und damit das Weisungsrecht des Arbeitgebers vertraglich auf einen bestimmten Arbeitsplatz eingeengt, so beschränkt sich der Kreis der in die Sozialauswahl einzubeziehenden vergleichbaren Arbeitnehmer entsprechend[629].

In diesem Zusammenhang ist jedoch problematisch, wie sich eine Konkretisierung des arbeitgeberseitigen Direktionsrechts auf einen bestimmten Arbeitsplatz auf die Vergleichbarkeit und damit auf die Sozialauswahl auswirkt. Darüber hinaus ist die Frage relevant, wie sich die Unwirksamkeit einer Versetzungsklausel, die die Reichweite des Direktionsrechts maßgeblich beeinflusst, nach §§ 305 ff. BGB

---

622 BAG Urteil vom 17.2.2000-2 AZR 142/99-AP KSchG 1969 § 1 Soziale Auswahl, Nr. 46; Moll/*Ulrich*-Arbeitsrecht, § 43 Rn. 174.

623 KR-*Griebeling*, § 1 KSchG Rn. 621; BAG Urteil vom 17.9.1998-2 AZR 725/97-AP KSchG Soziale Auswahl Nr. 36.

624 BAG Urteil vom 17.9.1998-2 AZR 725/97-AP KSchG 1969 § 1 Soziale Auswahl Nr. 36.

625 Vgl. Stahlhacke/Preis/Vossen-*Preis*, Rn. 1036.

626 BAG Urteil vom 17.2.2000-2 AZR 142/99-AP KSchG 1969 § 1 Soziale Auswahl Nr. 46.

627 Vgl. Stahlhacke/Preis/Vossen-*Preis*, Rn. 1036.

628 Anm. *Oetker* zu BAG Urteil vom 17.9.1998-2 AZR 725/97-AP KSchG 1969 § 1 Soziale Auswahl Nr. 36.

629 BAG Urteil vom 2.3.2006-2 AZR 23/05-AP KSchG 1969 § 1 Soziale Auswahl Nr. 81; Ascheid/Preis/Schmidt-*Kiel*, § 1 KSchG Rn. 684.

auf die Frage der Reichweite der Auswahl nach § 1 III KSchG auswirkt. Weiterhin ist die Vergleichbarkeit von Arbeitnehmern nach der arbeitsvertraglichen Austauschbarkeit ebenfalls problematisch, wenn der Arbeitsvertrag des unmittelbar kündigungsbedrohten Arbeitnehmers keine ausdrückliche Regelung über Änderungen des Arbeitsortes bzw. des Direktionsrechts enthält.

(1) Auswirkungen einer nach §§ 305 ff. BGB unwirksamen Versetzungsklausel auf die arbeitsvertragliche Austauschbarkeit im Rahmen der Vergleichbarkeit von Arbeitnehmern für die Sozialauswahl

Fraglich ist zunächst, wie sich eine nach §§ 305 ff. BGB unwirksame Versetzungsklausel im Arbeitsvertrag des unmittelbar kündigungsbedrohten Arbeitnehmers auf die sog. „arbeitsvertragliche Austauschbarkeit[630]" und damit letztlich auf die Vergleichbarkeit von Arbeitnehmern im Rahmen des § 1 III KSchG auswirkt.

Zweck der Inhaltskontrolle Allgemeiner Geschäftsbedingungen nach §§ 305 ff. BGB ist es nach der überwiegender Ansicht, einen Ausgleich dafür zu schaffen, dass der Verwender einseitig die Vertragsfreiheit in Anspruch nimmt[631]. Gleichzeitig dient die Kontrolle aber nicht dem Schutz des Verwenders vor den von ihm durch die AGB eingeführten Bestimmungen[632]. Aufgrund dieser vorgegebenen Schutzrichtung kann sich der Verwender, typischerweise der Arbeitgeber bei AGB im Arbeitsrecht, im Grundsatz nicht auf die Unwirksamkeit einer Klausel berufen[633]. Der Arbeitgeber müsste sich bei der Berufung auf die Unwirksamkeit der von ihm selbst als Verwender der AGB eingebrachten Klausel den Einwand des venire contra factum proprium aus § 242 BGB entgegen halten lassen[634]. Die Folge wäre, dass die Versetzungsklausel zu Gunsten des gekündigten Arbeitnehmers wirksam wäre und der Kreis der vergleichbaren Arbeitnehmer sich entsprechend erweitert. Der Arbeitgeber hätte somit die Sozialauswahl bei bestehender „qualifikationsbezogener Austauschbarkeit" auf alle Arbeitnehmer zu erstrecken, deren Arbeitsplätze

630 S.o.

631 *Gelhaar,* NJW 2010, S. 2550; BAG Urteil vom 27.10.2005-8 AZR 3/05-AP BGB § 307 Nr. 11.

632 BAG Urteil vom 27.10.2005-8 AZR 3/05- P BGB § 307 Nr. 11.

633 LAG Niedersachsen Urteil vom 26.02.2007-Az.: 9 Sa 1560/06-BeckRS 2007, 46078.

634 BAG Urteil vom 3.4.2008-2 AZR 879/06-NZA 2008, S. 1060, 1063; ErfK-*Oetker,* § 1 KSchG Rn. 323. A.A *Gelhaar*, NJW 2010, S. 2550 ff., für den, außer in Einzelfällen in denen sich der Arbeitgeber zuvor auf die unwirksame Versetzungsklausel berufen hat, eine arbeitsvertragliche Austauschbarkeit aufgrund einer nach §§ 305 ff. BGB unwirksamen Versetzungsklausel nicht in Frage kommt.

von der Versetzungsklausel des Vertrages des unmittelbar kündigungsbedrohten Arbeitnehmers erfasst sind, sodass die Unwirksamkeit der Klausel somit keine Auswirkung auf die Sozialauswahl hat[635]. Die andere Seite, typischerweise der Arbeitnehmer, könnte sich im Gegensatz dazu problemlos auf die Unwirksamkeit der Klausel berufen, da dies dem Schutzzweck nicht zuwider laufen würde[636]. Der Kreis der vergleichbaren Arbeitnehmer würde sich dann jedoch für den unmittelbar kündigungsbedrohten Arbeitnehmer verkleinern, wenn er sich auf die Unwirksamkeit der Versetzungsklausel berufen würde, weswegen dieser Fall in der Praxis der seltenere sein dürfte.

(2) Die Konkretisierung der arbeitsvertraglichen Leistungspflicht des Arbeitgebers und die Vergleichbarkeit im Rahmen der Sozialauswahl

Darüber hinaus ist in Bezug auf die „arbeitsvertragliche Austauschbarkeit“ fraglich, wie sich eine etwaige Konkretisierung der Arbeitspflicht eines Arbeitnehmers auf diese und damit letztlich auf die Vergleichbarkeit von Arbeitnehmern im Rahmen der Sozialauswahl als solche auswirkt. Durch eine Konkretisierung wird, wie allgemein anerkannt ist, die Arbeitspflicht des Arbeitnehmers, die im Arbeitsvertrag häufig nur allgemein festgeschrieben ist, und das damit verbundene Weisungsrechts des Arbeitgebers auf eine bestimmte dauernd ausgeübte Tätigkeit beschränkt[637].

Zu der Frage, ob sich die Konkretisierung der Arbeitspflicht des unmittelbar kündigungsbedrohten Arbeitnehmers und die damit verbundene Beschränkung des Weisungsrecht des Arbeitgebers auf die Sozialauswahl auswirkt oder nicht, werden zwei grundsätzlich unterschiedliche Ansätze vertreten. Diese werden im Folgenden, nach einer kurzen Darstellung zur dogmatischen Herleitung und zu den Voraussetzungen einer arbeitsvertraglichen Konkretisierung, dargestellt.

(a) Voraussetzungen und Grundlagen der Konkretisierung der Arbeitspflicht

An die Voraussetzungen für eine Konkretisierung werden in der aktuellen Rechtsprechung hohe Anforderungen gestellt. So sind nach der Rechtsprechung des BAG neben einem zeitlichen Moment, also einer langjährigen Beschäftigung an einem bestimmten Ort oder mit einer bestimmten Tätigkeit, noch weitere sonstige Umstände erforderlich, die den Arbeitnehmer zu einem entsprechendem

635 *Gelhaar,* NJW 2010, S. 2550.

636 ErfK-*Oetker,* § 1 KSchG Rn. 323.

637 Münchener Handbuch zum Arbeitsrecht-*Reichold,* § 36, Rn. 16.

Vertrauen veranlassen[638]. Erforderlich ist daher für eine Konkretisierung eine Kombination aus einem Zeit- und einem Umstandsmoment, um einen entsprechenden Bindungswillen des Arbeitgebers annehmen zu können[639].

Zur dogmatischen Begründung der Konkretisierung werden zwei grundsätzlich verschiedene Ansätze vertreten[640]. Es wird vertreten, dass sich die Konkretisierung aus einer konkludenten Vertragsänderung ergibt[641]. Die Gegenauffassung begründet die Konkretisierung mit dem aus § 242 BGB kommenden Vertrauensschutz[642]. Für die vorliegende Bearbeitung kann die dogmatische Begründung der Konkretisierung dahin stehen.

(b) Keine Berücksichtigung der Konkretisierung für die arbeitsvertragliche Austauschbarkeit und damit die Vergleichbarkeit von Arbeitnehmern

Das BAG[643] und ein Teil der Literatur[644] gehen davon aus, dass die Konkretisierung der arbeitsvertraglichen Leistungspflicht und die damit einhergehende Einschränkung des Direktionsrechts bei der Frage der arbeitsvertraglichen Austauschbarkeit nicht berücksichtigt werden darf[645]. Die Folge einer Berücksichtigung wäre, dass in die Sozialauswahl mit dem unmittelbar kündigungsbedrohten Arbeitnehmer nur die Arbeitnehmer kommen würden, die bei im Übrigen bestehender „qualifikationsmäßiger Austauschbarkeit" dann noch „arbeitsvertraglich austauschbar" wären, also die Inhaber der Arbeitsplätze, auf die der Arbeitgeber den Arbeitnehmer nur mit dem eingeschränkten Direktionsrecht einseitig versetzen könnte[646].

Die Vergleichbarkeit von Arbeitnehmern würde durch eine Berücksichtigung der Konkretisierung eingeschränkt und der Kreis der auswahlrelevanten Arbeitnehmer im Vergleich zum eigentlich vereinbarten Direktionsrecht beschränkt[647]. Dies verkehrt nach dieser Ansicht die eigentliche Wirkung der Konkretisierung,

638 BAG Urteil vom 13.03.2007-9 AZR 433/06-AP BGB § 307 Nr. 26; BeckOK-ArbR/*Joussen,* § 611 BGB Rn. 302.

639 Münchener Handbuch zum Arbeitsrecht-*Reichold,* § 36, Rn. 16.

640 Münchener Handbuch zum Arbeitsrecht-*Reichold,* § 36, Rn. 16.

641 Münchener Handbuch zum Arbeitsrecht-*Reichold,* § 36, Rn. 1; LAG Hamm Urteil vom 7.12.2000-12 Sa 1550/ 00- BeckRS 2000/ 30788510.

642 *Bütefisch,* Die Sozialauswahl, S. 65; *Rüthers/Bakker,* ZfA 1990, S. 245, 267 f.; Ascheid/Preis/Schmidt-*Kiel,* § 1 KSchG Rn. 688.

643 BAG Urteil vom 3.6.2004-2 AZR 577/03-AP BetrVG 1972 § 102 Nr. 141.

644 Z.B. Stahlhacke/Preis/Vossen-*Preis,* Rn. 1058.

645 BAG Urteil vom 3.6.2004-2 AZR 577/03-AP BetrVG 1972 § 102 Nr. 141.

646 *Bütefisch,* Die Sozialauswahl, S. 64.

647 *Bütefisch,* Die Sozialauswahl, S. 64.

welche für den Arbeitnehmer vorteilhaft sein sollte, in einen Nachteil, da der für ihn auswahlrelevante Personenkreis im Rahmen der Sozialauswahl schrumpft und sich sein persönliches Kündigungsrisiko dadurch erhöht[648].

Schließlich würde, da die Konkretisierung unter anderem eine langjährige Betriebszugehörigkeit voraussetzt, die Vergleichbarkeit vor allem von älteren Arbeitnehmern durch eine Berücksichtigung eingeschränkt und damit würde das Kündigungsrisiko gerade dieser nach der Wertung des § 1 III KSchG schützenswerten Personen erhöht, da typischerweise gerade ältere Arbeitnehmer häufiger von einer Konkretisierung betroffen sind[649].

Nach dieser Ansicht kann sich das Rechtsinstitut der Konkretisierung der Arbeitsleistung nur zu Gunsten des Arbeitnehmers auswirken und nicht, wie bei einer Berücksichtigung, nachteilig im Rahmen der Vergleichbarkeitsprüfung[650]. Daher würde eine entsprechende Berücksichtigung nach dieser Ansicht dem Schutzzweck des § 1 III KSchG widersprechen, wenn sich diese bei der Konkretisierung zu Lasten des Arbeitnehmers auswirkt[651]. Daher sind nach dieser Auffassung das arbeitgeberseitige Direktionsrecht und damit die Vergleichbarkeit von Arbeitnehmern nicht im Falle einer Konkretisierung der Arbeitsleistung über das vertraglich ausdrücklich Vereinbarte eingeschränkt[652]. Somit ist eine Konkretisierung nach dieser Ansicht nicht bei der Prüfung der Vergleichbarkeit von Arbeitnehmern im Rahmen des § 1 III KSchG zu berücksichtigen. Nur das ursprünglich im Arbeitsvertrag weitgefasste Direktionsrecht ist nach dieser Ansicht, unabhängig davon, ob eine Konkretisierung eingetreten ist oder nicht, für die arbeitsvertragliche Austauschbarkeit im Rahmen der Vergleichbarkeitsprüfung bei § 1 III KSchG relevant.

(c) Berücksichtigung der Konkretisierung für die arbeitsvertragliche Austauschbarkeit und damit die Vergleichbarkeit von Arbeitnehmern

Nach der gegenteiligen Auffassung ist jedoch eine arbeitsvertragliche Konkretisierung auch im Rahmen der Vergleichbarkeitsprüfung bei der Sozialauswahl zu

---

648 *Bütefisch,* Die Sozialauswahl, S. 65.

649 *Bütefisch,* Die Sozialauswahl, S. 65.

650 Ascheid/Preis/Schmidt-*Kiel,* § 1 KSchG Rn. 688.

651 BAG Urteil vom 3.6.2004-2 AZR 577/03-AP BetrVG 1972 § 102 Nr. 141.

652 So auch z.B. Ascheid/Preis/Schmidt-*Kiel,* § 1 KSchG Rn. 688; *v. Hoyingen-Huene,* NZA 1994, S. 1009, 1013, der in solchen Fällen die Vergleichbarkeitsprüfung allein auf eine reine arbeitsplatzbezogene Austauschbarkeit beschränken will; *Linck* AR-Blattei, SD 1020.1.2. Rn. 59 f.

berücksichtigen[653]. Nach dieser Ansicht kann sich die Konkretisierung der Arbeitspflicht des Arbeitnehmers auch im Rahmen der Sozialauswahl negativ für diesen auswirken. Dieser Ansicht folgend ist daher bei der arbeitsvertraglichen Austauschbarkeit bei Vorliegen einer Konkretisierung auf das durch die Konkretisierung beschränkte Direktionsrecht abzustellen. Die h.M. wird von dieser Ansicht teilweise als „inkonsequent" bezeichnet, da einerseits für die Austauschbarkeit auf die Reichweite des Direktionsrechts abgestellt wird und andererseits deren Einschränkung durch die Konkretisierung jedoch nicht berücksichtigt wird[654].

(d) Stellungnahme

Welche Ansicht vorzugswürdiger ist, ist im Wesentlichen von der dogmatischen Begründung abhängig, welche der Konkretisierung zu Grunde gelegt wird[655]. Nur wenn in der Konkretisierung als Rechtsfolge einer Vertragsänderung gesehen wird, kann diese für den Arbeitnehmer auch nachteilig sein[656].

Vorzugswürdig ist jedoch die Ansicht, welche in der Konkretisierung einen in § 242 BGB verankerten Vertrauensschutz sieht[657]. Andernfalls wäre ein erheblicher Begründungsaufwand notwendig, um die für den konkludenten Änderungsvertrag erforderlichen Willenserklärungen überhaupt zu begründen[658]. Mit dieser zu Grunde gelegten dogmatischen Begründung ist zwingend der Auffassung zu folgen, welche die Berücksichtigung der Konkretisierung bei der arbeitsvertraglichen Austauschbarkeit im Rahmen der Vergleichbarkeitsprüfung ablehnt[659]. Da die Konkretisierung aus dem Vertrauensschutz des Arbeitnehmers resultiert und sich dieser nur zum Vorteil gereichen darf, kann sich dieser nicht zum Nachteil des unmittelbar kündigungsbedrohten Arbeitnehmers auswirken, was er aber bei einer Berücksichtigung im Rahmen des § 1 III KSchG tun würde[660]. Daher wird die Reichweite der Sozialauswahl bzw. die Vergleichbarkeit von Arbeitnehmern nicht durch die Konkretisierung der Leistungspflicht des unmittelbar kündigungsbedrohten Arbeitnehmers und die damit verbundene

653 Z.B. LAG Hamm Urteil vom 7.12.2000-12 Sa 1150/ 00-BeckRS 2000/ 30788510.
654 Moll/*Ulrich*-Arbeitsrecht, § 43 Rn. 174.
655 *Bütefisch,* Die Sozialauswahl, S. 65.
656 *Bütefisch,* Die Sozialauswahl, S. 65.
657 Ascheid/Preis/Schmidt-*Kiel*, § 1 KSchG Rn. 688; *Bütefisch,* Die Sozialauswahl, S. 65.
658 *Bütefisch,* Die Sozialauswahl, S. 66.
659 So auch z.B. Ascheid/Preis/Schmidt-*Kiel*, § 1 KSchG Rn. 688.
660 *Bütefisch,* Die Sozialauswahl, S. 65.

Einengung des Direktionsrechts und der arbeitsvertraglichen Austauschbarkeit beeinflusst[661].

(3) Arbeitsvertragliche Austauschbarkeit beim Fehlen einer ausdrücklichen Vereinbarung im Arbeitsvertrag

Problematisch ist die arbeitsvertragliche Austauschbarkeit außerdem dann, wenn im Arbeitsvertrag des unmittelbar kündigungsbedrohten Arbeitnehmers keine ausdrückliche Regelung über den Arbeitsort und einen Arbeitsortswechsel enthalten sind, mithin also zur rechtlichen Einsetzbarkeit des Arbeitnehmers im Arbeitsvertrag keine Regelung enthalten ist[662]. Es mangelt in diesen Fallgestaltungen also an einer Vereinbarung, die die Reichweite des Direktionsrechts des Arbeitgebers begrenzt. Fraglich ist, wie hinsichtlich der Vergleichbarkeitsprüfung mit solchen Fallgestaltungen umzugehen ist.

Während bei Versetzungen kraft Weisungsrechts außerhalb einer betriebsbedingten Kündigung die Überprüfung der Weisung des Arbeitgebers nach § 106 GewO möglich ist und eine Interessenabwägung erfordert, ist dieser Maßstab jedoch für eine Versetzung im Rahmen der Sozialauswahl nicht praktikabel, da diese allein im Interesse des Arbeitnehmers, der vor der Kündigung geschützt werden soll, erfolgt[663]. Vielmehr ist eine Interessenabwägung zwischen dem Arbeitsplatzerhalt und den Nachteil der Versetzung zu einem anderen Arbeitsort vorzunehmen[664].

Nach der Auslegungsregel des § 269 I BGB ist grundsätzlich davon auszugehen, dass der Sitz des Betriebes des Arbeitgebers den jeweiligen Leistungsort bzw. den Arbeitsort des Arbeitnehmers darstellt[665]. Daher ist davon auszugehen, dass alle Arbeitnehmer des Betriebes ohne entsprechende Klausel grundsätzlich arbeitsvertraglich austauschbar sind und für den gesamten Beschäftigungsbetrieb eingestellt worden sind[666]. Dadurch ist der Arbeitgeber grundsätzlich berechtigt, auch ohne entsprechende Regelung im Arbeitsvertrag, den Arbeitnehmer kraft Weisungsrechts in anderen Teilen desselben Betriebes einzusetzen[667]. Dieses

---

661 a.A. wohl Moll/*Ulrich*-Arbeitsrecht, § 43 Rn. 174.

662 *Bütefisch,* Die Sozialauswahl, S. 62.

663 Vgl. *Bütefisch,* Die Sozialauswahl, S. 62.

664 *Bütefisch,* Die Sozialauswahl, S. 62.

665 Ascheid/Preis/Schmidt-*Künzl,* § 2 KSchG Rn. 61; LAG Baden-Württemberg Urteil vom 10.12.2010-18 Sa 33/10-BeckRS 2011, 68907; *Bütefisch,* Die Sozialauswahl, S. 62; A.A. ErfK-*Preis,* § 106 GewO Rn. 16.

666 *Bütefisch,* Die Sozialauswahl, S. 63.

667 *Bütefisch,* Die Sozialauswahl, S. 62.

Weisungsrecht umfasst dann jedoch nicht die Versetzung zu einem anderen Arbeitsort außerhalb des Betriebes[668]. Aber auch innerhalb des Beschäftigungsbetriebes gilt das vertraglich nicht näher normierte Weisungsrecht des Arbeitgebers nicht uneingeschränkt. Aus § 269 I BGB kann nicht hergeleitet werden, dass der Arbeitnehmer in jeden auch noch so weiten Betriebsteil versetzt werden kann, wenn dies eben nicht ausdrücklich im Arbeitsvertrag normiert und vorbehalten ist[669]. Es ist zu beachten, dass der Arbeitnehmer ohne eine entsprechend weite Versetzungsklausel nicht in Betriebsteile des Beschäftigungsbetriebes nach § 106 GewO versetzt werden kann, deren Entfernung zum bisherigen Arbeitsort unzumutbar ist[670]. Als Zumutbarkeitsschwelle für die Wertung des Weisungsrechts empfiehlt sich der Maßstab des § 121 IV SGB III, was dazu führt, dass eine Versetzung ohne eine entsprechende Klausel im Arbeitsvertrag nur in andere Betriebsteile des bisherigen Beschäftigungsortes bzw. Arbeitsortes oder im näheren räumlichen Umfeld zulässig ist[671]. Abzulehnen ist der Ansatz, welcher nach § 106 GewO grds. ein weitreichendes Weisungsrecht hinsichtlich des Arbeitsortes bzw. gar grundsätzlich eine bundesweite Versetzungsmöglichkeit annimmt, wenn der Arbeitsort im jeweiligen Arbeitsvertrag nicht festgelegt ist[672]. Ein Arbeitnehmer muss gerade mit Blick auf die Wertung des § 121 IV SGB III und die praktischen Auswirkungen einer womöglich bundesweiten Versetzung nicht mit einer unzumutbaren Versetzung aufgrund des Weisungsrechts des Arbeitgebers rechnen[673].

Es ist daher davon auszugehen, dass nur Betriebsteile des Betriebes am jeweiligen Beschäftigungsort für eine weisungsrechtliche Versetzung ohne explizite arbeitsvertragliche Regelung in Frage kommen, damit die vertraglich nicht erfasste Versetzung für den Arbeitnehmer keine einschneidende und unbillige Konsequenzen hat[674]. Mit Arbeitnehmern dieser Betriebsteile am Beschäftigungsort oder im näheren Umfeld wäre der unmittelbar kündigungsbedrohte Arbeitnehmer auch ohne eine entsprechende Versetzungsklausel im Arbeitsvertrag arbeitsvertraglich austauschbar und daher bei im Übrigen bestehender

---

668 Anm. *Brodtrück*, zu LAG Köln, Beschluss vom 15.6.2012-5 Ta 161/12-ArbRAktuell 2011, S. 154.

669 *Bütefisch*, Die Sozialauswahl, S. 62.

670 *Bütefisch*, Die Sozialauswahl, S. 62.

671 *Bütefisch*, Die Sozialauswahl, S. 62.

672 So aber: ErfK-*Preis*, § 106 GewO, Rn. 16; *Fliss*, NZA-RR 2008, S. 225; *Preis/Genenger*, NZA 2008, S. 969.

673 *Bütefisch*, Die Sozialauswahl, S. 63; vgl. auch *Wank*, RdA 2012, 139 ff.

674 *Bütefisch*, Die Sozialauswahl, S. 63.

arbeitsplatzbezogener Austauschbarkeit auch vergleichbar im Sinne des § 1 III KSchG.

cc) Zusammenfassung zu den Kriterien der Vergleichbarkeit nach der herrschenden Ansicht

Wie dargelegt, kommt es für die Vergleichbarkeit von Arbeitnehmer nach der h.M. auf eine tatsächliche und eine rechtliche Austauschbarkeit an, wobei auch eine lediglich mittelbare Vergleichbarkeit für die Übernahme des Kündigungsrisikos ausreichend ist. Dies verdeutlicht das folgende Beispiel:

A ist weiterhin als Schreiner in der Schreinerabteilung in einem Unternehmen tätig. B arbeitet ebenfalls in demselben Unternehmen, jedoch in einer anderen Abteilung als Schneider. Beide Tätigkeiten sind gleichwertig und befinden sich auf der gleichen Hierachieebene. B und A sind nach ihren Arbeitsverträgen im gesamten Betrieb des Unternehmens einsetzbar. Weiterhin üben A und B Tätigkeiten mit unterschiedlichen Berufsbezeichnungen aus. Zufällig hat A vor 10 Jahren eine Schneiderlehre gemacht.

Soll der Arbeitsplatz des A nun aufgrund der unternehmerischen Entscheidung des Arbeitgebers betriebsbedingt entfallen, trägt B das Kündigungsrisiko für die unternehmerische Entscheidung, wenn er in die Sozialauswahl nach § 1 III KSchG aufzunehmen ist. Dies ist der Fall, wenn B mit A vergleichbar bzw. austauschbar sind.

A und B müssten zunächst arbeitsplatzbezogen also tatsächlich austauschbar sein. Ausgangspunkt ist der unmittelbar kündigungsbedrohte Arbeitnehmer, hier der A. Da es nicht auf eine wechselseitige Austauschbarkeit ankommt, reicht es für eine solche, wenn der A tatsächlich anhand seines Eignungsprofils in der Lage ist, die Tätigkeit des B auszuüben. Ob B die Arbeit von A ausüben kann, ist somit nicht relevant, da der Arbeitsplatz des A ja nicht mehr fortbesteht.

Das Eignungsprofil A bestimmt sich nach seiner arbeitsvertraglich geschuldeten Tätigkeit (Schreiner) und seinen tatsächlichen Qualifikationen und Fertigkeiten (auch gelernter Schneider). Der Routinevorsprung des B ist für die arbeitsplatzbezogene Austauschbarkeit unerheblich, sodass A, wenn eine entsprechende Einarbeitungszeit angemessen ist, aufgrund seiner vorher zufällig absolvierten Schneiderlehre die Tätigkeit des B ausüben kann. A und B sind somit arbeitsplatzbezogenen austauschbar. Da beide auch rechtlich in dem gesamten Betrieb einsetzbar sind, besteht auch eine arbeitsvertragliche Austauschbarkeit. A und B sind somit austauschbar und damit im Sinne des § 1 III KSchG vergleichbar. B ist somit in die Sozialauswahl einzubeziehen und mit A zu vergleichen. Er trägt das Kündigungsrisiko, obwohl er mit der unternehmerischen Entscheidung (Kündigung der Schreiner) nicht das Geringste zutun hat.

c) 3. Ansicht: Rein arbeitsplatzbezogene Vergleichbarkeit

Ein weitere Ansicht in der Literatur möchte bei der Bestimmung der Vergleichbarkeit von Arbeitnehmern im Rahmen des § 1 III KSchG auf eine arbeitsvertragliche Vergleichbarkeit verzichten und im Gegensatz zur h.M. auch Arbeitnehmer als mit dem unmittelbar kündigungsbedrohten Arbeitnehmer als austauschbar ansehen, wenn sie lediglich die Tätigkeit dieses Arbeitnehmers tatsächlich aufgrund der Qualifikation nach einer kurzen Einarbeitungszeit ausüben können[675].

Es verbietet sich nach diesem Ansatz bei einem nach objektiv arbeitsplatzbezogenen Merkmalen vergleichbaren Arbeitnehmer, die Vergleichbarkeit von einer arbeitsvertraglichen Austauschbarkeit und damit davon abhängig zu machen, ob der Arbeitgeber den unmittelbar kündigungsbedrohten Arbeitnehmer versetzen kann oder nicht[676].

Nach dieser Auffassung führt die Annahme, dass die Vergleichbarkeit von Arbeitnehmern bei § 1 III KSchG von einer arbeitsvertraglichen Komponente abhängig gemacht wird, in vielen Fällen zu unsachlichen Ergebnissen[677]. So wären nach dem Ansatz der h.M. nach Löwisch Arbeitnehmer nicht miteinander im Sinne des § 1 III KSchG vergleichbar, wenn schon ein kleiner Teil der auf dem anderen Arbeitsplatz zu verrichteten Tätigkeit nicht vom Direktionsrecht des Arbeitgebers gedeckt ist[678]. Auch führt diese Ansicht an, dass eine Konkretisierung der Arbeitspflicht auf einen bestimmten Tätigkeitsbereich und die damit einhergehende Beschränkung des arbeitgeberseitigen Direktionsrechtes dazu führt, dass Arbeitnehmer bei sonstiger objektiver arbeitsplatzbezogener Austauschbarkeit, aufgrund fehlender arbeitsvertraglicher Austauschbarkeit, nicht miteinander vergleichbar sind[679]. Im Übrigen sei es ebenfalls sachfremd, die Vergleichbarkeit von Arbeitnehmern und damit die Verpflichtung zu einer Sozialauswahl von der Reichweite des Direktionsrechts des Arbeitgebers abhängig zu machen, da die Bestimmung des Direktionsrechts in aller Regel durch den Arbeitgeber erfolgt[680]. Zur Begründung führt diese Ansicht mehrere Argumente an.

Nach dieser Ansicht kann die Situation eintreten, dass einem Arbeitnehmer, dessen Arbeitstätigkeit vertraglich auf die weggefallene Aufgabe begrenzt ist, mangels Vergleichbarkeit betriebsbedingt zu kündigen ist, obwohl er die Tätigkeit eines sozial stärkeren Kollegen aufgrund seiner Qualifikation und der

675 Löwisch/Spinner-*Löwisch*, § 1 Rn. 352.
676 Löwisch/Spinner-*Löwisch*, § 1 Rn. 352.
677 Löwisch/Spinner-*Löwisch*, § 1 Rn. 352.
678 Löwisch/Spinner-*Löwisch*, § 1 Rn. 352.
679 Löwisch/Spinner-*Löwisch*, § 1 Rn. 352.
680 Löwisch/Spinner-*Löwisch*, § 1 Rn. 352.

arbeitsplatzbezogenen Austauschbarkeit übernehmen könnte[681]. Dieses Ergebnis wird von dieser Ansicht als ungerecht empfunden, verfolgt die Sozialauswahl doch nach dieser Ansicht gerade das Ziel, unter den Arbeitnehmern Gerechtigkeit bei Arbeitsplatzverlusten zu gewährleisten[682]. Weiterhin spricht nach dieser Ansicht dafür, die Vergleichbarkeit lediglich von der ausgeübten Tätigkeit und damit von der arbeitsplatzbezogenen Austauschbarkeit abhängig zu machen, da der Bestandsschutz des Arbeitsverhältnisses so nicht von möglicherweise wechselnden Vertragsformulierungen abhängt[683]. So kommt es nach der h.M. nicht ausschließlich für eine Vergleichbarkeit darauf an, ob der unmittelbar kündigungsbedrohte Arbeitnehmer die Tätigkeit des Kollegen auf einem anderen Arbeitsplatz ausüben kann, sondern, ob er sie ausüben muss[684].

Auch wird als Argument dafür, die Vergleichbarkeitsprüfung nicht um ein vertragliches Element anzureichern, angeführt, dass durch eine reine arbeitsplatzbezogene Vergleichbarkeitsprüfung verhindert wird, dass durch entsprechende Klauseln, die das Direktionsrecht erweitern, doch eine abzulehnende vertikale Vergleichbarkeitsprüfung durchgeführt wird[685].

Nach dieser Ansicht kann eine „rechtliche Vergleichbarkeit“[686], also eine arbeitsvertragliche Austauschbarkeit nach der Reichweite des Direktionsrechts nur ein Indiz für die Vergleichbarkeit im Rahmen des § 1 III KSchG sein[687].

Die Vergleichbarkeit und damit die Reichweite der Sozialauswahl stellen sich nach dieser Ansicht wie folgt dar:

A ist weiterhin als Schreiner in der Schreinerabteilung in einem Unternehmen tätig. B arbeitet ebenfalls weiter in demselben Unternehmen, jedoch nach wie vor in einer anderen Abteilung als Schneider. Beide Tätigkeiten sind gleichwertig und befinden sich auf der gleichen Hierachieebene. B und A sind nach ihren Arbeitsverträgen nur in ihrem Bereich einsetzbar. Weiterhin üben A und B Tätigkeiten mit unterschiedlichen Berufsbezeichnungen aus. Zufällig hat A vor 10 Jahren eine Schneiderlehre gemacht.

---

681 *Bütefisch,* Die Soziale Auswahl, S. 37.

682 Löwisch/Spinner-*Löwisch,* § 1 Rn. 352.

683 *Preis,* NZA 1997, S. 1073, 1083.

684 Anm. *Hergenröder* zu BAG Urteil vom 15.6.1989-2 AZR 580/88-EZA KSchG § 1 Soziale Auswahl Nr. 27.

685 *Preis,* NZA 1997, S. 1073, 1083.

686 Anm. *Hergenröder* zu BAG Urteil vom 15.6.1989-2 AZR 580/88-EZA KSchG § 1 Soziale Auswahl Nr. 27.

687 *Preis,* NZA 1997, S. 1073, 1083.

Diese Ansicht käme zu dem Ergebnis, dass A und B vergleichbar sind. Die arbeitsplatzbezogene Austauschbarkeit würde auch nach dieser Ansicht bejaht, da A die Tätigkeit des B ausüben könnte. Ob B die Tätigkeit des A ausüben kann, kann dahinstehen. Entgegen der herrschenden Auffassung, soll es jedoch nach dieser Ansicht aus Gerechtigkeitsgründen nicht auf eine arbeitsplatzbezogene Austauschbarkeit ankommen. Während die herrschende Ansicht hier die Vergleichbarkeit von A und B aufgrund der fehlenden arbeitsvertraglichen Austauschbarkeit verneinen würde, kommt es nach dieser Ansicht auf eine solche nicht an. Nach dieser Ansicht wären A und B vergleichbar, da A zufällig die Fähigkeit besitzt die Tätigkeit des B auszuüben. A und B sind somit im Sinne des § 1 III KSchG vergleichbar und B wird in die Sozialauswahl einbezogen.

d) 4. Ansicht: Rein arbeitsvertragliche Vergleichbarkeit

Letztlich wird in der Literatur noch ein weiterer Ansatz zur Feststellung des vergleichbaren Arbeitnehmers vertreten. *Berkowsky* vertritt ebenfalls eine von der h.M. abweichende Ansicht, wie die Vergleichbarkeit von Arbeitnehmern im Sinne des § 1 III KSchG festzustellen ist. Dieser Ansatz geht von einer gänzlich anderen Gewichtung der arbeitsvertraglichen Austauschbarkeit, also des Direktionsrechts für die Vergleichbarkeit von Arbeitnehmern aus[688].

So vertritt Berkowsky die Ansicht, dass sich die Vergleichbarkeit von Arbeitnehmern ausschließlich nach dem aus dem Arbeitsvertrag resultierenden Direktionsrecht bestimmt[689]. Nach dieser Auffassung haben die übrigen Kriterien der h.M. für die Vergleichbarkeit bei § 1 III KSchG keine Bedeutung[690]. Dieser Auffassung folgend hätte die Voraussetzung der Beschäftigung auf der gleichen Ebene des Betriebes und im selben Betrieb, sowie die Voraussetzung der „qualifikationsmäßige Austauschbarkeit", also ob der kündigungsbedrohte Arbeitnehmer geeignet ist, die Tätigkeit auf dem fortbestehenden Arbeitsplatz auszuüben, für die Vergleichbarkeit von Arbeitnehmern keine Bedeutung[691].

Begründet wird diese Ansicht mit dem Argument, dass es sich bei dem Arbeitsvertrag um die Grundlage der Arbeitspflicht des Arbeitnehmers und des Weisungsrechts des Arbeitgebers handelt und dass dieser daher die Grenze für die Vergleichbarkeit darstellt[692]. Der arbeitsvertraglich mögliche Tätigkeitsbereich bildet nach Berkwosky auch die Grenze zwischen der Weiterbeschäftigung

688 *Bütefisch,* Die Sozialauswahl S. 39.

689 *Berkowsky,* NZA 1996, S. 290, 292; *Gaul,* NZA 1992, S. 673 ff.

690 Vgl. *Bütefisch,* Die Sozialauswahl S. 40.

691 Vgl. *Bütefisch,* Die Sozialauswahl S. 40.

692 *Berkowsky,* Die betriebsbedingte Kündigung, S. 168; *ders,* NZA 1996, S. 290, 293.

auf Grundlage des § 1 III KSchG und der zuvor zu prüfenden anderweitigen Weiterbeschäftigungspflicht nach § 1 II KSchG[693]. Somit kommt es nach dieser Ansicht allein auf den Arbeitsvertrag und auf das Direktionsrecht als Kriterium für die Vergleichbarkeit von Arbeitnehmern an.

Die Vergleichbarkeit und damit die Reichweite der Sozialauswahl stellt sich nach dieser Ansicht beispielhaft wie folgt dar: A ist weiterhin als Schreiner in der Schreinerabteilung in einem Unternehmen tätig. B arbeitet in demselben Unternehmen, jedoch in einer anderen Abteilung als Schneider. Beide Tätigkeiten sind gleichwertig und befinden sich auf der gleichen Hierachieebene. B und A sind nach ihren Arbeitsverträgen nur in ihrem Bereich einsetzbar. Weiterhin üben A und B Tätigkeiten mit unterschiedlichen Berufsbezeichnungen aus. Zufällig hat A vor 10 Jahren eine Schneiderlehre gemacht.

Nach dieser Ansicht ist A mit B nicht im Sinne des § 1 III KSchG vergleichbar, da das Direktionsrecht die Tätigkeit des anderen nicht umfasst. Das Direktionsrecht stellt nach dieser Ansicht die Grenze der Vergleichbarkeit da. Die Tatsache, dass sich die unternehmerische Entscheidung auf den Arbeitsplatz des A beschränkt ist genauso unerheblich, wie die Tatsache, dass A die Tätigkeit des B aufgrund seiner Qualifikation hypothetisch ausüben könnte. A und B wären jedoch vergleichbar, wenn diese nach dem Arbeitsvertrag austauschbar wären.

e) Zusammenfassung und Stellungnahme zur Bestimmung des vergleichbaren Arbeitnehmers im Rahmen der Sozialauswahl nach § 1 III KSchG

Die vier verschiedenen in Rechtsprechung und Literatur vertretenen Ansätze, den Kreis der für die Sozialauswahl relevanten Arbeitnehmer zu bestimmen, kommen, wie gezeigt, zu zum Teil vollkommen unterschiedlichen Ergebnissen. Die erste Ansicht verzichtet zur Bestimmung des auswahlrelevanten Personenkreises auf das Merkmal der Vergleichbarkeit von Arbeitnehmern. Die Ansichten zwei bis vier verwenden das Merkmal der Vergleichbarkeit von Arbeitnehmern, bestimmen dieses jedoch unterschiedlich. Da es für die Sozialauswahl entscheidend ist, wie der auswahlrelevante Personenkreis zu bestimmen ist, ist es fraglich, welcher Ansatz vorzugswürdig ist.

Zunächst ist es fraglich, ob es zur Bestimmung des auswahlrelevanten Personenkreises für die Sozialauswahl auf das Merkmal der Vergleichbarkeit überhaupt ankommt, oder ob es mit der ersten Ansicht eines solchen gesetzlich nicht normierten Hilfsmerkmales nicht bedarf und es stattdessen auf die

693 *Berkowsky*, Die betriebsbedingte Kündigung, S. 174.

unternehmerische Kündigungsentscheidung ankommt. Also muss zunächst eine Abwägung zwischen der ersten Ansicht und der zweiten Ansicht erfolgen.

Insbesondere der methodisch hergeleitete Ansatz von *Wank* lässt es als fraglich erscheinen, ob auf ein gesetzlich nicht normiertes „Hilfsmerkmal", der Vergleichbarkeit, zur Bestimmung des auswahlrelevanten Personenkreises zurückgegriffen werden kann oder nicht. Der Ansatz von *Wank* stellt demgegenüber die unternehmerische Entscheidung in den Mittelpunkt für die soziale Auswahl[694]. Für die erste Ansicht, welche das Merkmal der Vergleichbarkeit im Rahmen der Bestimmung der Vergleichbarkeit ablehnt, spricht, dass nach der herrschenden Ansicht auch Arbeitnehmer das Kündigungsrisiko tragen, die mit der unternehmerischen Entscheidung nichts zu tun haben. Diesen Arbeitnehmern dürfte, wie die Ansicht zutreffend ausführt, die Übertragung des Kündigungsrisikos aufgrund einer zufällig erworbenen Fähigkeit schwer zu vermitteln sein. Außerdem spricht für diese, wie von dieser Ansicht angeführt, der Wortlaut des Gesetzes.

Gegen die erste Ansicht, den auswahlrelevanten Personenkreis allein nach der Reichweite der unternehmerischen Entscheidung zu bestimmen, wird eingewandt, dass der Einsatz eines Arbeitnehmers innerhalb eines Bereiches des Betriebes aufgrund des Direktionsrechts des Arbeitgebers bestimmt wird[695]. Hierdurch entsteht die Gefahr, dass unliebsame Arbeitnehmer vom Arbeitgeber in Arbeitsbereiche versetzt werden, die in naher Zukunft von einer Kündigungsentscheidung des Arbeitgebers tangiert werden und das hierdurch die Voraussetzungen des § 1 III KSchG vom Arbeitgeber umgangen werden[696].

Für die Ansicht der h.M. spricht, dass die Vergleichbarkeit des Arbeitnehmers zwar auf die Qualifikation des unmittelbar kündigungsbedrohten Arbeitnehmers abstellt, gleichzeitig setzt eine Vergleichbarkeit nach dieser Ansicht neben der „arbeitsplatzbezogenen Austauschbarkeit" jedoch auch eine „arbeitsvertragsbezogene Austauschbarkeit" voraus. Daher kommt dem Kriterium der Qualifikation auch keine zu dominierende Bedeutung bei der Bestimmung des auswahlrelevanten Arbeitnehmers zu, so ist etwa ein Arbeitnehmer nur austauschbar, wenn er auch vertraglich die Arbeit des anderen ausüben könnte, unabhängig, ob er dessen Tätigkeiten zufällig ausüben kann oder nicht.

---

694 Z.B. *Wank,* Anm. AR Blattei (D) Kündigungsschutz Nr. 304; *Hasler-Hagedorn,* Die „Austauschkündigung" und die „Freikündigung" im Rahmen der betriebsbedingten Kündigung, S. 197 ff.

695 *B.Preis,* DB 1984, S. 2244, 2245; *Bütefisch,* Die Sozialauswahl, S. 55 ff.

696 *Bütefisch,* Die Sozialauswahl, S. 57.

Für die h.M. spricht der Zweck der Sozialauswahl, welcher in der personellen Konkretisierung des dringenden betrieblichen Erfordernisses besteht[697], zwischen den Arbeitnehmern, die von denselben betrieblichen Erfordernissen betroffen sind[698]. Das Merkmal der Vergleichbarkeit als Eingrenzung des auswahlrelevanten Personenkreises für die Sozialauswahl folgt aus dem Zweck der sozialen Auswahl[699]. Die Kündigung soll den Arbeitnehmer treffen, den sie nach sozialen Kriterien am wenigsten hart trifft[700]. Daher muss dieser auch die Tätigkeit des sozial stärken übernehmen können, da diesem nach der Zweckrichtung zu kündigen ist[701]. Dies ist nur gewährleistet, wenn nur solche Arbeitnehmer in die Auswahl einbezogen werden, die mit dem unmittelbar kündigungsbedrohten Arbeitnehmer vergleichbar und damit austauschbar sind[702].

Aufgrund dieser Zwecksetzung ist der h.M. zu folgen. Zwar ist der ersten Ansicht zuzugeben, dass es keinen gesetzlichen Anknüpfungspunkt für das Merkmal der Vergleichbarkeit im Gesetz existiert, ein solches erscheint jedoch gerade vor dem Hintergrund der Austauschbarkeit als zweckmäßig. Für den auswahlrelevanten Personenkreis im Rahmen der Sozialauswahl kommt es auf die Vergleichbarkeit und damit die Austauschbarkeit von Arbeitnehmern an.

Fraglich ist, welche Ansicht zur Bestimmung des ungeschriebenen Merkmals der Vergleichbarkeit von Arbeitnehmern zu Grunde zu legen ist.

Gegen eine rein arbeitsvertragliche Bestimmung der Vergleichbarkeit spricht, dass dieser Ansatz dem Grundsatz widerspricht, dass die Arbeitnehmer, die in die Vergleichbarkeit einbezogen werden, aus denselben dringenden betrieblichen Erfordernissen gekündigt werden können und müssen[703]. Folgt man der Ansicht von *Berkowsky* bei der Bestimmung des auswahlrelevanten Personenkreises für die Sozialauswahl, besteht insbesondere die Gefahr, dass der Zusammenhang zwischen dem Inhalt der kündigungsbegründenden Entscheidung des Arbeitgebers und dem zu kündigenden Arbeitnehmer vollkommen verloren und nicht wie nach der zweiten Ansicht lediglich gelockert wird, geht und

---

697 BAG Urteil vom 17.9.1998-2 AZR 752/97-AP KschG 1969 § 1 Soziale Auswahl Nr. 36.

698 BAG Urteil vom 21.4.2005-2 AZR 241/04-AP KschG 1969 § 1 Soziale Auswahl Nr. 74.

699 *Oetker*, in: FS für Wiese, S. 333, 342.

700 *Oetker*, in: FS für Wiese, S. 333, 342.

701 *Oetker*, in: FS für Wiese, S. 333, 342.

702 *Oetker*, in: FS für Wiese, S. 333, 342.

703 Anm. *Oetker* zu BAG Urteil vom 17.9.1998-2 AZR 725/97-AP KSchG 1969 § 1 Soziale Auswahl Nr. 36.

das Kündigungsrisiko dementsprechend weit ausgedehnt wird[704]. Würde man die Vergleichbarkeit von Arbeitnehmern bzw. die Reichweite der Sozialauswahl alleine nach dem arbeitsvertraglichen Direktionsrecht bestimmen, könnte sich bei einem entsprechend weiten Direktionsrecht des Arbeitgebers gegenüber dem unmittelbar kündigungsbedrohten Arbeitnehmer die Sozialauswahl auch auf Arbeitsplätze mit unterschiedlichem Anforderungsprofil erstrecken[705]. Darüber hinaus würde sich die Sozialauswahl, was wie dargelegt abzulehnen ist, auch bei einem entsprechend weiten Direktionsrecht auf verschiedene Betriebsebenen und sogar auf verschiedene Betriebe erstrecken, was wie die Ausführungen zur vertikalen Vergleichbarkeit gezeigt haben, abzulehnen ist[706]. Das Kündigungsrisiko des Arbeitnehmers, für welche unternehmerischen Entscheidungen er das Risiko einer Kündigung zu tragen hat, wäre nach diesem Ansatz sehr weit gefasst, sogar unter Umständen auf andere Betriebe des Unternehmens und nach der abzulehnenden vertikalen Vergleichbarkeit sogar auf die verschiedenen Ebenen der Betriebshierachie, weshalb diese Ansicht abzulehnen ist[707]. Somit ist die 3. Ansicht zur Bestimmung des auswahlrelevanten Personenkreises bzw. zur Bestimmung der Vergleichbarkeit von Arbeitnehmern im Rahmen des § 1 III KSchG abzulehnen.

Auch ist der Ansatz einer reinen arbeitsplatzbezogenen Austauschbarkeit abzulehnen. Das von Löwisch angeführte Argument, dass eine Konkretisierung der Arbeitspflicht zu einer sinnwidrigen Einschränkung des auswahlrelevanten Personenkreises führt, ist nach hier vertretender Ansicht nicht haltbar, da sich aufgrund des Vertrauenstatbestandes eine Konkretisierung der Arbeitspflicht nicht zum Nachteil des Arbeitnehmers auswirken darf[708]. Aber auch im Übrigen ist die Ansicht von Löwisch, hinsichtlich der Kriterien für eine Vergleichbarkeit auf eine vertragliche Komponente zu verzichten, abzulehnen. Aber auch die Erweiterung des auswahlrelevanten Personenkreises, ohne die Einschränkung nach der Reichweite des Direktionsrecht des unmittelbar kündigungsbedrohten Arbeitnehmers, würde zu einer Erweiterung des Beschäftigungsanspruchs führen, die in § 1 III KSchG keine Grundlage findet[709]. Schließlich beschränkt diese Ansicht die Sozialauswahl lediglich auf die zu vergleichenden Arbeitnehmer und deren arbeitsplatzbezogene Austauschbarkeit und lässt außer Acht, dass es bei

704 *Bütefisch,* Die Sozialauswahl, S. 41.
705 *Bütefisch,* Die Sozialauswahl, S. 33.
706 *Bütefisch,* Die Sozialauswahl, S. 33.
707 So auch, *Bütefisch,* Die Sozialauswahl, S. 33.
708 Siehe oben, insb. *Bütefisch,* Die Sozialauswahl, S. 65.
709 *Bütefisch,* Die Sozialauswahl, S. 38.

der Überprüfung der Sozialauswahl um die Kündigung geht, die der Arbeitgeber ausspricht, so dass das Rechtsverhältnis zwischen den unmittelbar kündigungsbedrohten Arbeitnehmer und dem Arbeitgeber beachtet werden muss[710]. Es würde dann letztlich komplett vom Zufall abhängen, welche Fähigkeiten ein Arbeitnehmer zufälligerweise hat. Daher ist die Gerechtigkeit, welche § 1 III KSchG zwischen den betroffenen Arbeitnehmern in Bezug auf die Kündigung herstellen will, lediglich relativ und von den vertraglichen Vorgaben des Arbeitsvertrages des unmittelbar kündigungsbedrohten Arbeitnehmers abhängig[711]. Eine Vergleichbarkeit ausschließlich nach der arbeitsplatzbezogenen Austauschbarkeit und der Qualifikation des unmittelbar kündigungsbedrohten Arbeitnehmers, die bei danach bestehender Vergleichbarkeit im Sinne des § 1 III KSchG eine notwendige Veränderung des Arbeitsvertrages des sozial schwächeren Arbeitnehmers zur Folge hätte, um diesen auf dem nicht vom Direktionsrecht gedeckten Arbeitsplatz einsetzen zu können, geht über den Bestandsschutz des KSchG hinaus[712].

Ein Anspruch auf eine Weiterbeschäftigung auf einem anderen Arbeitsplatz unter geänderten Arbeitsbedingungen steht nach der Konzeption des Gesetzes einem unmittelbar kündigungsbedrohten Arbeitnehmer nur unter den Bedingungen des § 1 II KSchG zu, wenn ein entsprechender Arbeitsplatz frei ist[713]. Diese gesetzliche Bestimmung des § 1 II KSchG lässt sich auch nach Ansicht des BAG nicht auf die Sozialauswahl übertragen[714]. Auch wäre dem Anliegen, dass der sozial schwächere Arbeitnehmer die Tätigkeit des sozial stärkeren Arbeitnehmer ausüben kann, nicht Rechnung getragen, da vertragliche Gestaltungen diesem im Wege stehen können.

Im Ergebnis ist daher der h.M. zu folgen. Zur Bestimmung des auswahlrelevanten Personenkreises kommt es daher auf das ungeschriebene Merkmal der Vergleichbarkeit der Arbeitnehmer an. Der vergleichbare Arbeitnehmer im Rahmen der Sozialauswahl bestimmt sich daher ausgehend vom unmittelbar kündigungsbedrohten Arbeitnehmer nach der „qualifikationsmäßigen Austauschbarkeit“, sowie der „arbeitsvertraglichen Austauschbarkeit“. Beschränkt ist die Vergleichbarkeitsprüfung jedoch auf den Beschäftigungsbetrieb des unmittelbar kündigungsbedrohten Arbeitnehmers, sowie auf die

---

710 *Bütefisch,* Die Sozialauswahl, S. 38.

711 *Bütefisch,* Die Sozialauswahl, S. 38.

712 *Schröder,* ZTR 1995, S. 394, 397; *Bütefisch,* Die Sozialauswahl, S. 38.

713 *Bütefisch,* Die Sozialauswahl, S. 38.

714 BAG Urteil vom 17.9.1998-2 AZR 725/97-AP KSchG 1969 § 1 Soziale Auswahl Nr. 36; *Bütefisch,* Die Sozialauswahl, S. 38.

gleiche Ebene der Betriebshierarchie des betroffenen Arbeitnehmers. Dadurch wird das Kündigungsrisiko begrenzt.

10. Vergleichbarkeit von besonderen Arbeitnehmergruppen im Rahmen des § 1 III KSchG

Die bisher dargelegten Regeln für die Prüfung der Vergleichbarkeit von Arbeitnehmern gelten grundsätzlich für sämtliche Arbeitnehmer.

Fraglich ist jedoch, wie es sich in Bezug auf die Vergleichbarkeit im oben dargestellten Sinne bei besonderen Arbeitnehmergruppen im Rahmen des § 1 III KSchG verhält, insbesondere ob Arbeitnehmer mit besonderem Kündigungsschutz vergleichbar sind. Weiterhin ist unter anderem fraglich, ob und wie Arbeitnehmer in Vollzeit und Teilzeit im Rahmen des § 1 III KSchG miteinander vergleichbar sind.

a) Vergleichbarkeit von Arbeitnehmern ohne allgemeinen Kündigungsschutz

Zunächst drängt sich die Frage auf, ob Arbeitnehmer ohne einen Bestandsschutz nach § 1 I KSchG mit Arbeitnehmern mit Bestandsschutz nach § 1 I KSchG bei im Übrigen bestehender Austauschbarkeit miteinander im Sinne der Sozialauswahl vergleichbar sind.

Vor allem wenn einzelne Arbeitnehmer in einem kündigungsbetroffenen Betrieb aufgrund mangelnder Erfüllung der Wartezeit im Sinne des § 1 I KSchG nicht unter Kündigungsschutz fallen, stellt sich die Frage, ob diese mit vergleichbaren Kollegen nach § 1 III KSchG in die Sozialauswahl einzubeziehen sind. Anders ausgedrückt stellt sich die Frage, ob Arbeitnehmer ohne allgemeinen Kündigungsschutz nach § 1 KSchG mit Kollegen zu vergleichen und damit in den Kreis der auswahlrelevanten Personen aufzunehmen sind, die unter den Schutz des KSchG fallen. Die Pflicht des Arbeitgebers zur Sozialauswahl stellt einen einheitlichen Kündigungsgrund mit § 1 II KSchG dar[715]. Der Gesetzgeber hat mit der Wartefrist aus § 1 KSchG die Wertung vorgenommen, dass Arbeitnehmer ohne allgemeinen Kündigungsschutz vorrangig vor Arbeitnehmern mit Kündigungsschutz vorab zu kündigen sind[716]. Außerdem würden sonst diese Arbeitnehmer entgegen der gesetzgeberischen Intention bei betriebsbedingten

715 *Linck*, AR-Blattei SD, 1020.1.2., S. 16.

716 Ascheid/Preis/Schmidt-*Kiel*, § 1 KSchG Rn. 696; so auch die st. Rspr des BAG seit Urteil vom 25.4.1985-2 AZR 140/84-AP KSchG 1969 § 1 Soziale Auswahl Nr. 7.

Kündigungen in den Schutz des KSchG einbezogen[717]. Daher sind Arbeitnehmer, die nicht unter den Anwendungsbereich des KSchG fallen, nach absolut herrschender Auffassung von vorneherein nicht in die Sozialauswahl nach § 1 III KSchG einzubeziehen und sind daher nicht mit Kollegen, die einen allgemeinen Kündigungsschutz nach § 1 KSchG besitzen, vergleichbar[718]. Daher sind Arbeitnehmer ohne Kündigungsschutz nach dem KSchG von der Sozialauswahl generell ausgenommen[719].

b) Vergleichbarkeit von Arbeitnehmern mit gesetzlichen Sonderkündigungsschutz

Auch wenn die Voraussetzungen einer Austauschbarkeit im hier dargelegten Sinne vorliegen, ist es fraglich, ob noch von vergleichbaren Arbeitnehmern im Sinne des § 1 III KSchG gesprochen werden kann, wenn einem der zu vergleichenden Arbeitnehmer ein Sonderkündigungsschutz zugute kommt. Dies ist problematisch, da die Verneinung der Vergleichbarkeit von kündigungsrechtlich privilegierten Arbeitnehmern mit Arbeitnehmern ohne einen entsprechenden Sonderkündigungsschutz dazu führen würde, dass die kündigungsrechtlich privilegierten Arbeitnehmer aus dem Kreis der für die Sozialauswahl relevanten Arbeitnehmer herausgenommen würden[720]. Dies erhöht das Kündigungsrisiko der übrigen nicht kündigungsrechtlich privilegierten Arbeitnehmer, die im Einzelfall möglicherweise sozial schutzwürdiger wären als der durch das gesetzliche Kündigungsverbot Privilegierte[721].

Hierbei ist zu beachten, dass der Zweck der Sozialauswahl darin besteht, die dringenden betrieblichen Erfordernisse im Sinne des § 1 II KSchG personell zu konkretisieren. Dieser Zweck macht es daher erforderlich, dass der Arbeitgeber stets berechtigt sein muss, gegenüber allen Arbeitnehmer, die in den auswahlrelevanten Personenkreis einzubeziehen sind, betriebsbedingt zu kündigen[722]. Eine Vergleichbarkeit im Sinne des § 1 III KSchG setzt immer eine betriebsbedingte

717 Henssler/Willemsen/Kalb-*Quecke*, § 1 KSchG Rz. 339.

718 BAG Urteil vom 18.10.2000, 2 AZR 494/99-AP KSchG 1969 § 15 Nr. 49; eine Ausnahme besteht nur, wenn der Arbeitgeber auf die Wartezeit nach § 1 KSchG vertraglich verzichtet hat, oder diese vertraglich verkürzt wurde, *Dathe*, NZA 2007, S. 1205, 1209; *Oetker*, in: FS für Wiese, S. 333, 337; ErfK-*Oetker*, § 1 KSchG Rn. 310.

719 Henssler/Willemsen/Kalb-*Quecke*, § 1 KSchG Rz. 339.

720 *Bütefisch*, Die Sozialauswahl, S. 129.

721 *Bütefisch*, Die Sozialauswahl, S. 129.

722 *Oetker*, in: FS für Wiese, S. 333, 335.

Kündbarkeit voraus[723]. Der Arbeitgeber hat nur die Arbeitnehmer in die Sozialauswahl einzubeziehen, denen aus den gleichen betrieblichen Erfordernissen eine ordentliche betriebsbedingte Kündigung ausgesprochen werden kann[724].

aa) Vergleichbarkeit von Mitgliedern des Betriebsrates

Mitglieder des Betriebsrates genießen nach § 15 I, II KSchG während der Amtszeit und bis zu einem Jahr nach Beendigung der Amtszeit ein arbeitgeberseitiges Kündigungsverbot[725]. Es sind jedoch, wie dargestellt, nur solche Arbeitnehmer in die Sozialauswahl einzubeziehen, denen aus denselben dringenden betrieblichen Erfordernissen im Sinne des § 1 II KSchG gekündigt werden kann[726]. Daher sind folglich alle Arbeitnehmer, auch bei eventuell im Übrigen bestehender Vergleichbarkeit, aus der Sozialauswahl herauszunehmen, denen ein absolutes arbeitgeberseitiges Kündigungsverbot zugute kommt[727]. Gesetzliche Kündigungsverbote, wie das aus § 15 KSchG, gehen dem allgemeinen Kündigungsschutz vor[728]. Daher sind Mitglieder des Betriebsrates nach ganz h.M. nicht in die Sozialauswahl einzubeziehen und von daher aus der Vergleichbarkeitsprüfung herauszunehmen[729]. Dies lässt sich auch auf andere Fälle übertragen, bei denen Arbeitnehmern Kündigungsverbote zugute kommt[730].

bb) Vergleichbarkeit von sonstigen Arbeitnehmern, für deren Kündigung eine behördliche Zustimmung erforderlich ist

Fraglich ist zunächst, ob Arbeitnehmer, deren Kündigung einer behördlichen Zustimmung bedarf, mit den anderen Arbeitnehmern im Betrieb austauschbar und damit vergleichbar sind. Einer behördlichen Zustimmung bedarf beispielsweise die Kündigung von Arbeitnehmern, die sich im Sinne des § 18 BEEG in Elternzeit befinden. Des Weiteren genießen z.B. Arbeitnehmer in Pflegezeit nach § 5 PflegeZG, schwerbehinderte Arbeitnehmer nach § 85 I SGB XI, sowie Schwangere nach § 9 III MuschG Sonderkündigungsschutz in Form eines

723 *Oetker,* in: FS für Wiese, S. 333, 335.

724 *Schröder,* ZTR, 1995, S. 394; *Oetker,* in: FS für Wiese, S. 333, 336; *KR-Griebeling,* § 1 KSchG Rn. 664.

725 *Bütefisch,* Die Sozialauswahl, S. 129.

726 LAG Köln, Urteil vom 29.9.1993-Az. 7 Sa 241/93-LAGE § 1 Soziale Auswahl Nr. 7; *KR-Griebeling,* § 1 KSchG Rn. 664.

727 *Bütefisch,* Die Sozialauswahl, S. 130.

728 *Bröhl,* BB 2006, S. 1050, 1052; BAG Urteil vom 1.4.2005-2 AZR 241/04-AP KSchG 1969, § 1 Soziale Auswahl Nr. 74.

729 *KR-Griebeling,* § 1 KSchG Rn. 664.

730 ErfK-*Oetker,* § 1 KSchG Rn. 310.

Kündigungsverbotes mit behördlichen Zustimmungsvorbehalt[731]. Hierbei sind zwei Fälle zu unterscheiden.

Hierzu gehören zunächst die Fälle, in denen die behördliche Zustimmung bereits erteilt wurde. Nach h.M. steht der Sonderkündigungsschutz dieser Arbeitnehmergruppen ihrer Vergleichbarkeit mit sonstigen Arbeitnehmern im betroffenen Beschäftigungsbetrieb nicht entgegen, soweit die behördliche Zustimmung im Kündigungszeitpunkt bereits vorliegt[732], oder bis zur Erklärung der Kündigung vorliegt[733]. Sobald die behördliche Zustimmung vorliegt, sind die kündigungsrechtlich privilegierten Arbeitnehmer betriebsbedingt kündbar und dann aus denselben betrieblichen Erfordernissen im Sinne des § 1 II KSchG wie die übrigen Arbeitnehmer kündbar[734]. Die Arbeitnehmer dieser Personengruppen sind dann, bei im Übrigen nach den oben dargestellten Kriterien bestehender Vergleichbarkeit, in die Sozialauswahl einzubeziehen, wo dann die besondere Schutzbedürftigkeit im Rahmen der gesetzlich vorgesehen Kriterien berücksichtigt werden kann[735].

Liegt die behördliche Zustimmung nicht vor, sind die besonders schutzbedürftigen Arbeitnehmer nach der h.M. nicht mit den Kollegen im Betrieb vergleichbar, auch wenn diese im Übrigen austauschbar wären[736]. Denn in diesen Fällen fehlt es an einer betriebsbedingten Kündbarkeit des privilegierten Arbeitnehmers im oben dargestellten Sinne, die aber für eine Einbeziehung in die Sozialauswahl erforderlich ist[737]. Einige Autoren vertreten die Ansicht, dass die kündigungsrechtlich privilegierten Arbeitnehmer unabhängig vom Vorliegen der behördlichen Zustimmung zur Kündigung bei im Übrigen bestehender Vergleichbarkeit in die Sozialauswahl einzubeziehen sind[738]. Etwas differenzierter will *Bütefisch* die Problematik lösen. Diese will bei der Frage der Einbeziehung der kündigungsrechtlich privilegierten Arbeitnehmer nach Kündigungsverboten

731 Henssler/Willemsen/Kalb-*Quecke,* § 1 KSchG Rz. 341 f.

732 Henssler/Willemsen/Kalb-*Quecke,* § 1 KSchG Rz. 341 f.; *Ascheid,* RdA 1997, S. 333, 335.

733 ErfK-*Oetker*, § 1 KSchG Rn. 310.

734 *Oetker,* in: FS für Wiese, S. 333, 339; Aus dem gleichen Grund der fehlenden Kündbarkeit, sind wegen des Kündigungsverbotes aus § 15 III TzBfG, befristete Arbeitnehmer nicht in die Sozialauswahl einzubeziehen.

735 Henssler/Willemsen/Kalb-*Quecke,* § 1 KSchG Rz. 342.

736 Vgl. Henssler/Willemsen/Kalb-*Quecke,* § 1 KSchG Rz. 342.; *A.A. z.b. Linck,* Die Soziale Auswahl bei betriebsbedingter Kündigung, 1990, S. 37.

737 *Oetker,* in: FS für Wiese, S. 333, 339.

738 *Linck,* Die soziale Auswahl bei betriebsbedingter Kündigung, S. 37.

mit Befreiungsvorbehalt und Verboten mit Erlaubnisvorbehalt unterscheiden, wobei sie bei letzteren davon ausgeht, dass diese grundsätzlich für die Sozialauswahl zu berücksichtigen sind[739].

Überzeugender ist die als herrschend anzusehende Ansicht. Es ist nämlich bei der hier zu beantwortenden Frage zu berücksichtigen, dass spezialgesetzliche Kündigungsschutzbestimmungen für das KSchG unmittelbar zu beachten sind[740]. Diese sind als speziellere Regelung gegenüber den allgemeinen Kündigungsschutzregelungen vorrangig[741]. Arbeitnehmer, denen gegenüber eine Kündigung aus dringenden betrieblichen Gründen im Sinne des § 1 II KSchG ausgeschlossen ist, sind im Vergleich zu anderen Arbeitnehmern nicht kündbar und werden von daher zu Recht nicht in den Kreis der auswahlrelevanten Arbeitnehmer aufgenommen[742].

Strittig ist in diesem Zusammenhang, ob eine entsprechende Verpflichtung des Arbeitgebers besteht, die behördliche Zustimmung zu einer Kündigung vorab einzuholen[743]. Dies ist im Ergebnis jedoch abzulehnen, da für eine solche Obliegenheit des Arbeitgebers nach dem eindeutigen Wortlaut des § 1 KSchG keine gesetzliche Grundlage existiert und sich auch ansonsten der Vorschrift keine entsprechende Verpflichtung entnehmen lässt[744].

Daher sind Arbeitnehmer, denen gegenüber kraft Gesetz die ordentliche Kündigung ausgeschlossen ist,[745] grundsätzlich nicht in die Sozialauswahl mit den übrigen unmittelbar kündigungsbedrohten Arbeitnehmern einzubeziehen[746]. Ist der gesetzliche Ausschluss der Kündigung an das Nichtvorliegen einer behördlichen Zustimmung gebunden, so sind diese Arbeitnehmer mit dem gesetzlichen Sonderkündigungsschutz dann in die Sozialauswahl einzubeziehen, wenn die behördliche Zustimmung vorliegt[747].

---

739 *Bütefisch,* Die Sozialauswahl, S. 133ff.; *Annuß*, Betriebsbedingte Kündigung und arbeitsvertragliche Bindung, S. 216.

740 *Annuß*, Betriebsbedingte Kündigung und arbeitsvertragliche Bindung, S. 217.

741 BAG Urteil vom 17.11.2005-6 AZR 118/05-AP KSchG 1969, § 15 Nr. 60.

742 *Oetker,* in: FS für Wiese, S. 333, 339.

743 Gegen eine solche Verpflichtung des Arbeitgebers, z.B. KR-*Griebeling,* § 1 KSchG Rn. 664; Handkommentar Kündigungsschutzrecht-*Gallner,* § 1 KSchG Rn. 772.

744 *Oetker,* in: FS für Wiese, S. 333, 339; *Annuß*, Betriebsbedingte Kündigung und arbeitsvertragliche Bindung, S. 217.

745 Z.B. § 9 III MuSchG, § 18 I BEEG, § 5 PflegeZG oder § 85 SGB XI.

746 *Lerch/Weinbrenner,* NZA 2011, S. 1388; BAG Urteil vom 17.11.2005-6 AZR 118/05-NZA 2006, S. 370.

747 Henssler/Willemsen/Kalb-*Quecke,* § 1 KSchG Rz. 342.

c) Vergleichbarkeit von Arbeitnehmern mit tarif- oder arbeitsvertraglichem Sonderkündigungsschutz

Eine weitere wichtige Gruppe von Arbeitnehmern, bei denen die Vergleichbarkeit und damit die Einbeziehung in die Sozialauswahl fraglich erscheinen, sind die Arbeitnehmer, denen ein tarifvertraglicher oder einzelvertraglicher Sonderkündigungsschutz zukommt. Solchen Arbeitnehmern ist nur noch außerordentlich mit einem wichtigen Grund zu kündigen und sie werden daher in der Literatur häufig als „unkündbare Arbeitnehmer" bezeichnet[748]. Ob diese tarifvertraglich oder einzelvertraglich unkündbaren Arbeitnehmer aus der Sozialauswahl zu Lasten der übrigen Arbeitnehmer herausgenommen werden können, oder ob diese in die Sozialauswahl einzubeziehen und damit als mit dem unmittelbar kündigungsbedrohten und nicht besonders geschützten Arbeitnehmer als vergleichbar anzusehen sind, ist in der Literatur höchst umstritten[749]. Bisher ist auch keine eindeutige höchstrichterliche Entscheidung zu dieser Frage erfolgt[750]. In seiner bisherigen einschlägigen Rechtsprechung hat das BAG nur festgelegt, dass tariflich unkündbare Arbeitnehmer jedenfalls dann in die Sozialauswahl mit anderen Arbeitnehmern einzubeziehen sind, wenn die Voraussetzungen einer außerordentlichen betriebsbedingten Kündigung vorliegen[751], oder wie zuletzt, wenn sog. „Extremfälle" vorliegen, die die Wertung des § 1 III KSchG „auf den Kopf stellen"[752]. Die Rechtsprechung bezog sich jedoch ausschließlich auf tarifliche Kündigungsverbote und die, sicherlich seltenen, Extremfälle. Erschwert wird die Frage auch durch den Umstand, dass die instanzrechtliche Rechtsprechung zu diesem Thema uneinheitlich ist[753]. Dass diese Frage höchst umstritten ist, zeigt auch die Tatsache, dass selbst innerhalb des LAG Berlin-Brandenburg von

748 Henssler/Willemsen/Kalb-*Quecke,* § 1 KSchG Rz. 343.

749 Vgl. Henssler/Willemsen/Kalb-*Quecke,* § 1 KSchG Rz. 343; *Annuß,* Betriebsbedingte Kündigung und arbeitsvertragliche Bindung, S. 217; § Stahlhacke/Preis/Vossen –*Preis,* Rn. 1065 f.

750 *Lerch/Weinbrenner,* NZA 2011, S. 1388.

751 BAG Urteil vom 4.6.1987-2 AZR 416/86-AP KSchG 1969 § 1 KSchG Soziale Auswahl Nr. 16, so auch Ascheid/Preis/Schmidt-*Kiel,* § 1 KSchG Rn. 703.

752 BAG Urteil vom 05.06.2008-2 AZR 907/06-AP KSchG § 1 Betriebsbedingte Kündigung Nr. 179.

753 Vgl. ArbG Cottbus Urteil vom 17.5.2000-6 Ca 38/00-NZA-RR 2000, S. 580 ff.; LAG Brandenburg Urteil vom 29.10.1999-3 Sa 229/98-NZA RR 1999, S. 360; LAG Rheinland-Pfalz Urteil vom 18.2.2011-9 Sa 417/10-BeckRS 2011, 71755; LAG Sachsen Urteil vom 10.10.2001-2 Sa 744/00-NZA 2002, S. 905; LAG Mecklenburg-Vorpommern Urteil vom 7.12.2000-1 Sa 236/00-BeckRS 2000, 30788609.

den einzelnen Kammern die Problematik unterschiedlich gelöst wird[754]. So ist die dritte Kammer des LAG Berlin-Brandenburg der Auffassung, dass die sog. unkündbaren Arbeitnehmer nicht in den für die Auswahl nach § 1 III KSchG relevanten Personenkreis einzubeziehen sind und von daher nicht als vergleichbar im Sinne des § 1 III KSchG einzustufen sind[755]. Andere Kammern des LAG Berlin-Brandenburg vertraten demgegenüber die Auffassung, dass auch solche Arbeitnehmer in den auswahlrelevanten Personenkreis aufzunehmen sind und damit vergleichbar mit kündbaren Arbeitnehmern im Sinne der Sozialauswahl sind[756].

Die Frage, wie sich ein vereinbarter Sonderkündigungsschutz auf die Vergleichbarkeit von Arbeitnehmern für die Bestimmung des auswahlrelevanten Personenkreises bei der Sozialauswahl auswirkt, hat auch eine hohe praktische Relevanz. Denn häufig finden sich insbesondere in Tarifverträgen Regelungen, die eine ordentliche Kündigung ab einer gewissen Dauer der Betriebszugehörigkeit oder ab einem gewissen Lebensalter ausschließen. Aber auch einzelvertraglich können die Arbeitsvertragsparteien, da § 1 III KSchG lediglich einseitig zwingendes Recht ist, eine entsprechende Vereinbarung zu Gunsten des Arbeitnehmers schließen und die ordentliche betriebsbedingte Kündigung des Arbeitgebers ausschließen[757]. Dies geschieht häufig zur Sanierung eines Unternehmens im Rahmen sog. „betrieblicher Bündnisse für Arbeit", welche zur rechtssicheren Umsetzung Änderungsverträge zwischen dem Arbeitgeber und dem Arbeitnehmer bedürfen[758]. In diesen verzichtet der Arbeitnehmer auf ein gewisses Entgelt und der Arbeitgeber auf sein Kündigungsrecht aus dringenden betrieblichen Erfordernissen[759].

Äußert problematisch und umstritten ist die Frage, ob Arbeitnehmer mit einem vertraglich oder tarifvertraglich vereinbarten Sonderkündigungsschutz bei im Übrigen bestehender Austauschbarkeit mit anderen Arbeitnehmern ohne

---

754 LAG Brandenburg Urteil vom 15.10.2010-9 Sa 982/10-9 Sa 1162/10, BeckRS 2011, 70895; LAG Berlin-Brandenburg Urteil vom 1.6.2010-12 Sa 403/10 und 12 Sa 531/10, BeckRS 2011, 67197; LAG Berlin-Brandenburg Urteil vom 20.4.2010-3 Sa 2323/09-BeckRS 2010, 74481.

755 LAG Berlin-Brandenburg Urteil vom 20.4.2010-3 Sa 2323/09-BeckRS 2010, 74481.

756 LAG Brandenburg Urteil vom 15.10.2010-9 Sa 982/10, 9 Sa 1162/10, BeckRS 2011, 70895; LAG Berlin-Brandenburg Urteil vom 1.6.2010-12 Sa 403/10- und 12 Sa 531/10, BeckRS 2011, 67197.

757 *Griebeling*-KR § 1 KSchG Rn. 34.

758 *Künzel/Fink,* NZA 2011, S. 1385.

759 *Künzel/Fink,* NZA 2011, S. 1385.

einen solchen Sonderkündigungsschutz vergleichbar und damit in die Sozialauswahl einzubeziehen sind, oder ob entsprechende Arbeitnehmer aufgrund des Sonderkündigungsschutzes für einen sozialen Vergleich nach § 1 III KSchG nicht in Frage kommen. Hierfür ist es zunächst relevant zu klären, ob entsprechende Vereinbarungen gegen das zwingende Gesetzesrecht des § 1 III KSchG verstoßen und daher nichtig sind oder nicht. Falls entsprechende Vereinbarungen als zulässig eingestuft werden, kommt es hier zum Konflikt zwischen dem Günstigkeitsprinzip und den zwingenden Auswahlregeln nach § 1 III KSchG[760].

Zu dieser Problematik werden in der Literatur verschiedenste Ansichten vertreten[761]. Im Wesentlichen werden, mit einigen Differenzierungen zu der Frage der Einbeziehung von Arbeitnehmern mit einer entsprechenden Kündigungsvereinbarung in die Sozialauswahl zwei grundsätzlich unterschiedliche Ansätze in der Literatur und innerhalb der Rechtsprechung vertreten.

aa) Keine Vergleichbarkeit von einzelvertraglich oder tarifvertraglich unkündbaren Arbeitnehmern

Die wohl herrschende Ansicht in Rechtsprechung und Literatur geht davon aus, dass die tariflich oder einzelvertraglich unkündbaren Arbeitnehmer grundsätzlich nicht mit ordentlich betriebsbedingt kündbaren Arbeitnehmern vergleichbar sind und damit nicht in den Kreis der für die Sozialauswahl relevanten Arbeitnehmer gehören[762].

Auch nach dieser Ansicht handelt es sich bei § 1 III KSchG zwar um eine Norm mit einseitig zwingender Wirkung[763]. Doch kann diese der Herausnahme eines Arbeitnehmers mit Unkündbarkeitsklausel aus dem Kreis der für die Sozialauswahl relevanten Arbeitnehmer entgegen gehalten werden[764]. Denn die

---

760 Henssler/Willemsen/Kalb-*Quecke,* § 1 KSchG Rz. 343.

761 Vgl. *Annuß*, Betriebsbedingte Kündigung und arbeitsvertragliche Bindung, S. 217 f.

762 Z.B. *Adam,* NZA 1999, S. 846, 848; ErfK-*Oetker,* § 1 Rn. 313; *Bütefisch,* Die Sozialauswahl S. 140 f.; *Conze,* ZTR 1987, S. 99, 106; *Färber,* NZA 1985, S. 175, 179; *Gift,* RdA 1969, S. 72, 77; *Jobs,* DB 1986, S. 538, 539; *Lück,* Probleme der Sozialauswahl nach § 1 III KSchG, S. 56 ff; *Meisel,* DB 1991, S. 92, 94; Pollmann, Die Sozialauswahl bei betriebsbedingter Kündigung S. 18 ff; *Schaub,* RdA 1981, S. 371, 375; *Stahlhacke/Preis/Vossen- Preis,* Rn. 1065; *Schröder,* ZTR 1995, S. 394, 396; LAG Brandenburg Urteil vom 29.10.1998-3; Sa 229/98- NZA-RR 1999, S. 360; LAG Berlin-Brandenburg Urteil vom 15.10.2010-9 Sa 982/10-9 Sa 1162/10 Beck RS2011, 70895; LAG Berlin-Brandenburg Urteil vom 1.6.2010-12 Sa 403/10 und 12 Sa 531/10, BeckRS 2011, 67197.

763 *Lerch/Weinbrenner,* NZA 2011, S. 1388, 1389.

764 *Lerch/Weinbrenner,* NZA 2011, S. 1388, 1389.

Festlegung des auswahlrelevanten Personenkreises nach dem Maßstab der Vergleichbarkeit ist von der eigentlichen Sozialauswahl nach dieser Ansicht zu trennen[765]. Weiterhin verstößt eine entsprechende Vereinbarung eines Kündigungsverbotes, die eine Unkündbarkeit eines Arbeitnehmers vorsieht, aufgrund der unterschiedlichen Regelungsgehalte nicht gegen § 1 III KSchG, auch wenn eine mittelbare Risikoerhöhung für die übrigen Arbeitnehmer damit einhergeht[766]. Sie richtet sich zumindest nicht direkt gegen die anderen Arbeitnehmer, so dass aufgrund einer fehlenden Belastung der kündbaren Arbeitnehmer auch kein Vertrag zu Lasten Dritter vorliegt[767].

Die Regelungsinhalte der Kündigungsvereinbarung und der Sozialauswahl sind nach dieser Ansicht verschieden, weil die jeweilige Kündigungsvereinbarung keine Regelung über die zwingende Sozialauswahl trifft, sondern stattdessen nur das Kündigungsrecht des Arbeitgebers gegenüber diesem Arbeitnehmer einschränkt[768]. Außerdem hat § 1 III KSchG dieser Ansicht nach den Zweck, das durch eine betriebsbedingte Kündigungslage bestehende Auswahlermessen des Arbeitgebers hinsichtlich seines Kündigungsrechts der Reichweite nach zu begrenzen[769]. Entsprechende Kündigungsverbote verfolgen dagegen den Zweck, den einzelnen Arbeitnehmer vor ordentlichen Kündigungen zu schützen[770]. Die kündigungsrechtlichen Vereinbarungen betreffen daher ausschließlich das Verhältnis der Vertragsparteien zueinander und lassen das Verhältnis der Arbeitnehmer untereinander unberührt[771]. Eine Einschränkung des Spielraums für das Auswahlermessen des Arbeitgebers bei der Kündigung ist daher, nach dieser Ansicht, kein Verstoß gegen den Zweck der Sozialauswahl[772]. Der Ausschluss der unkündbaren Arbeitnehmer tangiert die anderen Arbeitnehmer bzw. die Sozialauswahl durch die Reduzierung der möglichen vergleichbaren Arbeitnehmer stattdessen nur als „Reflex“ durch die mögliche Verschiebung bei der Sozialauswahl[773]. Diese bloße Reflexwirkung der Kündigungsvereinbarung reicht jedoch,

765 *Lerch/Weinbrenner,* NZA 2011, S. 1388, 1389; *Annuß,* Betriebsbedingte Kündigung und arbeitsvertragliche Bindung, S. 217 ff.

766 Stahlhacke/Preis/Vossen-*Preis,* Rn. 1065; *Bütefisch,* Die Sozialauswahl S. 141.

767 *Annuß,* Betriebsbedingte Kündigung und arbeitsvertragliche Bindung, S. 223.

768 Stahlhacke/Preis/Vossen-*Preis,* Rn. 1065.

769 *Oetker,* ZfA 2001, S. 287, 315.

770 KR-*Griebeling,* § 1 KSchG Rn. 666.

771 *Bütefisch,* Die Sozialauswahl S. 141.

772 *Oetker,* ZfA 2001, S. 287, 315.

773 *Pollmann,* Die Sozialauswahl S. 21; *Bütefisch,* Die Sozialauswahl S. 142; LAG Brandenburg Urteil vom 29.10.1998-3 Sa 229/98-NZA-RR 1999, 360.

da sie dem Zweck der Sozialauswahl nicht zuwiderläuft, nach dieser Ansicht für eine Kollision der tariflichen oder einzelvertraglichen Regelung und § 1 III KSchG nicht aus[774].

Somit ist für die Anwendung des Rangprinzips mangels Kollision kein Raum und eine entsprechende tarifvertragliche oder einzelvertragliche Kündigungsschutzvereinbarung verstößt nach der herrschenden Auffassung nicht gegen § 1 III KSchG, womit sie voll wirksam ist[775].

Weiterhin spricht nach dieser Ansicht auch die Reichweite des Bestandsschutzes dafür, Arbeitnehmer mit einer entsprechenden Vereinbarung nicht in die Sozialauswahl aufzunehmen[776]. Dieser Bestandsschutz geht nach dieser Ansicht nicht so weit, als dass er auch bloß mittelbare Verschlechterungen der kündigungsrechtlichen Situation einzelner Arbeitnehmer erfasst, wie dies bei der Herausnahme einzelner Arbeitnehmer durch eine entsprechende Vereinbarung der Fall wäre[777]. Außerdem wird seitens der instanzrechtlichen Rechtsprechung eingewandt, dass Arbeitnehmer nur vergleichbar seien, wenn ihnen gegenüber eine ordentliche Kündigung möglich ist[778]. Diese besteht ja gerade gegenüber einem Arbeitnehmer mit einem vereinbarten Kündigungsschutz nicht. Daher fehlt es nach dieser Ansicht an einer für die Sozialauswahl erforderlichen Vergleichbarkeit zwischen ordentlich kündbaren und ordentlich unkündbaren Arbeitnehmern[779].

Letztlich wird für diese Ansicht noch das Argument angeführt, dass auch andere Vereinbarungen, die zu einer mittelbaren Erhöhung des Kündigungsrisikos der übrigen Arbeitnehmer führen, anerkannterweise nicht gegen § 1 III KSchG verstoßen[780]. So trägt ein Arbeitnehmer das Kündigungsrisiko nur, wenn der Arbeitgeber den unmittelbar kündigungsbedrohten Arbeitnehmer aufgrund seines Direktionsrechts einseitig auf den Arbeitsplatz versetzen kann[781]. Da es zulässig ist, die Reichweite des Direktionsrechts durch Arbeitsvertrag oder Tarifvertrag zu bestimmen, und sich dadurch eine mittelbare Erhöhung des Kündigungsrisikos

---

774 *Bütefisch,* Die Sozialauswahl S. 142.

775 KR-*Griebelingl,* § 1 KSchG Rn. 680; LAG Brandenburg Urteil vom 29.10.1998-3 Sa 229/98-NZA-RR 1999, S. 360. a.A. z.B. Anm. *Eich* zu ArbG Kassel v. 5.8.1976-1 Ca 217/76-DB 1976, S. 1677.

776 *Bütefisch,* Die Sozialauswahl S. 142.

777 *Bütefisch,* Die Sozialauswahl S. 142.

778 LAG Brandenburg Urteil vom 29.10.1998-3 Sa 229/98-NZA-RR 1999, S. 360.

779 KDZ-*Deinert,* § 1 KSchG Rn. 601.

780 Stahlhacke/Preis/Vossen-*Preis,* Rn. 1065.

781 *Bütefisch,* Die Sozialauswahl S. 143.

für andere Arbeitnehmer ergeben kann, könne nichts anderes für Vereinbarungen über Kündigungsverbote gelten, bei welchen letztlich auch nur das mittelbare Kündigungsrisiko erhöht wird, indem der Kreis der für die Sozialauswahl relevanten Arbeitnehmer eingegrenzt wird [782].

Andernfalls würde dem Arbeitgeber die Pflicht auferlegt, den auswahlrelevanten Personenkreis der Größe nach aufrechtzuerhalten. Dieses Erfordernis ist § 1 III KSchG jedoch nicht zu entnehmen[783]. Es ist daher überwiegend anerkannt, dass das Recht zur ordentlichen arbeitgeberseitigen Kündigung durch Tarifvertrag oder auch durch Einzelarbeitsvertrag beschränkt werden kann[784].

Das Arbeitnehmern mit einer tarifvertraglichen oder einzelvertraglichen Unkündbarkeitsklausel nicht in die Sozialauswahl einbezogen werden kann auch nicht mit § 1 III 2 KSchG begründet werden[785], da diese Vorschrift nur die Herausnahme einzelner Arbeitnehmer aus dem bereits feststehenden Kreis der auswahlrelevanten und damit vergleichbaren Arbeitnehmer regelt[786].

Somit sind nach der h.M. Arbeitnehmer mit einer Unkündbarkeitsklausel nicht mit Arbeitnehmern ohne eine solche, auch bei sonstiger Austauschbarkeit, vergleichbar und von daher nicht in den Kreis der für die Sozialauswahl relevanten Arbeitnehmer aufzunehmen[787].

Von diesem Grundsatz, Arbeitnehmer mit vereinbartem Sonderkündigungsschutz nicht in die Sozialauswahl einzubeziehen, macht die h.M. lediglich in zwei Fällen eine Ausnahme. Arbeitnehmer mit einer entsprechenden Klausel sind dann in die Sozialauswahl einzubeziehen und im hier dargestellten Sinne vergleichbar, wenn die betrieblichen Erfordernisse, die zur Kündigung führen, eine außerordentliche Kündigung rechtfertigen[788], oder wenn die entsprechende kündigungsausschließende Vereinbarung rechtsmissbräuchlich ist[789].

Hinsichtlich der Sozialauswahl steht eine nur ausnahmsweise zulässige außerordentliche betriebsbedingte Kündigung einer ordentlichen betriebsbedingten

782 *Bütefisch,* Die Sozialauswahl S. 143.

783 *Herschel,* AuR 1977, S. 137, 143; *Schwerdtner,* in: FS für Kissel, S. 1077, 1093.

784 *Bütefisch,* Die Soziale Auswahl, S. 139; Vgl. *Löwisch/Rieble,* TVG, § 1 Rn. 336 ff.

785 So aber *Pauly,* AuR, 1997, S. 94, 98.

786 So zu Recht *Bütefisch,* Die Sozialauswahl, S. 145.

787 z.B. Löwisch/Rieble, TVG, § 1 Rn. 1971; *Adam,* NZA 1999, S. 846 ff.

788 BAG Urteil vom 4.6.1987-2 AZR 416/86-AP KSchG 1969 § 1 Soziale Auswahl Nr. 16 lediglich zur Frage der Einbeziehung von Arbeitnehmern, wenn die Voraussetzungen einer außerbetrieblichen betriebsbedingten Kündigung vorliegen.

789 Stahlhacke/Preis/Vossen-*Preis,* Rn. 1066.

Kündigung gleich und § 1 III KSchG ist auf diese entsprechend anwendbar[790]. Dies ergibt sich daraus, dass tarifvertraglich ordentlich unkündbaren Arbeitnehmern nur außerordentlich betriebsbedingt mit einer Auslauffrist gekündigt werden kann und bei dieser außerordentlichen Kündigung, die an die Stelle einer sonst möglichen ordentlichen betriebsbedingten Kündigung tritt, der Arbeitgeber nicht nach seinem Belieben entscheiden soll, wem zu kündigen ist[791].

Häufiger dürfte der Fall der rechtsmissbräuchlichen Einräumung eines Sonderkündigungsschutzes sein. Die mittelbare Verschlechterung einer kündigungsrechtlichen Position eines Arbeitnehmers durch eine Vereinbarung ist vom BAG als zulässig eingestuft worden, wenn für diese ein sachlicher Grund besteht[792]. Bei einer rechtsmissbräuchlichen Vereinbarung zum Sonderkündigungsschutz ohne Sachgrund wird daher aufgrund der Umgehung des § 1 III KSchG von deren Unwirksamkeit ausgegangen[793]. Jedoch kann eine solche Rechtsmissbräuchlichkeit nicht allein aufgrund einer zeitlichen Nähe zur geplanten Kündigung angenommen werden[794]. Ein enger zeitlicher Zusammenhang der Vereinbarung mit der geplanten Kündigung ist zwar ein Indiz für das Fehlen eines sachlichen Grundes und damit für eine Umgehung von § 1 III KSchG[795]. Es müssen jedoch weitere Anhaltspunkte hinzukommen, die für eine Rechtsmissbräuchlichkeit einer Vereinbarung sprechen[796]. Rechtsmissbräuchlich ist nach dieser Ansicht eine Vereinbarung nur, wenn sie den Zweck verfolgt, bestimmte Arbeitnehmer vor einem geplanten Abbau von Personal aus der Sozialauswahl herauszunehmen, ohne einen sachlichen Grund hierfür zu haben[797]. Somit ist nur bei einer entsprechenden rechtsmissbräuchlichen Unkündbarkeitsvereinbarung der betroffene Arbeitnehmer mit Arbeitnehmern ohne einen entsprechenden Kündigungsschutz vergleichbar. Von diesen Ausnahmen abgesehen bleibt es nach dieser Ansicht dabei, dass Arbeitnehmer mit einem entsprechend vereinbarten Kündigungsschutz nicht in die Sozialauswahl einzubeziehen sind, mit der Folge,

---

790 *Bröhl,* BB 2006, S. 1050, 1055; BAG Urteil vom 5.2.1998-2 AZR 227/97-AP BGB § 626 Nr. 143.

791 *Bröhl,* BB 2006, S. 1050, 1055.

792 BAG Urteil vom 2.6.2005-2 AZR 480/04-AP KSchG § 1 Soziale Auswahl Nr. 75, für den Fall der Anrechnung einer vorherigen Beschäftigung. Diese Wertung wird von dieser Ansicht auch für die Unkündbarkeitsklausel übernommen.

793 *Bütefisch,* Die Sozialauswahl, S. 147.

794 *Bütefisch,* Die Sozialauswahl, S. 147; a.A. *Ascheid,* RdA 1997, S. 333, 335.

795 ErfK-*Oetker,* § 1 KSchG Rn. 313; *Lerch/Weinbrenner,* NZA 2011, S. 1388, 1389.

796 *Bütefisch,* Die Sozialauswahl, S. 148.

797 KR-*Griebeling,* § 1 KSchG Rn. 666.

dass statt diesen Arbeitnehmern solchen zu kündigen ist, die nicht über einen entsprechenden Kündigungsschutz verfügen[798]. Daher sind Arbeitnehmer mit einer Unkündbarkeitsklausel nach dieser Ansicht grundsätzlich nicht vergleichbar und von daher nicht in den auswahlrelevanten Personenkreis für die Sozialauswahl aufzunehmen. Diese erstreckt sich nach dieser Auffassung auf die kündbaren Arbeitnehmer des Betriebes.

Entsprechendes gilt auch für Befristungsabreden, welche ohne einen ausdrücklichen Kündigungsvorbehalt nach § 15 III TzBfG den Ausschluss der ordentlichen Kündigung zur Folge haben. Entsprechend sind nach dieser Ansicht befristet beschäftigte Arbeitnehmer im Falle einer betriebsbedingten Kündigung nicht in die Sozialauswahl einzubeziehen[799].

bb) Vergleichbarkeit von kollektiv- und einzelvertraglich unkündbaren Arbeitnehmern

Nach der gegensätzlichen Ansicht in Literatur und Teilen der Rechtsprechung sind Arbeitnehmer mit einer tarifvertraglichen oder einzelvertraglichen Kündigungsschutzvereinbarung im hier dargestellten Sinne bei sonstiger Austauschbarkeit vergleichbar und die Sozialauswahl einzubeziehen[800]. Hauptargument dieser Ansicht ist, dass § 1 III KSchG zwingendes Gesetzesrecht ist, welches durch eine entsprechende Unkündbarkeitsklausel umgangen würde[801]. Auch sind nach dieser Ansicht die Festlegung des auswahlrelevanten Personenkreises nach dem Kriterium der Vergleichbarkeit und die Sozialauswahl im engeren Sinne nicht getrennt voneinander zu betrachten[802]. Eine weitere Wertung lässt sich nach dieser Ansicht dem § 1 III 2 KSchG, der sog. Leistungsträgerregel, entnehmen[803], da das BAG hier an die Herausnahme eines Arbeitnehmers hohe Anforderungen stellt[804]. Das BAG hat in dieser Entscheidung für die Ausklammerung

798 Henssler/Willemsen/Kalb-*Quecke*, § 1 KSchG Rz. 343.

799 BAG Urteil vom 2.6.2005-2 AZR 480/04-AP KSchG § 1 Soziale Auswahl Nr. 75.

800 *Bauer*, DB 1994, S. 274, 277; *Gaul*, NZA 1992, S. 673, 675; von Hoyningen-Huene/Linck-*Linck*, § 1 KSchG Rn. 456; *Linck*, Die soziale Auswahl bei betriebsbedingter Kündigung, S. 39 ff.; Löwisch/Spinner-*Löwisch*, § 1 Rn. 322; *Pauly*, AuR 1997, S. 94, 97 (für einzelvertragliche Regelungen); *Löwisch*, DB 1998, S. 877, 880; *Bröhl*, in: FS für Schaub 1998, S. 55 ff.; *Oetker*, in: FS für Wiese, S. 1998, S. 333, 342; ArbG Cottbus Urteil vom 17.5.2000-6 Ca 38/00, NZA-RR 2000, 580; *Lerch/Weinbrenner*, NZA 2011, S. 1389.

801 ArbG Cottbus Urteil vom 17.5.2000-6 Ca 38/00-NZA-RR 2000, S. 580.

802 *Lerch/Weinbrenner*, NZA 2011, S. 1388, 1391.

803 *Lerch/Weinbrenner*, NZA 2011, S. 1388, 1391.

804 BAG Urteil vom 4.6.1987-2 AZR 416/ 86-AP KSchG 1969, § 1 Soziale Auswahl Nr. 16.

von Leistungsträgern die Voraussetzung aufgestellt, dass die Interessen an einer solchen Herausnahme und die Interessen der sozial schwächeren Arbeitnehmer im Einzelfall abzuwägen sind und diese Voraussetzungen dürften nicht durch Unkündbarkeitsvereinbarungen umgangen werden[805].

Es ist nach dieser Ansicht weiterhin zu berücksichtigen, dass der erhöhte Bestandsschutz für unkündbare Arbeitnehmer zu Lasten der übrigen Arbeitnehmer geht[806]. Der vom Arbeitgeber zu tragende erweiterte Kündigungsschutz wird durch die Herausnahme aus dem Kreis der für die Sozialauswahl relevanten Arbeitnehmer zu einer Verdrängungsregel zu Lasten der nicht durch Sonderkündigungsschutz geschützten Arbeitnehmer, deren Kündigungsrisiko sich dadurch erhöht[807].

Diese Ansicht nimmt darüber hinaus an, dass die Wirkung tarifvertraglicher oder einzelvertraglicher Unkündbarkeitsklauseln keinen Einfluss auf die Sozialauswahl haben darf, da sich ihre Wirkung lediglich auf die Zwei Personen-Beziehung der Vertragsparteien beschränke[808].

Weiterhin besteht innerhalb dieser Auffassung zwar im Ergebnis Einigkeit, jedoch wird eine Reihe von teilweise sehr unterschiedlichen Argumenten zur Begründung dieses Resultates angeführt. Teilweise wird innerhalb dieser Ansicht die Zulässigkeit von tarifvertraglichen und einzelvertraglichen Unkündbarkeitsklauseln getrennt behandelt. Zahlenmäßig im Vordergrund steht dabei die Betrachtung von tarifvertraglichen Unkündbarkeitsklauseln, die daher auch hier im Mittelpunkt der Betrachtung stehen soll.

Nach dieser Ansicht sind insbesondere auch die tariflich unkündbaren Arbeitnehmer bei sonstiger Vergleichbarkeit in die Sozialauswahl einzubeziehen und nicht pauschal aus dem Kreis der auswahlrelevanten Arbeitnehmer für die Sozialauswahl herauszunehmen[809]. Dies wird damit begründet, dass ansonsten das Kündigungsrisiko der übrigen betroffenen Arbeitnehmer steigt, indem der

---

805 *Lerch/Weinbrenner,* NZA 2011, S. 1389, 1391.

806 ArbG Cottbus, Urteil vom 17.5.2000-6 Ca 38/00-NZA–RR 2000, S. 580.

807 Vgl. *Bütefisch*, Die Sozialauswahl, S. 140.

808 *Annuß*, Betriebsbedingte Kündigung und arbeitsvertragliche Bindung, S. 217.

809 von Hoyningen-Huene/Linck-*Krause*, § 1 KSchG Rn. 958; Löwisch/Spinner-*Löwisch,* § 1 Rn. 360; *Löwisch,* DB 1998, S. 877, 880*; Bröhl,* in: FS für Schaub, 1998, S. 55 ff.; *Oetker,* in: FS für Wiese, 1998, S. 333, 341; *ders.* ZfA 2001, S. 287, 322; *Linck,* Die soziale Auswahl bei betriebsbedingter Kündigung, 1990, S. 39 f. ; *Rieble,* NZA 2003, S. 1243 f; *Kania/Kramer,* RdA 1995, S. 287, 288; Henssler/Willemsen/Kalb-*Quecke,* § 1 KSchG Rz. 343 ; ArbG Cottbus Urteil vom 17.5.2000-6 Ca 38/00-NZA-RR 2000, S. 580 f.; *Adam*, NZA 1999, S. 846, 850; *Bauer*, DB 1994, S. 274, 277.

Kreis der für die Auswahl in Frage kommenden Arbeitnehmer durch diese Vereinbarung verkleinert wird und somit unmittelbar in zwingendes Kündigungsschutzrecht der übrigen Arbeitnehmer eingegriffen wird[810]. Eine entsprechende tarifvertragliche oder einzelvertragliche Vereinbarung gehe zu Lasten der übrigen Arbeitnehmer[811].

Weiterhin wird z.B. in Bezug auf tarifvertragliche Unkündbarkeitsklauseln eingewendet, dass § 1 III KSchG nicht tarifdispositiv sei, da die Vorschrift keine Öffnungsklausel enthalte, und dass deshalb die Tarifvertragsparteien nicht den auswahlrelevanten Kreis der Arbeitnehmer durch privatautonome Rechtssetzung einschränken können, so dass auch tarifvertraglich unkündbare Arbeitnehmer vergleichbar und damit in die Sozialauswahl einzubeziehen sind[812]. Das zwingende Gebot der Sozialauswahl nach § 1 III KSchG wird nach dieser Ansicht durch einen tarifvertraglichen Ausschluss der ordentlichen betriebsbedingten Arbeitgeberkündigung unterlaufen[813].

Die unterschiedlichen Auffassungen in Bezug auf die Auswirkungen von Unkündbarkeitsvereinbarungen auf den Kreis der für die Sozialauswahl relevanten Arbeitnehmer erklärt sich u.a. auch aus der unterschiedlichen Beurteilung des Zwecks von § 1 III KSchG. Bei entsprechenden Auswahlentscheidungen im Rahmen von betriebsbedingten Kündigungen gerät das Günstigkeitsprinzip, nach welchen entsprechenden Vereinbarungen zulässig sind, in Konflikt mit den Auswahlregeln des § 1 III KSchG[814]. Die h.M. geht daher davon aus, dass die Unkündbarkeitsregelung durch eine „reflexhafte Verdrängungswirkung" in ihrer Wirkung verdrängt wird[815].

Nach der h.M. besteht der Zweck der Auswahl nach § 1 III KSchG vor allem in der Beschränkung des Auswahlermessens des Arbeitgebers, so dass die Folgen für die übrigen Arbeitnehmer als bloßer „Reflex" herabgestuft werden können[816]. Nach der dargestellten gegenteiligen Ansicht besteht der Zweck der Sozialauswahl aber auch darin, den schutzbedürftigsten Arbeitnehmer vor der Kündigung zu bewahren und für diese Arbeitnehmer einen erhöhten Bestandsschutz

---

810 *Oetker,* in: FS für Wiese, 333, 341.

811 Henssler/Willemsen/Kalb-*Quecke,* § 1 KSchG Rz. 344.

812 ArbG Cottbus, Urteil vom 17. 5. 2000-6 Ca 38/00; NZA-RR 2000, 580; Bauer, DB 1994, S. 274, 277.

813 *Oetker,* ZfA, 2001, S. 287, 312.

814 Henssler/Willemsen/Kalb-*Quecke,* § 1 KSchG Rz. 344.

815 Henssler/Willemsen/Kalb-*Quecke,* § 1 KSchG Rz. 344.

816 *Oetker,* ZfA, 2001, S. 287, 319.

zu ermöglichen[817]. Es ist nach dieser Ansicht aber auch zu berücksichtigen, dass die Sozialauswahl das Defizit kompensieren soll, welches sich daraus ergibt, dass im Gegensatz zur verhaltens- und personenbedingten Kündigung bei der betriebsbedingten Kündigung keine umfangreiche Interessenabwägung existiert[818].

Die Schutzzwecke von § 1 III KSchG und die der normativ wirkenden tariflichen Unkündbarkeitsnormen sind, im Gegensatz zur h.M., nach dieser Auffassung identisch. Beide wollen einen erhöhten Bestandsschutz für bestimmte Arbeitnehmer. Daher ist, wenn der unkündbare Arbeitnehmer über die sozial stärkeren Daten verfügt, eine Kollision beider Normen anzunehmen, die zugunsten von § 1 III KSchG nach dem Rangprinzip zu lösen ist[819]. Schließlich trifft eine entsprechende Vereinbarung die übrigen Arbeitnehmer nach dieser Ansicht nicht nur mittelbar, sondern unmittelbar, so dass diese im Widerspruch zum zwingenden Recht des § 1 III KSchG steht, dessen Schutzniveau durch Tarifvertrag nicht abgesenkt werden kann[820]. Das eigentliche Ziel der Sozialauswahl wird nach dieser Ansicht nicht erfüllt, da der erhöhte Bestandsschutz einiger unkündbaren Arbeitnehmer zu Lasten kündbarer Arbeitnehmer geht[821].

Weiterhin wird als Argument für eine Einbeziehung dieser Arbeitnehmer in die Sozialauswahl angeführt, dass bei einer gegenteiligen Ansicht durch den vereinbarten Kündigungsschutz die Sozialauswahl unterlaufen wird und es zu einer Verdrängung solcher Arbeitnehmer kommt, die über einen solchen Sonderkündigungsschutz nicht verfügen[822]. Es besteht die Möglichkeit, wenn tariflich unkündbare Arbeitnehmer nicht in die Sozialauswahl einbezogen werden, dass einem Arbeitnehmer gekündigt werden müsste, dem bei alleiniger Anwendung des § 1 III 1 KSchG und dem Maßstab der Vergleichbarkeit aufgrund wesentlich schutzwürdigerer Sozialdaten nicht gekündigt worden wäre[823]. Hierbei sind insbesondere Tarifverträge zu nennen, die für eine Unkündbarkeit neben dem Lebensalter eine nur kurze Betriebszugehörigkeit als Voraussetzung normieren[824]. Solche Resultate würden dieser Ansicht nach dem Regelungsanliegen der

---

817 *Oetker,* ZfA, 2001, S. 287, 319; ArbG Cottbus, Urteil vom 17.5.2000-6 Ca 38/00-NZA–RR 2000, S. 580.

818 *Oetker,* ZfA, 2001, S. 287, 319.

819 ArbG Cottbus, Urteil vom 17.5.2000-6 Ca 38/00-NZA-RR 2000, S. 580.

820 *Oetker,* ZfA, 2001, S. 287, 319; ArbG Cottbus, Urteil vom 17.5.2000-6 Ca 38/00-NZA –RR 2000, S. 580.

821 ArbG Cottbus, Urteil vom 17.5.2000-6 Ca 38/00- NZA –RR 2000, S. 580.

822 Henssler/Willemsen/Kalb-*Quecke,* § 1 KSchG Rn. 344.

823 *Oetker,* ZfA 2001, 287, S. 313.

824 *Oetker,* ZfA 2001, 287, S. 313.

Sozialauswahl zuwiderlaufen, nach dem den nach sozialen Gesichtspunkten am wenigsten schutzbedürftigen Arbeitnehmer ordentlich betriebsbedingt zu kündigen sein soll[825].

Zwar sind sich die Vertreter dieser Ansicht im Grundsatz einig, dass Arbeitnehmer mit einer tariflichen Unkündbarkeitsklausel in die Sozialauswahl einzubeziehen sind; Uneinigkeit besteht jedoch darüber, wie sich der Verstoß gegen § 1 III KSchG auf die Vereinbarung auswirkt[826].

Nur teilweise wird die vollständige Nichtigkeit einer entsprechenden tarifvertraglichen Vereinbarung vertreten[827]. Demgegenüber wird vertreten, dass entsprechende Klauseln in einer Vereinbarung als Vertrag zu Lasten Dritter unbeachtlich sind[828]. Weiterhin wird auch der Ansatz vertreten, dass aufgrund des Verstoßes einer entsprechenden tarifvertraglichen Vereinbarung gegen die Berufsfreiheit der übrigen Arbeitnehmer eine entsprechende Tarifnorm verfassungskonform und einschränkend auszulegen ist[829]. Die Auslegung ist demnach so vorzunehmen, dass die Vereinbarung nicht gegen § 1 III KSchG verstößt, was der Fall wäre, wenn aufgrund der Vereinbarung einem sozial stärkeren Arbeitnehmer zu kündigen wäre[830].

Überwiegend wird von Teilen dieser Auffassung auch vertreten, dass zwar die Vereinbarung nicht gegen § 1 III KSchG verstoße, der kündigungsrechtlich bevorzugte Arbeitnehmer aber trotzdem in die Sozialauswahl einzubeziehen sei, da ansonsten der unmittelbare Kündigungsschutz der übrigen Arbeitnehmer beeinträchtigt werden würde[831]. Die Unkündbarkeitsklausel ist nach dieser Ansicht verfassungskonform mit Blick auf Art 12 GG so auszulegen, dass sie im Verhältnis zum sozial schwächeren Arbeitnehmer als unwirksam anzusehen ist[832].

Schließlich wird, um die Folge der Einbeziehung tarifvertraglich geschützter Arbeitnehmer in die Sozialauswahl zu gewährleisten, auch der Ansatz vertreten, die Tarifregelung, die gegen § 1 III KSchG verstößt, sei nicht anwendbar[833]. Ergibt die Sozialauswahl, dass ein unkündbarer Arbeitnehmer nicht so schutzwürdig

825 *Oetker*, ZfA 2001, 287, S. 313; *Schwerdtner*, ZIP 1984, S. 10, 15.
826 *Oetker*, ZfA 2001, 287, S. 313.
827 Anm. *Eich*, zu ArbG Kassel v. 5.8.1976-1Ca 217/76, DB 1976, S. 1677.
828 *Bitter/Kiel*, RdA 1994, S. 333, 354.
829 *Löwisch*, DB 1998, S. 877, 881; ArbG Cottbus, Urteil vom 17. 5. 2000-6 Ca 38/00; NZA-RR 2000, S. 580.
830 ArbG Cottbus, Urteil vom 17. 5. 2000-6Ca 38/00; NZA-RR 2000, S. 580.
831 ErfK-*Oetker*, § 1 KSchG Rn. 312; *Oetker*, in: FS für Wiese, S. 333, 341.
832 ArbG Cottbus, Urteil vom 17. 5. 2000-6 Ca 38/00- NZA-RR 2000, S. 580.
833 *Linck*, AR-Blattei SD 1020.1.2, S. 10.

ist wie ein kündbarer Arbeitnehmer, so soll dem unkündbaren Arbeitnehmer aus wichtigem Grund nach § 626 I BGB außerordentlich unter Einhaltung der gesetzlichen Kündigungsfrist gekündigt werden[834].

Aber auch einzelvertragliche Vereinbarungen über einen Sonderkündigungsschutz führen nach dieser Ansicht nicht dazu, dass einzelne Arbeitnehmer aus der Sozialauswahl herauszunehmen sind[835]. Bei solchen Vereinbarungen handelt es sich dieser Ansicht nach um einen unzulässigen Vertrag zu Lasten Dritter, da der gesetzlich vorgesehene Kündigungsschutz anderer Arbeitnehmer beschränkt wird und der Arbeitgeber dem unkündbaren Arbeitnehmer zusichert, sein Kündigungsrecht einem anderen Arbeitnehmer gegenüber auszuüben[836]. Deshalb sind einzelvertraglich unkündbare Arbeitnehmer mit den übrigen kündbaren wegen der Unwirksamkeit dieser Vereinbarung vergleichbar und sind daher mit in die Sozialauswahl aufzunehmen[837]. Ergibt die Sozialauswahl, dass einem vertraglich unkündbaren Arbeitnehmer zu kündigen ist, so ist diesen unter Einhaltung der Kündigungsfrist außerordentlich nach § 626 I BGB zu kündigen[838].

Daher sind nach dieser Ansicht einzelvertraglich und tarifvertraglich unkündbare Arbeitnehmer mit kündbaren Arbeitnehmern vergleichbar und in die Sozialauswahl einzubeziehen.

cc) Stellungnahme

Unstrittig ist § 1 III KSchG zwar nicht dispositiv[839], dennoch ist nach dem Günstigkeitsprinzip eine abweichende Vereinbarung zugunsten des Arbeitnehmers bis zur Grenze des § 626 BGB zulässig[840]. Daher sind entsprechende Unkündbarkeitsvereinbarungen grundsätzlich als rechtlich zulässig einzustufen und die Arbeitsvertragsparteien können wirksam entsprechende Vereinbarungen über den gesetzlichen Mindestschutz hinaus vereinbaren[841]. Daher ist die entsprechende Vereinbarung auch nicht als unzulässiger Vertrag zu Lasten Dritter

834 *Linck,* AR-Blattei SD 1020.1.2, S. 10.

835 *Künzl,* ZTR 1996, S. 385, 389.

836 *Linck,* AR-Blattei SD 1020.1.2, S. 10; ArbG Cottbus, Urteil vom 17.5.2000-6 Ca 38/00-NZA-RR 2000, S. 580.

837 *Künzl,* ZTR 1996, S. 385, 389; Löwisch/Spinner-*Löwisch,* § 1 Rn. 361.

838 *Linck,* AR-Blattei SD 1020.1.2, S. 10.

839 BAG Urteil vom 2.6.2005-2 AZR 480/04-AP KSchG 1969 § 1 Soziale Auswahl Nr. 75.

840 Henssler/Willemsen/Kalb-*Quecke,* § 1 KSchG Rz. 343.

841 So auch z.B. BAG Urteil vom 5.6.2008-2 AZR 907/06-AP KSchG 1969 § 1 Betriebsbedingte Kündigung, Nr. 179.

einzustufen[842]. Hinsichtlich der Auswirkungen auf die Vergleichbarkeit von sog. kündbaren und unkündbaren Arbeitnehmern ist der ersten Ansicht zu folgen.

Die Annahme, dass eine entsprechende Vereinbarung gegen das zwingende Gesetzesrecht des § 1 III KSchG verstößt, hätte zur Folge, dass entsprechende Klauseln unwirksam wären bzw. einschränkend auszulegen wären[843]. Es wäre somit nicht mehr möglich, sog. Unkündbarkeitsklauseln mit dem Inhalt, die ordentliche arbeitgeberseitige Kündigung auszuschließen, als Instrument zur Vermeidung von Personalabbau wirksam zu verwenden[844]. Daher wäre die zweite Auffassung arbeitsmarktpolitisch kontraproduktiv.

Für die erste Ansicht, also die Ausklammerung der sog. unkündbaren Arbeitnehmer, sprechen auch eine Reihe weiterer Argumente. Zwar ist der Gegenansicht zuzugeben, dass eine entsprechende Unkündbarkeitsklausel mittelbar das Kündigungsrisiko der übrigen Arbeitnehmer durch die Eingrenzung des auswahlrelevanten Arbeitnehmerkreises erhöht, diese mittelbare Beeinflussung der Sozialauswahl ist jedoch zulässig[845].

Denn auch im Übrigen wird die Sozialauswahl durch arbeitsvertragliche Vereinbarungen zwischen Arbeitgeber und Arbeitnehmer beeinflusst[846]. So ist, wie bereits festgestellt, die Vergleichbarkeit von Arbeitnehmern und damit die Festlegung des für die Sozialauswahl auswahlrelevanten Personenkreises, auf die rechtliche Einsetzbarkeit, also das Direktionsrecht beschränkt, welches sich wiederum nach der Vereinbarung im Arbeitsvertrag richtet[847]. Ist das Direktionsrecht im Arbeitsvertrag entsprechend eng festgelegt worden, so ist die Vergleichbarkeit und damit die Sozialauswahl auch nur in diesem engen Rahmen durchzuführen[848]. Eine weitere Beschränkung der Sozialauswahl und eine mittelbare Erhöhung des Kündigungsrisikos der übrigen Arbeitnehmer durch eine vertragliche Vereinbarung ergibt sich dadurch, dass nach ständiger Rechtsprechung des BAG die Sozialauswahl auf die gleiche Betriebshierarchie beschränkt ist[849]. Die Einordnung eines Arbeitnehmers innerhalb der Hierarchie ergibt sich

---

842 *Künzel/Fink,* NZA 2011, S. 1385, 1387; LAG Berlin-Brandenburg, Urteil vom 29. 10.1998-3 Sa 229/98-NZA-RR 1999, S. 360.

843 Stahlhacke/Preis/Vossen-*Preis,* Rn. 1065.

844 Stahlhacke/Preis/Vossen-*Preis,* Rn. 1065.

845 *Künzel/Fink,* NZA 2011, S. 1385, 1387.

846 *Künzel/Fink,* NZA 2011, S. 1385, 1387.

847 *Künzel/Fink,* NZA 2011, S. 1385, 1387.

848 *Künzel/Fink,* NZA 2011, S. 1385, 1387; BAG Urteil vom 24.5.2005-8 AZR 333/04-NZA 2006, S. 31.

849 BAG Urteil vom 6.7.2006-2 AZR 442/05, AP KSchG 1969 § 1 Soziale Auswahl Nr. 82.

ebenfalls wieder aus einer vertraglichen Vereinbarung. In beiden Fällen wird die Sozialauswahl mittelbar durch vertragliche Vereinbarungen beschränkt, was allgemein als zulässig eingestuft wird. Es ist daher nicht ersichtlich, warum bei einer Unkündbarkeitsklausel, die ebenfalls die Sozialauswahl und damit die übrigen kündbaren Arbeitnehmer nur mittelbar betrifft, etwas anderes gelten soll[850].

Jedoch sind auch einige Argumente der Gegenansicht nicht von der Hand zu weisen. So ist es mit einer entsprechenden Klausel durchaus denkbar, dass die Wertung des § 1 III KSchG in einigen Fallgestaltungen auf „den Kopf gestellt wird“[851]. In dem Beispiel des Bundesarbeitsgerichts würde eine schlichte Anwendung der h.M. dazu führen, dass ein 53 Jahre alter Arbeitnehmer mit einer dreijährigen Betriebszugehörigkeit und ohne Unterhaltsverpflichtungen mit einer entsprechenden Klausel aus der Sozialauswahl herauszunehmen ist, während ein sozial schutzwürdigerer Arbeitnehmer, der beispielsweise 52 Jahre alt ist, mehrere Unterhaltsverpflichtungen hat und über 30 Jahre im Betrieb ist, in die Sozialauswahl einzubeziehen ist und somit das Kündigungsrisiko für die konkrete unternehmerische Entscheidung trägt[852]. Dieses Ergebnis würde dem Zweck des § 1 III KSchG, der wie dargestellt, darin besteht, den sozial schutzwürdigeren Arbeitnehmer vor der Kündigung zu schützen, zuwiderlaufen.

Die auch von der h.M. anerkannte niedrigere Schwelle der Rechtsmissbräuchlichkeit der Vereinbarung, bei deren Vorliegen der unkündbare Arbeitnehmer bei sonstiger Austauschbarkeit in die Sozialauswahl einzubeziehen ist, reicht hier nicht aus, um ein solches Ergebnis zu korrigieren. Das BAG, im Einklang mit einem Teil der Literatur, deutet für solche „Extremfälle“ zu Recht an, die tarifvertraglichen Unkündbarkeitsklauseln verfassungskonform (Art 12 I GG, Art 3 I GG und Art 9 III GG) einzuschränken[853]. Die Schwelle der Zulässigkeit solcher Unkündbarkeitsvereinbarungen soll nach Ansicht der Rechtsprechung dann überschritten sein, wenn durch die Einschränkung des auswahlrelevanten Arbeitnehmerkreises aufgrund der Vereinbarung die Sozialauswahl grob fehlerhaft werden würde[854].

---

850 *Künzel/Fink,* NZA 2011, S. 1385, 1387.

851 BAG Urteil vom 05.06.2008-2 AZR 907/06- AP KSchG § 1 Betriebsbedingte Kündigung Nr. 179.

852 Beispiel aus: BAG Urteil vom 05.06.2008-2 AZR 907/06- AP KSchG § 1 Betriebsbedingte Kündigung Nr. 179.

853 BAG Urteil vom 05.06.2008-2 AZR 907/06- AP KSchG § 1 Betriebsbedingte Kündigung Nr. 179.

854 BAG Urteil vom 5.6.2008-2 AZR 907/06-AP KSchG 1969 § 1 Betriebsbedingte Kündigung, Nr. 179.

Daher ist mit der h.M. und der Einschränkung gemäß der neueren BAG-Rechtsprechung davon auszugehen, dass Arbeitnehmer mit einem vereinbarten Sonderkündigungsschutz grundsätzlich, außer, wie das BAG ausgeführt hat, in Extremfällen und in Umgehungssituationen, bei welchen entsprechende Vereinbarungen rechtsmissbräuchlich sind, nicht mit Arbeitnehmern ohne eine entsprechende tarifvertragliche oder einzelvertragliche Klausel zu vergleichen sind. Entsprechende Kündigungsklauseln sind daher grundsätzlich wirksam. Daher sind Arbeitnehmer mit einem entsprechenden vereinbarten Kündigungsschutz grundsätzlich nicht mit Arbeitnehmern ohne eine entsprechende Kündigungsklausel zu vergleichen.

d) Vergleichbarkeit von in Vollzeit und in Teilzeit beschäftigten Arbeitnehmern

Eine weitere Problematik hinsichtlich der Vergleichbarkeit von Arbeitnehmern im Rahmen der Sozialauswahl ergibt sich bei der Frage, ob in Vollzeit und in Teilzeit beschäftigte Arbeitnehmer miteinander vergleichbar sind, wenn diese im Übrigen nach den hier dargestellten Kriterien (arbeitsplatzbezogene und arbeitsvertragliche Austauschbarkeit) austauschbar sind und demzufolge in die Sozialauswahl einzubeziehen wären. Die Problematik stellt sich bei der Sozialauswahl, wenn ein in Vollzeit beschäftigter Arbeitnehmer entlassen wird und nach den oben genannten Kriterien ein vergleichbarer Teilzeitbeschäftigter vorhanden ist oder umgekehrt. Die Frage, wie Arbeitnehmer mit unterschiedlichen Arbeitszeiten und im Übrigen bestehender Austauschbarkeit hinsichtlich der Vergleichbarkeit für die Sozialauswahl behandelt werden, ist seit langer Zeit aufgrund verschiedener Problematiken in diesem Zusammenhang umstritten[855]. Durch die arbeitsvertragliche Anreicherung des Substituierbarkeitserfordernisses, also der Frage der Austauschbarkeit bzw. Vergleichbarkeit von Arbeitnehmern, kommt der Arbeitzeit der zu vergleichenden Arbeitnehmer eine besondere Bedeutung zu[856].

Die Frage, ob Arbeitnehmer mit unterschiedlichem Arbeitszeitvolumen im Einzelnen in die Sozialauswahl einzubeziehen sind, also im hier dargestellten Sinne als vergleichbar im Sinne der Sozialauswahl angesehen werden können, hängt im Wesentlichen von der betrieblichen Organisation des Arbeitgebers ab, so dass auch das Bundesarbeitsgericht zu Recht hinsichtlich der Vergleichbarkeit

855 *Bütefisch*, Die Sozialauswahl, S. 160.

856 *Oetker*, in: FS für Wiese, S. 333, 338.

differenziert[857]. Im Wesentlichen sind für diese Fallgruppen zwei unterschiedlich Fallalternativen zu unterscheiden: Zum einen Fälle, in denen eine Organisationsentscheidung des Arbeitgebers hinsichtlich des Arbeitszeitvolumens vorliegt, und zum anderen Fälle, in denen ein solches arbeitgeberseitiges Organisationskonzept nicht vorliegt.

Hat der Arbeitgeber im Zusammenhang mit der Kündigung mit der sog. „freien Unternehmerentscheidung[858]" festgelegt, dass bestimmte Tätigkeiten nur durch Vollzeitkräfte ausgeübt werden sollen, so ist dies bindend[859]. Die entsprechende unternehmerische Entscheidung kann lediglich auf Willkür hin überprüft werden[860]. Aus diesem organisatorischen Konzept des Arbeitgebers muss hervorgehen, wie viele Arbeitnehmer in Vollzeit und Teilzeit der Arbeitgeber benötigt[861].

Liegt eine entsprechende Organisationsentscheidung des Arbeitgebers hinsichtlich der Arbeitsorganisation vor, dass in einem Bereich nur Teilzeitkräfte tätig sein sollen, sind bei der Kündigung eines dieser teilzeitbeschäftigten Arbeitnehmers die Vollzeitkräfte nicht in die Sozialauswahl einzubeziehen, da diese nicht im hier dargestellten Sinne für § 1 III KSchG vergleichbar sind und die Organisationsentscheidung des Arbeitgebers der Vergleichbarkeit entgegensteht[862]. Dies ergibt sich daraus, dass andernfalls der sozial schutzwürdigere Arbeitnehmer trotz arbeitsplatzbezogener Vergleichbarkeit erst mit der Änderung seines Arbeitsvertrages, in Form einer Änderungskündigung oder eines Änderungsvertrages zur Reduzierung des Arbeitszeitvolumens, auf dem fortbestehenden Arbeitsplatz eingesetzt werden könnte[863]. Diese Zustimmungsbedürftigkeit zur Anpassung des Arbeitszeitsvolumens steht einer Vergleichbarkeit des ansonsten arbeitsplatzbezogenen austauschbaren Vollzeitbeschäftigten mit dem in Teilzeit beschäftigten Arbeitnehmer entgegen[864]. Ansonsten wäre der Arbeitgeber über die Sozialauswahl gezwungen, einen Vollzeitarbeitsplatz in Teilzeitarbeitsplätze

---

857 BAG Urteil vom 3.12.1998-2 AZR 341/98-AP KSchG 1969 § 1 Nr. 39 Soziale Auswahl; *Bröhl*, BB 2006, S. 1050, 1052.

858 BAG Urteil vom 3.12.1998-2 AZR 341/93-AP KSchG 1969 § 1 Soziale Auswahl Nr. 39.

859 BAG Urteil vom 3.12.1998-2 AZR 341/93-AP KSchG 1969 § 1 Soziale Auswahl Nr. 39.

860 Ascheid/Preis/Schmidt-*Kiel*, § 1 KSchG Rn. 691.

861 Ascheid/Preis/Schmidt-*Kiel*, § 1 KSchG Rn. 691.

862 BAG Urteil vom 3.12.1998-2 AZR341/93-AP KSchG 1969 § 1 Soziale Auswahl Nr. 39; BAG Urteil vom 15.7.2004-2 AZR 376/03-AP KSchG 1969 § 1 Soziale Auswahl, Nr. 68.

863 *Oetker*, in: FS für Wiese, S. 333, 348.

864 *Oetker*, in: FS für Wiese, S. 333, 348.

aufzuspalten, was mit der grundrechtlich geschützten freien unternehmerischen Entscheidung unvereinbar wäre, da zu dieser auch die Personalentscheidung gehört, mit welchen Arbeitnehmern er die Arbeit erledigen möchte[865]. Dies würde zu einer Änderung der Arbeitsbedingungen im Arbeitsverhältnis durch die Sozialauswahl führen, die dem Zweck des § 1 KSchG zuwider laufen würde[866]. Dies wäre aber der Fall, wenn der Arbeitnehmer in Teilzeit bei einer bestehenden Vergleichbarkeit zu einem vollzeitbeschäftigten Arbeitnehmer den Vollzeitarbeitsplatz, der nicht entfällt, fortführen würde[867]. § 1 III KSchG verfolgt vielmehr den Zweck, die Betriebszugehörigkeit und den Arbeitsplatz des Arbeitnehmers in den Grenzen des Vertretbaren zu sichern und greift hierzu in die unternehmerische Freiheit ein, um einen Ausgleich zwischen den Interessen von Arbeitnehmern und Arbeitgeber herzustellen[868]. Daher ist eine Vergleichbarkeit von vollzeit- und teilzeitbeschäftigten Arbeitnehmern aufgrund des Normzwecks von § 1 III KSchG grundsätzlich abzulehnen. Dieses ergibt sich insbesondere daraus, dass -mit der gleichen Argumentation wie bei der vertikalen Vergleichbarkeit-, der auswahlrelevante Personenkreis nicht von dem Einverständnis eines Arbeitnehmers abhängen soll[869].

Es sind in diesen Fällen daher nur die Arbeitnehmer in die Sozialauswahl einzubeziehen, die arbeitsplatzbezogenen austauschbar sind und deren Arbeitsvertrag auch das gleiche Arbeitszeitvolumen wie der kündigungsbedrohte Teilzeitbeschäftigte Arbeitnehmer vorsieht[870]. Arbeitnehmer in Vollzeit und in Teilzeit sind in diesen Fällen nicht miteinander vergleichbar[871]. Die Organisationsentscheidung des Arbeitgebers hinsichtlich der Vollzeit oder Teilzeitstellen in dem betroffen Betrieb ist schlüssig im Prozess darzulegen und nur auf Willkür hin zu überprüfen[872].

---

865 *Oetker,* in: FS für Wiese, S. 333, 349.

866 BAG Urteil vom 3.12.1998-2 AZR 341/98-AP KSchG 1969 § 1 Soziale Auswahl Nr. 39.

867 BAG Urteil vom 3.12.1998-2 AZR 341/98-AP KSchG 1969 § 1 Soziale Auswahl Nr. 39.

868 BAG Urteil vom 3.12.1998-2 AZR 341/98-AP KSchG 1969 § 1 Soziale Auswahl Nr. 39.

869 von Hoyningen-Huene/Linck-*Krause,* § 1 KSchG Rn. 943; BAG Urteil vom 29.3.1990-2 AZR 369/89-AP KSchG 1969 § 1 Betriebsbedingte Kündigung Nr. 50.

870 *Oetker,* in: FS für Wiese, S. 333, 348.

871 BAG Urteil vom 3.12.1998-2 AZR 341/98-AP KSchG 1969 § 1 Soziale Auswahl Nr. 39.

872 BAG Urteil vom 3.12.1998-2 AZR 341/98-AP KSchG 1969 § 1 Soziale Auswahl Nr. 39.

Aus den gleichen Gründen würde auch eine Vergleichbarkeit im Sinne des § 1 III KSchG von Teilzeitbeschäftigten mit einem Vollzeitbeschäftigten ausscheiden, wenn bei einer entsprechenden organisatorischen Entscheidung des Arbeitgebers ein Vollzeitarbeitsplatz entfällt[873]. Auch in diesen Fällen wäre eine vertragliche Einsetzbarkeit des Teilzeitbeschäftigten auf dem Vollzeitarbeitsplatz wiederum von einer Vertragsänderung abhängig[874]. Fehlt diese, ist der Teilzeitbeschäftigte nicht auf dem wegfallenden Vollzeitarbeitsplatz vertraglich einsetzbar und eine Vergleichbarkeit im Sinne von § 1 III KSchG liegt nicht vor.

Will der Arbeitgeber lediglich insgesamt geleistete Arbeitsstunden abbauen, ohne eine organisatorische Entscheidung im oben dargestellten Sinne getroffen zu haben, sind alle Arbeitnehmer des Beschäftigungsbetriebes in die Sozialauswahl einzubeziehen[875]. In diesen Fällen geht das BAG zu Recht von einer Vergleichbarkeit von vollzeit- und teilzeitbeschäftigten Arbeitnehmern im Sinne des § 1 III KSchG aus, so dass diese dann als miteinander im hier dargestellten Sinne vergleichbar einzustufen sind[876].

Daher sind nach h.M. Arbeitnehmer in Vollzeit und in Teilzeit grundsätzlich, bei einer entsprechenden Unternehmerentscheidung, nicht miteinander im Rahmen der Sozialauswahl vergleichbar. Diese Auslegung des § 1 III KSchG hinsichtlich der Vergleichbarkeit dieser Arbeitnehmergruppen mit unterschiedlichen Arbeitszeitvolumen verstößt nach Meinung des EUGH auch nicht gegen europäischen Recht in Form der Richtlinie 2002/73/ EG (zuvor Gleichbehandlungsrichtlinie 76/207/EWG [877]) und ihr ist daher zu folgen.

11. Zwischenergebnis zum vergleichbaren Arbeitnehmer im Rahmen des § 1 III KSchG

Der Kreis der vergleichbaren Arbeitnehmer beschränkt sich nicht nur auf die unmittelbar kündigungsbedrohten Arbeitnehmer, sondern das Kündigungsrisiko erstreckt sich bei bestehender Vergleichbarkeit auch auf bloß mittelbar betroffene Arbeitnehmer. Hierfür muss jedoch keine wechselseitige Vergleichbarkeit bzw. Austauschbarkeit vorliegen, sondern es reicht aus, wenn der unmittelbar

---

873 *Oetker,* in: FS für Wiese, S. 333, 349.

874 *Oetker,* in: FS für Wiese, S. 333, 349.

875 BAG, Urteil vom 7.12.2006-2 AZR 748/05-AP KSchG 1969 § 1 Soziale Auswahl, Nr. 88; *Bröhl,* BB 2006, S. 1050, 1052.

876 BAG, Urteil vom 7.12.2006-2 AZR 748/05-AP KSchG 1969 § 1 Soziale Auswahl, Nr. 88 zu einem anschaulichen Fallbeispiel mit den Folgen siehe: *Linck,* AR-Blattei, 1020.1.2. S. 24.

877 EuGH v. 26.9.2000-Rs. C-322/98-AP KSchG 1969 § 1 Soziale Auswahl Nr. 51.

kündigungsbedrohte Arbeitnehmer mit dem Arbeitnehmer auf dem fortbestehenden Arbeitsplatz vergleichbar bzw. austauschbar ist. Die Überprüfung der Vergleichbarkeit von Arbeitnehmern erfolgt vor der eigentlichen Durchführung der Sozialauswahl und ist streng betriebsbezogen.

Nach h.M. sind der unmittelbar kündigungsbedrohte Arbeitnehmer und der Arbeitnehmer auf dem fortbestehenden Arbeitsplatz vergleichbar, wenn neben einer arbeitsvertraglichen Austauschbarkeit, also der einseitigen Versetzungsmöglichkeit auf den fortbestehenden Arbeitsplatz, der unmittelbar kündigungsbedrohte Arbeitnehmer mit dem Arbeitnehmer auf dem fortbestehenden Arbeitsplatz auch nach seiner Qualifikation austauschbar ist.

II. Der vergleichbare Arbeitnehmer im Rahmen der Weiterbeschäftigung nach § 1 II 2 KSchG

Ein weiterer Bereich im Kündigungsschutzgesetz, bei welchem die Rechtsfigur des vergleichbaren Arbeitnehmers eine wichtige Funktion zufällt, besteht im Rahmen der Weiterbeschäftigungsobliegenheit des Arbeitgebers nach § 1 II KSchG. Hier ist es insbesondere bei der Konkurrenz um anderweitige Beschäftigungsmöglichkeiten für den Arbeitgeber erforderlich, eine Auswahl zwischen Arbeitnehmern vorzunehmen.

1. *Die Weiterbeschäftigung im Rahmen der Kündigung, insbesondere der Vorrang der Änderungskündigung vor der Beendigungskündigung*

In § 1 II 2 und 3 KSchG enthält das Gesetz Konkretisierungen des Verhältnismäßigkeitsprinzips, welches für alle Kündigungsgründe des § 1 KSchG gelten[878]. Im Unterschied zur Weiterbeschäftigung nach § 1 II KSchG im Rahmen einer betriebsbedingten Kündigung unterscheiden sich die Voraussetzungen für die Weiterbeschäftigung bei der personen- und verhaltensbedingten Kündigung[879]. Im Folgenden wird sich die Darstellung auf die Frage der anderweitigen Beschäftigung im Rahmen der betriebsbedingten Beendigungskündigung beschränken.

Für die betriebsbedingte Kündigung ergibt sich das Erfordernis der anderweitigen Beschäftigung bereits daraus, dass der Arbeitgeber sich nicht auf fehlende Beschäftigungsmöglichkeiten berufen kann, wenn tatsächlich Weiterbeschäftigungsmöglichkeiten im Unternehmen bestehen[880]. Bei der betriebsbedingten

878 *Preis,* Arbeitsrecht, S. 786; BAG Urteil vom 21.4.2005-2 AZR 132/04-AP KSchG 1969 § 2 Nr. 79.

879 *Berkowsky,* Die betriebsbedingte Kündigung, S. 248.

880 *Berkowsky,* Die betriebsbedingte Kündigung, S. 248.

Kündigung ist die Prüfung der anderweitigen Beschäftigung nach § 1 II KSchG strikt von der Auswahl der Weiterbeschäftigung eines Arbeitnehmers aufgrund der Sozialauswahl nach § 1 III KSchG zu trennen[881]. Erst nach Prüfung von § 1 II KSchG erfolgt eine Prüfung von § 1 III KSchG.

Nach anerkannter und ständiger Rechtsprechung des BAG gilt das ultima-ratio Prinzip bei jeder Beendigungskündigung[882]. Im Jahre 1984 stellte das BAG aufgrund dieses Verhältnismäßigkeitsprinzips den bekannten Grundsatz vom „Vorrang der Änderungskündigung vor der Beendigungskündigung" für die ordentliche Beendigungskündigung auf. Nach diesem Grundsatz ist eine Beendigungskündigung dann sozial ungerechtfertigt, wenn der Arbeitgeber sein Ziel auch mit dem milderen Mittel einer Änderungskündigung verfolgen kann, sofern keine Einigung im Wege der Versetzung erzielt werden kann[883]. Aufgrund des eindeutigen Wortlautes des Gesetzes wird methodisch betrachtet durch die Aufstellung dieses Grundsatzes seitens des BAG Rechtsfortbildung betrieben[884], welche in der Literatur zu Recht kritisiert worden ist[885].

Bei der Weiterbeschäftigung handelt es sich um eine Obliegenheit seitens des Arbeitgebers, deren Nichteinhaltung nur zur Unwirksamkeit bzw. Sozialwidrigkeit der Kündigung führt, wenn die Weiterbeschäftigung des Arbeitnehmers zum Zeitpunkt der Kündigung tatsächlich möglich war[886].

Nach der gesetzlichen Regelung des § 1 II 2, 3 KSchG ist eine Kündigung auch sozial ungerechtfertigt, wenn eine Weiterbeschäftigungsmöglichkeit für die betroffenen Arbeitnehmer besteht und der Betriebsrat bzw. im öffentlichen Dienst der Personalrat der Kündigung widersprochen hat[887]. Aufgrund des Sinn und Zwecks der Norm ist es jedoch allgemein anerkannt, dass auch wenn ein Betriebsrat nicht besteht oder ein bestehender nicht widersprochen hat, die Weiterbeschäftigungsmöglichkeiten nach § 1 II 2 KSchG seitens des Arbeitgebers zu

---

881 *Berkowsky,* Die betriebsbedingte Kündigung, S. 248.

882 BAG Urteil vom 30.5.1978-2 AZR 630/76-AP BGB § 626 Nr. 70; *von Steinau-Steinrück,* NJW-Spezial 2007, S. 273.

883 *Berkowsky,* Die betriebsbedingte Kündigung, S. 257.

884 *Wank,* RdA 2012, S. 139, 141; Stahlhacke/Preis/Vossen-*Preis,* Rn. 994.

885 Z.B. *Wank,* RdA 1987, S. 129, 139 ff.

886 Ascheid/Preis/Schmidt-*Kiel,* § 1 KSchG Rn. 584.

887 ErfK-*Oetker,* § 1 KSchG Rn. 245.

berücksichtigen sind[888]. Ansonsten hätte sich die Stellung des Arbeitnehmers gegenüber Arbeitnehmer in Betrieben mit Betriebsrat wesentlich verschlechtert[889].

Die Weiterbeschäftigungsmöglichkeit des Arbeitnehmers ist nach überzeugender absolut h.M. stets in Bezug auf das ganze Unternehmen hin zu prüfen[890]. Der Bezugspunkt für die Weiterbeschäftigung nach § 1 II KSchG ist daher grundsätzlich der jeweilige Arbeitgeber bzw. das Unternehmen[891]. Nur in Ausnahmefällen ist eine konzernweite Weiterbeschäftigung zu überprüfen[892]. Dies ergibt sich daraus, dass andere Unternehmen im Konzern nicht Arbeitgeber des jeweiligen Arbeitnehmers sind[893].

Daher muss der Arbeitgeber nach dem Prinzip der Verhältnismäßigkeit vor jeder ordentlichen Beendigungskündigung dem Arbeitnehmer eine für beide Parteien zumutbare Weiterbeschäftigung auf einem freien vergleichbaren Arbeitsplatz im Unternehmen zuweisen, der seinem Leistungsprofil entspricht oder einen freien Arbeitsplatz zu geänderten bzw. schlechteren Bedingungen[894]. Die Weiterbeschäftigungsobliegenheit des Arbeitgebers nach § 1 II KSchG umfasst nur freie vergleichbare Arbeitsplätze[895].

Als frei in diesem Sinne gelten Arbeitsplätze, die zum Zeitpunkt des Zugangs der Kündigung unbesetzt sind[896]. Frei in diesem Sinne sind auch solche Arbeitsplätze, die in absehbarer Zeit, nach Ablauf der Kündigungsfrist, frei werden, wenn das Abwarten dieser Frist dem Arbeitgeber zuzumuten ist[897]. Eine Verpflichtung zur Freikündigung von Arbeitsplätzen im Rahmen der Weiterbeschäftigung nach § 1 II KSchG besteht nicht[898]. Auch ist der Arbeitgeber nicht

---

888 ErfK-*Oetker*, § 1 KSchG Rn. 248; *Wank* spricht sich in diesen Fällen für eine analoge Anwendung des § 1 II S. 2, 3 KSchG aus *Wank*, RdA 1987, S. 129, 137 f.

889 So auch schon BAG Urteil vom 13.9.1973-2 AZR 601/72-AP KSchG 1969 § 1 Nr. 2.

890 Z.B. KR-*Griebeling*, § 1 KSchG Rn. 218; *Berkowsky*, Die betriebsbedingte Kündigung, S. 244.

891 *Lange*, BB 2007, S. 1953.

892 BAG Urteil vom 14.10.1982-2 AZR 568/80-AP KSchG 1969 § 1 Konzern Nr. 1, zu den Voraussetzungen einer konzernweiten Weiterbeschäftigung siehe ErfK- *Oetker*, KSchG § 1 Rn. 379; im Einzelnen siehe *Berkoswky*, Die betriebsbedingte Kündigung, S. 246 f.

893 *Berkowsky*, Die betriebsbedingte Kündigung, S. 246.

894 Schaub, Arbeitsrechtshandbuch-*Link*, § 134 Rn. 20.

895 BAG Urteil vom 05.06.2008-2 AZR 107/07-AP KSchG 1969 § 1 Betriebsbedingte Kündigung Nr. 178.

896 KR-*Griebeling*, KSchG § 1 Rn. 219.

897 Schaub, Arbeitsrechtshandbuch-*Link*, § 134 Rn. 22.

898 *Horcher*, NZA-RR 2006, S. 393, 394.

verpflichtet, aufgrund der Weiterbeschäftigungsobliegenheit einen völlig neuen Arbeitsplatz zu schaffen[899].

Diese Grundsätze vom Vorrang der Änderungskündigung vor der Beendigungskündigung hat das BAG in jüngster Vergangenheit durch zwei Urteile bestätigt, gleichzeitig wurden jedoch Einzelheiten zur vom Arbeitgeber geforderten Änderungskündigung und damit für die Obliegenheit zur Weiterbeschäftigung erheblich verändert[900].

Durch diese Änderung in der Rechtsprechung werden dem Arbeitgeber für die Änderungskündigung im Rahmen der Weiterbeschäftigung nach § 1 II KSchG für eine Beendigungskündigung erhebliche Obliegenheiten zugemutet[901]. Der Arbeitgeber muss nach nun aktueller Rechtslage vor jeder Beendigungskündigung von sich aus dem Arbeitnehmer eine für beide Parteien des Arbeitsverhältnisses objektiv mögliche und zumutbare Beschäftigung auf einem freien Arbeitsplatz ggf. auch zu geänderten und schlechteren Arbeitsbedingungen anbieten[902]. Problematisch und für den Arbeitgeber in der Praxis schwierig ist die Ansicht des BAG, wonach die Frage der Zumutbarkeit einer Weiterbeschäftigung nun grundsätzlich der Arbeitnehmer zu entscheiden habe[903]. Im Gegensatz zur Rechtsprechung aus dem Jahre 1984 kommt es auf die Zumutbarkeit für Arbeitnehmer und Arbeitgeber nicht mehr an[904].

In Abkehr von der alten Rechtsprechung muss das Änderungsangebot seitens des Arbeitgebers nun nicht mehr vor Ausspruch einer Kündigung übergeben werden, sondern es kann im Rahmen einer Änderungskündigung erfolgen[905]. Faktisch ist nun der Arbeitgeber aufgrund der Obliegenheiten, die ihm durch die Rechtsprechung des BAG auferlegt werden, gezwungen, vor jeder Beendigungskündigung eine Änderungskündigung zu erklären[906]. Eine Änderungskündigung

---

899 KR-*Griebeling*, KSchG § 1 Rn. 221.

900 BAG Urteil vom 21.4.2005-2 AZR 132/04-AP KSchG 1969 § 2 Nr. 79; BAG Urteil vom 21.9.2006-2 AZR 607/05-AP KSchG § 2 Nr. 130.

901 Anm. *Wank* zu BAG Urteil vom 21.4.2005-2 AZR 132/04-AP KSchG 1969 § 2 Nr. 79; siehe zur Änderung der Rechtsprechung ausführlich insbesondere *Jüttner*, Der Vorrang der Änderungskündigung vor der Beendigungskündigung, S. 66 ff.

902 BAG Urteil vom 21.4.2005-2 AZR 132/04-AP KSchG 1969 § 2 Nr. 79.

903 BAG Urteil vom 21.9.2006-2 AZR 607/05-AP KSchG 1969 § 2 Nr. 130.

904 Anm. *Wank*, zu BAG Urteil vom 21.4.2005-2 AZR 132/04-AP KSchG 1969 2 Nr. 79.

905 KR-*Griebeling*, KSchG § 1 Rn. 227.

906 Siehe hierzu anschaulich KR-*Griebeling*, KSchG § 1 Rn. 227.

kann nur unterbleiben, wenn der Arbeitnehmer unmissverständlich erklärt hat, auch zu geänderten Arbeitsbedingungen nicht weiterarbeiten zu wollen[907].

Auch diese Rechtsprechungsänderung wird vom BAG aus dem Verhältnismäßigkeitsprinzip abgeleitet[908]. Dies wird von *Wank* zu Recht kritisiert, da es für die Aufstellung von Pflichten und Obliegenheiten, wie es das BAG in seiner Rechtsprechung zum „Vorrang der Änderungskündigung vor der Beendigungskündigung" tut, allein aus einem Rechtsprinzip des überzeugenden Nachweises einer Gesetzeslücke bedarf[909]. Gleichzeitig weist *Wank* darauf hin, dass durch die Rechtsprechung ein Zwang des Arbeitgebers zur Änderungskündigung im Rahmen der Weiterbeschäftigung aufgestellt wird, der über das Gesetz hinausgeht[910]. *Berkowsky* spricht in diesem Zusammenhang mit der anderweitigen Beschäftigung sogar von einem „quasi gesetzlichen Kontrahierungszwang" zulasten des jeweiligen Arbeitgebers[911].

Die Rechtsprechung des BAG führt dazu, dass dem Arbeitgeber faktisch die Obliegenheit auferlegt wird, sämtliche freien Stellen im Unternehmen im Wege der Änderungskündigung anzubieten[912]. Lediglich sog. Extremfälle brauchen nach BAG seitens des Arbeitgebers nicht dem Arbeitnehmer offeriert zu werden[913]. Jedoch ist es auch beachtlich, wann das BAG von einem solchen Extremfall ausgeht. Allein die Tatsache, dass sich eine Stelle auf einer niedrigeren Hierarchieebene befindet, führt noch nicht dazu, sie als Extremfall im Sinne der BAG- Rechtsprechung zu bewerten[914]. Auch diese Stellen sind dem betroffenen

907 KR-*Griebeling*, KSchG § 1 Rn. 227.

908 Anm. *Wank* zu BAG Urteil vom 21.4.2005-2 AZR 132/04-AP KSchG 1969 § 2 Nr. 79.

909 Anm. *Wank* zu BAG Urteil vom 21.4.2005-2 AZR 132/04-AP KSchG 1969 § 2 Nr. 79; *ders.* RdA 1987, S. 129, 137.

910 Anm. *Wank* zu BAG Urteil vom 21.4.2005-2 AZR 132/04-AP KSchG 1969 § 2 Nr. 79.

911 *Berkowsky*, Die betriebsbedingte Kündigung, S. 245.

912 Daher zu Recht kritisch: Anm. *Wank* zu BAG Urteil vom 21.4.2005-2 AZR 132/04-AP KSchG 1969 § 2 Nr. 79. Zur Frage der anzubietenden Stellen im Rahmen der Weiterbeschäftigung und dem Vorrang der Änderungskündigung vor der Beendigungskündigung, *Jüttner*, Der Vorrang der Änderungskündigung vor der Beendigungskündigung, S. 88 ff.

913 BAG Urteil vom 21.4.2005-2 AZR 132/04-AP KSchG 1969 § 2 Nr. 79.

914 BAG Urteil vom 21.9.2006-2 AZR 607/05-AP KSchG 1969 § 2 Nr. 130; BAG Urteil vom 5.6.2008-2 AZR 107/07-AP KSchG 1969 § 1 Betriebsbedingte Kündigung Nr. 178, hierzu zu Recht kritisch, Anm. *Wank* zu BAG Urteil vom 21.4.2005-2 AZR 132/04-AP KSchG 1969 § 2 Nr. 79.

Arbeitnehmer anzubieten, solange er über die entsprechende Qualifikation für diese Stelle verfügt[915]. Dies führt letztlich dazu, dass eine „faktisch grenzenlose[916]" Anzahl von Arbeitsplätzen im Wege der Änderungskündigung dem Arbeitnehmer zu offerieren ist, was für die Praxis schlicht unpraktikabel ist[917].

Vor Ausspruch einer betriebsbedingten Beendigungskündigung trifft den Arbeitgeber daher nach Ansicht des BAG die Obliegenheit, dem Arbeitnehmer eine bestehende Möglichkeit zur Weiterbeschäftigung auf einem freien Arbeitsplatz zu den bisherigen oder geänderten bzw. schlechteren Arbeitsbedingungen anzubieten, sofern der Arbeitnehmer grundsätzlich für diese geeignet ist[918]. Kommt er dieser Obliegenheit gegenüber dem Arbeitnehmer nicht nach, ist die Beendigungskündigung nicht durch dringende betriebliche Erfordernisse bedingt[919]. Diese Obliegenheit gilt nicht nur bei der betriebsbedingten Beendigungskündigung, sondern auch bei der verhaltens- und personenbedingten ordentlichen Beendigungskündigung[920].

Eine ordentliche Beendigungskündigung ist folglich nach dem Verhältnismäßigkeitsprinzip und dem daraus abgeleiteten Vorrang der Änderungskündigung vor der Beendigungskündigung sozialwidrig, wenn die Möglichkeit zur Weiterbeschäftigung des Arbeitnehmers auf einem anderen freien Arbeitsplatz[921] im Unternehmen oder innerhalb des Beschäftigungsbetriebes ggf. auch zu wesentlich schlechteren Bedingungen besteht[922]. Dies gilt natürlich nur, soweit überhaupt eine Beschäftigungsmöglichkeit ggf. zu geänderten Vertragsbedingungen im Unternehmen besteht[923]. Aufgrund des Grundsatzes der Erforderlichkeit gilt für das Anbieten der freien Stellen seitens des Arbeitgebers eine „Abstufung der personellen Maßnahmen"[924]. Ist der Arbeitgeber aufgrund des Arbeitsvertrages

---

915 BAG Urteil vom 21.9.2006-2 AZR 607/05-AP KSchG 1969 § 2 Nr. 130; BAG Urteil vom 5.6.2008-2 AZR 107/07-AP KSchG 1969 § 1 Betriebsbedingte Kündigung Nr. 178.

916 *Bauer/Winzer,* BB 2006, S. 266 ff.

917 Anm. *Wank* zu BAG Urteil vom 21.4.2005-2 AZR 132/04-AP KSchG 1969 § 2 Nr. 79.

918 *Lange,* BB 2007, S. 1953.

919 *Lange,* BB 2007, S. 1953.

920 Stahlhacke/Preis/Vossen-*Preis,* Rn. 992.

921 Zur Frage, wann ein Arbeitsplatz als frei anzusehen ist, siehe z.B. *Jüttner,* Vorrang der Änderungskündigung vor der Beendigungskündigung, S. 48 ff.

922 Stahlhacke/Preis/Vossen-*Preis,* Rn. 988; BAG Urteil vom 5.6.2008-2 AZR 107/07-AP KSchG 1969 § 1 Betriebsbedingte Kündigung Nr. 178.

923 Stahlhacke/Preis/Vossen-*Preis,* Rn. 996.

924 Stahlhacke/Preis/Vossen-*Preis,* Rn. 993.

in der Lage, den Arbeitnehmer auf einen freien Arbeitsplatz durch Ausübung des Direktionsrechts umzusetzen (Umsetzung[925]), ist eine Änderungskündigung mangels Erforderlichkeit nicht zulässig[926]. Ist eine Umsetzung kraft Direktionsrechts nicht möglich, bleibt dem Arbeitgeber nur die Versetzung in Form der Änderungskündigung, um seiner Obliegenheit nach § 1 II KSchG nachzukommen[927]. Daher ist das Direktionsrecht vor der Änderungskündigung auszuüben und die Änderungskündigung ist vor der Beendigungskündigung anzuwenden.

2. Die „echte Änderungskündigung" und die „unechte Änderungskündigung"

An dieser Stelle ist es sinnvoll, die von der Rechtsprechung aufgrund des „Vorrangs der Änderungskündigung vor der Beendigungskündigung" geforderte Änderungskündigung im Rahmen des Weiterbeschäftigungsanspruchs von der Änderungskündigung nach § 2 KSchG zu unterscheiden und diese auch begrifflich voneinander zu trennen. Dies ergibt sich daraus, dass die von der Rechtsprechung im Rahmen des § 1 II KSchG geforderte Änderungskündigung nichts mit der Kündigung nach § 2 KSchG zutun hat[928]. Bei der Änderungskündigung, bei der der Arbeitgeber nur seiner Obliegenheit nach dem Vorrang der Änderungskündigung vor der Beendigungskündigung nach § 1 II KSchG nachkommt, steht fest, dass eine Beendigungskündigung zulässig wäre[929]. Der Arbeitgeber, der die Beendigung des Arbeitsverhältnisses möchte, wird gezwungen, eine Änderungskündigung auszusprechen und kommt von daher nur der von der Rechtsprechung aufgestellten Obliegenheit nach[930]. Dies ist nach *Wank* die „uneigentliche Änderungskündigung", bei der das vorhandene Institut der Änderungskündigung einen völlig neuen Inhalt bekommt[931]. Im Gegensatz dazu steht die „echte Änderungskündigung" nach § 2 KSchG, bei welcher der Arbeitgeber derjenige ist, der eine Vertragsänderung herbeiführen möchte.[932] In der Literatur werden

---

925 *Wank*, RdA 2012, S. 139, 140.

926 Stahlhacke/Preis/Vossen-*Preis*, Rn. 993.

927 Stahlhacke/Preis/Vossen-*Preis*, Rn. 993.

928 *Wank*, RdA 1987, S. 129, 141 f.

929 Anm. *Wank* zu BAG Urteil vom 21.4.2005-2 AZR 132/04-AP KSchG 1969 § 2 Nr. 79.

930 Anm. *Wank* zu BAG Urteil vom 21.4.2005-2 AZR 132/04-AP KSchG 1969 § 2 Nr. 79.

931 Anm. *Wank* zu BAG Urteil vom 21.4.2005-2 AZR 132/04-AP KSchG 1969 § 2 Nr. 79.

932 Anm. *Wank* zu BAG Urteil vom 21.4.2005-2 AZR 132/04-AP KSchG 1969 § 2 Nr. 79.

noch weitere Begrifflichkeiten zur Unterscheidung vorgeschlagen. So verwenden z.B. *Wallner* und *Berkowsky* die Begriffe der „offensiven" und der „defensiven Änderungskündigung"[933]. Die „offensive Änderungskündigung entspricht hierbei der Änderungskündigung nach § 2 KSchG und mit der „defensiven Änderungskündigung" wird die Änderungskündigung nach § 1 II S. 2 und 3 KSchG bezeichnet, mit welcher der Arbeitgeber seine Obliegenheit erfüllt[934]. Vorzugswürdig ist jedoch die Verwendung der Begriffe „uneigentliche[935]"- und „echte Änderungskündigung[936]", da sich hier die Differenzierung zwischen beiden „Instituten" deutlicher hervorhebt. Im Folgenden wird daher diese Begrifflichkeit zu Grunde gelegt. Wie noch zu zeigen sein wird, wird in der Rechtsprechung und in Teilen der Literatur die uneigentliche Änderungskündigung mit der eigentlichen Änderungskündigung häufig gleichgestellt[937]. Inwieweit § 2 KSchG auf die uneigentliche Änderungskündigung gerade mit Blick auf die Sozialauswahl und den vergleichbaren Arbeitnehmer Anwendung findet, ist im Folgenden zu erörtern.

3. *Die Konkurrenz um eine anderweitige Beschäftigungsmöglichkeit im Rahmen der uneigentlichen Änderungskündigung*

Im Rahmen der Weiterbeschäftigungsobliegenheit können Situationen auftreten, bei welchen Arbeitnehmer um nicht ausreichend vorhandene Weiterbeschäftigungsmöglichkeiten konkurrieren und der Arbeitgeber zwischen diesen eine Auswahl treffen muss. Hier stellt sich die Frage, nach welchen Kriterien der Arbeitgeber eine solche Auswahl vorzunehmen hat. Eine Auswahl seitens des Arbeitgebers ist dann erforderlich, wenn sich im Rahmen eines betriebsbedingten Wegfalls von Arbeitsplätzen mehr Arbeitnehmer zur gleichen Zeit nach § 1 II 2 und 3 KSchG auf eine Weiterbeschäftigung auf einem freien Arbeitsplatz berufen können, als solche im Unternehmen vorhanden sind[938].

Primär kommt das Gebot der Sozialauswahl nach § 1 III KSchG zur Anwendung, wenn der Arbeitgeber eine Auswahlentscheidung zwischen dem unmittelbar kündigungsbedrohten Arbeitnehmer und einem mit diesem vergleichbaren Arbeitnehmer, dessen Arbeitsplatz unverändert weiter besteht, zu treffen hat,

---

933 *Berkowsky*, Die betriebsbedingte Kündigung § 11 Rn. 106 ff.

934 *Berkowsky*, NZA 1999, S. 293, 294.

935 Anm. *Wank* zu BAG Urteil vom 21.4.2005-2 AZR 132/04-AP KSchG 1969 § 2 Nr. 79.

936 Anm. *Wank* zu BAG Urteil vom 21.4.2005-2 AZR 132/04-AP KSchG 1969 § 2 Nr. 79.

937 Stahlhacke/Preis/Vossen-*Preis*, Rn. 993.

938 *Schmitt*, Sozialauswahl bei der Konkurrenz um anderweitige Beschäftigung, S. 47.

welcher von beiden weiterbeschäftigt und wem zu kündigen ist[939]. Aber auch in der Situation des § 1 II KSchG muss der Arbeitgeber entscheiden, welcher Arbeitnehmer weiterbeschäftigt wird und welcher eventuell nach einer für ihn negativen Sozialauswahl betriebsbedingt zu entlassen ist[940]. Eine solche Auswahlentscheidung im Rahmen der Weiterbeschäftigung muss der Arbeitgeber bei der sog. Konkurrenz um anderweitige Beschäftigung treffen. Diese Konkurrenzsituation ergibt sich, wie bereits dargestellt, wenn in demselben oder einem anderen Betrieb des Unternehmens freie Arbeitsplätze zur Verfügung stehen, diese jedoch nicht ausreichen, um alle Arbeitnehmer weiterzubeschäftigen, deren Arbeitsplätze weggefallen sind und die damit unmittelbar kündigungsbedroht sind[941]. Somit kann nur ein Teil der Arbeitnehmer weiterbeschäftigt werden, welche nach einer Auswahl des Arbeitgebers zu bestimmen sind.

Es wird zwischen verschiedenen Konkurrenzsituationen unterschieden[942]. Zum einen sind dies Fälle, in denen in einem Betrieb mehrere Arbeitsplätze wegfallen und in dem gleichen Betrieb für einige, aber nicht für alle Weiterbeschäftigungsmöglichkeiten bestehen. Eine weitere Konkurrenzsituation besteht, wenn in einem Betrieb Arbeitsplätze wegfallen und in einem anderen Betrieb für einige, aber nicht für alle Arbeitnehmer eine Weiterbeschäftigungsmöglichkeit besteht. Schließlich kann sich noch der Fall ergeben, dass in mehreren Betrieben des Unternehmens Arbeitsplätze entfallen und die Arbeitnehmer aus den unterschiedlichen Betrieben des Unternehmens um eine nicht ausreichende Anzahl an Weiterbeschäftigungsmöglichkeiten konkurrieren. Die Frage, wie der Arbeitgeber eine entsprechende Auswahl vorzunehmen hat und insbesondere nach welchen Kriterien diese erfolgen sollte, wird nachfolgend nach den einzelnen Konkurrenzsituationen getrennt behandelt. § 1 II KSchG enthält keine Regelungen darüber, anhand welcher Kriterien eine solche Auswahl seitens des Arbeitgebers vorgenommen werden muss, noch enthält die Norm Aussagen darüber, wie sich der für die Auswahl in Betracht kommende Personenkreis zusammensetzt. Gerade beim Blick auf den vergleichbaren Arbeitnehmer spielt es vor allem eine Rolle, wie sich der für die Auswahl relevante Personenkreis bestimmt. Es stellt sich daher die Frage, ob dem vergleichbaren Arbeitnehmer hier eine ähnlich gewichtige Rolle bei der Festlegung des auswahlrelevanten Personenkreises wie bei der Sozialauswahl im Rahmen des § 1 III KSchG zukommt.

939 *Bütefisch,* Die Sozialauswahl, S. 337.
940 *Bütefisch,* Die Sozialauswahl, S. 337.
941 *Bütefisch,* Die Sozialauswahl, S. 337.
942 Vgl. *Bütefisch,* Die Sozialauswahl, S. 337 ff.

a) Konkurrenzsituationen im Rahmen der anderweitigen Beschäftigung bei der Auswahl für die Weiterbeschäftigung auf einem freien Arbeitsplatz

Aufgrund der großen Reichweite des Weiterbeschäftigungsanspruchs nach § 1 II KSchG kann es, wie bereits ausgeführt, zu verschiedenen Konkurrenzsituationen kommen[943]. Für eine anderweitige Beschäftigung kommen nur solche unmittelbar kündigungsbedrohte Arbeitnehmer in Betracht, die sofort oder nach Qualifizierungsmaßnahmen im Sinne des § 1 II 3 KSchG für den freien Arbeitsplatz geeignet sind[944].

Fraglich ist dann, welche Auswahlkriterien für die Konkurrenz um anderweitige Beschäftigung zu Grunde zu legen sind. Hierbei sind die drei bereits aufgezeigten Konkurrenzsituationen im Rahmen der Konkurrenz um Weiterbeschäftigungsmöglichkeiten zu unterscheiden.

aa) Wegfall von Arbeitsplätzen in einem Betrieb und Weiterbeschäftigungsmöglichkeiten in dem gleichen Betrieb oder anderen Betrieben im gleichen Unternehmen

Die erste Konkurrenzsituation, die auch als betriebsinterne Konkurrenz bezeichnet wird[945], die näher beleuchtet werden soll, ist der Fall, dass in einem Betrieb des Unternehmens Arbeitsplätze wegfallen, jedoch freie Arbeitsplätze für einige, aber nicht alle unmittelbar kündigungsbedrohte Arbeitnehmer im gleichen Betrieb des Unternehmens vorhanden sind[946]. Mit dem Problem der Konkurrenz um anderweitige Beschäftigung im Rahmen des § 1 II KSchG haben sich die Gerichte erst relativ spät befasst[947]. Erst im Jahre 1989 urteilte mit dem LAG Hamm das erste arbeitsrechtliche Berufungsgericht über die Frage der Konkurrenz um anderweitige Beschäftigung und entschied, dass der Arbeitgeber den sozial schutzwürdigsten Arbeitnehmer weiterzubeschäftigen und die Auswahl dieses Arbeitnehmers nach den Grundsätzen der Sozialauswahl zu erfolgen habe[948]. Im Jahre 1994 erging das erste Urteil des BAG zu dieser Problematik[949].

---

943 *Schmitt,* Sozialauswahl bei der Konkurrenz um anderweitige Beschäftigung, S. 47.

944 *Schmitt,* Sozialauswahl bei Konkurrenz um anderweitige Beschäftigung, S. 47.

945 *Schmitt,* Sozialauswahl bei Konkurrenz um anderweitige Beschäftigung, S. 48.

946 *Bütefisch,* Die Sozialauswahl, S. 338.

947 *Schmitt,* Sozialauswahl bei Konkurrenz um anderweitige Beschäftigung, S. 58.

948 LAG Hamm Urteil vom 9.6.1989-Az. 18(7) Sa 1639/88-LAGE § 1 Soziale Auswahl Nr. 5.

949 BAG Urteil vom 10.11.1994-2 AZR 242/94-AP KSchG 1969 Betriebsbedingte Kündigung Nr. 65.

Diese Konkurrenzsituationen und die Frage, welche Kriterien hier anzuwenden sind, sind mittlerweile eindeutig in Rechtsprechung und Literatur geklärt und werden daher an dieser Stelle auch nicht vertieft dargestellt[950]. Nach wohl h.M. hat der Arbeitgeber in dieser Situation eine Sozialauswahl vorzunehmen, also eine Auswahl nach den Grundsätzen des § 1 III KSchG[951]. Diese erfolgt nach mittlerweile ständiger Rechtsprechung des BAG und der herrschenden Literatur nach § 1 III KSchG analog[952].

Die Konstellation, dass Arbeitnehmer in einem Betrieb um Weiterbeschäftigungsmöglichkeiten in einem anderen Betrieb konkurrieren, wird auch als betriebsbezogene außerbetriebliche Konkurrenz bezeichnet[953]. Trotz der teilweise anderen Bezeichnung ist die Frage nach der Auswahlentscheidung unproblematisch. Der Arbeitgeber hat in diesen Fällen ebenfalls eine Sozialauswahl vorzunehmen und danach die Arbeitnehmer auszuwählen, die für eine Weiterbeschäftigung in dem anderen Betrieb des Unternehmens in Frage kommen[954]. Dies wird dadurch begründet, dass der Arbeitgeber das Erfordernis einer Sozialauswahl nicht durch eine Verlagerung der Arbeitsplätze innerhalb des Unternehmens verhindern können soll[955]. Daher hat der Arbeitgeber bei der Konkurrenz um Weiterbeschäftigungsmöglichkeiten zwischen Arbeitnehmern in einem Betrieb immer eine Sozialauswahl vorzunehmen, unabhängig davon, ob die Arbeitnehmer um eine Weiterbeschäftigungsmöglichkeit im gleichen oder in einem anderen Betrieb des Unternehmens konkurrieren.

950 Zur Diskussion in der Literatur darüber siehe: *Schmitt,* Sozialauswahl bei der Konkurrenz um anderweitige Beschäftigung, S. 70 ff.

951 Z.B. KR-*Griebeling,* § 1 KSchG Rn. 613.

952 BAG Urteil vom 12.8.2010-2 AZR 945/08-AP KSchG 1969 § 2 Nr. 147; ErfK-*Oetker,* § 1 KSchG Rn. 253; für eine Sozialauswahl nach den Grundsätzen der Sozialauswahl: z.B. Ascheid/Preis/Schmidt-*Kiel,* § 1 KSchG Rn. 64, im Ergebnis identisch *Berkoswky,* Betriebsbedingte Kündigung, S. 248; der nach dem Wegfall des Beschäftigungsbedarfs die Sozialauswahl und erst dann die anderweitige Beschäftigung prüft.

953 *Schmitt,* Sozialauswahl bei Konkurrenz um anderweitige Beschäftigung, S. 48.

954 KR-*Griebeling,* § 1 KSchG Rn. 613; BAG Urteil vom 10.11.1994-2 AZR 242/94- AP KSchG 1969 Betriebsbedingte Kündigung Nr. 65; BAG Urteil vom 15.12.1994-2 AZR 320/94- AP KSchG 1969, Betriebsbedingte Kündigung Nr. 66.

955 *Schmitt,* Sozialauswahl bei Konkurrenz um anderweitige Beschäftigung, S. 61.

bb) Wegfall von Arbeitsplätzen in verschiedenen Betrieben des Unternehmens und Weiterbeschäftigungsmöglichkeit in einem anderen Unternehmensteil

Umstrittener ist die Frage nach den Kriterien für eine Auswahl zwischen Arbeitnehmern, die um Weiterbeschäftigungsmöglichkeiten konkurrieren, in Fällen, in denen Arbeitnehmer aus verschiedenen Betrieben des Unternehmens vom Arbeitsplatzabbau betroffen sind. Diese wird auch betriebsübergreifende Konkurrenz genannt[956]. Die besondere Problematik mit Blick auf die Sozialauswahl ergibt sich insbesondere daraus, dass eine etwaige Sozialauswahl hier betriebsübergreifend durchgeführt werden müsste. In diesem Zusammenhang lehnt das BAG aufgrund des Wortlautes eine direkte Anwendung von § 1 III KSchG auf diese Auswahl ab und hat bzgl. einer entsprechenden Anwendung von § 1 III KSchG Bedenken[957]. Die wohl herrschende Ansicht in der Literatur hält eine analoge Anwendung jedoch für geboten, um eine planwidrige Regelungslücke zu schließen[958]. Dagegen wird eingewandt, dass dies zu einer unternehmensweiten Sozialauswahl führen würde und dies nicht mit dem Betriebsbezug der Sozialauswahl kompatibel sei[959]. Einen differenzierten Ansatz vertreten *Haas/Salamon,* welche eine analoge Anwendung von § 1 III KSchG befürworten, wenn die Zuweisung des freien Arbeitsplatzes im Rahmen des Direktionsrechts möglich ist[960]. Ist dies nicht möglich, so soll die Auswahl allein nach den Grundsätzen des § 315 BGB erfolgen, da in diesen Fällen die Grenze der Rechtsfortbildung erreicht sei[961].

Überzeugend ist der Ansatz, wonach eine analoge Anwendung von § 1 III KSchG in diesen Fallkonstellationen abzulehnen ist und die Auswahl allein nach § 315 BGB erfolgt, um eine unternehmensweite Sozialauswahl, die das Gesetz nicht vorsieht, zu verhindern[962]. Die Frage nach dem vergleichbaren Arbeitnehmer stellt sich vorliegend im Rahmen der Konkurrenz um anderweite Beschäftigung nach § 1 II KSchG nach hier vertretener Auffassung nur für die betriebsinterne Konkurrenzsituation.

---

956 *Schmitt,* Sozialauswahl bei Konkurrenz um anderweitige Beschäftigung, S. 48.

957 BAG Urteil vom 15.12.1994-2 AZR 320/94-AP KSchG 1969 § 1 Betriebsbedingte Kündigung, Nr. 66.

958 Z.B. *Preis,* NZA 1997, S. 1073, 1081, *Berkwosky,* NJW 1996, S. 291, 295.

959 *Schiefer,* NZA 1995, S. 662, 664.

960 *Haas/Salmon,* NZA 2006, S. 1192, 1194.

961 *Haas/Salmon,* NZA 2006, S. 1192, 1194.

962 So auch *Lück,* Probleme der Sozialauswahl, S. 14 ff.

b) Die Bestimmung des vergleichbaren Arbeitnehmers für die Auswahlentscheidung im Rahmen der Konkurrenz von Arbeitnehmern um die anderweitige Beschäftigung

Wie festgestellt, hat der Arbeitgeber bei der Konkurenzsituation im Rahmen der Weiterbeschäftigung innerhalb des Betriebes eine Sozialauswahl nach § 1 III KSchG entsprechend dieser Wertung vorzunehmen. Da die Sozialauswahl somit auch für diese Auswahlentscheidung maßgeblich ist, stellt sich die Frage, wie der auswahlrelevante Personenkreis zu bestimmen ist, bzw. welche Rolle dem vergleichbaren Arbeitnehmer im Rahmen der nun entsprechend anzuwendenden Sozialauswahl bei der Konkurrenz um Weiterbeschäftigungsmöglichkeiten innerhalb des Betriebes zukommt.

Bei der Sozialauswahl im Grundfall wird, wie bereits dargestellt, die Vergleichbarkeit von Arbeitnehmern über die Austauschbarkeit in rechtlicher und tatsächlicher Hinsicht, sowie die Stellung in der Hierarchie bestimmt. Wie sich die Vergleichbarkeit von Arbeitnehmern im Rahmen der Konkurrenz um anderweitige Beschäftigung bestimmt, wird in der Rechtsprechung und Literatur selten behandelt[963]. Häufig wird schlicht vorausgesetzt, dass die Konkurrenten um anderweitige Beschäftigung vergleichbar im Sinne der Sozialauswahl sind und daher zum auswahlrelevanten Personenkreis gehören[964]. Dies ist jedoch zu einfach. Daher ist nachfolgend zu klären, welche Vergleichbarkeitskriterien für den vergleichbaren Arbeitnehmer bei der Konkurrenz um anderweitige Beschäftigung zur Anwendung kommen und ob diese identisch mit den Kriterien zur Bestimmung des vergleichbaren Arbeitnehmers im Grundfall der Sozialauswahl sind. Dies soll im Folgenden näher ausgeführt werden.

Im Grundfall der Sozialauswahl kommt es, wie bereits ausführlich dargestellt, als maßgebliches Kriterium auf die rechtliche und tatsächliche Austauschbarkeit von Arbeitnehmern an[965]. Daher sind im Grundfall der Sozialauswahl nur solche Arbeitnehmer miteinander nach § 1 III KSchG zu vergleichen, die gegenseitig austauschbar sind. Dies ist nicht nur bei identischen Tätigkeiten der Fall ist, sondern auch, wenn ein Arbeitnehmer aufgrund seiner Qualifikation in der Lage ist, die Tätigkeit des anderen Arbeitnehmers, möglicherweise nach einer kurzen Einarbeitungszeit, auszuüben[966].

Grund für das Erfordernis der Austauschbarkeit als entscheidendes Kriterium für die Vergleichbarkeit und damit für die Einbeziehung bei der Sozialauswahl

---

963 *Schmitt*, Sozialauswahl bei der Konkurrenz um anderweitige Beschäftigung, S. 103.
964 *Schmitt*, Sozialauswahl bei der Konkurrenz um anderweitige Beschäftigung, S. 103.
965 S.o.
966 S.o.

sind die Folgen, die diese im Grundfall auslöst[967]. Im Grundfall der Sozialauswahl nach § 1 III KSchG wird der sozial stärkere Arbeitnehmer von dem sozial schwächeren Arbeitnehmer verdrängt[968]. Entweder behält der in die Auswahl einzubeziehende Arbeitnehmer seinen fortbestehenden Arbeitsplatz und verdrängt den vergleichbaren Arbeitnehmer, oder er wird von dem sozial stärkeren Arbeitnehmer verdrängt und dieser übernimmt seinen Arbeitsplatz. Daher ist es für eine Vergleichbarkeit von Arbeitnehmern und damit für die Einbeziehung in die Sozialauswahl erforderlich, dass der Verdrängende die Aufgaben des verdrängten Arbeitnehmers wahrnehmen kann[969]. Daher kommt es auch für die Austauschbarkeit und damit für die Vergleichbarkeit im Grundfall der Sozialauswahl nicht auf eine gegenseitige, sondern lediglich auf eine einseitige Austauschbarkeit in Richtung des verdrängten Arbeitnehmers an[970].

Gegensätzlich dazu ist die Situation im Rahmen der Konkurrenz um anderweitige Beschäftigung, da in diesen Fällen die bisherigen Beschäftigungsmöglichkeiten für alle Arbeitnehmer, die um eine Weiterbeschäftigung konkurrieren, entfallen sind und nur für einige durch die Versetzung auf einen freien Arbeitsplatz die Kündigung vermieden werden kann[971]. Es kommt nicht mehr darauf an, ob diese Arbeitnehmer sich mit Blick auf ihre bisherigen Tätigkeiten ersetzen können und damit arbeitsplatzbezogen austauschbar sind, da für die bisherige Tätigkeit im Unternehmen kein Bedarf mehr besteht[972]. Bei der Konkurrenz um die anderweitige Beschäftigung muss sich die Austauschbarkeit vielmehr auf den freien Arbeitsplatz beziehen[973]. Alle in die Auswahl im Rahmen der Konkurrenz um anderweitige Beschäftigung einzubeziehenden Arbeitnehmer müssen daher im Hinblick auf den freien Arbeitsplatz austauschbar sein[974]. Auch eine rechtliche bzw. arbeitsvertragliche Austauschbarkeit als Kriterium und gleichzeitig Begrenzung für den auswahlrelevanten Personenkreis, wie sie im Grundfall der Sozialauswahl sinnvoll ist, kommt nicht als Kriterium für die Einbeziehung in den Personenkreis für die Sozialauswahl im Rahmen der anderweitigen Beschäftigung in Betracht [975]. Dies ergibt sich daraus, dass, im Unterschied zum Grundfall der

967 *Schmitt,* Sozialauswahl bei der Konkurrenz um anderweitige Beschäftigung, S. 106.
968 *Schmitt,* Sozialauswahl bei der Konkurrenz um anderweitige Beschäftigung, S. 106.
969 *Schmitt,* Sozialauswahl bei der Konkurrenz um anderweitige Beschäftigung, S. 106.
970 *Gaul,* NZA 1992, S. 673, 674.
971 *Schmitt,* Sozialauswahl bei der Konkurrenz um anderweitige Beschäftigung, S. 106.
972 *Schmitt,* Sozialauswahl bei der Konkurrenz um anderweitige Beschäftigung, S. 106.
973 *Schmitt,* Sozialauswahl bei der Konkurrenz um anderweitige Beschäftigung, S. 106.
974 *Schmitt,* Sozialauswahl bei der Konkurrenz um anderweitige Beschäftigung, S. 106.
975 *Schmitt,* Sozialauswahl bei der Konkurrenz um anderweitige Beschäftigung, S. 106.

Sozialauswahl, bei der Sozialauswahl hier eine vertragsübergreifende Auswahl keinen eigenen Beschäftigungsanspruch begründet und keinen eigenen Kündigungsgrund darstellt, sondern sie ist vielmehr systemgerecht [976]. Die bereits oben aufgeführten Argumente, welche die Vergleichbarkeit von Arbeitnehmern im Grundfall der Sozialauswahl nach der Reichweite des Direktionsrechts begrenzen, greifen bei der Konkurrenz um anderweitige Beschäftigung nicht, da es hier um die Weiterbeschäftigung auf einem freien Arbeitsplatz geht[977].

Somit kommt es für die Vergleichbarkeit von Arbeitnehmer und damit in die Einbeziehung für die Sozialauswahl im Rahmen der Konkurrenz um anderweitige Beschäftigung nicht auf eine rechtliche oder tatsächliche Austauschbarkeit als Begrenzung an.

Im Grundfall der Sozialauswahl wird die Vergleichbarkeit von Arbeitnehmern außerdem dadurch eingeschränkt, dass nur solche Arbeitnehmer, die rechtlich und tatsächlich austauschbar sind, als vergleichbar gelten, wenn sich diese auf der gleichen Ebene der Betriebshierarchie befinden[978]. Daher sind im Grundfall der Sozialauswahl, wie bereits ausgeführt, Arbeitnehmer, die Tätigkeiten auf unterschiedlichen Ebenen des Betriebes durchführen, nicht miteinander vergleichbar[979]. Die herrschende Auffassung geht zu Recht bei dem Grundfall der Sozialauswahl von einer strengen sog. horizontalen Vergleichbarkeitsprüfung aus[980]. Daher ist die Vergleichbarkeitsprüfung und damit die Sozialauswahl im Grundfall nach den verschiedenen Ebenen des Betriebes jeweils getrennt durchzuführen[981]. Daher ist auch die Sozialauswahl im Grundfall, wie bereits dargestellt, auf der Ebene durchzuführen, auf welcher die Beschäftigungsmöglichkeiten entfallen sind[982].

Die Begründung, der für den Grundfall der Sozialauswahl zuzustimmen ist, greift jedoch nicht für die Sozialauswahl bei der Konkurrenz um anderweitige Beschäftigung[983]. Bei der Konkurrenz um anderweitige Beschäftigung ist erneut zu berücksichtigen, dass für jeden der Arbeitnehmer die bisherige Weiterbeschäftigungsmöglichkeit entfallen ist und diese, sofern keine Weiterbeschäftigungsmöglichkeit im Unternehmen existiert, gekündigt werden

---

976 *Schmitt*, Sozialauswahl bei der Konkurrenz um anderweitige Beschäftigung, S. 107.
977 *Schmitt*, Sozialauswahl bei der Konkurrenz um anderweitige Beschäftigung, S. 107.
978 S.o.
979 S.o.
980 Moll/*Ulrich*-Arbeitsrecht, § 43 Rn. 173.
981 *Schmitt*, Sozialauswahl bei der Konkurrenz um anderweitige Beschäftigung, S. 108.
982 *Schmitt*, Sozialauswahl bei der Konkurrenz um anderweitige Beschäftigung, S. 108.
983 *Schmitt*, Sozialauswahl bei der Konkurrenz um anderweitige Beschäftigung, S. 109.

müssten[984]. Es besteht bei der Konkurrenz um anderweitige Beschäftigungsmöglichkeiten keine Gefahr eines Verdrängungswettbewerb nach unten, da keine Gefahr besteht, dass ein Arbeitnehmer aufgrund einer Betriebsebenen übergreifenden Sozialauswahl entlassen werden muss, obwohl auf seiner Ebene gar keine Arbeitsplätze aufgrund von betrieblichen Erfordernissen entfallen sind[985]. Somit ist bei der Konkurrenz um die anderweitige Beschäftigung der auswahlrelevante Personenkreis bei der Sozialauswahl im Gegensatz zum auswahlrelevanten Personenkreis nicht auf eine sog. horizontale Vergleichbarkeit beschränkt.

Noch zu unterscheiden ist, wie die nach § 1 II 3 KSchG direkte Austauschbarkeit auf einen freien vergleichbaren Arbeitsplatz von einer Austauschbarkeit nach vorausgehenden und zumutbaren Umschulungs- und Fortbildungsmaßnahmen zu unterscheiden ist[986]. Es sind hier für die Vergleichbarkeitsprüfung die Arbeitnehmer, die für die Weiterbeschäftigung erst noch qualifiziert werden müssen, von den Arbeitnehmern, die direkt für eine Weiterbeschäftigung qualifiziert sind, zu unterscheiden[987]. Diese Arbeitnehmergruppen sind nicht im Sinne der Sozialauswahl bei der Konkurrenz um anderweitige Beschäftigung miteinander vergleichbar[988]. Folglich ist in diesen Fällen zu unterscheiden. Miteinander vergleichbar in diesem Sinne sind zunächst nur die Arbeitnehmer, die qualifiziert genug sind, um die Tätigkeit auf dem freien Arbeitsplatz auszuüben[989]. Arbeitnehmer, die erst noch für einen solchen qualifiziert werden müssen, kommen erst für eine Weiterbeschäftigung in Frage, wenn nach der Durchführung der Sozialauswahl im hier dargestellten Sinne noch freie Arbeitsplätze zur Verfügung stehen. Innerhalb dieser Gruppe der noch zu qualifizierenden Arbeitnehmer ist davon auszugehen, dass eine Vergleichbarkeit für die Sozialauswahl im hier dargestellten Sinne nur zwischen Arbeitnehmern besteht, die mit einem vergleichbaren Aufwand qualifiziert werden können[990].

984 *Schmitt,* Sozialauswahl bei der Konkurrenz um anderweitige Beschäftigung, S. 109.
985 *Schmitt,* Sozialauswahl bei der Konkurrenz um anderweitige Beschäftigung, S. 109.
986 *Schmitt,* Sozialauswahl bei der Konkurrenz um anderweitige Beschäftigung, S. 110.
987 *Schmitt,* Sozialauswahl bei der Konkurrenz um anderweitige Beschäftigung, S. 110.
988 *Schmitt,* Sozialauswahl bei der Konkurrenz um anderweitige Beschäftigung, S. 110.
989 *Schmitt,* Sozialauswahl bei der Konkurrenz um anderweitige Beschäftigung, S. 110.
990 *Berkowsky,* NJW 1996, S. 291, 296; *Schmitt,* Sozialauswahl bei der Konkurrenz um anderweitige Beschäftigung, S. 110.

4. *Zusammenfassung zum vergleichbaren Arbeitnehmer im Rahmen der Weiterbeschäftigung nach § 1 II KSchG*

Zusammenfassend lässt sich also festhalten, dass der Kreis der vergleichbaren Arbeitnehmer für die Sozialauswahl im Rahmen der anderweitigen Beschäftigungsmöglichkeit mangels eines Verdrängungswettbewerbes mit dem Kreis der Arbeitnehmer identisch ist, für die diese Beschäftigungsmöglichkeit im Sinne von § 1 II KSchG kündigungsschutzrelevant ist, also mit den Arbeitnehmern, die unmittelbar kündigungsbedroht sind[991]. Dies ergibt sich vor allem daraus, dass für alle in Betracht kommenden Arbeitnehmer die bisherige Beschäftigung entfallen ist[992]. Weiterhin sind, wie dargestellt, Arbeitnehmer, die direkt auf einem freien Arbeitsplatz einsetzbar sind, nicht mit solchen Arbeitnehmern vergleichbar, die erst noch im Wege von Fortbildungsmaßnahmen oder Umschulungen im Sinne des Satzes 3 für den freien Arbeitsplatz qualifiziert werden müssen.

„Vergleichbar" im Sinne der entsprechend anzuwendenden Sozialauswahl sind folglich bei der Konkurrenz um die anderweitige Beschäftigung alle unmittelbar kündigungsbedrohten Arbeitnehmer, die aufgrund ihrer Qualifikation für einen freien Arbeitsplatz in Frage kommen[993]. Dem vergleichbaren Arbeitnehmer kommt daher im Rahmen der Konkurrenz um anderweitige Beschäftigung mangels Verdrängungswettbewerbs und mangels der Voraussetzung der Austauschbarkeit nicht die entscheidende Bedeutung für die Bestimmung des auswahlrelevanten Personenkreises zu wie im Grundfall der Sozialauswahl[994]. Die Arbeitnehmer, denen der Arbeitgeber nach einer Auswahl analog § 1 III KSchG keine Weiterbeschäftigung anbieten muss, müssen dann in die Sozialauswahl im Grundfall einbezogen werden, bei welcher dann ermittelt wird, welcher Arbeitnehmer endgültig zu entlassen ist.

III. Der vergleichbare Arbeitnehmer bei der Änderungskündigung

Auch bei der betriebsbedingten Änderungskündigung nach § 2 KSchG ist es für den Arbeitgeber entscheidend, durch eine richtige Bewertung der Vergleichbarkeit von Arbeitnehmern den Kreis der für die Auswahl nach den Grundsätzen

---

991 *Schmitt,* Sozialauswahl bei der Konkurrenz um anderweitige Beschäftigung, S. 109.

992 *Jüttner,* Der Vorrang der Änderungskündigung vor der Beendigungskündigung, S. 204.

993 *Schmitt,* Sozialauswahl bei der Konkurrenz um anderweitige Beschäftigung, S. 111.

994 Zu den Verfahrensschritten bei der Ermittlung der weiterzubeschäftigen Arbeitnehmer nach § 1 II KSchG, siehe anschaulich, *Schmitt,* Sozialauswahl bei der Konkurrenz um anderweitige Beschäftigung, S. 111 f.

der Sozialauswahl relevanten Arbeitnehmer richtig zu bestimmen[995]. Hierbei muss festgelegt werden, welchen von eventuell mehreren vergleichbaren Arbeitnehmern der Arbeitgeber die Änderungen der Arbeitsbedingungen nach sozialen Gesichtspunkten am ehesten zumuten kann[996].

Im Folgenden wird zunächst kurz auf die Änderungskündigung allgemein und auf den Prüfungsmaßstab der Änderungskündigung eingegangen. Die außerordentliche Änderungskündigung bleibt außer Betracht.

1. *Die ordentliche Änderungskündigung nach § 2 KSchG*

Bei einer „echten" Änderungskündigung im Sinne des § 2 KSchG kündigt der Arbeitgeber dem Arbeitnehmer und bietet diesem gleichzeitig die Fortsetzung des Arbeitsverhältnisses zu geänderten Bedingungen an[997]. Bei der Änderungskündigung handelt es sich daher um ein geeignetes Instrument, wenn es um die Änderung einzelner Arbeitsverträge geht[998].

Die Änderungskündigung ist erstmals durch das Erste Arbeitsrechtsbereinigungsgesetz vom 14.8.1969[999] im KSchG gesetzlich geregelt worden[1000]. Zuvor wurde sie ohne gesetzliche Grundlage entwickelt[1001].

Bei der Änderungskündigung handelt es sich unstrittig um eine echte Kündigung[1002], daher ist auch der Betriebsrat vor Ausspruch einer Änderungskündigung nach § 102 I BetrVG anzuhören[1003]. Die „echte Änderungskündigung[1004]" nach § 2 KSchG ist von der „unechten Änderungskündigung[1005]" im Rahmen der Weiterbeschäftigungsobliegenheit des Arbeitgebers nach § 1 II 2 und 3 KSchG zu unterscheiden, da beide, wie bereits im vorherigen Kapitel aufgezeigt,

---

995 Stahlhacke/Preis/Vossen-*Preis,* Rn. 1325.

996 Stahlhacke/Preis/Vossen-*Preis,* Rn. 1325.

997 *Preis,* Arbeitsrecht, S. 891.

998 ErfK-*Oetker,* § 2 Rn. 1.

999 BGBl. I. 1106.

1000 *Boewer,* BB 1996, S. 2618.

1001 Vgl. z.B. BAG Urteil vom 12.1.1961-2 AZR 171/59-AP BGB § 620 Änderungskündigung Nr. 10.

1002 So schon *Schaub,* RdA 1970, S. 230, 233; *Preis,* Arbeitsrecht, S. 891.

1003 BAG Urteil vom 21.4.2005-2 AZR 132/04-AP KSchG § 2 Nr. 79.

1004 Siehe zur Begrifflichkeit: *Wank,* RdA 1987, 129, 141 f.; *ders,* Anm. zu BAG Urteil vom 21.4.2005-2 AZR 132/04-AP KSchG 169 § 2 Rn. 79.

1005 Siehe zur Begrifflichkeit: *Wank,* RdA 1987, 129, 141 f.; *ders,* Anm. zu BAG Urteil vom 21.4.2005-2 AZR 132/04-AP KSchG 169 § 2 Rn. 79.

unterschiedliche Zweckrichtungen verfolgen[1006]. Ebenfalls außer Betracht bleibt die ordentliche Änderungskündigung außerhalb des Anwendungsbereichs des KSchG.

Die ordentliche Änderungskündigung besteht aus zwei Willenserklärungen, der Kündigung des Arbeitsverhältnisses und dem Antrag des Arbeitgebers, das Arbeitsverhältnis zu geänderten Bedingungen fortzuführen[1007]. Daher handelt es sich bei der Änderungskündigung um ein sog. zusammengesetztes Rechtsgeschäft, welches zwei unterschiedliche Teile enthält[1008]. Nach § 2 KSchG kann der Arbeitgeber dem Arbeitnehmer im Zusammenhang mit der Kündigung die Fortsetzung des Arbeitsverhältnisses zu geänderten Bedingungen anbieten. Das Angebot, welches im Zusammenhang mit der Kündigung ausgesprochen wird, muss hinreichend konkret und bestimmt sein[1009]. Dem Gesetzeswortlaut des § 2 KSchG lässt sich jedoch nicht entnehmen, welche Anforderungen an den Zusammenhang im Sinne der Norm zu stellen sind[1010]. Bei der Auslegung des Merkmals Zusammenhang sind vor allem Sinn und Zweck von § 2 KSchG zu berücksichtigen[1011]. Die Änderungskündigung soll den Druck auf den betroffenen Arbeitnehmer erhöhen, die Vertragsänderungen anzunehmen und soll nicht primär das Arbeitsverhältnis beenden[1012]. Da die Änderungskündigung somit in erster Linie ein Druckmittel des Arbeitgebers ist, soll der Arbeitnehmer die Möglichkeit haben, die Änderung des Arbeitsvertrages auf ihre soziale Rechtfertigung hin gerichtlich überprüfen zu lassen, ohne das Risiko einzugehen, den Arbeitsplatz zu verlieren[1013]. In der Literatur wird diese Problematik als Frage des sachlichen und zeitlichen Zusammenhangs von Kündigungserklärung und Änderungsangebot diskutiert[1014]. Der erforderliche Zusammenhang im Sinne des § 2 KSchG besteht nach h.M. nur, wenn das Änderungsangebot spätestens mit dem Zugang der Kündigungserklärung abgeben wird, da es für die Wirksamkeit einer Kündigung und damit auch bei der Änderungskündigung auf den

---

1006 Münchener Handbuch zum Arbeitsrecht-*Berkowsky,* § 120 Rn. 6.

1007 BAG Urteil vom 21.4.2005-2 AZR 132/04-AP KSchG § 2 Nr. 79.

1008 *Preis,* Arbeitsrecht, S. 878.

1009 BAG Urteil vom 15.01.2009-2 AZR 641/07-AP KSchG 1969 § 2 Nr. 141.

1010 *Betz,* Die betriebsbedingte Änderungskündigung, S. 3.

1011 *Betz,* Die betriebsbedingte Änderungskündigung, S. 3.

1012 *Betz,* Die betriebsbedingte Änderungskündigung, S. 3.

1013 *Boewer,* BB 1996, S. 2618.

1014 Siehe zu weiteren Einzelfragen des zeitlichen und sachlichen Zusammenhangs von Änderungsangebot und Kündigungserklärung, z.B. *Betz,* Die betriebsbedingte Änderungskündigung, S. 4.

Zeitpunkt des Zugangs der Kündigung ankommt[1015]. Daher sind Änderungsangebote nach dem Zugang der Kündigung nicht zu berücksichtigen[1016].

Ein von der Änderungskündigung bedrohter Arbeitnehmer kann in verschiedener Weise auf eine solche reagieren. Als Erstes besteht die Möglichkeit, dass er den Änderungsantrag des Arbeitnehmers annimmt, wodurch die Änderungen dann wirksam werden[1017]. Zu den vereinbarten Zeitpunkten wirken dann die geänderten Arbeitsbedingungen.

Der Arbeitnehmer kann diesen Antrag des Arbeitgebers auch ohne einen Vorbehalt ablehnen. Die Änderungskündigung wirkt dann wie eine Beendigungskündigung, welche gerichtlich durch eine Kündigungsschutzklage überprüft werden kann[1018].

Schließlich kann der Arbeitnehmer den Antrag des Arbeitgebers nach § 2 KSchG unter dem Vorbehalt annehmen, dass dieser sozial gerechtfertig ist[1019]. Es besteht dann ein Änderungsvertrag, der unter der auflösenden Bedingung steht, dass die Sozialwidrigkeit der Änderung festgestellt wird[1020]. Dieser Vertrag mit den vom Arbeitgeber offerierten Änderungen ist zumindest bis zur Entscheidung des Arbeitsgerichts Rechtsgrundlage für das Arbeitsverhältnis[1021]. Der Vorteil für den Arbeitnehmer besteht bei dieser Reaktion darin, dass das Risiko eines Arbeitsplatzverlustes für ihn entfällt[1022] für den Fall, dass das Arbeitsgericht die Änderungskündigung für unwirksam erklärt, entfällt der geschlossene Änderungsvertrag und das Arbeitsverhältnis läuft zu den ursprünglichen Bedingungen weiter[1023]. Hierfür ist auch die Regelung des § 8 KSchG zu beachten, welche sich entgegen dem Wortlaut auf sämtliche Unwirksamkeitsgründe der Änderungskündigung erstreckt[1024]. Nach § 8 KSchG gilt die Änderungskündigung als von Anfang an unwirksam, wenn das Gericht in den Fällen des § 2 KSchG feststellt, dass die Änderungen der Arbeitsbedingungen sozial ungerechtfertigt sind.

1015 Vgl. Moll/ *Boewer*-Arbeitsrecht, § 46 Rn. 18.

1016 Vgl. Moll/ *Boewer*-Arbeitsrecht, § 46 Rn. 18; BAG Urteil vom 17.5.2001-2 AZR 460/00- NZA 2002, S. 54.

1017 ErfK-*Oetker,* § 2 KSchG Rn. 28.

1018 *Preis,* Arbeitsrecht, S. 893.

1019 *Preis,* Arbeitsrecht, S. 893.

1020 BAG Urteil vom 27.9.1984-2 AZR 62/83-AP KSchG 1969 § 2 Nr. 8.

1021 *Boewer,* BB 1996, S. 2618.

1022 ErfK-*Oetker,* § 2 KSchG Rn. 38.

1023 ErfK-*Oetker,* § 2 KSchG Rn. 21.

1024 ErfK-*Kiel,* § 8 KSchG Rn. 1.

Häufigster Anwendungsfall der Änderungskündigung ist die betriebsbedingte Änderungskündigung[1025], also die Änderungskündigung aus betrieblichen Gründen[1026]. Wie bei der betriebsbedingten Beendigungskündigung ist bei der betriebsbedingten Änderungskündigung das Vorliegen von dringenden betrieblichen Erfordernissen erforderlich, welche insbesondere eine unternehmerische Entscheidung erfordern[1027]. Auch die Änderungskündigung unterliegt dem ultima-ratio- Prinzip, so dass diese unwirksam ist, wenn der Arbeitgeber die geplante Änderung des Arbeitsvertrages bereits durch das Direktionsrecht erreichen kann[1028]. Daher spielt auch die Weiterbeschäftigungsmöglichkeit im Rahmen der Änderungskündigung keine Rolle, da die Änderung aufgrund des Direktionsrechts Vorrang vor der Änderung durch Änderungskündigung hat[1029].

2. *Die soziale Rechtfertigung der ordentlichen betriebsbedingten Änderungskündigung, insbesondere die Sozialauswahl*

Häufigster Fall der Änderungskündigung ist die Änderungskündigung aus dringenden betrieblichen Erfordernissen, also die sog. betriebsbedingte Änderungskündigung[1030]. Da diese hinsichtlich des vergleichbaren Arbeitnehmers näher zu erörtern ist, beschränkt sich die folgende Darstellung auf diese. Die verhaltens- und personenbedingte Änderungskündigung ist daher nicht Gegenstand dieser Bearbeitung.

Aufgrund der eindeutigen Verweisung in § 2 KSchG auf § 1 II 1–3 und III KSchG bedarf die hier näher zu behandelnde betriebsbedingte ordentliche Änderungskündigung der sozialen Rechtfertigung[1031].

Die Frage nach dem Maßstab für die soziale Rechtfertigung der Änderungskündigung ist bereits seit dem Inkrafttreten des Kündigungsschutzgesetzes im Jahre 1951 umstritten[1032]. Im Wesentlichen ging und geht es bei diesem Streit darum, welcher Maßstab bei der Beurteilung der Sozialwidrigkeit anzulegen ist[1033].

1025 ErfK-*Oetker*, § 2 KSchG Rn. 47.

1026 *Preis*, Arbeitsrecht, S. 894.

1027 *Preis*, Arbeitsrecht, S. 895.

1028 BAG Urteil vom 23.6.2005-2 AZR 642/04-AP KSchG 1969 § 2 Nr. 81; *Preis*, Arbeitsrecht, S. 896.

1029 *Preis*, Arbeitsrecht, S. 896.

1030 ErfK-*Oetker*, § 2 KSchG Rn. 47.

1031 *Schmalkalden/Oberrath*, NJW 2008, S. 3177.

1032 *Betz*, Die betriebsbedingte Änderungskündigung, S. 30.

1033 KR-*Rost/Kreft*, § 2 KSchG Rn. 78.

Nach mittlerweile wohl h.M. ist bei jeder Änderungskündigung nach § 2 KSchG das Änderungsangebot das maßgebliche Kriterium zur Beurteilung der Rechtmäßigkeit[1034]. Die Änderung der Arbeitsbedingungen muss folglich sozial gerechtfertigt sein[1035]. Es kommt somit für die soziale Rechtfertigung einer betriebsbedingten Änderungskündigung auf das Änderungsangebot an[1036]. Maßstab für die Rechtfertigung ist folglich ausschließlich die Änderung, die mit der Änderungskündigung vom Arbeitgeber beabsichtigt ist[1037]. Zwar überprüft das BAG auch die Kündigung auf ihre Unwirksamkeit hin, jedoch nur den Grund nach § 1 KSchG und anschließend die soziale Rechtfertigung der Änderung[1038]. Ursprünglich folgte das BAG[1039] einem Ansatz von *Wiedemann*, der hinsichtlich des Prüfungsmaßstabs den Ansatz vertrat, dass die Anforderungen für die Überprüfung der Änderungen geringer werden, je geringer die Änderungen in der Änderungskündigung sind[1040]. Mit der sog. „Schwimmmeisterentscheidung"[1041] hat die Rechtsprechung diesen Ansatz jedoch wieder aufgegeben[1042].

Die Gegenansicht in der Literatur will die Beendigung des Arbeitsverhältnisses auf die soziale Rechtfertigung hin überprüfen[1043]. Da, wie noch zu zeigen ist, dieser Streitstand vor allem bei der Frage der Sozialauswahl und damit vor allem bei der Frage, wie der vergleichbare Arbeitnehmer zu bestimmen ist, von Bedeutung ist[1044], wird dieser nachfolgend kurz dargestellt und für die weitere Bearbeitung entschieden.

Die Ansicht führt für sich ins Feld, dass für den Prüfungsmaßstab „Änderung der Arbeitsbedingungen", hinsichtlich der sozialen Rechtfertigung keine Grundlage im Gesetz existiert[1045]. Weiterhin wird, neben anderen Einwänden[1046],

---

1034 Z.B. ErfK-*Oetker*, § 2 Rn. 39.

1035 *Hromadka*, NZA 1996, S. 1.

1036 BAG Urteil vom 13.6.1986-7 AZR 623/84-AP KSchG 1969 § 1 Soziale Auswahl Nr. 13.

1037 *Schmalkalden/Oberrath*, NJW 2008, S. 3177.

1038 *Hromadka*, DB 2002, S. 1322.

1039 BAG Urteil vom 7.6.1973-2 AZR 450/72-AP BGB § 626 Änderungskündigung Nr. 1.

1040 *Hromadka*, DB 2002, S. 1322; zum Ansatz von *Wiedemann*, RdA 1961, S. 1, 5.

1041 BAG Urteil vom 13.6.1986-7 AZR 623/84-AP KSchG 1969 § 1 Soziale Auswahl Nr. 13.

1042 *Hromadka*, DB 2002, S. 1322.

1043 So z.B. *Berkowsky*, NZA 2000, S. 1129, 1131 ff.

1044 *Schmalkalden/Oberrath*, NJW 2008, S. 3177.

1045 *Berkowsky*, NZA 2000, S. 1129, 1132.

1046 Zur Auflistung weiterer Argumente für die Ansicht, dass die Kündigung der entscheidende Maßstab ist, siehe, *Hromadka*, DB 2002, S. 1322.

als Argument für diese Ansicht angeführt, dass es sich bei der Änderungskündigung um eine echte Kündigung handelt[1047].

Als Hauptargument der h.M. wird angeführt, dass § 2 den Vertragsinhaltsschutz gewähren soll und die Frage des Bestandsschutzes lediglich Gegenstand von § 1 KSchG ist[1048]. Weiterhin spricht für diese Ansicht, dass wenn die Voraussetzungen einer Beendigungskündigung vorliegen müssen, eine Änderungskündigung schwerer auszusprechen wäre als eine Beendigungskündigung[1049]. Letztlich am überzeugendsten für die h.M. ist jedoch der Wortlaut der Norm[1050]. § 2 S. 1 KSchG erwähnt ausdrücklich die soziale Rechtfertigung der Änderung[1051]. Daher ist diese Ansicht auch vorzugswürdig und wird im Folgenden der Bearbeitung, insbesondere bei der Frage der Sozialauswahl im Rahmen der betriebsbedingten Änderungskündigung, zu Grunde gelegt.

Daher ist mit der h.M. der Prüfungsmaßstab für die Änderungskündigung derjenige, ob die Änderung der Vertragsbedingungen sozial gerechtfertigt ist. Auf die Frage, ob die Beendigungskündigung sozial gerechtfertigt wäre, kommt es nach dieser Ansicht nicht an[1052].

Die Überprüfung der Änderungskündigung erfolgt nach herrschender und überzeugender Ansicht in zwei Schritten[1053]. In einem ersten Schritt ist nach § 2 S. 1 KSchG i.V.m. § 1 II KSchG zu prüfen, ob ein Grund vorliegt, der die Kündigung sozial rechtfertigt[1054]. Es müssen also Personen, Verhalten oder betriebsbedingte Erfordernisse im Sinne des § 1 II KSchG für das Änderungsangebot, also das „Ob" der Änderungskündigung[1055], vorliegen[1056]. Bei der am häufigsten auftretenden betriebsbedingten Änderungskündigung müssen folglich dringende betriebliche Erfordernisse vorhanden sein, die einer Weiterbeschäftigung des betroffenen Arbeitnehmers zu den gegenwärtigen Bedingungen entgegenstehen[1057]. Bei diesem ersten Schritt unterscheidet sich die Prüfung der sozialen

1047 *Hromadka,* DB 2002, S. 1322.
1048 *Betz,* Die betriebsbedingte Änderungskündigung, S. 36; *Hromadka,* NZA 1996, S. 1, 3.
1049 *Hromadka,* DB 2002, S. 1322.
1050 *Hromadka,* DB 2002, S. 1322, mit weiteren Argumenten für die h.M.
1051 *Schmalkalden/Oberrath,* NJW 2008, S. 3177, 3178.
1052 BAG Urteil vom 27.3.2003-2 AZR 74/02-AP KSchG 1969 § 2 Nr. 72.
1053 Stahlhacke/Preis/Vossen-*Preis,* Rn. 1306.
1054 *Schmalkalden/Oberrath,* NJW 2008, S. 3177, 3178.
1055 *Schmalkalden/Oberrath,* NJW 2008, S. 3177, 3178.
1056 Stahlhacke/Preis/Vossen-*Preis,* Rn. 1306.
1057 *Schmalkalden/Oberrath,* NJW 2008, S. 3177, 3178.

Rechtfertigung der Beendigungskündigung nicht von der Prüfung der sozialen Rechtfertigung der Änderungskündigung[1058].

In einem zweiten Schritt wird das „Wie" der Änderungskündigung überprüft[1059]. Hierfür ist das Änderungsangebot einer Verhältnismäßigkeitsprüfung zu unterziehen[1060]. Es findet eine Einzelfallprüfung statt[1061]. Hierbei ist festzustellen, ob die Änderungen, welche vom Arbeitgeber vorgeschlagen wurden, vom Arbeitnehmer „billigerweise hingenommen werden müssen"[1062], insbesondere ob diese geeignet und erforderlich sind[1063]. Da eine Änderungskündigung selten an der Geeignetheitsprüfung im Rahmen der Verhältnismäßigkeitsprüfung scheitert, liegt der Schwerpunkt der Überprüfung der Verhältnismäßigkeit der Änderung bei der Frage der Erforderlichkeit der Änderungskündigung[1064]. Hierfür sind Vorteile des Arbeitgebers und Nachteile des Arbeitnehmers in Verhältnis zueinander zu setzen, wobei für diese Betrachtung ein objektiver Maßstab gilt[1065]. Der Maßstab für die Sozialwidrigkeit einer Änderungskündigung ist strenger anzulegen, wenn durch die Änderung der Kernbereich des Arbeitsverhältnisses betroffen wird[1066]. Insbesondere gilt dies, wenn der Arbeitgeber seine Gegenleistungspflicht durch eine Änderungskündigung reduzieren möchte, da einmal geschlossene Verträge grundsätzlich zu erfüllen sind[1067].

Eine Änderungskündigung ist jedenfalls dann nicht sozialwidrig, wenn durch sie eine Beendigungskündigung vermieden werden kann[1068].

Entscheidungserheblicher Zeitpunkt für die Beurteilung der sozialen Rechtfertigung einer Änderungskündigung ist, wie bei der Beendigungskündigung, der Zeitpunkt des Zugangs der entsprechenden Erklärung[1069].

1058 *Schmalkalden/Oberrath,* NJW 2008, S. 3177, 3178.

1059 *Schmalkalden/Oberrath,* NJW 2008, S. 3177, 3178.

1060 *Schmalkalden/Oberrath,* NJW 2008, S. 3177, 3178.

1061 *Schmalkalden/Oberrath,* NJW 2008, S. 3177, 3181.

1062 Stahlhacke/Preis/Vossen-*Preis,* Rn. 1306.

1063 Stahlhacke/Preis/Vossen-*Preis,* Rn. 1306; BAG Urteil vom 29.3.2007-2 AZR 31/06-AP KSchG 1969 § 2 Nr. 131.

1064 *Schmalkalden/Oberrath,* NJW 2008, S. 3177, 3181.

1065 *Schmalkalden/Oberrath,* NJW 2008, S. 3177, 3181; anders jedoch der Maßstab im Rahmen der unechten Änderungskündigung, siehe A II 1 und *Bauer/ Winzer,* BB 2006, S. 266.

1066 *Schmalkalden/Oberrath,* NJW 2008, S. 3177, 3181.

1067 Stahlhacke/Preis/Vossen-*Preis,* Rn. 1310 ff.

1068 Stahlhacke/Preis/Vossen-*Preis,* Rn. 1306.

1069 BAG Urteil vom 10.3.1982-4 AZR 158/79-AP KSchG 1969 § 2 Nr. 2.

3. *Der vergleichbare Arbeitnehmer bei der betriebsbedingten Änderungskündigung im Sinne des § 2 KSchG*

Häufigster Anwendungsfall von § 2 KSchG ist die betriebsbedingte Änderungskündigung[1070]. Für die soziale Rechtfertigung einer betriebsbedingten Änderungskündigung muss, wie bereits dargestellt, die Weiterbeschäftigungsmöglichkeit des Arbeitnehmers zu den bisherigen Vertragsbedingungen entfallen sein[1071]. Für diese muss eine entsprechende unternehmerische Entscheidung des Arbeitgebers vorliegen, die, wie bei der Beendigungskündigung, nur der Missbrauchskontrolle unterliegt[1072]. Schwierigste Fallgruppe einer betriebsbedingten Änderungskündigung sind, wie dargestellt, die Änderungskündigungen zur Entgeltreduzierung[1073]. Nach überzeugender Ansicht kommt eine solche nur bei Existenzgefährdung des Betriebes in Betracht[1074].

Aufgrund der Verweisung in § 2 KSchG auch auf § 1 III S. 1 und S. 2 KSchG ist bei der Änderungskündigung, die aufgrund von dringenden betrieblichen Erfordernissen ausgesprochen wird, eine Sozialauswahl durchzuführen[1075]. Das heißt, der Arbeitgeber hat zu überprüfen, welchen der vergleichbaren Arbeitnehmern die Vertragsänderung, die er mit der Änderungskündigung anbietet, am ehesten zuzumuten ist[1076].

Der Arbeitgeber darf jedoch nicht eine Sozialauswahl dadurch vermeiden, dass er freie Stellen besetzt und später eine Beendigungskündigung wegen fehlender Weiterbeschäftigung ausspricht[1077]. Die Sozialauswahl im Rahmen der Änderungskündigung wird nach der h.M. im Gegensatz zur Sozialauswahl im Rahmen der Beendigungskündigung in modifizierter Form durchgeführt[1078]. Dies ergibt sich vor allem daraus, dass der Gesetzgeber im Zuge der Gesetzesänderungen der letzten Jahre versäumt hat, die Vorschrift des § 1 III KSchG

1070 ErfK-*Oetker*, § 2 Rn. 47.

1071 *Schmalkalden/Oberrath*, NJW 2008, S. 3177, 3179; BAG Urteil vom 23.6.2005-2 AZR 642/04-AP KSchG 1969, § 2 Nr. 81.

1072 BAG Urteil vom 23.6.2005-2 AZR 642/04-AP KSchG 1969, § 2 Nr. 81.

1073 *Schmalkalden/Oberrath*, NJW 2008, S. 3177, 3179.

1074 BAG Urteil vom 09.07.1997-4 AZR 635/95-AP BAT 1975 § 22, 23 Nr. 233.

1075 KR-*Rost/Kreft*, § 2 Rn. 103; Stahlhacke/Preis/Vossen-*Preis*, Rn. 1325; Löwisch/Spinner-*Löwisch*, §2 Rn. 63.

1076 Stahlhacke/Preis/Vossen-*Preis*, Rn. 1325.

1077 BAG Urteil vom 12.8.2010-2 AZR 945/08-AP KSchG 1969, § 2 Nr. 147.

1078 Grundlegend: BAG Urteil vom 13.6.1986-7 AZR 623/84-AP KSchG 1969 § 1 Soziale Auswahl Nr. 13.

entsprechend den Besonderheiten der Änderungskündigung anzupassen[1079]. Ein weiterer Punkt, der für eine modifizierte Form der Sozialauswahl spricht, ist die Tatsache, dass es um die soziale Rechtfertigung des Änderungsangebotes geht und dieses daher auch bei der Sozialauswahl zu berücksichtigen ist[1080]. Es ist bei der Auswahl anhand der sozialen Gesichtspunkte nach § 1 III KSchG bei der Änderungskündigung zu prüfen, ob der Arbeitgeber, statt die Arbeitsbedingungen des unmittelbar änderungskündigungsbedrohten Arbeitnehmers zu ändern, diese einem vergleichbaren Arbeitnehmer hätte anbieten müssen, dem diese Änderungen sozial eher zuzumuten sind[1081].

Wie bei der betriebsbedingten Beendigungskündigung erfolgt die Prüfung der Sozialauswahl bei der betriebsbedingten Änderungskündigung in drei Stufen[1082]. Die erste Stufe ist die Festlegung des auswahlrelevanten Personenkreises für die Sozialauswahl, also die Festlegung, welche Arbeitnehmer miteinander vergleichbar sind[1083]. Auf der zweiten Stufe der Prüfung der Sozialauswahl bei der Änderungskündigung werden die Kriterien gewichtet und die im ersten Schritt ermittelten Arbeitnehmer miteinander verglichen[1084]. Bei diesem Schritt der Prüfung wird unter den vergleichbaren Arbeitnehmern eine Rangfolge nach den sozialen Kriterien des § 1 III KSchG gebildet[1085]. Für diesen Schritt sind die Kriterien Betriebszugehörigkeit, Unterhaltspflichten, Lebensalter und Schwerbehinderung jedoch aufgrund des eindeutigen Verweises von §2 KSchG auf § 1 III KSchG abschließend[1086]. Aufgrund der unterschiedlichen Zielsetzung einer Änderungskündigung, welche auf die Fortsetzung des Arbeitsverhältnisses unter anderen Bedingungen anstatt auf die Beendigung gerichtet ist, sind bei der Sozialauswahl im Rahmen der Änderungskündigung jedoch Abweichungen im Vergleich zur Sozialauswahl bei der Beendigungskündigung zu beachten[1087]. Da das Kriterium für die soziale Rechtfertigung der Änderungskündigung, wie oben dargestellt, die Änderungen sind, ist es unerheblich, welcher der

1079 KR-*Rost/Kreft*, § 2 Rn. 103.

1080 BAG Urteil vom 13.6.1986-7 AZR 623/84-AP KSchG 1969 § 1 Soziale Auswahl Nr. 13.

1081 BAG Urteil vom 13.6.1986-7 AZR 623/84- AP KSchG 1969 § 1 Soziale Auswahl Nr. 13.

1082 Stahlhacke/Preis/Vossen-*Preis*, Rn. 1327.

1083 Stahlhacke/Preis/Vossen-*Preis*, Rn. 1327.

1084 Stahlhacke/Preis/Vossen-*Preis*, Rn. 1327.

1085 Löwisch/Spinner-*Löwisch*, § 2 Rn. 63.

1086 BAG Urteil vom 12.8.2010-2 AZR 945/08-AP KSchG 1969, § 2 Nr. 147.

1087 KR-*Rost/Kreft*, § 2 Rn. 103.

vergleichbaren Arbeitnehmer durch den Verlust des Arbeitsplatzes am härtesten getroffen wird[1088]. Vielmehr kommt es darauf an, welchem der vergleichbaren Arbeitnehmer aus dem auswahlrelevanten Personenkreis für die Auswahl im Rahmen der betriebsbedingten Änderungskündigung die vom Arbeitgeber vorgeschlagene Vertragsänderung am ehesten zuzumuten ist[1089]. Es muss daher die besondere Situation bei der Änderungskündigung im Rahmen der Gewichtung der einzelnen Daten aus § 1 III KSchG berücksichtigt werden[1090]. Im Weiteren sollen Einzelheiten zur Modifikation der einzelnen Kriterien des § 1 III KSchG im Rahmen der Sozialauswahl bei der betriebsbedingten Änderungskündigung nicht näher erörtert werden[1091]. Da im Rahmen der Sozialauswahl geprüft werden soll, welchem Arbeitnehmer die Änderung am ehesten sozial zuzumuten ist, müssen nach Ansicht des BAG auch Kriterien wie „schnelle Auffassungsgabe", „geistige Wendigkeit", „Anpassungsfähigkeit" und der „Gesundheitszustand" für die Auswahl beachtet werden[1092].

Hinsichtlich dieser vom BAG im Jahre 1986 zusätzlich aufgestellten Kriterien („schnelle Auffassungsgabe", „Anpassungsfähigkeit" etc.) für die soziale Auswahl zwischen den vergleichbaren Arbeitnehmern im Rahmen der betriebsbedingten Änderungskündigung ist darauf hinzuweisen, dass diese für die Auswahl unbeachtlich sind[1093]. Dies ergibt sich daraus, dass zum Zeitpunkt des Urteils im Jahre 1986 noch keine abschließenenden Kriterien zur Sozialauswahl normiert waren und die nun in § 1 III KSchG aufgeführten gesetzlichen Kriterien abschließend sind[1094]. Für den Kreis der auswahlrelevanten Arbeitnehmer, also die Frage der Vergleichbarkeit von Arbeitnehmern, hat dies jedoch keine Auswirkungen[1095].

In einem dritten Schritt im Rahmen der Sozialauswahl bei der betriebsbedingten Änderungskündigung im Rahmen des § 2 KSchG wird überprüft, ob ein berechtigtes betriebliches Interesse im Sinne des § 1 III 2 KSchG der Auswahl nach Schritt zwei entgegensteht und daher eigentlich weniger schutzbedürftige Arbeitnehmer zu unveränderten Arbeitsbedingungen weiterbeschäftigt werden

---

1088 *Schmalkalden/Oberrath,* NJW 2008, S. 3177, 3182.

1089 *Schmalkalden/Oberrath,* NJW 2008, S. 3177, 3182.

1090 BAG Urteil vom 12.8.2010-2 AZR 945/08-AP KSchG 1969, § 2 Nr. 147.

1091 siehe hierzu aber z.B., von Hoyningen-Huene/ Linck-*Linck,* § 2 KSchG Rn. 75.

1092 BAG Urteil vom 13.6.1986-7 AZR 623/84-AP KSchG 1969 § 1 Soziale Auswahl Nr. 13.

1093 Löwisch/Spinner-*Löwisch,* § 2 Rn. 64.

1094 Löwisch/Spinner-*Löwisch,* § 2 Rn. 65.

1095 Löwisch/Spinner-*Löwisch,* § 2 Rn. 64.

müssen[1096]. Dabei handelt es sich nicht nur um das Interesse, Arbeitnehmer auf den bisherigen Arbeitsplätzen zu identischen Vertragsinhalten zu beschäftigen, sondern auch Arbeitnehmer an anderen Arbeitsplätzen zu geänderten Bedingungen arbeiten zu lassen[1097].

Der für die vorliegende Bearbeitung entscheidende Unterschied der Sozialauswahl bei der Änderungskündigung zur Sozialauswahl bei der betriebsbedingten Beendigungskündigung betrifft die erste Stufe der Sozialauswahl, also den für diese Auswahl relevanten Personenkreis und damit die Frage der Vergleichbarkeit von Arbeitnehmern im Rahmen der Sozialauswahl bei der betriebsbedingten Änderungskündigung. Dieser erklärt sich dadurch, dass es, wie bereits festgestellt, bei der sozialen Rechtfertigung der Änderungskündigung auf das Änderungsangebot ankommt, daher ist auch bei der Sozialauswahl auf dieses abzustellen[1098].

Daher ist im Rahmen der Sozialauswahl zu prüfen, ob der Arbeitgeber die Änderungskündigung statt dem unmittelbar kündigungsbedrohten Arbeitnehmer einem anderen vergleichbaren Arbeitnehmer hätte anbieten müssen, dem diese sozial eher zuzumuten ist[1099].

Die Kriterien zur Bestimmung des vergleichbaren Arbeitnehmers bei der betriebsbedingten Änderungskündigung werden im Folgenden näher betrachtet und die Unterschiede zur Vergleichbarkeitsprüfung bei der Sozialauswahl im Rahmen der betriebsbedingten Beendigungskündigung deutlich gemacht.

Die Frage nach den Kriterien für den vergleichbaren Arbeitnehmer im Rahmen der Änderungskündigung nach § 2 KSchG ist nicht unumstritten und sie soll nachfolgend Gegenstand der Ausführungen sein. Im Rahmen dieser Ausführungen beschränkt sich die Frage nach der Vergleichbarkeit von Arbeitnehmern im Rahmen der Sozialauswahl bei der Änderungskündigung auf „echte" Änderungskündigungen, bei welchen der Arbeitgeber den Arbeitsbereich des Arbeitnehmers ändern möchte und nicht bloß seiner Obliegenheit nach § 1 II KSchG nachkommt. In der Literatur kaum differenziert dargestellt ist die Frage nach der Vergleichbarkeit von Arbeitnehmern im Rahmen der Sozialauswahl bei betriebsbedingter echter Änderungskündigung, bei welcher der Arbeitgeber die sonstigen Vertragsbedingungen, insbesondere die Arbeitszeit oder die Vergütung

---

1096 Stahlhacke/Preis/Vossen-*Preis*, Rn. 1327.

1097 Stahlhacke/Preis/Vossen-*Preis*, Rn. 1327; Löwisch/Spinner-*Löwisch*, § 2 Rn. 63.

1098 BAG Urteil vom 13.6.1986-7 AZR 623/84-AP KSchG 1969 § 1 Soziale Auswahl Nr. 13.

1099 BAG Urteil vom 13.6.1986-7 AZR 623/84-AP KSchG 1969 § 1 Soziale Auswahl Nr. 13.

verändern möchte[1100]. Vorliegend beschränkt sich die Darstellung jedoch auf die betriebsbedingte Kündigung, welche eine Änderung des Arbeitsbereichs des Arbeitnehmers zum Inhalt hat, also auf die Änderungskündigung im Sinne einer sog. „Versetzungskündigung“[1101]. Daher kann es für diese Arbeit dahinstehen, ob es noch einer Differenzierung hinsichtlich der Bestimmung des vergleichbaren Arbeitnehmers im Rahmen des § 2 KSchG bedarf oder nicht.

a) Der vergleichbare Arbeitnehmer bei der betriebsbedingten „echten“ Änderungskündigung im Sinne des § 2 KSchG nach der Rechtsprechung und der herrschenden Meinung in der Literatur

Fraglich ist, wie sich der vergleichbare Arbeitnehmer bei der Sozialauswahl im Rahmen der Änderungskündigung bestimmt, insbesondere ob die Kriterien für die Bestimmung des vergleichbaren Arbeitnehmers bei der betriebsbedingten echten Änderungskündigung nach § 2 KSchG mit der Bestimmung des vergleichbaren Arbeitnehmers im Rahmen der Sozialauswahl im Rahmen der Beendigungskündigung identisch sind oder nicht. Diese Frage hat für den Arbeitgeber eine erhebliche praktische Relevanz. Um die Sozialauswahl im Rahmen der Änderungskündigung fehlerfrei durchzuführen, muss er auch bei dieser in einem ersten Schritt fehlerfrei den Kreis der vergleichbaren Arbeitnehmer, also den auswahlrelevanten Personenkreis festlegen, zwischen welchen er den Vergleich anhand der Kriterien des § 1 III KSchG vornimmt. Nur diese Arbeitnehmer, die miteinander vergleichbar sind, werden im Rahmen des § 2 KSchG, wie bei der Beendigungskündigung, miteinander anhand ihrer Sozialdaten verglichen und sind daher miteinander vergleichbar.

Wie bei der Sozialauswahl im Rahmen der betriebsbedingten Beendigungskündigung bestimmt sich der Kreis der vergleichbaren Arbeitnehmer ebenfalls nach dem Kriterium Austauschbarkeit[1102]. Im Unterschied zu der Sozialauswahl bei der Beendigungskündigung muss sich bei der Änderungskündigung die (arbeitsplatzbezogene) Austauschbarkeit nach überwiegender Ansicht jedoch nicht nur auf den bisher ausgeübten Arbeitsplatz bzw. die bisher ausgeübte Tätigkeit beziehen, sondern auch auf den mit der Änderungskündigung angebotenen

1100 Zur Differenzierung bei betriebsbedingten Änderungskündigung zwischen „Versetzungskündigungen“ und „Modifikationskündigungen“ siehe: MünchArbR-*Berkwosky*, § 122 Rn. 57.

1101 MünchArbR-*Berkwosky*, § 122 Rn. 57 ff.

1102 BAG Urteil vom 18.1.2007-2 AZR 796/05-AP KSchG 1969 § 1 Soziale Auswahl Nr. 89.

Arbeitsplatz[1103]. Vergleichbar sind daher nur Arbeitnehmer, die nicht nur, wie bei der Beendigungskündigung hinsichtlich ihrer bisher ausgeübten Arbeitsplätze arbeitsplatzbezogenen austauschbar sind, sondern vergleichbar sind vielmehr nur die Arbeitnehmer, die zusätzlich auch für die Tätigkeit aus dem Änderungsangebot wenigstens annähernd gleich geeignet sind[1104]. Die Austauschbarkeit, welche für die Annahme einer Vergleichbarkeit von Arbeitnehmern Voraussetzung ist, muss sich also hier auch auf den angebotenen Arbeitsplatz beziehen[1105].

Dies hat das BAG schon im sog. „Schwimmmeisterfall"[1106] vom 13.6.1986 deutlich gemacht und mittlerweile in einer Entscheidung aus dem Jahre 2007 bestätigt[1107]. In der Schwimmeisterentscheidung des BAG aus dem Jahre 1986 ging es darum, dass in einer Kommune eine von vier Stellen eines Schwimmmeisters betriebsbedingt entfiel. In einem anderen Bereich der Verwaltung war eine Stelle frei. Für diese kommt nur der Arbeitnehmer W in Betracht, der nach § 1 III KSchG aber der sozial stärkste Arbeitnehmer ist. Die Schwimmmeister X, Y und Z kommen für diese freie Stelle nicht in Betracht. Der Arbeitgeber übersendet dem Schwimmmeister W eine Änderungskündigung in Bezug auf die Änderung seines Arbeitsbereiches. Die Frage war nun, ob die Änderungskündigung sozialwidrig war oder nicht, was maßgeblich davon abhing, ob der Kreis der für die Sozialauswahl relevanten Arbeitnehmer sich auch auf die anderen Schwimmmeister erstreckt.

Nach Ansicht des BAG kommt es für eine Vergleichbarkeit von Arbeitnehmern im Rahmen der Sozialauswahl bei der betriebsbedingten Änderungskündigung u.a. darauf an, ob sie nach der bisherigen Tätigkeit miteinander verglichen werden können und auf ihren bisher innegehabten Arbeitsplätzen nach einer arbeitsplatzbezogenen Austauschbarkeit gegenseitig austauschbar sind[1108]. Zusätzlich müssen die Arbeitnehmer bei der Änderungskündigung auch für die Tätigkeit, welche mit dem Änderungsangebot offeriert wird, annähernd gleich

1103 BAG Urteil vom 18.1.2007-2 AZR 796/05-AP KSchG 1969 § 1 Soziale Auswahl Nr. 89; Löwisch/Spinner-*Löwisch*, § 2 Rn. 63.

1104 KR-*Rost/Kreft*, § 2 Rn. 103.

1105 KR-*Rost/Kreft*, § 2 Rn. 103; BAG Urteil vom 18.1.2007-2 AZR 796/05-AP KSchG 1969 § 1 Soziale Auswahl Nr. 89.

1106 BAG Urteil vom 13.6.1986-7 AZR 623/84, AP KSchG 1969 § 1 Soziale Auswahl Nr. 13.

1107 BAG Urteil vom 18.01.2007-2 AZR 796/05-AP KSchG 1969 § 1 Soziale Auswahl Nr. 89.

1108 *Jüttner*, Der Vorrang der Änderungskündigung vor der Beendigungskündigung, S. 202.

geeignet sein[1109]. Vergleichbar im Sinne der Sozialauswahl bei der betriebsbedingten Änderungskündigung sind daher nur Arbeitnehmer, die über die arbeitsplatzbezogene Austauschbarkeit wie bei der Beendigungskündigung hinaus, auch für die Tätigkeit, welche Gegenstand des Änderungsangebots ist, wenigstens annähernd gleich geeignet sind[1110].

Im Beispielsfall aus der „Schwimmmeisterentscheidung“ waren die übrigen Arbeitnehmer nicht mit dem Adressaten der Änderungskündigung vergleichbar, da diese im Gegensatz zu diesem nicht auf den freien Arbeitsplatz austausch- und damit einsetzbar sind.

b) Die Kritik an der Bestimmung des vergleichbaren Arbeitnehmers nach der Rechtsprechung und der herrschenden Meinung in der Literatur

Die Rechtsprechung des BAG zur Frage des auswahlrelevanten Personenkreises bei der betriebsbedingten Änderungskündigung in der sog. „Schwimmmeisterentscheidung“ aus dem Jahre 1986 ist seitens der Literatur auf zahlreiche Kritik gestoßen. Hier wird kritisiert, dass das BAG seit seiner Rechtsprechung in der Schwimmmeisterentscheidung den Kreis der für die Sozialauswahl relevanten und damit vergleichbaren Arbeitnehmer auf diejenigen beschränkt, die auf der freien Stelle weiterarbeiten können[1111]. Dies führt dazu, dass ein Vorrang einer Änderungskündigung eines Arbeitnehmers gegenüber der Beendigungskündigung eines anderen Arbeitnehmers aufgestellt wird[1112]. Gegen diese Einschränkung der Vergleichbarkeit von Arbeitnehmern bei der Sozialauswahl im Rahmen der betriebsbedingten Änderungskündigung sprechen nach dieser Ansicht mehrere Gründe.

So vertritt beispielsweise *Mummenhoff* die Ansicht, dass die Bestimmung des auswahlrelevanten Personenkreises in der Sozialauswahl zu pauschal ist[1113]. Insbesondere bestrafen die Kriterien des BAG für die Vergleichbarkeit des Arbeitnehmers denjenigen Arbeitnehmer, der zusätzliche Eigenschaften und Fähigkeiten erworben hat und damit eher einer Änderungskündigung ausgesetzt wird als ein Arbeitnehmer, der sich nicht weiterqualifiziert[1114]. Er wirft ein, dass es bei der entsprechenden Anwendung von § 1 III KSchG im Rahmen des § 2 KSchG zu

---

1109 *Jüttner*, Der Vorrang der Änderungskündigung vor der Beendigungskündigung, S. 202.
1110 KR-*Rost/Kreft*, § 2 Rn. 103.
1111 *Betz*, Die betriebsbedingte Änderungskündigung, S. 90.
1112 *Betz*, Die betriebsbedingte Änderungskündigung, S. 90.
1113 *Mummenhoff* in: FS für Kissel, S. 773, 780 f.
1114 *Mummenhoff* in: FS für Kissel, S. 773, 775.

einer Kollision von Inhalts- und Bestandsschutz des Arbeitnehmers kommt[1115]. Gleichzeitig weist *Mummenhoff* darauf hin, dass die Auswahlentscheidung nach § 1 III KSchG, also letztlich die Frage, welchen Arbeitnehmern die Änderung der Arbeitsbedingungen am ehesten sozial zumutbar ist, eingeengt werden würde, wenn man den auswahlrelevanten Personenkreis mit der h.M. bestimmt[1116]. Dies stellt aus seiner Sicht eine Verkürzung des Verhältnismäßigkeitsprinzips da und ist daher abzulehnen[1117]. Der vergleichbare Arbeitnehmer bestimmt sich nach *Mummenhoff* danach, welche Arbeitnehmer von der unternehmerischen Entscheidung betroffen sind, unter diesen hat dann seiner Ansicht nach die Sozialauswahl zu erfolgen[1118].

Andere in der Literatur sind der Auffassung, die Grundsätze der Sozialauswahl, und damit auch die Kriterien zur Bestimmung des vergleichbaren Arbeitnehmers, seien bei der Beendigungskündigung in unmodifizierter Form auch bei der Sozialauswahl im Rahmen der Änderungskündigung zu übertragen[1119].

Die unterschiedlichen Ansätze kommen zu unterschiedlichen Ergebnissen. Dies macht das Beispiel der Schwimmmeister deutlich. Die Arbeitnehmer W, X, Y und Z sind im gleichen Betrieb innerhalb einer Betriebsabteilung tätig und üben die gleiche Tätigkeit aus. Eine der vier Stellen entfällt betriebsbedingt. In einem anderen Betrieb des Arbeitgebers ist gleichzeitig eine Stelle frei, die anhand seiner Qualifikation jedoch nur der W ausüben kann.

Die Frage, wem gegenüber nun die Änderungskündigung zu erfolgen hat, hängt davon ab, wie eine entsprechende Sozialauswahl ausgehen würde. Hierzu wäre zunächst der Kreis der auswahlrelevanten, also vergleichbaren Arbeitnehmer zu bestimmen. Im Rahmen der Auswahl für die Änderungskündigung sind W und die anderen nicht miteinander vergleichbar, da X, Y und Z nicht für die Tätigkeit in dem anderen Betrieb qualifiziert sind. Somit findet keine Auswahl statt und der Arbeitgeber hat W gegenüber die Änderungskündigung zu erklären.

Legt man die Gegenauffassung von *Mummenhoff* zu Grunde, betrifft die unternehmerische Entscheidung die ganze Betriebsabteilung. Demzufolge wären W, X, Y und Z miteinander vergleichbar und zwischen ihnen müsste dann eine Auswahl nach den Kriterien des § 1 III KSchG getroffen werden. Gegenüber

---

1115 *Mummenhoff* in: FS für Kissel, S. 773, 781.
1116 *Mummenhoff* in: FS für Kissel, S. 773, 785.
1117 *Mummenhoff* in: FS für Kissel, S. 773, 785.
1118 *Mummenhoff* in: FS für Kissel, S. 773, 785.
1119 Z.B. *Annuß,* Betriebsbedingte Kündigung, S. 272 ff.

dem sozial Stärksten müsste der Arbeitgeber die Änderungskündigung nach § 2 KSchG erklären.

4. *Stellungnahme zum vergleichbaren Arbeitnehmer bei der Änderungskündigung nach § 2 KSchG*

Die Ansicht der h.M. ist vorzugswürdig. Dies ergibt sich daraus, dass die Problematik der Vergleichbarkeit von Arbeitnehmern im Rahmen der Sozialauswahl bei der betriebsbedingten Änderungskündigung eng mit der umstrittenen Frage des Prüfungsmaßstabs für die soziale Rechtfertigung einer betriebsbedingten Änderungskündigung zusammenhängt[1120]. Geht man wie die h.M. zu Recht davon aus, dass es für die soziale Rechtfertigung einer Änderungskündigung darauf ankommt, dass die geänderten Arbeitsbedingungen sozial gerechtfertigt sind, ist es nur konsequent, darauf auch im Rahmen der Sozialauswahl abzustellen[1121]. Dennoch ist die Kritik nicht von der Hand zu weisen. Nach den Kriterien für die Bestimmung des vergleichbaren Arbeitnehmers nach der hier vertretenen Auffassung kann der Fall auftreten, dass ein Defizit in der Qualifikation des Arbeitnehmers sich für diesen hinsichtlich der Auswahl vorteilhaft auswirkt. Dieser wird nicht in die Sozialauswahl einbezogen und setzt sich deshalb dem Risiko einer Änderungskündigung nicht aus[1122].

Somit wird faktisch der auswahlrelevante Personenkreis im Vergleich zum auswahlrelevanten Personenkreis bei der Sozialauswahl eingeschränkt. Die Kriterien, wann Arbeitnehmer als vergleichbar anzusehen sind, unterscheiden sich daher bei der Sozialauswahl im Rahmen der Beendigungskündigung von der Sozialauswahl bei der Änderungskündigung.

Vergleichbar sind damit im Rahmen der Sozialauswahl bei der Änderungskündigung nach § 2 KSchG ebenfalls nur die Arbeitnehmer der gleichen Betriebsebene[1123]. Darüber hinaus müssen für eine Vergleichbarkeit von Arbeitnehmern diese, wie bei der Beendigungskündigung, hinsichtlich ihrer bisherigen Tätigkeit austauschbar sein[1124]. Zusätzlich muss der Kollege, der mit dem unmittelbar von der Änderungskündigung bedrohte Arbeitnehmer verglichen werden soll, in der Lage sein, den in der Änderungskündigung angebotenen

1120 *Betz,* Die betriebsbedingte Änderungskündigung, S. 89.

1121 *Betz,* Die betriebsbedingte Änderungskündigung, S. 89, der diese Argumentation aber im Ergebnis ablehnt.

1122 *Schmalkalden/Oberrath,* NJW 2008, S. 3177, 3182.

1123 *Schmalkalden/Oberrath,* NJW 2008, S. 3177, 3182.

1124 *Schmalkalden/Oberrath,* NJW 2008, S. 3177, 3182.

Arbeitsplatz auszuüben[1125]. Auf eine arbeitsvertragliche Austauschbarkeit dieser Arbeitnehmer kann es mit Blick auf die Vergleichbarkeit nicht ankommen, da beide mit einer Änderungskündigung auf diesen neuen Arbeitsplatz versetzt werden müssten. Sind diese Voraussetzungen nicht erfüllt, handelt es sich bei dem Kollegen nicht um einen mit dem unmittelbar durch die Änderungskündigung bedrohten Arbeitnehmer vergleichbaren Arbeitnehmer.

B. Der vergleichbare Arbeitnehmer im Teilzeit- und Befristungsgesetz

Der Rechtsbegriff des vergleichbaren Arbeitnehmers spielt auch im Rahmen des TzBfG an verschiedenen Stellen eine wichtige Rolle. So ist er eine wichtige Tatbestandvoraussetzung für § 4 TzBfG. Außerdem hat er für die Bestimmung des teilzeitbeschäftigten Arbeitnehmers im Sinne des § 2 TzBfG und zur Bestimmung des befristeten Beschäftigten nach § 3 TzBfG Bedeutung. Daher wird in diesem nächsten Abschnitt auf den vergleichbaren Arbeitnehmer im Rahmen dieser Vorschriften näher eingegangen.

I. Der vergleichbare Arbeitnehmer im Rahmen des § 2 TzBfG

In § 2 TzBfG hat der Gesetzgeber den Begriff des teilzeitbeschäftigten Arbeitnehmers für das TzBfG legal definiert[1126]. Nach § 2 I S. 1 TzBfG ist teilzeitbeschäftigt der Arbeitnehmer, dessen regelmäßige Wochenarbeitszeit geringer ist, als die eines vergleichbaren vollzeitbeschäftigten Arbeitnehmers[1127]. § 2 I S. 2 TzBfG enthält eine Regelung für Konstellationen, in denen eine regelmäßige Wochenarbeitszeit zwischen den Parteien nicht vereinbart ist[1128]. Satz 3 der Vorschrift enthält eine gesetzgeberische Konkretisierung für die Bestimmung des vergleichbaren vollzeitbeschäftigten Arbeitnehmer, die von § 2 I S. 4 TzBfG ergänzt wird für Fälle, in denen kein vergleichbarer Arbeitnehmer im Betrieb vorhanden ist[1129]. Die Regelung des § 2 I S. 4 TzBfG wird im Folgenden den Schwerpunkt der Bearbeitung ausmachen.

Die Prüfung, ob ein teilzeitbeschäftigter Arbeitnehmer im Sinne des § 2 TzBfG vorliegt, erfolgt in einem Verfahren, welches aus mehreren einzelnen

1125 *Schmalkalden/Oberrath*, NJW 2008, S. 3177, 3182.
1126 *Sievers*, TzBfG, § 2 Rn. 1.
1127 *Joussen*, in: Boecken/Joussen, Teilzeit- und Befristungsgesetz, § 2 Rn. 11.
1128 *Joussen*, in: Boecken/Joussen, Teilzeit- und Befristungsgesetz, § 2 Rn. 11.
1129 *Joussen*, in: Boecken/Joussen, Teilzeit- und Befristungsgesetz, § 2 Rn. 11.

Prüfungsschritten besteht[1130]. Für die Bestimmung des teilzeitbeschäftigten Arbeitnehmers ist zunächst die regelmäßige Arbeitszeit des potentiell teilzeitbeschäftigten Arbeitnehmers zu bestimmen[1131]. Ist diese erfasst, muss festgelegt werden, mit welchem Arbeitnehmer er vergleichbar ist, was sich, wie bereits dargelegt, aus S. 3 und 4 der Vorschrift ergibt[1132].

Aufgrund der mehrschrittigen Prüfung für die Bestimmung als Teilzeitbeschäftigter können Arbeitnehmer in unterschiedlichen Betrieben mit gleicher Arbeitzeit einmal als teilzeitbeschäftigte Arbeitnehmer im Sinne des § 2 TzBfG angesehen werden und einmal nicht[1133]. Dies folgt daraus, dass das Gesetz einen „relativen Teilzeitbegriff" zu Grunde legt, welcher auf den konkreten Beschäftigungsbetrieb abstellt[1134].

1. *Regelmäßige Wochenarbeitszeit*

Aufgrund der Regelung des § 2 I S. 1 und S. 2 TzBfG kommt es darauf an, die regelmäßige wöchentliche Arbeitszeit des betroffenen Arbeitnehmers zu ermitteln, da nur derjenige Arbeitnehmer teilzeitbeschäftigt ist, dessen regelmäßige Wochenarbeitzeit geringer ist als die eines vergleichbaren vollzeitbeschäftigten Arbeitnehmers[1135]. In einem ersten Schritt ist daher die Wochenarbeitszeit des betroffenen Arbeitnehmers festzulegen, die dann die Grundlage des für die Begriffsbestimmung des teilzeitbeschäftigten Arbeitnehmers vorzunehmenden Vergleichs ist.

Aufgrund der gesetzlichen Regelung der Sätze 1 und 2 in § 2 TzBfG ist zur Bestimmung der Wochenarbeitszeit zunächst vorrangig zu prüfen, ob eine regelmäßige Wochenarbeitszeit vereinbart worden ist[1136]. Diese Vereinbarung kann sich nicht nur aus dem Arbeitsvertrag, sondern auch aus einem einschlägigen und anwendbaren Tarifvertrag ergeben[1137]. Abzustellen ist jedoch nur auf die typischerweise erbrachte Arbeitsleistung innerhalb einer Woche[1138]. Überstunden und sonstige vorübergehende Arbeitsspitzen sind für die Bestimmung der

---

1130 *Sievers,* TzBfG, § 2 Rn. 3.
1131 *Sievers,* TzBfG, § 2 Rn. 3.
1132 *Sievers,* TzBfG, § 2 Rn. 3.
1133 *Rolfs,* RdA 2001, S. 129, 130.
1134 *Joussen,* in: Boecken/Joussen, Teilzeit- und Befristungsgesetz, § 2 Rn. 12.
1135 *Laux,* in: Laux/Schlachter, Teilzeit- und Befristungsgesetz, § 2 Rn. 25.
1136 *Sievers,* TzBfG, § 2 Rn. 6.
1137 *Laux,* in: Laux/Schlachter, Teilzeit- und Befristungsgesetz, § 2 Rn. 24.
1138 *Joussen,* in: Boecken/Joussen, Teilzeit- und Befristungsgesetz, § 2 Rn. 14.

regelmäßigen Wochenarbeitszeit des Arbeitnehmers daher nicht zu berücksichtigen[1139].

Umstritten sind in diesem Zusammenhang die Fälle, in denen die tatsächlich geleistete regelmäßige Wochenarbeitszeit nicht nur vorübergehend von der vereinbarten abweicht. Einerseits wird vertreten, dass es auch in diesen Fällen allein auf die vereinbarte Arbeitszeit ankommt[1140]. Eine andere Ansicht nimmt jedoch in solchen Fällen zu Recht an, dass es dann auf die tatsächliche Handhabung der Arbeitszeit ankommt[1141]. Dies wird vor allem mit dem Schutz des Arbeitnehmers begründet[1142].

Fehlt es dagegen an einer entsprechenden vertraglichen Regelung hinsichtlich der regelmäßigen Wochenarbeitszeit, kommt es nach § 2 I S. 2 TzBfG auf die tatsächliche Durchführung des Arbeitsverhältnisses durch die Vertragsparteien an[1143]. Hierfür ist dann die tatsächliche durchschnittliche regelmäßige Arbeitszeit eines bis zu einem Jahr reichenden Zeitraums der Beschäftigung zu ermitteln[1144]. Durch einen besonderen Anlass bedingte Mehrarbeit darf auch in diesen Fällen nicht berücksichtigt werden[1145]. Dieser Betrachtungszeitraum darf jedoch nicht vom Arbeitgeber willkürlich festgelegt werden, sondern dieser muss sich vielmehr nach Treu und Glauben bestimmen[1146]. Gleichzeitig ist bei der Festlegung des Beurteilungszeitraums nicht das Kalenderjahr maßgeblich, sondern das Jahr vor der Feststellung, ob eine Teilzeitbeschäftigung im konkreten Fall vorliegt[1147]. Wenn aufgrund einer kurzen Dauer des Arbeitsverhältnisses kein Jahr als Beurteilungszeitraum herangezogen werden kann, dann ist der größtmögliche Vergleichzeitraum zu wählen[1148].

Somit ist ein Arbeitnehmer, für den keine vertragliche Regelung über die Arbeitszeit getroffen wurde, teilzeitbeschäftigt, wenn dessen regelmäßige

---

1139 *Annuß,* in: Annuß/Thüsing, Teilzeit- und Befristungsrecht, § 2 Rn. 2; *Joussen,* in: Boecken/Joussen, Teilzeit- und Befristungsgesetz, § 2 Rn. 12.

1140 *Laux,* in: Laux/Schlachter, Teilzeit- und Befristungsgesetz, § 2 Rn. 24; *Sievers,* TzBfG, § 2 Rn. 6.

1141 *Joussen,* in: Boecken/Joussen, Teilzeit- und Befristungsgesetz, § 2 Rn. 14; *Meinel/Heine/Herms,* Teilzeit und Befristungsgesetz, § 2 Rn. 6.

1142 *Joussen,* in: Boecken/Joussen, Teilzeit- und Befristungsgesetz, § 2 Rn. 16.

1143 *Sievers,* TzBfG, § 2 Rn. 7.

1144 *Sievers,* TzBfG, § 2 Rn. 7.

1145 *Annuß,* in:Annuß/Thüsing, Teilzeit- und Befristungsrecht, § 2 Rn. 3.

1146 *Laux,* in: Laux/Schlachter, Teilzeit- und Befristungsgesetz, § 2 Rn. 28.

1147 *Annuß,* in: Annuß/Thüsing, Teilzeit- und Befristungsrecht, § 2 Rn. 3.

1148 *Annuß,* in: Annuß/Thüsing, Teilzeit- und Befristungsrecht, § 2 Rn. 3.

Arbeitszeit in einem Zeitraum von bis zu einem Jahr geringer ist als die eines vergleichbaren vollzeitbeschäftigten Arbeitnehmers[1149].

2. Der mit dem betroffenen Arbeitnehmer vergleichbare vollzeitbeschäftigte Arbeitnehmer

Für die Feststellung, dass ein Arbeitnehmer ein teilzeitbeschäftigter Arbeitnehmer im Sinne des § 2 TzBfG ist, wird in einem ersten Schritt die wöchentliche Arbeitzeit des potentiell teilzeitbeschäftigten Arbeitnehmers festgestellt[1150]. In einem zweiten Schritt wird auf einen Vergleich dieser Arbeitzeit des betroffenen Arbeitnehmers zu einem vergleichbaren Vollzeitbeschäftigten abgestellt[1151]. Für die Annahme einer Teilzeitbeschäftigung reicht es aus, wenn der Arbeitnehmer eine Stunde weniger arbeitet als der vergleichbare in Vollzeit beschäftigte Arbeitnehmer[1152].

Für die Prüfung der Vergleichbarkeit gibt das Gesetz in den Sätzen 3 und 4 eine dreistufige Prüfung vor, welche in dieser Reihenfolge vom Gesetzesanwender auch einzuhalten ist[1153]. Daher erfolgt die Bestimmung des vergleichbaren vollzeitbeschäftigten Arbeitnehmers in einem abgestuften Verfahren[1154]. Zunächst ist für die Festlegung des vergleichbaren in Vollzeit beschäftigten Arbeitnehmer auf die betriebliche Ebene abzustellen[1155]. Ist im Betrieb kein vergleichbarer Arbeitnehmer vorhanden, so hat die Bestimmung des vergleichbaren in Vollzeit beschäftigten Arbeitnehmers aufgrund des § 2 I S. 4 TzBfG anhand des anwendbaren Tarifvertrages zu erfolgen[1156]. Ist kein anwendbarer Tarifvertrag vorhanden, wird aufgrund der gesetzlichen Regelung des Satzes 4 in § 2 I TzBfG der vergleichbare Vollzeitbeschäftigte anhand der Üblichkeit im jeweiligen Wirtschaftzweig bestimmt[1157].

1149 *Laux,* in: Laux/Schlachter, Teilzeit- und Befristungsgesetz, § 2 Rn. 26.

1150 *Joussen,* in: Boecken/Joussen, Teilzeit- und Befristungsgesetz, § 2 Rn. 14.

1151 *Laux,* in: Laux/Schlachter, Teilzeit- und Befristungsgesetz, § 2 Rn. 26; *Sievers,* TzBfG, § 2 Rn. 16.

1152 *Joussen,* in: Boecken/Joussen, Teilzeit- und Befristungsrecht, § 2 Rn. 20.

1153 *Sievers,* TzBfG, § 2 Rn. 9.

1154 ErfK-*Preis,* § 2 TzBfG Rn. 2.

1155 *Annuß,* in: Annuß/Thüsing, Teilzeit- und Befristungsrecht, § 2 Rn. 5.

1156 *Annuß,* in: Annuß/Thüsing, Teilzeit- und Befristungsrecht, § 2 Rn. 6.

1157 *Annuß,* in: Annuß/Thüsing, Teilzeit- und Befristungsrecht, § 2 Rn. 7.

a) Vergleichbarer Vollzeitbeschäftigter

Zunächst ist bei der Festlegung des vergleichbaren (vollzeitbeschäftigten) Arbeitnehmers auf die Ebene des einzelnen Betriebes abzustellen[1158]. Der vergleichbare Vollzeitbeschäftigte wird nach § 2 I S. 3 TzBfG anhand von drei kumulativen Tatbestandsmerkmalen festgelegt[1159]. Es muss sich um einen Vollzeitbeschäftigten handeln, es muss sich für die Vergleichbarkeit der Arbeitnehmer um dieselbe Art des Arbeitsverhältnisses handeln und er muss eine gleiche oder ähnliche Tätigkeit ausüben[1160]. Die Vergleichsperson für den Vergleich der Arbeitszeit muss somit vollzeitbeschäftigt und im Sinne des § 2 I S. 3 TzBfG vergleichbar sein[1161].

aa) Vollzeitbeschäftigter

Zunächst muss es sich bei der Vergleichsperson, also dem vergleichbaren Arbeitnehmer, um einen in Vollzeit Beschäftigten handeln[1162]. Eine gesetzliche Legaldefinition des Vollzeitbeschäftigten existiert nicht[1163]. Nach einer Ansicht in der Literatur sind für die Frage der Vollzeitbeschäftigung die betrieblichen Verhältnisse maßgeblich[1164]. Nach überzeugender anderer Ansicht ist die Vollzeitarbeitszeit gruppenspezifisch zu ermitteln, was unter anderem mit dem Wortlaut der Norm und einer grammatikalischen Auslegung begründet wird[1165]. Eine Mindeststundenzahl für die Annahme einer Vollzeitbeschäftigung ist jedoch aufgrund des Wortlautes des § 2 I S. 3 TzBfG, der eine solche gerade nicht vorsieht, abzulehnen[1166].

bb) Vergleichbarer Arbeitnehmer

Nach § 2 I S. 3 TzbfG sind die entscheidenden Kriterien für die Vergleichbarkeit der Arbeitnehmer die Art des Arbeitsverhältnisses und eine gleiche oder eine ähnliche Tätigkeit[1167].

1158 *Sievers,* TzBfG, § 2 Rn. 9.
1159 *Joussen,* in: Boecken/Joussen, Teilzeit- und Befristungsgesetz, § 2 Rn. 22.
1160 *Joussen,* in: Boecken/Joussen, Teilzeit- und Befristungsgesetz, § 2 Rn. 22.
1161 Meinel/Heyn/Herms, Teilzeit und Befristungsgesetz, § 2, Rn. 8.
1162 *Joussen,* in: Boecken/Joussen, Teilzeit- und Befristungsgesetz, § 2 Rn. 23.
1163 *Joussen,* in: Boecken/Joussen, Teilzeit- und Befristungsgesetz, § 2 Rn. 23.
1164 Vgl. Meinel/Heyn/Herms, Teilzeit und Befristungsgesetz, § 2, Rn. 7 ff.
1165 *Joussen,* in: Boecken/Joussen, Teilzeit- und Befristungsgesetz, § 2 Rn. 24.
1166 *Joussen,* in: Boecken/Joussen, Teilzeit- und Befristungsgesetz, § 2 Rn. 24.
1167 ErfK-*Preis,* § 2 TzBfG, Rn. 2.

(1) Art des Arbeitsverhältnisses

Der Vollzeitbeschäftigte muss, um mit dem potentiell teilzeitbeschäftigten Arbeitnehmer vergleichbar zu sein, „mit denselben Art des Arbeitsverhältnisses beschäftigt sein[1168]". Fraglich ist also, was unter der Art des Arbeitsverhältnisses im Sinne des § 2 TzBfG zu verstehen ist. Dies bereitet insbesondere Schwierigkeiten, da dem Wortlaut des § 2 I S. 3 TzBfG kein Hinweis zu entnehmen ist, was unter derselben Art von Arbeitsverhältnis zu verstehen ist[1169]. Nach der Gesetzesbegründung hat der Gesetzgeber die Wertung vorgenommen, dass befristete und unbefristete Arbeitsverhältnisse nicht artgleich und damit nicht vergleichbar im Sinne des § 2 I S. 3 TzBfG sind[1170]. Diese pauschale Wertung des Gesetzgebers wird zu Recht in der Literatur kritisiert[1171]. Da nach deutschem Recht Arbeitsverhältnisse einheitlich beurteilt werden, kommt diesem aus dem im Wesentlichen aus europäischen Vorgaben stammenden Tatbestandsmerkmal so gut wie keine eigene Bedeutung zu[1172]. Die Anforderungen an dieses unbestimmte Kriterium für die Vergleichbarkeit sind daher nicht zu hoch anzusetzen, so dass es für eine Vergleichbarkeit im Sinne des § 2 TzBfG im Wesentlichen auf die gleiche oder eine ähnliche Tätigkeit ankommt[1173]. Artgleich sind z.B. die Arbeitsverhältnisse von Arbeitern und Angestellten[1174]. Dieses unklare Kriterium wird daher zu Recht nicht in der noch später zu erläuternden Vergleichbarkeitsprüfung des § 3 II TzBfG zur Bestimmung des befristeten Arbeitnehmers verwendet[1175].

Ob ein Arbeitsverhältnis derselben „Art" im Sinne des § 2 TzBfG angehört, bestimmt sich nach zutreffender Ansicht allein nach dessen äußerem Erscheinungsbild[1176]. Außerdem bestimmt sich die Art von Arbeitsverhältnissen nach deren „rechtlichen Einordnung als Arbeitsverhältnis"[1177].

1168 *Joussen,* in: Boecken/Joussen, Teilzeit- und Befristungsgesetz, § 2 Rn. 29.

1169 *Laux,* in: Laux/Schlachter, Teilzeit- und Befristungsgesetz, § 2 Rn. 38; *Sievers,* TzBfG, § 2 Rn. 10.

1170 BT-Drs. 14/4374 S. 15; *Imping,* in: Arnold/Gräfl, Teilzeit- und Befristungsgesetz, § 2 Rn. 16.

1171 siehe z.B. *Joussen,* in: Boecken/Joussen, Teilzeit- und Befristungsgesetz, § 2 Rn. 29.

1172 *Joussen,* in: Boecken/Joussen, Teilzeit- und Befristungsgesetz, § 2 Rn. 29.

1173 *Joussen,* in: Boecken/Joussen, Teilzeit- und Befristungsgesetz, § 2 Rn. 31.

1174 *Laux,* in Laux/Schlachter, Teilzeit- und Befristungsgesetz, § 2 Rn. 39.

1175 *Laux,* in Laux/Schlachter, Teilzeit- und Befristungsgesetz, § 2 Rn. 38.

1176 *Annuß,* in: Annuß/Thüsing, Teilzeit- und Befristungsrecht, § 2 Rn. 5.

1177 *Joussen,* in: Boecken/Joussen, Teilzeit- und Befristungsgesetz, § 2 Rn. 30.

(2) Gleiche oder ähnliche Tätigkeit

Wichtiger als die erste Voraussetzung der gleichen Art des Arbeitsverhältnisses ist die zweite Voraussetzung zur Feststellung des vergleichbaren (vollzeitbeschäftigten) Arbeitnehmers nach § 2 TzBfG. Der vollzeitbeschäftigte Arbeitnehmer, mit dem die Arbeitszeit im Rahmen des § 2 TzBfG verglichen werden soll, muss vergleichbar im Sinne des § 2 TzBfG sein. Eine Vergleichbarkeit des Arbeitnehmers im Sinne des § 2 TzBfG besteht nach Satz 3 nur, wenn er die gleiche oder eine ähnliche Tätigkeit ausübt. Somit besteht für diesen Vergleich ein strenger tätigkeitsbezogener Vergleichsmaßstab[1178].

Für die Bestimmung einer solchen Tätigkeit kommt es grundsätzlich auf die Austauschbarkeit der Arbeitnehmer an[1179]. Indizienwirkung zur Feststellung einer gleichen oder ähnlichen Tätigkeit im Sinne des § 2 TzBfG können Stellenausschreibungen oder Stellenbeschreibungen haben[1180].

Für eine gleiche Tätigkeit im Sinne des § 2 TzBfG kommt es darauf an, dass die Arbeitsvorgänge der Arbeitnehmer im Wesentlichen identisch sind und die Arbeitnehmer sich gegenseitig ohne Weiteres ersetzen könnten[1181]. Die unterschiedliche Arbeitszeit bleibt bei dieser Betrachtung außen vor[1182]. Hierbei ist ein Gesamtvergleich der Tätigkeiten vorzunehmen, wobei bei mehreren verschiedenen Tätigkeiten auf die von den Arbeitnehmern überwiegend ausgeübte abzustellen ist[1183]. Allein ein Vergleich einzelner Arbeitsvorgänge reicht für die Annahme, die gesamte Tätigkeit der Arbeitnehmer sei gleich, nicht aus[1184]. Es kommt somit für eine gleiche Tätigkeit im Sinne dieser Vorschrift darauf an, dass die jeweiligen Arbeitnehmer hypothetisch ohne weitere Einarbeitungszeit gegenseitig austauschbar sind[1185]. Diese gegenseitige oder wechselseitige Austauschbarkeit ist hier, anders als bei §1 III KSchG, Voraussetzung für die Vergleichbarkeit von Arbeitnehmern. Dies ist der Fall, wenn die zu vergleichenden Tätigkeiten identisch sind oder von den Anforderungen bzw. von den

---

1178 *Sievers,* TzBfG, § 2 Rn. 9.

1179 *Sievers,* TzBfG, § 2 Rn. 9.

1180 *Joussen,* in: Boecken/Joussen, Teilzeit- und Befristungsgesetz, § 2 Rn. 31.

1181 *Joussen,* in: Boecken/Joussen, Teilzeit- und Befristungsgesetz, § 2 Rn. 31.

1182 *Sievers,* TzBfG, § 2 Rn. 11.

1183 *Laux,* in: Laux/Schlachter, Teilzeit- und Befristungsgesetz, § 2 Rn. 41.

1184 *Laux,* in: Laux/Schlachter, Teilzeit- und Befristungsgesetz, § 2 Rn. 41.

1185 *Joussen,* in: Boecken/Joussen, Teilzeit- und Befristungsgesetz, § 2 Rn. 31.

Qualifikationen gleichartig sind[1186]. Ein weiteres Kriterium für die gleiche Tätigkeit im Sinne der Vorschrift ist die gleiche Hierachieebene[1187].

Persönliche Aspekte wie die persönliche Qualifikation oder die Betriebszugehörigkeit sind für die Vergleichbarkeit nach § 2 TzBfG aufgrund der gesetzlich vorgesehenen strengen tätigkeitsbezogenen Prüfung grundsätzlich nicht zu berücksichtigen[1188]. Jedoch können gravierende Unterschiede, etwa im Bereich der Qualifikation der zu vergleichenden Arbeitnehmer, ein Indiz dafür sein, dass die Tätigkeit und damit die jeweiligen Arbeitnehmer nicht im Sinne des § 2 TzBfG vergleichbar sind[1189]. Ein Indiz für eine Vergleichbarkeit können ebenfalls identische Stellenbeschreibungen oder Eingruppierungen sein[1190].

Ob neben einer funktionalen Austauschbarkeit auch eine arbeitsvertragliche gegeben sein muss, ist sowohl für die gleiche als auch für die ähnliche Tätigkeit umstritten und wird an späterer Stelle ausgeführt.

Schwieriger als die Frage nach der gleichen Tätigkeit ist die Frage zu beantworten, was noch als ähnliche Tätigkeit im Sinne des § 2 TzBfG zu bewerten ist und was nicht. Da der Anwendungsbereich der gleichen Tätigkeit zur Bestimmung der Vergleichbarkeit bei § 2 TzBfG recht eng ist, kommt vor allem der Bestimmung der ähnlichen Tätigkeit für die Vergleichbarkeitsprüfung im Rahmen des § 2 TzBfG besondere Bedeutung zu.

Der Begriff der ähnlichen Tätigkeit wurde aus der Rahmenvereinbarung Teilzeit wörtlich übernommen und fand sich bis zur Umsetzung nicht im deutschen Diskriminierungsrecht wieder[1191]. Auch bei der ähnlichen Tätigkeit kommt es, wie bei der gleichen Tätigkeit, auf die Austauschbarkeit der Arbeitnehmer, bezogen auf ihre derzeit ausgeübten Tätigkeiten, abgesehen von der unterschiedlichen Arbeitszeit, an[1192]. Dies ist insbesondere der Fall, wenn sich die Arbeitnehmer auf der gleichen Ebene der Betriebshierarchie befinden und für die Arbeit die gleiche Qualifikation und die gleiche körperliche Belastung erforderlich sind[1193]. Eine ähnliche Tätigkeit liegt daher nach überzeugender Ansicht in der Literatur

---

1186 *Laux,* in: Laux/Schlachter, Teilzeit- und Befristungsgesetz, § 2 Rn. 42.

1187 *Joussen,* Boecken/Joussen, Teilzeit- und Befristungsgesetz, § 2 Rn. 31.

1188 *Laux,* in: Laux/Schlachter, Teilzeit- und Befristungsgesetz, § 2 Rn. 45; Meinel/Heyn/Herms, Teilzeit und Befristungsgesetz, § 2 TzBfG Rn. 13., A.A. *Joussen,* in: Boecken/Joussen, Teilzeit- und Befristungsgesetz, § 2 Rn. 32.

1189 Meinel/Heyn/Herms, Teilzeit und Befristungsgesetz, § 2 TzBfG Rn. 13.

1190 *Joussen,* in: Boecken/Joussen, Teilzeit- und Befristungsgesetz, § 2 Rn. 32.

1191 *Thüsing,* ZfA 2002, S. 249, 255.

1192 *Sievers,* TzBfG, § 2 Rn. 12.

1193 *Joussen,* in: Boecken/Joussen, Teilzeit- und Befristungsgesetz, § 2 Rn. 31.

vor, wenn die Arbeitnehmer in dem gleichen Tätigkeitsbereich eingesetzt werden und beide nach kurzer Einarbeitungszeit ausgetauscht werden könnten[1194]. Somit kommt es für die ähnliche Tätigkeit und damit für die Vergleichbarkeit der Arbeitnehmer auch hier, wie bei §1 III KSchG, auf eine funktionale Austauschbarkeit an, für die eine kurze Einarbeitungszeit jedoch unschädlich ist und dieser nicht im Wege steht.

Die Frage, ob noch von einer ähnlichen Tätigkeit im Sinne des § 2 TzBfG gesprochen werden kann, wenn der Arbeitnehmer die Tätigkeit des anderen Arbeitnehmers erst nach einer kurzen Einarbeitungszeit ausüben kann und die Arbeitnehmer daher nicht sofort austauschbar sind, wird jedoch in der Literatur zum Teil unterschiedlich gesehen[1195]. Dies hängt im Wesentlichen mit der Grundfrage zusammen, ob die Austauschbarkeit im Rahmen der Vergleichbarkeitsprüfung des § 2 TzBfG der Austauschbarkeit, genauer der arbeitsplatzbezogenen Austauschbarkeit im Rahmen der Sozialauswahl bei § 1 III KSchG entspricht oder nicht.

Ein zweites Problemfeld stellt die Frage dar, ob es außer auf den Tätigkeitsvergleich, also auf die gleiche oder ähnliche Tätigkeit im Sinne des Teilzeit- und Befristungsgesetzes, noch auf eine arbeitsvertragliche Austauschbarkeit ankommt und somit die Vergleichbarkeitsprüfung ähnlich wie bei § 1 III KSchG vorgenommen werden kann oder nicht. Beide Probleme sollen im Folgenden dargestellt werden.

(a) Steht eine kurze Einarbeitungszeit der Annahme einer ähnlichen Tätigkeit und damit einer Austauschbarkeit bzw. Vergleichbarkeit entgegen?

Nach einer Ansicht in der Literatur ist die tätigkeitsbezogene Austauschbarkeit im Rahmen des § 2 TzBfG nicht mit der arbeitsplatzbezogenen Austauschbarkeit, also dem Tätigkeitsvergleich im Rahmen der Vergleichbarkeitsprüfung der Sozialauswahl, identisch[1196]. Nach dieser Ansicht kommt es für eine ähnliche Tätigkeit im Sinne des § 2 TzBfG vielmehr darauf an, dass in den qualitativen Anforderungen sowie in der Gestaltung des Arbeitsplatzes und in arbeitsvertraglich und tarifvertraglich entscheidenden Punkten Übereinstimmungen vorliegen[1197]. Insbesondere müssen nach dieser Ansicht für eine ähnliche Tätigkeit gleiche

---

1194 *Sievers,* TzBfG, § 2 Rn. 12; A.A, *Laux,* in: Laux/Schlachter, Teilzeit- und Befristungsgesetz, § 2 Rn. 45.

1195 *Laux,* in: Laux/Schlachter, Teilzeit- und Befristungsgesetz, § 2 Rn. 45.

1196 *Laux,* in: Laux/Schlachter, Teilzeit- und Befristungsgesetz, § 2 Rn. 45.

1197 *Laux,* in: Laux/Schlachter, Teilzeit- und Befristungsgesetz, § 2 Rn. 45; *Haag,* Personal 2003, S. 60.

Anforderungen an die Qualifikation, die Fertigkeiten, das Verantwortungsbewusstsein und die körperliche Belastung des Arbeitnehmers gestellt sein[1198]. Eine notwendige, wenn auch kurze Einarbeitungszeit führt nach dieser Ansicht folglich dazu, dass Tätigkeiten nicht mehr als ähnlich im Sinne des § 2 S. 3 TzBfG angesehen werden können und die Arbeitnehmer folglich nicht vergleichbar sind[1199]. Nach dieser Ansicht geht daher eine entsprechende Anwendung der Kriterien für die arbeitsplatzbezogene Austauschbarkeit im Rahmen der Vergleichbarkeitsprüfung bei der Sozialauswahl bei der Feststellung der ähnlichen Tätigkeit im Rahmen des § 2 TzBfG zu weit[1200]. Vielmehr kommt es für eine ähnliche Tätigkeit nach dieser Ansicht auf jederzeitige wechselseitige Austauschbarkeit ohne eine Einarbeitungszeit an[1201]. Der einzige Unterschied zwischen der gleichen und der ähnlichen Tätigkeit besteht bei der ähnlichen Tätigkeit nach dieser Auffassung darin, dass für diese unterschiedliche Arbeitsvorgänge notwendig sind, die aber dennoch auf der gleichen Hierachieebene liegen[1202].

Begründet wird diese Auffassung mit unterschiedlichen Grundansätzen im Rahmen der Vergleichbarkeitsprüfungen nach § 1 III KSchG und im Rahmen des § 2 TzBfG[1203]. Es kommt nach dieser Ansicht auf eine „funktionale Austauschbarkeit" an[1204]. Dieser Ansicht folgend wäre das Kriterium der ähnlichen Tätigkeit wesentlich enger auszulegen und die Anforderungen für eine Austauschbarkeit im Rahmen des § 2 TzBfG und damit für eine Vergleichbarkeit wären erheblich höher, da eine, wenn auch nur kurze Einarbeitungszeit einer Austauschbarkeit und damit letztlich einer Vergleichbarkeit entgegenstehen würde.

Nach einer anderen Ansicht steht eine kurze Einarbeitungszeit der Annahme einer ähnlichen Tätigkeit und damit einer Austauschbarkeit bzw. einer Vergleichbarkeit im Rahmen des § 2 TzBfG nicht im Wege[1205]. Hiernach ist für eine ähnliche Tätigkeit nicht die jederzeitige Austauschbarkeit maßgeblich, sondern die Austauschbarkeit nach einer kurzen Einarbeitungszeit. Einigkeit besteht innerhalb dieser Auffassung, dass es sich bei dieser Einarbeitungszeit um eine

---

1198 *Annuß*, in: Annuß/Thüsing, Teilzeit- und Befristungsrecht, § 2 Rn. 5.

1199 *Laux*, in: Laux/Schlachter, Teilzeit- und Befristungsgesetz, § 2 Rn. 45, *Annuß*, in: Annuß/Thüsing, Teilzeit- und Befristungsrecht, § 2 Rn. 5.

1200 *Laux*, in: Laux/Schlachter, Teilzeit- und Befristungsgesetz, § 2 Rn. 45.

1201 *Annuß*, in: Annuß/Thüsing, Teilzeit- und Befristungsrecht, § 2 Rn. 5.

1202 *Annuß*, in: Annuß/Thüsing, Teilzeit- und Befristungsrecht, § 2 Rn. 5.

1203 Vgl. *Laux*, in: Laux/Schlachter, Teilzeit- und Befristungsgesetz, § 2 Rn. 45.

1204 *Laux*, in: Laux/Schlachter, Teilzeit- und Befristungsgesetz, § 2 Rn. 45.

1205 So z.B. *Joussen*, in: Boecken/Joussen, Teilzeit- und Befristungsgesetz, § 2 Rn. 31.

„relativ kurze Einarbeitungszeit[1206]“ handeln muss, um noch von einer ähnlichen Tätigkeit sprechen zu können.

Letztere Ansicht ist überzeugend. Es erscheint unzweckmäßig, eine ähnliche Tätigkeit an der jederzeitigen gegenseitigen Austauschbarkeit der Arbeitnehmer, ohne eine Einarbeitungszeit, festmachen zu wollen. Es handelt sich schließlich gerade bei der zweiten Tatbestandsalternative von § 2 I S. 3 TzBfG um eine ähnliche und nicht die gleiche Tätigkeit. Daher steht, ähnlich wie bei der arbeitsplatzbezogenen Austauschbarkeit bei § 1 III KschG, eine relative kurze Einarbeitungszeit einer ähnlichen Tätigkeit und damit einer Austauschbarkeit bzw. Vergleichbarkeit von Arbeitnehmern nicht im Wege.

Das heißt, dass auch die wesentlichen Wertungen des Tätigkeitsvergleichs gerade mit Blick auf die für die Austauschbarkeit unschädliche Einarbeitungszeit übernommen werden können und eine solche eine Vergleichbarkeit im Rahmen des § 2 TzBfG nicht ausschließt. Für diesen Ansatz spricht auch die Tatsache, dass die Grundsätze des BAG zur Frage der Auswirkungen von tariflichen Eingruppierungen auf die Vergleichbarkeit im Rahmen der Sozialauswahl nach § 1 III KSchG auf die Vergleichbarkeitsprüfung nach § 2 TzBfG angewendet werden[1207].

Daher kommt nach dieser Ansicht bei einfacheren Hilfstätigkeiten der identischen tariflichen Eingruppierung von zwei Arbeitnehmern für die Austauschbarkeit und damit die Vergleichbarkeit ein Indizwert für eine ähnliche Tätigkeit zu[1208]. Gleichzeitig schließt jedoch eine unterschiedliche Eingruppierung eine Vergleichbarkeit nach § 2 TzBfG zwischen zwei Arbeitnehmern nicht aus[1209]. Daher steht eine relative kurze Einarbeitungszeit der Annahme einer ähnlichen Tätigkeit nicht entgegen. Zur Frage der maximalen Dauer der Einarbeitungszeit, die noch als relativ kurz und damit unschädlich für die Austauschbarkeit angesehen werden kann, ist die für die Vergleichbarkeit unschädliche Einarbeitungszeit bei der Sozialauswahl heranzuziehen. Hierzu ist, wie bereits ausgeführt, auf die Gesamtumstände des Einzelfalls, insbesondere die Dauer der Beschäftigung und die konkrete Art der Tätigkeit abzustellen[1210]. In der Regel dürfte diese 6 Wochen jedoch nicht überschreiten[1211].

1206 *Sievers*, TzBfG, § 2 Rn. 12.

1207 *Sievers*, TzBfG, § 2 Rn. 13.

1208 *Sievers*, TzBfG, § 2 Rn. 13.

1209 *Sievers*, TzBfG, § 2 Rn. 13.

1210 *Färber*, NZA 1985, S. 175, 176.

1211 Siehe schon A.I.9.b)aa)(2)(f), Für eine unschädliche Einarbeitungszeit von regelmäßig nicht mehr als zwei Wochen, KR-*Bader*, § 3 TzBfG Rn. 53.

(b) Arbeitsvertragliche Austauschbarkeit im Rahmen der Vergleichbarkeitsprüfung nach § 2 TzBfG

Fraglich ist, ob für eine Austauschbarkeit und damit für die Vergleichbarkeit im Rahmen des § 2 TzBfG eine arbeitsvertragliche Austauschbarkeit hinzukommen muss.

Einerseits wird in der Literatur vertreten, dass es sowohl für die gleiche als auch für die ähnliche Tätigkeit für die Frage der Austauschbarkeit darauf ankommt, ob der Arbeitgeber hypothetisch in der Lage wäre, kraft Direktionsrechts jedem der Arbeitnehmer die Tätigkeiten des anderen zuzuweisen[1212]. Dies entspricht im Wesentlichen dem Kriterium der „arbeitsvertraglichen" Austauschbarkeit im Rahmen der Vergleichbarkeitsprüfung bei der Sozialauswahl bei § 1 III KSchG. Somit sind nach dieser Ansicht die Arbeitnehmer nach § 2 TzBfG miteinander vergleichbar, die auch bei einer Sozialauswahl nach § 1 III KSchG miteinander vergleichbar sind und sich daher im Falle einer betriebsbedingten Kündigung einer gemeinsamen Sozialauswahl stellen müssten[1213]. Das heißt, dass nach dieser Auffassung die Bestimmung des vergleichbaren Arbeitnehmers nach § 1 III KSchG und § 2 I S. 3 TzBfG nahezu identisch geprüft wird.

Die gegenteilige Auffassung in der Literatur lehnt eine arbeitsvertragliche Austauschbarkeit als Kriterium für die Austauschbarkeit bzw. für die Bestimmung der gleichen und ähnlichen Tätigkeit und damit für die Vergleichbarkeit im Rahmen des § 2 TzBfG ab[1214]. Nach dieser Ansicht soll es allein auf eine tätigkeitsbezogene Austauschbarkeit, die im Wesentlichen der arbeitsplatzbezogenen Austauschbarkeit bei der Sozialauswahl entspricht, ankommen[1215].

Eine Parallele zur Vergleichbarkeitsprüfung bei der Sozialauswahl lässt sich vom jeweiligen Zweck des vergleichbaren Arbeitnehmers im Rahmen des § 1 III KSchG und im Rahmen des § 2 TzBfG nicht begründen. Im Rahmen der Sozialauswahl müssen nach § 1 III KSchG zu vergleichende Arbeitnehmer die Tätigkeit des sozial Stärkeren nach der erfolgten betriebsbedingten Beendigungskündigung ausüben können. Da es hierfür nicht nur auf die tatsächliche Möglichkeit der Ausübung der Tätigkeit auf dem fortbestehenden Arbeitsplatz, sondern auch auf eine rechtliche Möglichkeit für den Arbeitgeber ankommt, ist eine arbeitsvertragliche Austauschbarkeit als Kriterium für die Vergleichbarkeitsprüfung von Arbeitnehmern geboten und zwingend.

1212 *Joussen,* in: Boecken/Joussen, Teilzeit- und Befristungsgesetz, § 2 Rn. 31.

1213 BeckOK-ArbR/*Bayreuther,* § 2 TzBfG Rn. 6.

1214 *Sievers,* TzBfG, § 2 Rn. 13.

1215 *Sievers,* TzBfG, § 2 Rn. 13.

Eine vergleichbare Konstellation existiert bei § 2 TzBfG nicht, da es hier lediglich um die Begriffsbestimmung des teilzeitbeschäftigten Arbeitnehmers geht, der sich über den vergleichbaren vollzeitbeschäftigten Arbeitnehmer bestimmt. Es besteht also keine Veranlassung dafür, die nach dem Wortlaut rein tätigkeitsbezogenen Vergleichbarkeitsprüfung um ein arbeitsvertragliches Kriterium zu erweitern.

Es ist der ersten Auffassung zwar zuzugeben, dass die Prüfung der Austauschbarkeit im Rahmen des § 2 TzBfG mit der arbeitsplatzbezogenen Austauschbarkeit eine gewisse Ähnlichkeit hat und stellenweise identisch erfolgt[1216]. Daher sind bestimmte Kriterien wie die unschädliche Einarbeitungszeit für die ähnliche Tätigkeit und damit eine tätigkeitsbezogene Austauschbarkeit oder die Indizwirkung von tariflichen Eingruppierungen auch auf die Prüfung der ähnlichen Tätigkeit zu übertragen. Jedoch ist die Austauschbarkeit nach § 2 TzBfG nicht mit der gesamten Austauschbarkeit, einschließlich der arbeitsvertraglichen Austauschbarkeit bei der Sozialauswahl, gleichzusetzen. Dies ergibt sich schon aus dem eindeutigen Wortlaut von § 2 I 3 TzBfG, der alleine auf die Tätigkeit abstellt.

Somit ist der wohl herrschenden Auffassung in Bezug auf die Kriterien für die Vergleichbarkeit von Arbeitnehmern bei § 2 TzBfG zu folgen. Der vergleichbare vollzeitbeschäftigte Arbeitnehmer bestimmt sich bei § 2 TzBfG ausschließlich nach einem tätigkeitsbezogenen Maßstab der arbeitsplatzbezogenen Austauschbarkeit. Auf eine arbeitsvertragliche Austauschbarkeit kommt es folglich bei §2 TzBfG im Gegensatz zu § 1 III KSchG nicht an. Die wesentlichen Wertungen, insbesondere hinsichtlich der ähnlichen Tätigkeit und der hierzu unschädlichen Einarbeitungszeit können jedoch von § 1 III KSchG übernommen werden.

II. Der vergleichbare Arbeitnehmer im Rahmen des § 3 TzBfG

Auch im Rahmen des § 3 TzBfG spielt der vergleichbare Arbeitnehmer eine wichtige Rolle. Während § 3 I TzBfG den Begriff des befristet beschäftigten Arbeitnehmers einheitlich für das gesamte Arbeitsrecht bestimmt[1217] enthält § 3 II TzBfG die Definition des mit dem befristeten Arbeitnehmer vergleichbaren unbefristet beschäftigten Arbeitnehmers[1218]. Diese Definition wird ausschließlich für das später noch näher zu erläuternde Diskriminierungsverbot des § 4 II

1216 S.o.

1217 Meinel/Heyn/Herms, Teilzeit und Befristungsrecht, § 3 Rn. 2.

1218 KR-*Bader*, § 3 TzBfG Rn. 50.

TzBfG benötigt[1219]. Für die Begriffsbestimmung des befristet beschäftigten Arbeitnehmers nach § 3 I TzBfG spielt der vergleichbare Arbeitnehmer, im Gegensatz zum teilzeitbeschäftigten Arbeitnehmer, welcher sich über den zeitlichen Umfang der Arbeitzeit eines vergleichbaren Vollzeitbeschäftigten bestimmt[1220], keine Rolle[1221]. Daher wird die systematische Stellung dieser Legaldefinition im Gesetz auch in der Literatur zu Recht kritisiert[1222].

Genauso wie bei der Bestimmung des vergleichbaren vollzeitbeschäftigten Arbeitnehmer nach § 2 TzBfG sieht § 3 II TzBfG zur Bestimmung des vergleichbaren unbefristeten Arbeitnehmers ein mehrstufiges Verfahren vor[1223]. Dieses ist aufgrund der klaren Gesetzesbestimmung zwingend[1224]. Zunächst wird als maßgeblichen Bezugsrahmen für die Prüfung der Vergleichbarkeit auf die „im Betrieb" beschäftigten Arbeitnehmer abgestellt[1225]. Ist ein vergleichbarer unbefristeter Arbeitnehmer im Betrieb nicht vorhanden, erfolgt die Bestimmung anhand des für den Betrieb einschlägigen Tarifvertrages[1226]. Letztlich kommt es, falls für den Betrieb kein anwendbarer Tarifvertrag einschlägig ist, darauf an, welche Arbeitnehmer im entsprechenden Wirtschaftszweig als vergleichbare unbefristete Arbeitnehmer anzusehen sind[1227].

Nach § 3 II TzBfG sind die unbefristet beschäftigten Arbeitnehmer mit dem befristet beschäftigten Arbeitnehmer vergleichbar, wenn sie eine gleiche oder eine ähnliche Tätigkeit ausüben[1228]. Dieses Tatbestandsmerkmal ist sogar vom Wortlaut identisch mit den Voraussetzungen für den vergleichbaren Arbeitnehmer nach § 2 I S. 3 TzBfG[1229]. Einzige Unterscheidung für die Bestimmung des vergleichbaren Arbeitnehmers ist im Vergleich zur Bestimmung des vergleichbaren in Teilzeit Beschäftigten, dass auf die Voraussetzung der gleichen Art des Arbeitsverhältnisses verzichtet wird. Dies fällt aber nicht weiter ins Gewicht, da wie gezeigt wurde, diesem Merkmal ohnehin kaum eine Bedeutung zukommt.

1219 KR-*Bader*, § 3 TzBfG Rn. 50.

1220 Meinel/Heyn/Herms, Teilzeit und Befristungsrecht, § 3 Rn. 11.

1221 *Joussen*, in: Boecken/Joussen, Teilzeit- und Befristungsgesetz, § 3 Rn. 33.

1222 Z.B. *Annuß*, in: Annuß/Thüsing, Teilzeit- und Befristungsrecht, § 3 Rn. 11.

1223 *Joussen*, in: Boecken/Joussen, Teilzeit- und Befristungsgesetz, § 3 Rn. 33.

1224 *Joussen*, in: Boecken/Joussen, Teilzeit- und Befristungsgesetz, § 3 Rn. 33; *Sievers*, TzBfG, § 3 Rn. 13.

1225 *Laux*, in: Laux/Schlachter, Teilzeit- und Befristungsgesetz, § 3 Rn. 21.

1226 *Joussen*, in: Boecken/Joussen, Teilzeit- und Befristungsgesetz, § 3 Rn. 33.

1227 *Joussen*, in: Boecken/Joussen, Teilzeit- und Befristungsgesetz, § 3 Rn. 33.

1228 *Laux*, in: Laux/Schlachter, Teilzeit- und Befristungsgesetz, § 3 Rn. 22 f.

1229 *Joussen*, in: Boecken/Joussen, Teilzeit- und Befristungsgesetz, § 3 Rn. 34.

Daher sind die Ausführungen zu den Kriterien einer gleichen oder ähnlichen Tätigkeit auch auf die Vergleichbarkeitsprüfung im Rahmen des § 3 TzBfG übertragbar[1230]. Auch hier gilt für die Bestimmung des vergleichbaren Arbeitnehmers ein rein tätigkeitsbezogener Maßstab[1231]. Somit kommt es zur Bestimmung des vergleichbaren Arbeitnehmers nach § 3 II TzBfG nicht auf subjektive Kriterien wie das Alter oder die Länge der Betriebszugehörigkeit oder Krankheitszeiten an, sondern es wird für die Bestimmung des vergleichbaren Arbeitnehmers ein rein objektiver Maßstab anhand der ausgeübten Tätigkeit angelegt[1232].

1. Arbeitnehmer mit gleicher Tätigkeit

Zunächst ist dem eindeutigen Wortlaut des § 3 II TzBfG, wie schon bei der Vergleichbarkeitsprüfung im Rahmen des § 2 I S. 3 TzBfG, zu prüfen, ob die zu vergleichenden Arbeitnehmer eine gleiche Tätigkeit ausüben.

Eine gleiche Tätigkeit im Sinne des § 3 II TzBfG liegt wie schon bei § 2 I S. 3 TzBfG vor, wenn die üblichen Tätigkeiten der zu vergleichenden Arbeitnehmer identisch oder unter „Berücksichtigung von Belastung, Verantwortung, Arbeitsbedingungen und Qualifikation jedenfalls so gleichartig sind, dass die Arbeitnehmer einander im Bedarfsfall ohne Einarbeitungszeit ersetzen können“[1233]. Zusatzqualifikationen, welche für die Tätigkeit nur manchmal gebraucht werden, schließen eine gleiche Tätigkeit im Sinne des § 3 II TzBfG ebenfalls nicht aus[1234]. Wie auch bei § 2 TzBfG ist eine gleiche Stellenbeschreibung ein Indiz für eine gleiche Tätigkeit im Sinne des § 3 II TzBfG[1235].

2. Arbeitnehmer mit ähnlicher Tätigkeit

Für eine ähnliche Tätigkeit im Sinne des § 3 II TzBfG muss, wie schon bei § 2 I S. 3 TzBfG, keine gleiche Tätigkeit im eben dargestellten Sinne, aber auch keine Gleichwertigkeit der Tätigkeit vorliegen[1236]. Hierunter fallen Tätigkeiten, welche

---

1230 *Joussen,* in: Boecken/Joussen, Teilzeit- und Befristungsgesetz, § 3 Rn. 34.

1231 *Laux,* in: Laux/Schlachter, Teilzeit- und Befristungsgesetz, § 3 Rn. 22 f.

1232 Zur Frage des Maßstabes bei der Vergleichbarkeisprüfung im Rahmen des § 3 TzBfG, siehe z.B. *Joussen,* in: Boecken/Joussen, Teilzeit- und Befristungsgesetz, § 3, Rn. 34.

1233 KR-*Bader*, § 3 TzBfG Rn. 52. Der Begriff der gleichen Tätigkeit wird zum Teil in der Literatur aber auch etwas enger verstanden, siehe z.B. *Annuß,* in: Annuß/Thüsing, Teilzeit- und Befristungsrecht, § 3 Rn. 13.

1234 KR-*Bader*, § 3 TzBfG Rn. 52.

1235 KR-*Bader*, § 3 TzBfG Rn. 52.

1236 KR-*Bader*, § 3 TzBfG Rn. 52.

zwar Unterschiede aufweisen, jedoch können die zu vergleichenden Arbeitnehmer nach einer relativ geringen Einarbeitungszeit gegenseitig ausgetauscht werden[1237]. Hinsichtlich der maximalen Länge einer solchen hypothetischen Einarbeitungszeit für eine ähnliche Tätigkeit und damit eine Vergleichbarkeit im Sinne des § 3 II TzBfG wird in der Literatur eine Zeitspanne von in der Regel nicht mehr als zwei Wochen vorgeschlagen[1238]. Da, wie bereits oben gezeigt, die Austauschbarkeit im Rahmen der ähnlichen Tätigkeit bei § 2 TzBfG der arbeitsplatzbezogenen Austauschbarkeit im Rahmen der Sozialauswahl im Wesentlichen entspricht, ist es sinnvoll, für die Bestimmung der relativ geringen Einarbeitungszeit die gleichen Wertungsmaßstäbe zu verwenden. Daher ist davon auszugehen, dass es für die Bewertung einer Einarbeitungszeit als unschädlich für die Austauschbarkeit in diesem Sinne auf den jeweiligen Einzelfall ankommt. Dies kann im Einzelfall der vorgeschlagenen Zeit von nicht mehr als zwei Wochen entsprechen, muss es aber nicht. In der Regel dürfte diese jedoch 6 Wochen nicht überschreiten.

Insbesondere liegt eine ähnliche Tätigkeit vor, wenn Tätigkeiten sich auf der gleichen Hierachiebene innerhalb des Betriebes befinden und bei Tätigkeiten, welche trotz einiger Unterschiede zur Ausübung die gleiche Qualifikation und die gleiche körperliche Belastung erfordern[1239].

3. *Arbeitsvertragliche Austauschbarkeit im Rahmen der Vergleichbarkeitsprüfung nach § 3 II TzBfG*

Auch im Rahmen des § 3 II TzBfG stellt sich, da die Vergleichbarkeitsprüfung identisch mit der bei § 2 I S. 3 TzBfG ist, die Frage, ob es für die Austauschbarkeit der Arbeitnehmer auf eine arbeitsvertragliche Austauschbar ankommt. Dies wird konsequent teilweise auch für die Vergleichbarkeitsprüfung im Rahmen des § 2 I S. 3 TzBfG bejaht[1240]. Jedoch ist, wie schon im Rahmen der Vergleichbarkeitsprüfung bei § 2 I S. 3 TzBfG, eine arbeitsvertragliche Austauschbarkeit mit Blick auf die eindeutige tätigkeitsbezogene Vergleichbarkeitsprüfung abzulehnen[1241].

1237 *Joussen*, in: Boecken/Joussen, Teilzeit- und Befristungsgesetz, § 3 Rn. 35.
1238 KR-*Bader*, § 3 TzBfG Rn. 53.
1239 *Joussen*, in: Boecken/Joussen, Teilzeit- und Befristungsgesetz, § 3 Rn. 35.
1240 *Joussen*, in: Boecken/Joussen, Teilzeit- und Befristungsgesetz, § 3 Rn. 35.
1241 *Sievers*, in: TzBfG, § 2 Rn. 13.

III. Der vergleichbare Arbeitnehmer im Rahmen des §4 TzBfG

Bei § 4 TzBfG handelt es sich um eine zentrale Vorschrift im TzBfG, deren Ziel es ist, die befristet und in Teilzeit beschäftigten Arbeitnehmer vor ungerechtfertigten Benachteiligungen durch den Arbeitgeber zu schützen[1242]. Diese Vorschrift schreibt ein Diskriminierungsverbot gegenüber teilzeitbeschäftigten Arbeitnehmern sowie gegenüber befristet beschäftigten Arbeitnehmern vor. Daher dürfen diese Arbeitnehmer nicht aufgrund ihrer besonderen Beschäftigungsform gegenüber vergleichbaren Vollzeit oder unbefristeten Arbeitnehmern ungerechtfertigt benachteiligt werden[1243]. § 4 TzBfG setzt § 4 der Rahmenvereinbarung zur Teilzeit sowie den § 4 der Rahmenvereinbarung über befristete Arbeitsverhältnisse um[1244] und es handelt sich bei diesem um eine Konkretisierung des allgemeinen arbeitsrechtlichen Gleichbehandlungsgrundsatzes[1245].

§ 4 TzBfG hat einen weiten Anwendungsbereich und soll den teilzeitbeschäftigten Arbeitnehmer vor ungerechtfertigten Benachteiligungen durch den Arbeitgeber im Bereich des Entgelts und den sonstigen Arbeitsbedingungen schützen[1246]. In persönlicher Hinsicht findet § 4 TzBfG auf alle Arbeitsverhältnisse Anwendung[1247]. Sachlich erstreckt sich die Reichweite des § 4 TzBfG auf das gesamte rechtserhebliche Handeln, also auf alle einseitige Maßnahmen und Weisungen des Arbeitgebers[1248]. Die räumliche Reichweite des § 4 TzBfG ist maßgeblich von der Arbeitsorganisation des Arbeitgebers abhängig, wobei die Diskriminierungsverbote grundsätzlich im Verhältnis aller Arbeitnehmer im Betrieb gelten[1249]. Sobald aber unternehmensweite Regeln des Arbeitgebers aufgestellt worden sind, gilt der § 4 TzBfG auch unternehmensweit[1250].

Da § 4 TzBfG in den beiden Absätzen für beide Arbeitnehmergruppen jeweils ein unterschiedliches Diskriminierungsverbot normiert, wird der hierfür jeweils relevante vergleichbare Arbeitnehmer ebenfalls getrennt dargestellt.

1242 *Joussen,* in: Boecken/Joussen, Teilzeit- und Befristungsgesetz, § 4 Rn. 1.

1243 *Joussen,* in: Boecken/Joussen, Teilzeit- und Befristungsgesetz, § 4 Rn. 1.

1244 *Sievers,* TzBfG, § 4 Rn. 1.

1245 *Joussen,* in: Boecken/Joussen, Teilzeit- und Befristungsgesetz, § 4 Rn. 1; Ascheid/Preis/Schmidt-*Greiner*, § 4 TzBfG, Rn. 3; *Laux,* in: Laux/Schlachter, Teilzeit- und Befristungsgesetz, § 4 TzBfG Rn. 5.

1246 *Sievers,* TzBfG, § 4 Rn. 9.

1247 Meinel/Heyn/Herms, Teilzeit und Befristungsrecht, § 4 Rn. 3.

1248 BAG Urteil vom 3.12.2008-5-AZR 469/07-AP TzBfG § 4 Nr. 18.

1249 Meinel/Heyn/Herms, Teilzeit und Befristungsrecht, § 4 Rn. 5.

1250 *Joussen,* in: Boecken/Joussen, Teilzeit- und Befristungsgesetz, § 4 Rn. 8; BAG Urteil vom 12.1.1994-5 AZR 6/93-AP BGB § 242 Gleichbehandlung Nr. 112.

1. Der vergleichbare Arbeitnehmer im Rahmen des § 4 I TzBfG

Nach § 4 I TzBfG darf ein Teilzeitbeschäftigter im Sinne des § 2 I TzBfG aufgrund der Teilzeitarbeit ohne Sachgrund nicht schlechter behandelt werden als ein vergleichbarer vollzeitbeschäftigter Arbeitnehmer[1251]. Das Entgelt betrifft § 4 I S. 1 TzBfG, alle sonstigen Leistungen sind von § 4 I S. 2 TzBfG erfasst[1252].

Für die Anwendung des § 4 I TzBfG kommt es daher darauf an, dass der teilzeitbeschäftigte Arbeitnehmer wegen seiner geringeren Arbeitszeit ohne Rechtsgrund schlechter behandelt wird als ein vergleichbarer vollzeitbeschäftigter Arbeitnehmer[1253]. Derjenige, der sich auf § 4 I TzBfG beruft, muss daher teilzeitbeschäftigter Arbeitnehmer im Sinne der Legaldefinition des § 2 TzBfG sein[1254]. Außerdem muss eine Kausalität zwischen der Teilzeitarbeit des teilzeitbeschäftigten Arbeitnehmers und der ungleichen Behandlung des Arbeitgebers bestehen[1255]. Dies ist der Fall, wenn die Arbeitszeit das Kriterium ist, an welches die Differenzierung durch den Arbeitgeber anknüpft[1256]. Gleichzeitig darf die Ungleichbehandlung durch den Arbeitgeber nicht gerechtfertigt sein, damit eine unzulässige Diskriminierung im Sinne des § 4 I TzBfG vorliegt, so dass willkürliche Unterscheidungen seitens des Arbeitgebers ausgeschlossen sind[1257]. Als sachliche Gründe für eine Ungleichbehandlung kommen unterschiedliche Arbeitsbelastung, Qualifikation, eine unterschiedliche Berufserfahrung oder unterschiedliche Anforderungen an den Arbeitsplatz in Betracht[1258].

Für § 4 I TzBfG ist es erforderlich, dass die Ungleichbehandlung des teilzeitbeschäftigten Arbeitnehmers seitens des Arbeitgebers gegenüber einem teilzeitbeschäftigten Arbeitnehmer im Vergleich zu einem vergleichbaren vollzeitbeschäftigten Arbeitnehmer erfolgt. Dies ergibt sich schon aus dem Wortlaut des § 4 I TzBfG, wonach sich die Benachteiligung für den teilzeitbeschäftigten Arbeitnehmer aus dem Vergleich zum vergleichenbaren Vollzeitbeschäftigten ergibt[1259].

Es stellt sich somit im Rahmen des § 4 I TzBfG die Frage, wie der vergleichbare vollzeitbeschäftigte Arbeitnehmer zu bestimmen ist. Es ist umstritten, ob der

---

1251 Meinel/Heyn/Herms, Teilzeit und Befristungsrecht, § 4 Rn. 17.

1252 Meinel/Heyn/Herms, Teilzeit und Befristungsrecht, § 4 Rn. 19.

1253 *Sievers,* TzBfG, § 4 Rn. 15.

1254 Meinel/Heyn/Herms, Teilzeit und Befristungsrecht, § 4 Rn. 19.

1255 *Sievers,* TzBfG, § 4 Rn. 15.

1256 *Sievers,* TzBfG, § 4 Rn. 15.

1257 *Sievers,* TzBfG, § 4 Rn. 22.

1258 BAG Urteil vom 3.12.2008-5-AZR 469/07-AP TzBfG § 4 Nr. 18.

1259 *Laux,* in: Laux/Schlachter, Teilzeit- und Befristungsgesetz, § 4 Rn. 35.

vergleichbare Arbeitnehmer im Rahmen des § 4 I TzBfG identisch ist mit dem vergleichbaren Arbeitnehmer im Rahmen des § 2 I S. 3 TzBfG oder nicht[1260].

a) Differenzierte Bestimmung des vergleichbaren Arbeitnehmers im Rahmen des § 4 I TzBfG

Nach einer Ansicht ist der vergleichbare vollzeitbeschäftigte Arbeitnehmer nicht identisch mit dem des § 2 I S. 3 TzBfG[1261]. Diese Ansicht weist unter anderem drauf hin, dass im Rahmen des § 2 I TzBfG bei der Feststellung der Vergleichbarkeit im Rahmen der Begriffsbestimmung des Teilzeitbeschäftigten eine abstrakte Vergleichbarkeit der Arbeitnehmer erforderlich ist, während es bei § 4 I TzBfG um die Feststellung einer Diskriminierung und damit um eine konkrete Vergleichbarkeit geht[1262]. Eine pauschale Festlegung des vergleichbaren vollzeitbeschäftigten Arbeitnehmers würde daher den unterschiedlichen Zwecksetzungen der Normen nicht gerecht werden[1263]. Vielmehr wäre der Begriff des vergleichbaren Arbeitnehmers bei einer Bestimmung rein nach den Kriterien der gleichen und ähnlichen Tätigkeit ausgehend vom Zweck des § 4 TzBfG zu eng ausgelegt[1264]. Der vergleichbare vollzeitbeschäftigte Arbeitnehmer muss daher im Rahmen des § 4 I TzBfG konkret und nicht bloß wie bei § 2 I S. 3 TzBfG abstrakt mit dem betroffenen teilzeitbeschäftigten Arbeitnehmer vergleichbar sein[1265]. Es hängt nach dieser Ansicht und der Idee der konkreten Vergleichbarkeit vielmehr von der konkret zu überprüfenden Leistung oder Maßnahme des Arbeitgebers ab, ob die ähnliche oder gleiche Tätigkeit als Vergleichbarkeitskriterium ausreichend ist, oder ob es andere Merkmale, wie etwa der Betriebzugehörigkeit oder sonstiger Umstände zur Feststellung der konkreten Vergleichbarkeit bedarf[1266]. Eine Vergleichbarkeit der Arbeitnehmer allein nach dem Merkmal der gleichen oder ähnlichen Tätigkeit kommt nur in Betracht, wenn der Arbeitgeber bei der jeweiligen Maßnahme oder Leistung, die gegen § 4 I TzBfG verstoßen könnte, die Tätigkeit zu ihrer Grundlage macht[1267]. Die Kriterien für die Vergleichbarkeit der Arbeitnehmer nach § 4 I TzBfG hängen nach dieser Ansicht auch davon ab,

---

1260 *Joussen,* in: Boecken/Joussen, Teilzeit- und Befristungsgesetz, § 2 Rn. 34.

1261 *Laux,* in: Laux/Schlachter, Teilzeit- und Befristungsgesetz, § 4 Rn. 35ff.; Meinel/Heyn/Herms, Teilzeit und Befristungsrecht,§ 2 Rn. 12 ff.

1262 Meinel/Heyn/Herms, Teilzeit und Befristungsrecht, § 2 Rn. 3.

1263 Meinel/Heyn/Herms, Teilzeit und Befristungsrecht, § 2 Rn. 3.

1264 *Laux,* in: Laux/Schlachter, Teilzeit- und Befristungsgesetz, § 4 Rn. 36.

1265 Meinel/Heyn/Herms, Teilzeit und Befristungsrecht, § 4 Rn. 22.

1266 Meinel/Heyn/Herms, Teilzeit und Befristungsrecht, § 4 Rn. 23.

1267 *Laux,* in: Laux/Schlachter, Teilzeit- und Befristungsgesetz, § 4 Rn. 36.

wie der Arbeitgeber bei der konkreten Maßnahme die Gruppenbildung vorgenommen hat[1268].

Ob die Kriterien zur Bestimmung des vergleichbaren Arbeitnehmers aus § 2 I TzBfG, gleiche oder ähnliche Tätigkeit, ausreichend sind, oder ob weitere Merkmale zur Bestimmung des vergleichbaren vollzeitbeschäftigten Arbeitnehmers nach § 4 I TzBfG erforderlich sind, hängt nach dieser Ansicht von der konkreten Ungleichbehandlung und den Differenzierungskriterien des Arbeitgebers ab[1269]. Ist dies beispielsweise der Betrieb, kommt es nach dieser Ansicht für eine Vergleichbarkeit von Arbeitnehmern lediglich auf die gemeinsame Betriebszugehörigkeit an[1270].

b) Bestimmung des vergleichbaren Arbeitnehmers nach den Kriterien des § 2 I TzBfG

Nach der herrschenden Ansicht in der Literatur ist der vergleichbare Arbeitnehmer im Rahmen des § 4 I TzBfG genauso wie bei § 2 I TzBfG zu bestimmen[1271]. Der vergleichbare vollzeitbeschäftigte Arbeitnehmer in § 2 I ist nach dieser Ansicht begrifflich identisch mit dem vergleichbaren vollzeitbeschäftigten Arbeitnehmer in § 4 I TzBfG[1272]. Als Argument für diese Auffassung führt die herrschende Ansicht eine systematische Auslegung des § 2 I TzBfG an[1273]. § 2 I TzBfG soll den Begriff des teilzeitbeschäftigten Arbeitnehmers einheitlich für das TzBfG regeln[1274]. Diesem Ziel würde es aber zuwiderlaufen, wenn der vergleichbare in Vollzeit beschäftige Arbeitnehmer in den beiden Vorschriften differenziert bestimmt werden würde[1275]. Außerdem sind die Kriterien für den vergleichbaren Vollzeitbeschäftigten in § 2 I S. 3 TzBfG ausreichend für die Anwendung des Diskriminierungsverbotes erforderliche konkrete Vergleichbarkeit[1276].

1268 *Laux,* in: Laux/Schlachter, Teilzeit- und Befristungsgesetz, § 4 Rn. 36.

1269 Meinel/Heyn/Herms, Teilzeit und Befristungsrecht, § 2 Rn. 23.

1270 *Laux,* in: Laux/Schlachter, Teilzeit- und Befristungsgesetz, § 4 Rn. 36.

1271 *Sievers,* TzBfG, § 4 Rn. 14; *Annuß,* in: Annuß/Thüsing, Teilzeit- und Befristungsrecht, § 4 Rn. 25; *Joussen,* in: Boecken/Joussen, Teilzeit- und Befristungsgesetz, § 2 Rn. 34.

1272 *Joussen,* in: Boecken/Joussen, Teilzeit- und Befristungsgesetz, § 2 Rn. 35.

1273 *Joussen,* in: Boecken/Joussen, Teilzeit- und Befristungsgesetz, § 2 Rn. 35.

1274 *Joussen,* in: Boecken/Joussen, Teilzeit- und Befristungsgesetz, § 2 Rn. 35.

1275 *Joussen,* in: Boecken/Joussen, Teilzeit- und Befristungsgesetz, § 2 Rn. 35.

1276 *Joussen,* in: Boecken/Joussen, Teilzeit- und Befristungsgesetz, § 2 Rn. 35.

c) Stellungnahme

Letztere Ansicht ist vorzugswürdig, da die ausdifferenzierten rein tätigkeitsvergleichenden Kriterien des § 2 I TzBfG zur Bestimmung des vergleichbaren Arbeitnehmers auch den konkreten Feststellungen, die für § 4 I TzBfG erforderlich sind, genügen[1277]. Außerdem sind die Argumente der Gegenseite nicht treffend, sodass eine Änderung des Prüfprogramms für die Feststellung des vergleichbaren vollzeitbeschäftigten Arbeitnehmers rechtfertigen würden. Auch überwiegt das Systematikargument der herrschenden Lehre. Außerdem spricht die Rechtssicherheit für diese Ansicht, da der Gesetzesanwender so im Rahmen des TzBfG auf ein einheitliches Prüfprogramm für den vergleichbaren Arbeitnehmer im Sinne des TzBfG zurückgreifen kann. Somit kann hinsichtlich der Kriterien für den vergleichbaren (vollzeitbeschäftigten) Arbeitnehmer komplett auf die Ausführungen zu § 2 I TzBfG verwiesen werden.

2. Der vergleichbare Arbeitnehmer im Rahmen des § 4 II TzBfG

Die Vorschrift des § 4 II TzBfG mit dem Diskriminierungsverbot gegenüber befristet beschäftigten Arbeitnehmern setzt § 4 der Richtlinie 1999/70/EG um[1278]. Genau wie das Diskriminierungsverbot des § 4 I TzBfG ist § 4 II TzBfG vom Anwendungsbereich sehr weit gefasst und umfasst jedes rechtlich erhebliche Verhalten des Arbeitgebers[1279]. Voraussetzungen und Rechtsfolge entsprechen dem Diskriminierungsverbot nach § 4 I TzBfG[1280]. § 4 II TzBfG kommt zur Anwendung, wenn ein befristet beschäftigter Arbeitnehmer gegenüber einem vergleichbaren unbefristeten Arbeitnehmer benachteiligt wird[1281]. Das Diskriminierungsverbot des § 4 II TzBfG kommt nur zur Anwendung, wenn der befristet beschäftigte Arbeitnehmer gegenüber einem vergleichbaren unbefristeten Arbeitnehmer benachteiligt wird, also der befristete Arbeitnehmer mit dem unbefristeten Arbeitnehmer vergleichbar ist[1282]. Fraglich ist also, wie sich der vergleichbare Arbeitnehmer im Rahmen des § 4 II TzBfG bestimmt. Ähnlich wie bei der Frage des vergleichbaren Arbeitnehmers im Rahmen des § 4 I TzBfG ist zumindest umstritten, ob allein die Kriterien des § 3 II TzBfG zur Bestimmung

1277 *Joussen,* in: Boecken/Joussen, Teilzeit- und Befristungsgesetz, § 2 Rn. 35.
1278 *Laux,* in: Laux/Schlachter, Teilzeit- und Befristungsgesetz, § 4 Rn. 236.
1279 *Laux,* in: Laux/Schlachter, Teilzeit- und Befristungsgesetz, § 4 Rn. 238.
1280 *Sievers,* TzBfG, § 4 Rn. 48.
1281 *Sievers,* TzBfG, § 4 Rn. 52.
1282 *Sievers,* TzBfG, § 4 Rn. 51.

ausreichen[1283], oder ob weitere oder andere Merkmale, wie etwa die Betriebszugehörigkeit, je nach Einzelfall und konkreter Leistung oder Maßnahme, für die Bestimmung der Vergleichbarkeit der Arbeitnehmer erforderlich sind[1284]. Hier ist, wie schon bei § 4 I TzBfG, der Auffassung zu folgen, welche aus systematischen Gesichtspunkten einen einheitlichen Begriff des vergleichbaren unbefristeten Arbeitnehmers bevorzugt.

Hinsichtlich der Bestimmung des vergleichbaren Arbeitnehmers im Rahmen von § 4 II TzBfG kann auf die Ausführungen zu § 3 II TzbfG verwiesen werden, da dort die Kriterien, gleiche oder ähnliche Tätigkeit, für den vergleichbaren Arbeitnehmer dargestellt werden.

IV. Zusammenfassung zum vergleichbaren Arbeitnehmer im TzBfG

Zur Bestimmung des vergleichbaren Arbeitnehmers kommt es nach dem Wortlaut des Gesetzes auf eine gleiche oder eine ähnliche Tätigkeit an. Wichtig ist für diese eine Austauschbarkeit mit einer verhältnismäßig kurzen Einarbeitungszeit. Auch der vergleichbare Arbeitnehmer muss hinsichtlich seiner Tätigkeit austauschbar mit dem zu vergleichenden Arbeitnehmer sein.

Die Bestimmung der ähnlichen Tätigkeit weist große Ähnlichkeit mit der arbeitsplatzbezogenen Austauschbarkeit im Rahmen der Vergleichbarkeitsprüfung bei der Sozialauswahl auf, sodass hier Wertungen und Rechtsprechung weitesgehend übernommen werden können. Dies gilt insbesondere in Bezug auf die Einarbeitungszeit und die Indizienwirkung einer tariflichen Eingruppierung von Arbeitnehmern bei der Austauschbarkeit.

Auf eine arbeitsvertragliche Austauschbarkeit kommt es, anders als es teilweise in der Literatur gefordert wird, für eine ähnliche oder gleiche Tätigkeit im Rahmen der Vergleichbarkeit bei § 2 oder 3 TzBfG nicht an. Die Kriterien zur Bestimmung des vergleichbaren Arbeitnehmers nach § 2 und § 3 TzBfG finden entsprechend bei der Bestimmung der Vergleichbarkeit von Arbeitnehmern im Rahmen des § 4 I oder § 4 II TzBfG Anwendung.

1283 So beispielsweise *Sievers*, TzBfG, § 4 Rn. 51, nach dieser Ansicht bestimmt sich der vergleichbare unbefristete Arbeitnehmer nach § 3 II TzBfG.

1284 Meinel/Heyn/Herms, Teilzeit und Befristungsrecht § 4 Rn. 23.

C. Der vergleichbare Arbeitnehmer im Rahmen des § 3 Arbeitnehmerüberlassungsgesetz

Auch im AÜG kommt dem vergleichbaren Arbeitnehmer eine wesentliche Bedeutung insbesondere beim Schutz von Leiharbeitnehmer zu. Diesem sollen die wesentlichen Arbeitsbedingungen im Betrieb des Entleihers zukommen[1285]. Hierzu dienen die §§ 3 I Nr. 3, 9 Nr. 2 und § 10 IV AÜG. Von dem Diskriminierungsverbot kann durch Leiharbeitstarifvertrag nach §1 I S. 2 AÜG abgewichen werden[1286].

Wie auch bei sonstigen arbeitsrechtlichen Gleichbehandlungsgeboten bzw. Diskriminierungsverboten ist hierzu der vergleichbare Arbeitnehmer als Bezugspunkt des Vergleiches zu bestimmen[1287]. Insbesondere bei dem Schutz des Leiharbeitnehmers vor schlechterer Behandlung im Betrieb des Entleihers spielt der mit dem Leiharbeitnehmer vergleichbare Stammarbeitnehmer im Betrieb des Entleihers eine wichtige Rolle. Der Gleichbehandlungsgrundsatz soll im Folgenden nur kurz erläutert werden, da er nicht der Schwerpunkt der Bearbeitung ist. Anschließend soll das Problem behandelt werden, wie zu verfahren ist, wenn es im Betrieb des Entleihers keinen mit dem Leiharbeitnehmer vergleichbarer Arbeitnehmer gibt.

Bezugspunkt und Vergleichsmaßstab für diesen Gleichbehandlungsgrundsatz bei der Arbeitnehmerüberlassung ist nach der eindeutigen Regelung des § 3 AÜG und des Art 5 der Leiharbeitsrichtlinie der mit dem Leiharbeitnehmer vergleichbare Stammarbeitnehmer im Betrieb des Entleihers. Daher ist für die Anwendung dieses Grundsatzes der mit dem Leiharbeitnehmer vergleichbare Stammarbeitnehmer im Betrieb des Entleihers zu bestimmen. Fraglich ist jedoch, nach welchen Kriterien der vergleichbare Arbeitnehmer im Sinne des AÜG festzulegen ist. Nachfolgend soll aufgezeigt werden, wie der vergleichbare Arbeitnehmer im Rahmen des AÜG im Betrieb des Entleihers für die Gleichstellung des Leiharbeitnehmers zu bestimmen ist. Hierzu gibt es eine Reihe von strittigen Fragestellungen.

I. Der Gleichbehandlungsgrundsatz im AÜG

Zweck der Regelung von § 3 Nr. 3 und § 9 AÜG ist es, den Leiharbeitnehmer davor zu bewahren, dass er schlechter behandelt wird als der vergleichbare

1285 *Schüren/Wank,* RdA 2011, S. 1, 3.
1286 ErfK-*Wank,* § 3 AÜG Rn. 22.
1287 *Schüren/Wank,* RdA 2011, S. 1, 3.

Stammarbeitnehmer des Betriebes des Entleihers, in welchem er eingesetzt wird[1288]. So besteht z.B. nach § 3 I Nr. 3 AÜG die Pflicht des Verleihers, dem Leiharbeitnehmer für die Zeit der Überlassung in den Entleiherbetrieb die in diesem Entleiherbetrieb für einen vergleichbaren Arbeitnehmer geltenden wesentlichen Arbeitsbedingungen zu gewährleisten und insbesondere das gleiche Entgelt wie den vergleichbaren Arbeitnehmern dort zu zahlen[1289]. Diese Grundsätze werden häufig „equal-pay" und „equal treatment" genannt[1290]. Der Gesetzgeber bezeichnet diesen Grundsatz in der Gesetzesbegründung zu § 3 I Nr. 3 AÜG selbst als „ gleicher Lohn für gleiche Arbeit[1291]". Der Umfang dieses Gleichstellungsanspruchs des Leiharbeitnehmers richtet sich danach, ob und in welchem Umfang auch ein Anspruch des vergleichbaren Stammarbeitnehmers im Betrieb des Entleihers bestehen würde[1292].

Rechtsquellen für diese wesentlichen Arbeitsbedingungen der vergleichbaren Arbeitnehmer im Betrieb des Entleihers können die herkömmlichen Rechtsquellen des Arbeitsrechts, also Arbeits- und Tarifverträge sowie Betriebsvereinbarungen und einfach gesetzliche Regelungen sein[1293]. Zwischen Leiharbeitnehmern und dem Verleiher wirken diese jedoch nicht normativ, da der Leiharbeitnehmer ja gerade nicht Arbeitnehmer des Entleihers, sondern des Verleihers ist, so dass die kollektivrechtlichen Regelungen nur mittelbar über das Gleichstellungserfordernis des § 3 I Nr. 3 AÜG für das Arbeitsverhältnis des Leiharbeitnehmers gelten[1294].

Was unter wesentlichen Arbeitsbedingungen im Sinne des AÜG zu verstehen ist, ist im Gesetz nicht legaldefiniert[1295]. Art 3 der Leiharbeitsrichtlinie nennt unter den wesentlichen Arbeitsbedingungen insbesondere Regelungen zur Arbeitszeit und Arbeitsentgelt[1296]. Unter den wesentlichen Arbeitsbedingungen werden allerdings in erweiternder Auslegung teilweise alle diejenigen Arbeitsbedingungen verstanden, die sich im Betrieb des Entleihers aus den zur Anwendung

---

1288 BT-Drs. 15/25 S. 38.

1289 *Preis,* Arbeitsrecht, S. 107.

1290 BeckOK-ArbR/*Koch/Milenk,* § 3 AÜG Rn. 21.

1291 BT-Drs. 15/25 S. 38.

1292 *Ulber,* AuR 2003, S. 7, 11.

1293 *Sansone,* Gleichstellung von Leiharbeitnehmern nach deutschem und Unionsrecht, S. 253.

1294 *Sansone,* Gleichstellung von Leiharbeitnehmern nach deutschem und Unionsrecht, S. 253.

1295 ErfK-*Wank,* § 3 AÜG Rn. 13.

1296 ErfK-*Wank,* § 3 AÜG Rn. 13.

kommenden individualrechtlichen und kollektiven Rechtsquellen ergeben[1297]. Eine dermaßen erweiternde Auslegung der wesentlichen Arbeitsbedingungen im Sinne des § 3 AÜG erscheint jedoch angesichts der abschließenden Aufzählung in § 5 der Leiharbeitsrichtlinie als nicht gerechtfertigt[1298]. Der Gesetzgeber nennt selbst in seiner Gesetzesbegründung beispielhaft für diese wesentlichen Arbeitsbedingungen im Sinne des AÜG nur die Dauer der Arbeitzeit, den Urlaub und die Nutzung von sozialen Einrichtungen[1299]. Hinzu kommt nach § 13 b AÜG der Zugang des Leiharbeitnehmers zu Gemeinschaftseinrichtungen und Gemeinschaftsdiensten[1300]. Unter dem gleichen Entgelt ist nach dem eindeutigen Willen des Gesetzgebers nicht nur das laufende Entgelt zu verstehen, sondern es fallen auch sonstige Lohnbestandteile wie Zuschläge darunter[1301]. Schließlich werden als Entgelt im weiteren Sinne auch Sachleistungen wie Firmenwagen verstanden[1302].

Dieser Grundsatz der Gleichbehandlung von Leiharbeitnehmern mit vergleichbaren Stammarbeitnehmern kommt nicht nur im Rahmen des § 3 I Nr. 3 AÜG zum Tragen, sondern findet sich auch in den § 9 Nr. 2 und § 10 IV AÜG wieder.

Nach diesem Gleichbehandlungsgrundsatz hat der Arbeitgeber dem Leiharbeitnehmer die gleichen wesentlichen Arbeitsbedingungen und das gleiche Entgelt zu gewähren, wie einem vergleichbaren Arbeitnehmer im Betrieb des Entleihers[1303].

II. Der vergleichbare Arbeitnehmer im Rahmen des AÜG

Wie auch in zahlreichen anderen Gesetzen knüpft der Gesetzgeber eine Rechtsfolge an die Voraussetzungen der Vergleichbarkeit von zwei Arbeitnehmern. Im Rahmen der Leiharbeit kommt es auf die Vergleichbarkeit des Leiharbeitnehmers und des Stammarbeitnehmers in dem Betrieb des Entleihers an. Denn der Maßstab für die wesentlichen Arbeitsbedingungen und das Entgelt des Leiharbeitnehmers sind, wie bereits dargestellt, die eines vergleichbaren Arbeitnehmers des Entleihers[1304].

1297 *Ulber,* AuR 2003, S. 7, 10.
1298 *Schüren/Wank,* RdA 2011, S. 1, 4.
1299 BT-Drs. 15/25 S. 38.
1300 siehe hierzu: ErfK-*Wank,* § 13 b AÜG Rn. 1–4.
1301 BT-Drs. 15/25 S. 38.
1302 ErfK-*Wank,* § 3 AÜG Rn. 14; *Bertram,* ZESAR 2003, S. 205, 208.
1303 *Lembke,* BB 2003, S. 98, 100.
1304 ErfK-*Wank,* § 3 AÜG Rn. 15.

Jedoch hat der Gesetzgeber auch im AÜG den Begriff des vergleichbaren Arbeitnehmers, wie auch schon in § 1 III KSchG, nicht legal definiert. Eine vergleichbare Regelung, wie z.B. § 2 I S. 3 TzBfG, existiert nicht. Daher muss auch der Begriff des vergleichbaren Arbeitnehmers bzw. müssen die Kriterien für eine Vergleichbarkeit von Leiharbeitnehmern und Stammarbeitnehmern erneut bestimmt werden.

Fraglich ist, wie der mit dem Leiharbeitnehmer vergleichbare (Stamm)-Arbeitnehmer im Rahmen des AÜG zu bestimmen ist und welche Kriterien hierfür maßgeblich sind. Zuvor gilt es jedoch festzustellen, ob bestimmte Stammarbeitnehmer des Entleihers von vorneherein nicht in die potentielle Vergleichsgruppe der mit dem Leiharbeitnehmer vergleichbaren Arbeitnehmer aufgenommen werden und daher von vorne herein für eine Vergleichbarkeit nicht in Frage kommen.

1. *Einschränkungen des Kreises der potentiell vergleichbaren Arbeitnehmer des Entleihers*

Zunächst kann der Kreis der potentiell mit dem Leiharbeitnehmer vergleichbaren Arbeitnehmer des Entleihers durch personelle und räumliche Vorüberlegungen eingeschränkt werden.

Für einen Vergleich eines Stammarbeitnehmers mit dem Leiharbeitnehmer kommen zunächst nur Arbeitnehmer in Betracht, die beim Entleiher beschäftigt sind[1305]. Daher kommen für einen Vergleich der wesentlichen Arbeitsbedingungen Personen nicht in Betracht, die aufgrund von anderen Rechtsverhältnissen außer einem Arbeitsvertrag für den Entleiher tätig sind[1306]. Da der Wortlaut von § 3 I Nr. 3 AÜG insoweit eindeutig ist, kommen für einen Vergleich auch nicht andere eingesetzte Leiharbeitnehmer, sondern nur Stammarbeitnehmer des Entleihers in Betracht[1307].

Gleichzeitig ist die Vergleichbarkeitsprüfung im Rahmen des AÜG räumlich auf den Betrieb des Entleihers begrenzt, so dass nur Stammarbeitnehmer im Betrieb des Entleihers als mit dem Leiharbeitnehmer vergleichbar in Frage

---

1305 *Sansone,* Gleichstellung von Leiharbeitnehmern nach deutschem und Unionsrecht, S. 254.

1306 *Sansone,* Gleichstellung von Leiharbeitnehmern nach deutschem und Unionsrecht, S. 254.

1307 *Sansone,* Gleichstellung von Leiharbeitnehmern nach deutschem und Unionsrecht, S. 254.

kommen[1308]. Dies ergibt sich aus dem eindeutigen Wortlaut des Gesetzes, nach welchem die wesentlichen Arbeitsbedingungen aufgrund des Gleichbehandlungsgrundsatzes „im Betrieb des Entleihers" maßgeblich sind, in welchem der Leiharbeitnehmer eingesetzt wird[1309]. Daher erstreckt sich der räumliche Anwendungsbereich der Vergleichbarkeitsprüfung nicht auf andere Betriebe des Arbeitgebers oder gar auf das ganze Unternehmen, sondern beschränkt sich eindeutig auf den Einsatzbetrieb, in welchem der Leiharbeitnehmer eingesetzt wird[1310].

Für die Vergleichbarkeit mit dem eingesetzten Leiharbeitnehmer kommen daher nur Stammarbeitnehmer des Entleihers in dem jeweiligen Einsatzbetrieb in Betracht. Andere Personen sind daher für die Anwendung des Gleichbehandlungsgrundsatzes nach § 3 I Nr. 3 AÜG unbeachtlich.

2. *Kriterien für den vergleichbaren Arbeitnehmer im Rahmen des AÜG*

a) Gleiche oder ähnliche Tätigkeit

Nach der Begründung des Gesetzgebers zum § 3 I Nr. 3 AÜG ist ein mit dem Leiharbeitnehmer vergleichbarer Stammarbeitnehmer derjenige, der mit gleicher oder ähnlicher Tätigkeit beim Entleiher beschäftigt ist wie ein Stammarbeitnehmer[1311]. Daher sind mit dem Leiharbeitnehmer nur solche Arbeitnehmer im Betrieb des Entleihers vergleichbar, die die gleiche oder eine ähnliche Tätigkeit wie der Leiharbeitnehmer, der dort eingesetzt wird, ausüben[1312].

Der Gesetzgeber orientiert sich mit dem tätigkeitsbezogenen Kriterium der gleichen oder ähnlichen Tätigkeit zur Bestimmung des vergleichbaren Arbeitnehmers im Rahmen des AÜG an den ebenfalls auf die Tätigkeit des Arbeitnehmers bezogenen Kriterien für die Bestimmung der vergleichbaren Arbeitnehmers im Rahmen der § 2 I und § 3 II TzBfG, sowie an dem Kriterium zur Bestimmung der Vergleichbarkeit in § 10 Abs. 5 AÜG a.F.[1313].

1308 *Sansone,* Gleichstellung von Leiharbeitnehmern nach deutschem und Unionsrecht, S. 254.

1309 *Sansone,* Gleichstellung von Leiharbeitnehmern nach deutschem und Unionsrecht, S. 254.

1310 *Sansone,* Gleichstellung von Leiharbeitnehmern nach deutschem und Unionsrecht, S. 254; *Schüren*/AÜG, § 9 AÜG Rn. 122.

1311 BT-Drs. 15/25, S. 38.

1312 *Lembke,* BB 2003, S. 98, 100.

1313 *Sansone,* Gleichstellung von Leiharbeitnehmern nach deutschem und Unionsrecht, S. 255; *Thüsing,* DB 2003, S. 446, 447.

Für die Bestimmung, wann eine Tätigkeit als gleich anzusehen ist, orientiert sich daher ein großer Teil der Literatur an den bereits zu den §§ 2 und 3 TzBfG entwickelten Kriterien zur Bestimmung einer gleichen Tätigkeit an[1314]. Danach ist eine Tätigkeit auch im Sinne des § 3 AÜG gleich, wenn die gleichen Arbeitsvorgänge verrichtet werden und die Arbeitnehmer aufgrund der gleichen Anforderungen austauschbar sind, d.h. wenn sie einander sofort ersetzen können[1315].

Tätigkeiten sind ähnlich, wenn zwar Arbeitsvorgänge nicht identisch sind, aber wenn sie trotz der unterschiedlichen Vorgänge bei der Arbeit so miteinander verwandt sind, dass gleiche Anforderungen an die erworbenen Fähigkeiten und die Qualifikation sowie die körperliche Belastbarkeit gestellt werden[1316]. Dies ist dann der Fall, wenn eine Austauschbarkeit des eingesetzten Leiharbeitnehmers und des Stammarbeitnehmers in dem Betrieb des Entleihers ohne besondere Einarbeitungsschwierigkeiten möglich ist[1317].

Gleichzeitig müssen die Tätigkeiten, um noch als ähnlich im hier dargestellten Sinne qualifiziert zu werden, sich auf der gleichen Ebene der Betriebshierarchie befinden[1318]. Auch bei einer ähnlichen Tätigkeit müssen die Arbeitnehmer wie bei der identischen funktional miteinander also wechselseitig austauschbar sein[1319]. Dies entspricht weitestgehend der arbeitsplatzbezogenen Austauschbarkeit, die als Kriterium für den vergleichbaren Arbeitnehmer etwa bei § 2 I S. 3 TzBfG und § 3 TzBfG, sowie als eines der Hauptkriterien für die Vergleichbarkeit im Rahmen der Sozialauswahl verwendet wird.

Die einfachsten Fälle, in denen eine Vergleichbarkeit der Arbeitnehmer im Rahmen des AÜG ohne große Prüfung bejaht werden kann, sind daher solche, in denen ein Leiharbeitnehmer einen Stammarbeitnehmer im Betrieb direkt vertritt und dessen vorherige Tätigkeit übernimmt[1320].

Vereinfacht wird die Vergleichbarkeitsprüfung im Rahmen des AÜG außerdem dann, wenn im Betrieb des Entleihers kollektivrechtliche Eingruppierungsregeln

1314 *Pelzner*-AÜG § 3 Rn. 68.

1315 ErfK-*Müller-Glöge*, § 3 TzBfG Rn. 17; *Sansone*, Gleichstellung von Leiharbeitnehmern nach deutschem und Unionsrecht, S. 255.

1316 *Sansone*, Gleichstellung von Leiharbeitnehmern nach deutschem und Unionsrecht, S. 255; Münchener Kommentar- *Hesse*, § 3 TzBfG Rn. 19.

1317 ErfK-*Müller-Glöge*, § 3 TzBfG Rn. 17.

1318 Pelzner-AÜG, § 3 AÜG Rn. 68.

1319 *Sansone*, Gleichstellung von Leiharbeitnehmern nach deutschem und Unionsrecht, S. 256.

1320 ErfK-*Wank*, § 3 AÜG Rn. 15.

bestehen, welche eine Hilfestellung, in Form einer Indizwirkung, bei der Festlegung des vergleichbaren Arbeitnehmers geben können[1321].

b) Arbeitsvertragliche Austauschbarkeit

Umstritten, wie schon bei der Vergleichbarkeitprüfung im Rahmen des TzBfG, ist die Frage, ob es für eine Austauschbarkeit und damit für eine Vergleichbarkeit im Rahmen der Vergleichbarkeitsprüfung auf eine arbeitsvertragliche Austauschbarkeit ankommt.

Nach einer Ansicht in der Literatur soll es neben der funktionalen Austauschbarkeit anhand der Tätigkeit auch auf eine arbeitsvertragliche Austauschbarkeit für die Vergleichbarkeit im Rahmen des AÜG ankommen[1322]. Diese vertritt den Ansatz, dass die Kriterien zur Bestimmung des vergleichbaren Arbeitnehmers im Rahmen der Sozialauswahl nach § 1 III KSchG auch für die Festlegung des vergleichbaren Arbeitnehmers im Rahmen des AÜG verwendet werden sollten[1323]. Daher liegt nach dieser Ansicht keine Vergleichbarkeit von Arbeitnehmern vor, wenn der Leiharbeitnehmer und der Stammarbeitnehmer arbeitsvertraglich nicht austauschbar sind und der Entleiher diese kraft Direktionsrecht nicht ersetzen kann[1324].

Diese Auffasung ist jedoch, wie schon zur Frage der arbeitsvertraglichen Austauschbarkeit beim vergleichbaren Arbeitnehmer bei § 2 I und § II TzBfG aufgezeigt, abzulehnen[1325]. Aufgrund der ausdrücklichen Gesetzesbegründung, die einen tätigkeitsbezogenen Vergleich vorsieht, reicht es daher für eine Vergleichbarkeit im Rahmen des TzBfG und des AÜG aus, dass die Arbeitnehmer funktional austauschbar sind, so dass es auf eine vertragliche Austauschbarkeit nicht ankommt[1326]. Daher lassen sich die Grundsätze zum vergleichbaren Arbeitnehmer aus § 1 III KSchG hinsichtlich einer arbeitsvertraglichen Austauschbarkeit als Kriterium der Vergleichbarkeit nicht wie schon im Rahmen des TzBfG auf die

---

1321 *Lembke,* BB 2003, S. 98, 100.

1322 *Däubler,* DB 2008, S. 1914.

1323 *Däubler,* DB 2008, 1914; *Boemke/Lembke,* AÜG § 9 Rn. 53.

1324 *Däubler,* DB 2008, S. 1914; *Boemke/Lembke,* AÜG § 9 Rn. 53.

1325 *Sansone,* Gleichstellung von Leiharbeitnehmern nach deutschem und Unionsrecht, S. 256; für die Ansicht das die Grundsätze zur Vergleichbarkeit von Arbeitnehmern im Rahmen des § 1 III KSchG nicht beim vergleichbaren Arbeitnehmer im Rahmen des TzBfG Anwendung finden, für das TzBfG; *Laux,* in: Laux/Schlachter, Teilzeit- und Befristungsgesetz § 2 Rn. 43.

1326 *Sansone,* Gleichstellung von Leiharbeitnehmern nach deutschem und Unionsrecht, S. 256.

Vergleichbarkeit von Arbeitnehmern nach dem AÜG übertragen. Eine solche Ausdehnung der Vergleichbarkeit würde dem eindeutigen Willen des Gesetzgebers, der auf einen reinen Tätigkeitsvergleich abstellt, zuwiderlaufen.

c) Berücksichtigung von subjektiven Merkmalen bei der Bestimmung des vergleichbaren Arbeitnehmers

Wie dargestellt, wird die Vergleichbarkeit objektiv und rein tätigkeitsbezogen bestimmt. Fraglich und in der Literatur ebenfalls umstritten ist jedoch, ob darüber hinaus auch personenbezogene bzw. subjektive Merkmale für die Vergleichbarkeit eine Rolle spielen[1327]. Als Beispiele für diese besonderen personenbezogenen Merkmale werden etwa die Ausbildung, besondere Fachkenntnisse oder eine langjährige Betriebszugehörigkeit bzw. Lebensalter, Qualifikation und Kompetenz genannt[1328]. Diese Frage wird in der Literatur unterschiedlich beantwortet.

Nach einer Ansicht in der Literatur sollen besondere persönliche Merkmale als zusätzliches Kriterium für den vergleichbaren Arbeitnehmer im Rahmen des AÜG maßgeblich sein, wenn an diese die Gewährung bestimmter Arbeitsbedingungen im Betrieb des Entleihers, wie z.B. die Dauer des Urlaubs geknüpft ist.

Die Gegenansicht[1329] ist der Auffassung, dass die Vergleichbarkeitsprüfung rein tätigkeitsbezogenen und damit objektiv zu erfolgen hat[1330]. Als Argumentation wird auf die eindeutige Gesetzesbegründung verwiesen, da kein Anlass ersichtlich sei, wieso der Gesetzgeber von der vorgegebenen Definition abweichen sollte[1331]. Die Gegenansicht ist auch überzeugend. Dieser Ansicht ist zuzugeben, dass im Sinne einer möglichst klaren Regelung für die Vergleichbarkeitsprüfung einheitliche Kriterien für alle Einzelfälle vorzugswürdig sind. Außerdem überwiegt das Argument der dahingehenden eindeutigen Gesetzesbegründung.

1327 *Sansone,* Gleichstellung von Leiharbeitnehmern nach deutschem und Unionsrecht, S. 256.

1328 *Pelzner*-AÜG, § 3 AÜG Rn. 69 bzw. *Sansone,* Gleichstellung von Leiharbeitnehmern nach deutschem und Unionsrecht, S. 257.

1329 Für eine einschränkende Anwendung *Ulber,* AuR 2003, S. 7, 11; grundsätzlich ablehnend *Sansone,* Gleichstellung von Leiharbeitnehmern nach deutschem und Unionsrecht, S. 256 m.w.N.

1330 *Sansone,* Gleichstellung von Leiharbeitnehmern nach deutschem und Unionsrecht, S. 258.

1331 *Sansone,* Gleichstellung von Leiharbeitnehmern nach deutschem und Unionsrecht, S. 258.

d) Dauer und Lage der Arbeitszeit und die Vergleichbarkeit im Rahmen des AÜG

In der Literatur umstritten ist die Frage, wie die Arbeitszeit von Arbeitnehmern im Rahmen der Vergleichbarkeit nach dem AÜG zu berücksichtigen ist. Insbesondere ist fraglich, ob in Vollzeit- und Teilzeit beschäftigte Stamm- und Leiharbeitnehmer im Sinne des AÜG miteinander vergleichbar sind.

Eine Ansicht in der Literatur lehnt die Vergleichbarkeit von z.B. teilzeitbeschäftigten Leiharbeitnehmern und vollzeitbeschäftigten Stammarbeitnehmern grundsätzlich ab, da sich die Vergleichbarkeit nicht nur auf die Tätigkeit, sondern auch auf den zeitlichen Umfang der Tätigkeit erstrecken soll[1332]. Weiterhin sollen befristet beschäftigte Leiharbeitnehmer nach dieser Ansicht nicht mit unbefristeten Stammarbeitnehmern vergleichbar sein[1333].

Nach anderer Auffassung steht eine unterschiedliche Dauer der Arbeitzeit einer Vergleichbarkeit von Stamm- und Leiharbeitnehmern nicht entgegen[1334]. Diese Ansicht stellt vor allem auf den vom Gesetzgeber vorgegebenen bloßen Vergleich der Tätigkeit ab[1335]. Der Gesetzgeber hat als Kriterium für die Vergleichbarkeit allein auf die Tätigkeit abgestellt, so dass es auf die Dauer der Arbeitzeit nicht ankommt[1336].

e) Anwendung des Gleichstellunsggrundsatzes beim Fehlen eines vergleichbaren Arbeitnehmers

Problematisch sind Fälle, in denen ein mit dem Leiharbeitnehmer vergleichbarer Arbeitnehmer im Betrieb des Entleihers fehlt. In diesen Fällen existiert im Betrieb des Entleihers kein Arbeitnehmer, der die gleiche oder eine ähnliche Tätigkeit wie der Leiharbeitnehmer ausübt. Dies ist in Fällen denkbar, in denen mit Blick auf ein spezielles Projekt ein hochspezialisierter Leiharbeitnehmer im Betrieb des Entleihers eingesetzt wird[1337]. In diesen Fällen fehlt es an einem Maßstab für die Anwendung des Gleichstellungsgebotes durch den

---

1332 So z.B. *Bertram*, ZESAR 2003, S. 205, 210; *Bauer/Krets*, NJW 2003, S. 537, 538.

1333 *Lembke*, BB 2003, S. 98, 100; *Reim*, ZTR 2003, S. 106, 107; *Bauer/Kreis*, NJW 2003, S. 537, 538.

1334 Z.B. *Weckesser*, Auswirkungen des Gleichbehandlungsgrundsatzes, S. 25 f.; *Sansone*, Gleichstellung von Leiharbeitnehmern nach deutschem und Unionsrecht, S. 259.

1335 *Sansone*, Gleichstellung von Leiharbeitnehmern nach deutschem und Unionsrecht, S. 259.

1336 *Sansone*, Gleichstellung von Leiharbeitnehmern nach deutschem und Unionsrecht, S. 259; *Weckesser*, Auswirkungen des Gleichbehandlungsgrundsatzes, S. 25 f.

1337 *Lembke*, BB 2003, S. 98, 100.

Verleiher[1338]. Im Gegensatz zu den entsprechenden Diskriminierungsverboten aus dem TzBfG existiert im AÜG keine Regelung darüber, wie in den Fällen eines fehlenden vergleichbaren Arbeitnehmers verfahren werden soll[1339]. § 2 I S. 4 TzBfG und § 3 II S. 2 TzBfG sehen vor, dass in diesen Fällen auf einen vergleichbaren Arbeitnehmer anhand des Tarifvertrages bzw. anhand des im jeweiligen Wirtschaftszweiges üblichen vergleichbaren Arbeitnehmers abzustellen ist[1340]. Aufgrund der Tatsache, dass es an einer eindeutigen gesetzlichen Regelung für diese Fälle fehlt, werden verschiedene Ansichten zur Lösung dieser Problematik in der Literatur vertreten.

Nach einer Ansicht in der Literatur findet beim Fehlen eines vergleichbaren Arbeitnehmers im Betrieb des Entleihers der Gleichstellungsgrundsatz keine Anwendung[1341]. Diese Ansicht möchte dem Verleiher als Arbeitgeber unnötigen und inakzeptablen Zeitaufwand ersparen[1342]. Als Argument führt diese Ansicht an, dass die Rechtfertigung für die Gleichbehandlung nach dem AÜG die betriebliche Gemeinschaft von Stammarbeitnehmern und den eingesetzten Leiharbeitnehmern sei[1343]. Schließlich habe der Gesetzgeber in der entsprechenden Leiharbeitsrichtlinie keine Anwendung des Gleichstellunsgrundsatzes in den Fällen des Fehlens eines vergleichbaren Arbeitnehmers angeordnet[1344]. Dieser Ansicht folgend würden für den Leiharbeitnehmer in diesen Fällen lediglich die Rechte und Pflichten aus dem Leiharbeitsvertrag zur Anwendung kommen[1345]. Diese Ansicht vermag nicht zu überzeugen, da die Anwendbarkeit der Schutzvorschrift des Arbeitnehmers nicht davon abhängig gemacht werden kann, dass zufällig ein vergleichbarer Stammarbeitnehmer im Betrieb vorhanden ist.

1338 *Weckesser,* Auswirkungen des Gleichbehandlungsgrundsatzes, S. 263.

1339 *Sansone,* Gleichstellung von Leiharbeitnehmern nach deutschem und Unionsrecht, S. 263.

1340 *Sansone,* Gleichstellung von Leiharbeitnehmern nach deutschem und Unionsrecht, S. 263.

1341 So z.B. *Bauer/Krets,* NJW 2003, S. 537, 539; *Rieble/Klebeck,* NZA 2003, S. 23, 34; *Hamann,* Jura 2003, S. 361, 366.

1342 *Rieble/Klebeck,* NZA 2003, S. 23, 34.

1343 *Thüsing,* DB 2003, S. 446, 447.

1344 *Thüsing,* DB 2003, S. 446, 447.

1345 *Sansone,* Gleichstellung von Leiharbeitnehmern nach deutschem und Unionsrecht, S. 259.

Überzeugender ist es in solchen Fällen auf eine hypothetische Betrachtung abzustellen[1346], sodass es auf einen hypothetischen vergleichbaren Arbeitnehmer im Betrieb ankommt[1347].

D. Der vergleichbare Arbeitnehmer bei § 37 IV BetrVG

Auch im BetrVG kommt dem vergleichbaren Arbeitnehmer im Rahmen des § 37 BetrVG eine wichtige Funktion zu. Im nachfolgenden Teil sollen zunächst die Vorschrift des § 37 BetrVG und ihr Regelungszweck kurz dargestellt werden, sowie anschließend die Kriterien für die Festlegung des vergleichbaren Arbeitnehmers i.S.d. § 37 BetrVG.

I. Die Vorschrift des § 37 BetrVG

Die Vorschrift des § 37 BetrVG regelt die allgemeine Rechtsstellung von Betriebsratsmitgliedern, wobei die Norm noch durch zahlreiche Einzelvorschriften ergänzt wird[1348]. Die Vorschrift konkretisiert den allgemeinen Grundsatz des § 78 S. 2 BetrVG wonach Betriebsratsmitglieder wegen ihrer Tätigkeit als Betriebsratsmitglied nicht benachteiligt oder begünstigt werden dürfen[1349]. § 37 BetrVG soll die Unabhängigkeit von Betriebsratsmitgliedern bei der Ausübung des Betriebsratsamtes gewährleisten[1350]. Um dies zu erreichen, sollen dem Betriebsratsmitglied keine Einbußen finanzieller Art bei der beruflichen Stellung durch das Ausüben dieses Ehrenamtes entstehen[1351]. Daher liegt allen Absätzen des § 37 BetrVG der Wille des Gesetzgebers zu Grunde, dass Betriebsratsmitglieder weder beruflich noch finanziell gegenüber vergleichbaren Arbeitnehmern mit für den Betrieb üblicher beruflicher Entwicklung benachteiligt werden[1352].

Darüber hinaus enthält § 37 I BetrVG die Klarstellung, dass die Tätigkeit des Betriebsrates ein unentgeltliches privates Ehrenamt ist und daher das Mitglied des Betriebsrates für die Ausübung des Betriebsratsamtes keine Vergütung oder sonstige Vorteile erhalten darf[1353]. Zusammengefasst verfolgt § 37 BetrVG

1346 So z.B. *Raab,* ZfA 2003, S. 389, 405 f.

1347 *Schüren/Wank,* RdA 2011, S. 1, 4; a.A. *Sansone,* Gleichstellung von Leiharbeitnehmern nach deutschem und Unionsrecht, S. 268 ff.

1348 *Glock,* in: Wlotzke/Preis/Kreft, Betriebsverfassungsgesetz, § 37 Rn. 1.

1349 *Thüsing,* in Richardi, Betriebsverfassungsgesetz mit Wahlordnung, § 37 Rn. 1.

1350 *Glock,* in: Wlotzke/Preis/Kreft, Betriebsverfassungsgesetz, § 37 Rn. 1.

1351 *Glock,* in: Wlotzke/Preis/Kreft, Betriebsverfassungsgesetz, § 37 Rn. 1.

1352 *Hennecke,* BB 1986, S. 936.

1353 *Glock,* in: Wlotzke/Preis/Kreft, Betriebsverfassungsgesetz, § 37 Rn. 12.

letztlich das Ziel, dass ein Betriebsratsmitglied weder Vor- noch Nachteile durch die Ausübung des Betriebsratsamtes erleidet bzw. erhält und dass es sich stattdessen unabhängig der Repräsentation der Belegschaft widmen kann[1354]. „Das Mitglied des Betriebsrates soll so gestellt werden, wie es stehen würde, wenn es das Betriebsratsamt nicht übernommen hätte und ausüben würde, sondern weiterarbeiten würde und eine normale berufliche Entwicklung im Betrieb genommen hätte“[1355]. Um dieses Ziel zu erreichen, sieht die Vorschrift in den einzelnen Absätzen des § 37 BetrVG verschiedene Regelungen vor. Für den vergleichbaren Arbeitnehmer ist jedoch nur der § 37 IV BetrVG maßgeblich. Auf die anderen Absätze wird daher nicht weiter eingegangen.

II. Der Schutz der Entgeltbemessung nach § 37 IV BetrVG

§ 37 Absatz 4 soll, wie der Absatz 5, nach dem Willen des Gesetzgebers dazu führen, „dass die Mitglieder des Betriebsrates weder in wirtschaftlicher noch in beruflicher Hinsicht gegenüber vergleichbaren Arbeitnehmern mit betriebsüblicher beruflicher Entwicklung Nachteile erleiden“[1356]. § 37 IV BetrVG kommt die Aufgabe zu sicherzustellen, dass sich die Bemessungsgrundlage für das Entgelt des Betriebsratsmitgliedes nicht verschlechtert, da das Betriebsratsmitglied aufgrund der Betriebsratstätigkeit nicht im gleichen Umfang wie andere, vergleichbare Arbeitnehmer an der beruflichen Entwicklung teilnehmen kann[1357]. Das Betriebsratsmitglied soll bei der Bemessung des Arbeitsentgeltes so gestellt werden, wie es stehen würde, wenn es das Amt des Betriebsrates nicht ausgeübt hätte[1358]. § 37 IV BetrVG wird ergänzt durch das Benachteiligungsverbot des § 78 S. 2 BetrVG, welches neben § 37 IV BetrVG anwendbar ist[1359]. Die Regelung ergänzt daneben den besonderen Kündigungsschutz für Betriebsratsmitglieder nach § 15 KSchG und sichert so die „äußere Unabhängigkeit“ des Betriebsratsmitgliedes[1360].

1354 Vgl. *Thüsing*, in: Richardi, Betriebsverfassungsgesetz mit Wahlordnung, § 37 Rn. 2.
1355 *Hennecke*, BB 1986, S. 936.
1356 BT-Drucks. VI/2729, S. 23.
1357 *Thüsing*, in Richardi, Betriebsverfassungsgesetz mit Wahlordnung, § 37 Rn. 63.
1358 *Thüsing*, in Richardi, Betriebsverfassungsgesetz mit Wahlordnung, § 37 Rn. 63.
1359 *Glock*, in Wlotzke/Preis/Kreft, Betriebsverfassungsgesetz, § 37 Rn. 37.
1360 *Glock*, in Wlotzke/Preis/Kreft, Betriebsverfassungsgesetz, § 37 Rn. 99.

1. Der Umfang des Schutzes nach § 37 IV BetrVG

Wie dargestellt, haben die Mitglieder des Betriebsrates für die Dauer der Amtszeit und bis zu einem Jahr nach Beendigung der Betriebsratstätigkeit einen Anspruch darauf, dass das Entgelt nicht geringer bemessen wird, als bei vergleichbaren Arbeitnehmern mit einer betriebsüblichen beruflichen Entwicklung[1361]. Folglich ist eine hypothetische Betrachtungsweise für die Anwendung des § 37 IV BetrVG notwendig[1362]. Das Betriebsratsmitglied soll die Vergütung erhalten, „die es bekommen hätte, wenn es das Betriebsratsamt nicht angenommen hätte[1363]. Als Maßstab für die Bemessung des Entgeltes des Betriebsratsmitgliedes stellt das Gesetz auf das Entgelt eines vergleichbaren Arbeitnehmers mit einer für den Betrieb üblichen beruflichen Entwicklung ab[1364]. Diese Vergleichsperson wird deshalb herangezogen, weil die eigene Berufsentwicklung des Mitgliedes des Betriebsrates für den Fall, dass er dieses Amt nicht übernommen hätte, schwer bis gar nicht zu beurteilen ist[1365]. Daher kommt es nicht auf die hypothetische Entwicklung des Gehaltes des Betriebsratsmitgliedes selbst an, sondern auf die Entwicklung des Entgeltes des mit dem Betriebsratsmitglied vergleichbaren Arbeitnehmers mit einer betriebsüblichen Entwicklung an[1366]. Die Vorschrift wird sowohl zum Schutz von sog. freigestellten Betriebsratsmitgliedern als auch bei nicht freigestellten Betriebsratsmitgliedern angewendet[1367]. Dies erscheint geboten, da auch bei nicht freigestellten Betriebsräten die Ausübung des Amtes diese vielfach daran hindert, ihre berufliche Tätigkeit mit der Intensität auszuüben wie die übrigen Arbeitnehmer[1368].

Für § 37 IV BetrVG ist entscheidend, ob die Entwicklung des Gehaltes während der Dauer der Amtzeit im Betriebsrat in Vergleich zu der Entwicklung des Gehaltes des vergleichbaren Arbeitnehmers zurückgeblieben ist[1369]. Daher gewährt § 37 IV BetrVG dem Betriebsratsmitglied einen Anspruch darauf, dass sein Gehalt während der Amtszeit in dem gleichen Umfang prozentual erhöht wird, wie das Gehalt des vergleichbaren Arbeitnehmers mit einer

---

1361 *Glock,* in Wlotzke/Preis/Kreft, Betriebsverfassungsgesetz, § 37 Rn. 99.
1362 *Thüsing,* in Richardi, Betriebsverfassungsgesetz mit Wahlordnung, § 37 Rn. 63.
1363 *Glock,* in Wlotzke/Preis/Kreft, Betriebsverfassungsgesetz, § 37 Rn. 102.
1364 Schaub, Arbeitsrechtshandbuch-*Koch,* § 221 Rn. 56.
1365 Schaub, Arbeitsrechtshandbuch-*Koch,* § 221 Rn. 56.
1366 BAG Urteil vom 17.8.2005-7 AZR 528/04, AP BetrVG 1972 § 37 Nr. 142.
1367 Däubler/Kittner/Klebe/Wedde-*Wedde,* § 37 Rn. 86.
1368 Däubler/Kittner/Klebe/Wedde-*Wedde,* § 37 Rn. 86.
1369 *Thüsing,* in Richardi, Betriebsverfassungsgesetz mit Wahlordnung, § 37 Rn. 63.

betriebüblichen beruflichen Entwicklung[1370]. Um diesen Anspruch durchzusetzen, hat das Betriebsratsmitglied nach § 611 BGB i.V.m. § 242 BGB, § 37 IV BetrVG einen Auskunftsanspruch gegenüber dem Arbeitgeber hinsichtlich der Gehaltsentwicklung der vergleichbaren Arbeitnehmer[1371]. Dies gilt nicht nur hinsichtlich des Arbeitsentgeltes, sondern auch hinsichtlich vom Arbeitgeber gezahlter allgemeiner Zulagen[1372].

Jedoch ist zu berücksichtigen, dass gerechtfertigte tarifliche oder einzelvertragliche Lohnzuschläge, auf welche das Mitglied des Betriebsrates keinen Anspruch hat, bei der Bemessung nicht zu berücksichtigen sind, da der Anspruch des Betriebsrates nach § 37 IV BetrVG keinen absolut gleichen Lohn beinhaltet[1373].

2. Der vergleichbare Arbeitnehmer im Rahmen des § 37 IV BetrVG

Für den Anspruch des Betriebsratsmitgliedes kommt es maßgeblich, wie bereits dargelegt, auf das Entgelt bzw. die Entwicklung des Entgeltes des mit dem Betriebsratsmitglied vergleichbaren Arbeitnehmers an[1374]. Damit ist das entscheidende Tatbestandsmerkmal für diesen Anspruch, das des vergleichbaren Arbeitnehmers. Im Gegensatz zum Tatbestandsmerkmal des vergleichbaren Arbeitnehmers im Rahmen des TzBfG existiert im BetrVG keine Legaldefinition für den vergleichbaren Arbeitnehmer. Es stellt sich somit die Frage, wie die Vergleichbarkeit von Arbeitnehmern im Rahmen des § 37 IV BetrVG zu bestimmen ist, da die Entwicklung des Entgelts dieses vergleichbaren Arbeitnehmers als Vergleichsmaßstab maßgeblich ist[1375].

Auch wenn der Gesetzestext den Plural für vergleichbare Arbeitnehmer verwendet, ist die Rechtsprechung zu Recht der Ansicht, dass zum Vergleich ein einziger vergleichbarer Arbeitnehmer genügt[1376]. Sind jedoch mehrere vergleichbare Arbeitnehmer vorhanden, so sind alle in diese hypothetische Betrachtung mit einzubeziehen[1377]. Für den Fall, dass kein vergleichbarer Arbeitnehmer im

1370 *Thüsing*, in Richardi, Betriebsverfassungsgesetz mit Wahlordnung, § 37 Rn. 63; BAG Urteil vom 19.1.2005-7 AZR 208/04-AuA 2005, S. 436.

1371 BAG Urteil vom 19.1.2005-7 AZR 208/04-AuA 2005, S. 436.

1372 BAG Urteil vom 11.5.19885 AZR 334/87-NZA 1989, 854.

1373 BAG Urteil vom 17.5.1977-1 AZR 458/74- AP BetrVG 1972 § 37 Nr. 28.

1374 Däubler/Kittner/Klebe/Wedde-*Wedde*, § 37 Rn. 87.

1375 *Glock*, in: Wlotzke/Preis/Kreft, Betriebsverfassungsgesetz, § 37 Rn. 105.

1376 BAG Urteil vom 21.4.1983-6 AZR 407/80- AP BetrVG 1972, § 37 Nr. 43.

1377 *Hennecke*, RdA 1986, S. 241, 242.

Betrieb vorhanden ist, nimmt *Hennecke* eine Gesetzeslücke an, die im Wege einer Analogie geschlossen werden muss[1378].

Überzeugender ist es jedoch, in solchen Fällen die allgemeine Entwicklung im Betrieb insbesondere der am ehesten vergleichbaren Arbeitnehmer zu Grunde zu legen, so dass es einer analogen Anwendung der Vorschrift nicht bedarf[1379].

a) Bezugsrahmen für die Vergleichbarkeitsprüfung im Rahmen des § 37 IV BetrVG

Bevor anhand der noch darzustellenden Kriterien der mit dem Betriebsratsmitglied vergleichbare Arbeitnehmer festgestellt werden kann, muss der Bezugsrahmen für die Vergleichbarkeitsprüfung bestimmt werden. Dies betrifft die Frage, innerhalb welcher Organisationsform die Vergleichbarkeitsprüfung erfolgen soll. Hier werden unterschiedliche Auffassungen zu der Frage vertreten, ob es für die Vergleichbarkeitsprüfung im Rahmen des § 37 IV BetrVG auf den jeweiligen Betrieb als organisatorische Einheit ankommt oder nicht.

Ein Teil der Literatur ist der Ansicht, dass es nicht auf den Bezugsrahmen des Betriebes ankommt[1380]. Dieser Ansicht nach soll der vergleichbare Arbeitnehmer abstrakt bestimmt werden und die Qualifikationen des Betriebsratsmitglieds auf einen fiktiven vergleichbaren Arbeitnehmer übertragen werden[1381]. Hauptargument dieser Ansicht ist, dass wenn kein vergleichbarer Arbeitnehmer im Betrieb existiert, der Schutz des § 37 IV BetrVG dem Betriebsratsmitglied nicht zugute kommt[1382].

Nach wohl herrschender und überzeugender Ansicht ist der Bezugsrahmen für die Vergleichbarkeitsprüfung der Betrieb, dem das Mitglied des Betriebsrates angehört[1383]. Eine abstrakte Bestimmung des vergleichbaren Arbeitnehmers, ohne eine räumliche Eingrenzung, ist mit vielen praktischen Problemen verbunden, da ansonsten die Vergleichbarkeitsprüfung für mit dem Betriebsrat vergleichbare Arbeitnehmer über das gesamte Unternehmen ausgedehnt werden müsste.

1378 *Hennecke,* RdA 1986, S. 241, 244.

1379 Däubler/Kittner/Klebe/Wedde-*Wedde,* § 37 Rn. 88; ErfK-*Koch* §37 BetrVG Rn. 13.

1380 *Glock,* in: Hess/Schlochauer/Worzalla/Glock/Nicolai/Rose, BetrVG, § 37 Rn. 81.

1381 *Glock,* in: Hess/Schlochauer/Worzalla/Glock/Nicolai/Rose, BetrVG, § 37 Rn. 81.

1382 *Glock,* in: Hess/Schlochauer/Worzalla/Glock/Nicolai/Rose, BetrVG, § 37 Rn. 81.

1383 Däubler/Kittner/Klebe/Wedde-*Wedde,* § 37 Rn. 87; *Hennecke,* RdA 1986, S. 241, 242.

b) Beurteilungszeitpunkt für die Vergleichbarkeit nach § 37 IV BetrVG

Bevor die Vergleichbarkeitsprüfung zwischen dem Betriebsratsmitglied und dem potentiell vergleichbaren Arbeitnehmer vorgenommen werden kann, muss der maßgebende Zeitpunkt für diesen Vergleich bestimmt werden, also die Frage geklärt werden, zu welchem Zeitpunkt die tatsächlichen Verhältnisse hinsichtlich des Vergleichs beurteilt werden. Hier werden unterschiedliche Zeitpunkte in Rechtsprechung und Literatur als für den Vergleich maßgebend angesehen.

Nach früher herrschender Ansicht ist der Zeitpunkt der Wahl in das Betriebsratsamt bzw. die Übernahme des Amtes der entscheidende Zeitpunkt, auf welchen bei dem Vergleich des Betriebsrates mit dem potentiell vergleichbaren Arbeitnehmer abzustellen ist[1384]. Nach heutiger h.M. wird auf die tatsächliche Übernahme des Betriebsratsamtes und nicht schon auf die Wahl ins Betriebsratsamt für die Prüfung der Vergleichbarkeit abgestellt[1385]. Teilweise wird auch auf den Zeitpunkt der Freistellung für die Beurteilung der Vergleichbarkeit abgestellt[1386].

Für den Zeitpunkt der tatsächlichen Amtsübernahme und die damit wohl h.M. spricht, dass der Betriebsrat möglichst objektiv so gestellt werden soll, als wenn er das Amt nicht ausgeübt hätte und stattdessen nur beruflich tätig gewesen wäre[1387]. Bei dem Beurteilungszeitpunkt, der bereits auf den früheren Zeitpunkt der Wahl abstellt, können veränderte Verhältnisse zwischen Wahl und Amtsübernahme nicht mehr berücksichtigt werden[1388]. Daher ist der wohl herrschenden Ansicht zu folgen und bei der Beurteilung der Vergleichbarkeit im Rahmen des § 37 IV BetrVG ist auf die Übernahme des Betriebsratsamtes und nicht bereits auf den Zeitpunkt der Wahl abzustellen.

c) Kriterien für den vergleichbaren Arbeitnehmer nach § 37 IV BetrVG

Wie dargelegt, kommt dem mit dem Betriebsratmitglied vergleichbaren Arbeitnehmer eine entscheidende Rolle zu, da es für die Bemessung des Gehaltes des Betriebsratesmitglieds nicht auf die hypothetische Entwicklung des Gehaltes des Betriebsratsmitglieds ankommt, sondern auf die Gehaltsentwicklung des mit

---

1384 BAG Urteil vom 13.11.1987-7 AZR 550/87-AP BetrVG 1972 § 37 Nr. 61; BAG Urteil vom 17.5.1977-1 AZR/458/72-AP BetrVG1972 § 37 Nr. 28; Däubler/Kittner/Klebe/Wedde-*Wedde*, § 37 Rn. 88.

1385 BAG Urteil vom 19.1.2005-7 AZR 208/04-BeckRS 2005 30349201; *Hennecke*, RdA 1986, S. 241, 242.

1386 *Schneider*, NZA 1984, S. 21, 22; Hennecke, RdA 1986, S. 241, 242.

1387 *Hennecke*, RdA 1986, S. 241, 242.

1388 *Hennecke*, RdA 1986, S. 241, 242.

dem Betriebsrat vergleichbaren Arbeitnehmers mit einer betriebsüblichen Entwicklung[1389].

Fraglich ist, nach welchen Kriterien sich der mit dem Betriebsratmitglied vergleichbare Arbeitnehmer bestimmt, also welche Faktoren für die Bestimmung des vergleichbaren Arbeitnehmers im Rahmen des § 37 IV BetrVG maßgebend sind. Erschwerend kommt auch für die Vergleichbarkeitsprüfung im Rahmen des § 37 IV BetrVG hinzu, dass, wie bereits erwähnt, die Kriterien für die Feststellung der Vergleichbarkeit von Arbeitnehmern im Sinne des § 37 IV BetrVG gesetzlich nicht normiert sind.

Mit dem Betriebsratsmitglied vergleichbar im Sinne des § 37 IV BetrVG sind die Arbeitnehmer, die im Zeitpunkt der Übernahme des Amtes eine im Wesentlichen gleich qualifizierte Tätigkeit ausübten und für diese wie das Mitglied des Betriebsrates qualifiziert waren[1390]. Ist ein Mitglied des Betriebsrates besser qualifiziert, oder hat es höherwertige Leistungen erbracht, so ist er auch nur mit entsprechenden Arbeitnehmern vergleichbar im Sinne des § 37 IV BetrVG[1391].

Die Vergleichbarkeit zwischen dem Betriebsratsmitglied und dem potentiell vergleichbaren Arbeitnehmer erfolgt zum einen aufgrund der objektiven Stellung des Betriebsratsmitglieds[1392] und zum anderen auch nach subjektiven Kriterien[1393]. Die Feststellung der Vergleichbarkeit erfolgt daher nach herrschender Ansicht aufgrund von zwei Auswahlkriterien[1394]. Neben einem Tätigkeitsvergleich kommt es auch auf eine vergleichbare berufliche Qualifikation und Persönlichkeit an[1395].

Zunächst müssen für eine Vergleichbarkeit die Tätigkeiten des Betriebsrats und des potentiell vergleichbaren Arbeitnehmers im Wesentlichen gleich qualifiziert sein[1396]. Das BAG stellt für den Tätigkeitsvergleich auf eine ähnliche im Wesentlichen gleich qualifizierte Tätigkeit ab[1397]. Daher sind Arbeitnehmer, die

---

1389 BAG Urteil vom 18.1.2005-7 AZR 208/04-AP BetrVG 1972 § 37 Nr. 142.

1390 ErfK-*Koch,* § 37 BerVG Rn. 9.

1391 BAG Urteil vom 13.11.1987-7 AZR 550/87-AP BetrVG 1972 § 37, Nr. 61; ErfK-*Koch,* § 37 BerVG Rn. 9.

1392 *Hennecke,* RdA 1986, S. 241, 242.

1393 Däubler/Kittner/Klebe/Wedde-*Wedde,* § 37 Rn. 90.

1394 Anm. *Streckel* zu BAG Urteil vom 3.11.1987-7 AZR 550/86-SAE 1988, S. 320, 321.

1395 *Schneider,* NZA 1984, S. 21, 22.

1396 *Hennecke,* RdA 1986, S. 241, 242; BAG Urteil vom 19.1.2005-7 AZR 208/04- AuA 2005, 436.

1397 BAG Urteil vom 19.1.2005-7 AZR 208/04-BeckRS 2005 30349201.

verschiedenartige Tätigkeiten ausüben, nicht miteinander vergleichbar[1398]. Daher kommt es im Rahmen des Tätigkeitsvergleichs darauf an, dass eine im Wesentlichen gleich qualifizierte Tätigkeit verrichtet wird[1399].

Neben dem Tätigkeitsvergleich sind die persönlichen Qualifikationen als weiteres Kriterium zu berücksichtigen[1400]. Der Begriff „vergleichbar" im Sinne des § 37 IV BetrVG ist daher nach allgemeiner Ansicht subjektiv auszulegen[1401]. Daher muss der Arbeitnehmer, um mit dem Betriebsratsmitglied vergleichbar im Sinne des § 37 IV BetrVG zu sein, für die im Wesentlichen gleiche oder ähnlich qualifizierte Tätigkeit, in ähnlicher Weise fachlich und persönlich qualifiziert sein[1402].

Für diesen Vergleich sind auch außergewöhnliche Leistungen und unterdurchschnittliche Leistungen zu berücksichtigen[1403]. Daher kommen für die Frage der Vergleichbarkeit von Arbeitnehmer bei § 37 IV BetrVG auch individuelle Leistungs- und Qualifikationsmerkmale zum tragen[1404]. Ist beispielsweise ein Betriebsratsmitglied besonders qualifiziert, so ist dieser auch nur mit einem ähnlich qualifizierten Arbeitnehmer vergleichbar[1405]. Als Einzelkriterien für Leistungsfähigkeit und Qualifikation werden in der Literatur beispielsweise „Charakter, geistige Veranlagung und Bildungsstand, Fachkenntnisse, praktische Anwendung des fachlichen Wissens und Arbeitserfolg in qualitativer und quantitativer Hinsicht, Gesundheitszustand und Belastbarkeit, Vorgesetztenfunktion, Denk- Urteils- und Ausdrucksfähigkeit" genannt[1406]. Für ein besonders qualifizierten und in seiner beruflichen Tätigkeit überdurchschnittlichen Betriebsratsmitglied kommt als vergleichbaren Arbeitnehmer nur einer mit ähnlicher Qualifikation und eben solchen überdurchschnittlichen Leistungen in Betracht[1407]. Besondere Leistungen bei der Ausübung des Betriebsratsamtes sind jedoch bei der Festlegung der Vergleichbarkeit nicht zu berücksichtigen[1408]. Durch die Tatsache, dass das Gesetz auf die Verhältnisse der vergleichbaren Arbeitnehmer und deren übliche betriebliche Entwicklung abstellt, müssen persönliche Umstände

1398 *Hennecke,* RdA 1986, S. 241, 242.
1399 BAG Urteil vom 17.5.1977, AP BetrVG 1972 § 37 Nr. 38.
1400 BAG Urteil vom 13.11.1987-7 AZR 550/86-NZA 1988, S. 403, 405.
1401 Däubler/Kittner/Klebe/Wedde-*Wedde,* § 37 Rn. 9ß.
1402 ErfK-*Koch,* BetrVG § 37 Rn. 9.
1403 BAG Urteil vom 19.1.2005-7 AZR 208/04-Beck RS 30349201.
1404 BAG Urteil vom 13.11.1987-7 AZR 550/86-NZA 1988, S. 403, 405.
1405 ErfK-*Koch,* BetrVG § 37 Rn. 9.
1406 *Hennecke,* RdA 1986, S. 241, 242.
1407 BAG v. 13.11.1987-7 AZR 550/86, NZA 1988, S. 403, 405.
1408 Däubler/Kittner/Klebe/Wedde-*Wedde,* § 37 Rn. 90.

wie Behinderung des Fortkommens durch längere Krankheiten außer Betracht gelassen werden[1409].

Hinsichtlich der genannten beiden Kriterien für die Vergleichbarkeit besteht weitgehend Einigkeit in Literatur und Rechtsprechung. Unterschiedliche Ansätze bestehen teilweise nur bei der Gewichtung der einzelnen Kriterien[1410]. Einige stellen die persönlichen Qualifikationen gegenüber dem Tätigkeitsvergleich in den Vordergrund, so dass danach auch Mitglieder des Betriebsrates mit höherer Qualifikation, die aber mindere und daher nicht ähnliche Tätigkeiten zum Zeitpunkt des Vergleichs ausüben, mit Arbeitnehmern des entsprechenden Grades der Qualifikation und einer entsprechenden höherwertigen Stellung für vergleichbar gehalten werden[1411]. Dieser Ansicht ist jedoch nicht zu folgen[1412], da dies zu einer zu starken Subjektivierung des Tatbestandsmerkmals „vergleichbarer Arbeitnehmer“ führen würde und der persönlichen Qualifikation ein zu großer Platz eingeräumt werden würde.

Andererseits wird in der Literatur auch der Ansatz vertreten, den Tätigkeitsvergleich in den Vordergrund zu stellen[1413]. Nach dieser Ansicht kommt es auf die persönliche Qualifikation des Arbeitnehmers für die Vergleichbarkeitsprüfung nur an, wenn sich diese auf die Bemessung des Arbeitsentgelts auswirken[1414]. Für eine Vergleichbarkeit im Sinne des § 37 IV BetrVG ist daher nach dieser Ansicht erforderlich, dass sich die Qualifikation und die Tätigkeit auf die Bemessung des Arbeitsentgeltes und der Zuwendungen allgemeiner Art auswirken, da nur so diese objektiv bemessen werden können[1415]. Daher ist nach dieser Ansicht etwa eine Vergleichbarkeit im Sinne des § 37 IV BetrVG von zwei Arbeitnehmern abzulehnen, die zwar eine vergleichbare Qualifikation aufweisen, aber unterschiedlich bezahlte Tätigkeiten ausüben[1416]. Daher sind Arbeitnehmer nach dieser Ansicht von dem Vergleich mit dem Betriebsrat ausgeschlossen, die

---

1409 Däubler/Kittner/Klebe/Wedde-*Wedde,* § 37 Rn. 90.

1410 Anm. *Streckel* zu BAG vom 13.11.1987-7 AZR 550/86- SAE 1988, 320, 321.

1411 Anm. *Streckel* zu BAG vom 13.11.1987-7 AZR 550/86-SAE 1988, 320, 322.

1412 *Hennecke,* RdA 1986, S. 241, 242.

1413 *Hennecke,* RdA 1986, S. 241, 242.

1414 *Hennecke,* RdA 1986, S. 241, 242.

1415 *Hennecke,* RdA 1986, S. 241, 242; *Thüsing,* in: Richardi, Betriebsverfassungsgesetz mit Wahlordnung, § 37 Rn. 63.

1416 *Thüsing,* in: Dietz/Richardi, Betriebsverfassungsgesetz mit Wahlordnung, § 37 Rn. 64.

eine „niedrigere“ oder „höhere“ bezahlte Tätigkeit ausüben, egal welche Qualifikation sie haben[1417].

Es erscheint sinnvoll, für eine Vergleichbarkeit zu fordern, dass die fachlichen Qualifikationen und persönlichen Eigenschaften nicht nur vorhanden sein müssen, sondern dass sie sich auch in der ausgeübten Tätigkeit auf die Entgeltbemessung ausgewirkt haben müssen[1418]. Schließlich würde das Betriebsratsmitglied die höhere Vergütung auch ohne das Betriebsratsamt nicht erhalten und schließlich soll das Betriebsratsmitglied durch sein Amt auch nicht bevorzugt werden[1419]. Nur durch diesen Bezug der Qualifikation zur Tätigkeit können das Arbeitsentgelt und die sonstigen Zuwendungen objektiv und wirklichkeitsnah bestimmt werden[1420]. Außerdem ist zu berücksichtigen, dass das Betriebsratsmitglied nicht für abstrakt vorhandene Fähigkeiten bezahlt wird, sondern für die Tätigkeit.

d) Betriebsübliche Entwicklung

Betriebsüblich im Sinne des § 37 IV BetrVG ist eine berufliche Entwicklung, „die bei objektiv vergleichbarer Tätigkeit Arbeitnehmer mit vergleichbarer fachlicher und persönlicher Qualifikation unter Berücksichtigung der normalen betrieblichen und personellen Entwicklung in beruflicher Hinsicht genommen haben“[1421].

III. Zusammenfassung zum vergleichbaren Arbeitnehmer im Rahmen des § 37 IV BetrVG

Der Begriff des vergleichbaren Arbeitnehmers im Sinne des § 37 IV BetrVG ist, wie dargelegt, subjektiv auszulegen[1422]. Dies erscheint auch Angesicht der Tatsache sachgerecht, dass es um die subjektive Entgeltbemessung des Betriebsratsmitglieds geht.

Für die Vergleichbarkeit im Sinne des § 37 IV BetrVG kommt es daher darauf an, ob die Stellung innerhalb des Betriebes, die Tätigkeit sowie die Qualifikation und die Leistungen des Betriebsrates und des zu vergleichenden Arbeitnehmers im Wesentlichen gleich waren und sich die persönlichen Eigenschaften und

---

1417 *Hennecke,* RdA 1986 S. 241, 242.
1418 *Glock,* in: Hess/Schlochauer/Worzolla/Glock/Nicolai/Ross, BetrVG, § 37 Rn. 83.
1419 *Glock,* in: Hess/Schlochauer/Worzolla/Glock/Nicolai/Ross, BetrVG, § 37 Rn. 83.
1420 *Hennecke,* RdA 1986, S. 241, 242.
1421 BAG vom 13.11.1987-7 AZR 550/87-AP BetrVG 1972 § 37 Nr. 61.
1422 Däubler/Kittner/Klebe/Wedde-*Wedde,* § 37 Rn. 90.

Qualifikationen auf die Bemessung des Arbeitsentgeltes und der Zuwendungen ausgewirkt haben[1423]. Daher wird der vergleichbare Arbeitnehmer im Rahmen des § 37 IV BetrVG subjektiv bestimmt. Maßgeblicher organisatorischer Rahmen für die Festlegung der Vergleichbarkeit ist der jeweilige Betrieb. Hinsichtlich des Beurteilungszeitraums ist auf die Übernahme des Betriebsratsamtes abzustellen.

E. Der vergleichbare Arbeitnehmer beim allgemeinen arbeitsrechtlichen Gleichbehandlungsgrundsatz

Die Frage, wie der vergleichbare Arbeitnehmer zu bestimmen ist, hat auch für die Anwendung des allgemeinen arbeitsrechtlichen Gleichbehandlungsgrundsatzes Bedeutung. Zunächst soll auf einige allgemeine Aspekte zum allgemeinen arbeitsrechtlichen Gleichbehandlungsgrundsatz eingegangen werden, um die Bedeutung und die Stellung des vergleichbaren Arbeitnehmers bei diesem deutlich zu machen.

I. Ursprung des allgemeinen arbeitsrechtlichen Gleichbehandlungsgrundsatzes

Der allgemeine arbeitsrechtliche Gleichbehandlungsgrundsatz ist gesetzlich nicht normiert[1424]. Er stellt ein richterrechtliches Prinzip des Arbeitsrechts dar und ist als solches allgemein anerkannt[1425]. Entwickelt wurde dieser bereits durch die höchstrichterliche Rechtsprechung in den dreißiger Jahren des 20. Jahrhunderts[1426]. Im Einzelnen ist jedoch die Herleitung des allgemeinen arbeitsrechtlichen Gleichbehandlungsgrundsatzes strittig und soll hier nicht näher erläutert werden[1427].

II. Anwendungsbereich des allgemeinen arbeitsrechtlichen Gleichbehandlungsgrundsatzes

Für die Anwendung des allgemeinen arbeitsrechtlichen Gleichbehandlungsgrundsatzes ist es erforderlich, dass zwischen dem Arbeitgeber und dem

---

1423 *Hennecke,* RdA 1986, S. 241, 242.

1424 ErfK-*Preis,* §611 BGB Rn. 572.

1425 *Thüsing,* in: Henssler/Willemen/Kalb, Arbeitsrechtskommentar, §611 BGB, Rn. 181.

1426 RAG v. 19.1.1938-ARS 33, 172 ff.

1427 Siehe hierzu mit weiteren Nachweisen z.B. Henssler/Willemsen/Kalb-*Thüsing,* §611 BGB Rn. 181.

Arbeitnehmer ein Rechtsverhältnis meistens in Form eines Arbeitsverhältnisses besteht[1428]. Im Anbahnungsverhältnis, also im Bewerbungsverfahren und nach Beendigung des Arbeitsverhältnisses greift der allgemeine arbeitsrechtliche Gleichbehandlungsgrundsatz nicht ein[1429].

In räumlicher Hinsicht findet der arbeitsrechtliche Gleichbehandlungsgrundsatz im Betrieb, sowie bei unternehmensweiten Entscheidungen des Arbeitgebers grundsätzlich auch auf alle Betriebe eines Unternehmens Anwendung[1430].

Der allgemeine arbeitsrechtliche Gleichbehandlungsgrundsatz untersagt die willkürliche Schlechterstellung von einzelnen Arbeitnehmern innerhalb einer zu bildenden Gruppe gegenüber anderen Arbeitnehmern in vergleichbarer Lage durch den Arbeitgeber[1431]. Willkürliche Abweichungen allgemeiner Regelungen zum Nachteil eines Arbeitnehmers oder einer bestimmten Arbeitnehmergruppe sind nach diesem Grundsatz verboten[1432]. Daher verbietet dieser auch eine willkürliche und damit sachfremde Bildung von Arbeitnehmergruppen, die in diesem Zusammenhang nicht ohne rechtfertigenden Grund schlechter behandelt werden dürfen[1433]. Er findet Anwendung, wenn der Arbeitgeber Leistungen nach einem generalisierenden Prinzip verteilt[1434] und dazu eine bestimmte Voraussetzung festlegt[1435].

Im Verhältnis zu den spezielleren gesetzlich geregelten Gleichbehandlungsgeboten, wie etwa § 4 TzBfG, ist der allgemeine arbeitsrechtliche Gleichbehandlungsgrundsatz subsidiär[1436].

III. Die Gruppenbildung

Für die Anwendung des allgemeinen arbeitsrechtlichen Gleichbehandlungsgrundsatzes ist eine Gruppebildung von vergleichbaren Arbeitnehmern erforderlich[1437]. Der allgemeine arbeitsrechtliche Gleichbehandlungsgrundsatz verpflichtet den Arbeitgeber nämlich nur zur Gleichbehandlung von Arbeitnehmern in wesentlich

1428 *Preis,* Arbeitsrecht, S. 441.

1429 ErfK-*Preis,* § 611 BGB Rn. 578.

1430 BAG Urteil vom 3.12.2008-5 AZR 74/08-AP BGB § 242 Gleichbehandlung, Nr. 206.

1431 ErfK-*Preis,* § 611 BGB Rn. 575.

1432 *Kania,* Küttner Personalhandbuch, Gleichbehandlung Rn. 5.

1433 ErfK-*Preis,* § 611 BGB Rn. 575.

1434 *Dörner,* Handbuch des Fachanwalts Arbeitsrecht, Rn. 392.

1435 ErfK-*Preis,* § 611 BGB Rn. 575.

1436 ErfK-*Preis,* § 611 BGB Rn. 572, a.A. Maier/Mehlich, DB 2007, S. 110, 113.

1437 ErfK-*Preis,* § 611 BGB Rn. 579.

vergleichbarer Lage[1438]. Da eine vollkommende Gleicheit zwischen Arbeitnehmern eher die Ausnahme sein wird, genügt eine im Wesentlichen vergleichbare Lage zwischen den Arbeitnehmern[1439].

Fraglich ist also, wie der vergleichbare Arbeitnehmer für die Gruppenbildung im Rahmen des allgemeinen arbeitsrechtlichen Gleichbehandlungsgrundsatzes zu bestimmen ist, bzw. wann sich Arbeitnehmer in einer wesentlich vergleichbaren Lage befinden und somit vergleichbar im Sinne des allgemeinen arbeitsrechtlichen Gleichbehandlungsgrundsatzes sind. Die Vergleichbarkeit bzw. die Bestimmung der wesentlich vergleichbaren Lage wird im Rahmen der Anwendung des allgemeinen arbeitsrechtlichen Gleichbehandlungsgrundsatz tätigkeitsbezogen festgelegt[1440]. Daher kommt es darauf an, dass die Arbeitnehmer von ihrer Tätigkeit her vergleichbar sind[1441]. Dies entspricht den Kriterien für den vergleichbaren Arbeitnehmer im Rahmen der besonderen Gleichstellungsgebote bzw. Diskriminierungsverbote im TzBfG und AÜG. Daher ist es auch sinnvoll, für den vergleichbaren Arbeitnehmer auf die Tätigkeit abzustellen.

Der allgemeine arbeitsrechtliche Gleichbehandlunsgrundsatz soll nicht nur die willkürliche Schlechterstellung verhindern, sondern auch eine sachfremde Gruppenbildung verbieten[1442]. Von der Tätigkeit vergleichbar und damit in einer wesentlich vergleichbaren Lage sind Arbeitnehmer, wenn sie identische oder gleichartige Tätigkeiten ausüben[1443]. Der Tätigkeitsvergleich ist dabei durch einen Gesamtvergleich der Tätigkeiten vorzunehmen[1444]. Hierbei sind nicht einzelne Arbeitsvorgänge maßgeblich, sondern die im Wesentlichen ausgeübte Tätigkeit des Arbeitnehmers[1445]. Bewertungsmaßstab für die Feststellung der Vergleichbarkeit der Tätigkeiten ist die Verkehrsanschauung[1446]. Zusätzlich können für den Tätigkeitsvergleich ihre Bewertungen aus einschlägigen Tarifverträgen

1438 Schaub, Arbeitsrechtshandbuch-*Linck,* § 112 Rn. 12.

1439 Schaub, Arbeitsrechtshandbuch-*Linck,* § 112 Rn. 5; ErfK-*Preis,* § 611 BGB Rn. 579.

1440 BAG Urteil vom 21.10.2009-10 AZR 664/08-AP BGB § 242 Gleichbehandlung Nr. 210.

1441 BAG Urteil vom 21.10.2009-10 AZR 664/08-AP BGB § 242 Gleichbehandlung Nr. 210.

1442 BAG Urteil vom 21.10.2009-10 AZR 664/08-AP BGB § 242 Gleichbehandlung Nr. 210.

1443 BAG Urteil vom 21.10.2009-10 AZR 664/08-AP BGB § 242 Gleichbehandlung Nr. 210.

1444 BAG Urteil vom 14.8.2007-9 AZR 943/06-AP AGG § 33 Nr. 1.

1445 ErfK-*Preis,* § 611 BGB Rn. 579.

1446 ErfK-*Preis,* § 611 BGB Rn. 579.

herangezogen werden[1447]. So fehlt es etwa an einer Vergleichbarkeit von Tätigkeiten, wenn eine Tätigkeit mit Leitungsaufgaben, wegen der notwendigen Qualifikation oder wegen besonderer Anforderungen in dem Tarifvertrag anders bewertet wird[1448].

Von einer gleichartigen Tätigkeit wird nach BAG gesprochen, wenn die Arbeitsplätze trotz Nichtidentität der Arbeitsvorgänge im Hinblick auf die Qualifikation, Fertigkeiten, Verantwortung und Belastbarkeit gleiche Anforderungen stellen und die Arbeitnehmer daher wechselseitig austauschbar sind[1449]. Offen ist noch, wie weit die Austauschbarkeit noch zu bejahen ist, wenn eine nur geringfügige Einarbeitungszeit notwendig ist und ob hinsichtlich der für die Austauschbarkeit und damit die Vergleichbarkeit von Arbeitnehmern die Grundsätze zur Einarbeitungszeit zu § 1 III KSchG herangezogen werden können.

Hinsichtlich der Vergütung vergleichbar sind Arbeitnehmer, die eine gleichwertige Arbeitsleistung erbringen[1450].

1447 BAG Urteil vom 20.11.1996-5 AZR 401/95-AP BGB § 242 Gleichbehandlung Nr. 133.

1448 ErfK-*Preis*, § 611 BGB Rn. 579; BAG Urteil vom 20.11.1996-5 AZR 401/95-AP BGB § 242 Gleichbehandlung Nr. 133.

1449 BAG Urteil vom 21.10.2009-10 AZR 664/08-AP BGB § 242 Nr. 210.

1450 Schaub, Arbeitsrechtshandbuch-*Linck*, § 112 Rn. 12.

2. Teil

A. Eine einheitliche gesetzesübergreifende Bestimmung des vergleichbaren Arbeitnehmers ?

Nachdem im ersten Teil die einzelnen Kriterien zur Bestimmung des vergleichbaren Arbeitnehmers dargestellt werden, soll nun in einem zweiten Schritt zunächst die Frage beantwortet werden, ob eine einheitliche gesetzesübergreifende Bestimmung des Rechtsbegriffs des vergleichbaren Arbeitnehmers möglich ist.

Hierfür ist zunächst vom Grundsatz der Relativität der Rechtsbegriffe auszugehen[1451]. Nach diesem Grundsatz hat jeder Rechtsbegriff theoretisch so viele Bedeutungen, wie er in verschiedenen Gesetzen verwendet wird, auch wenn sich der Gesetzgeber in der Regel bemüht, einen Rechtsbegriff einheitlich zu verwenden[1452].

Nach den Ergebnissen des ersten Teils der Arbeit lässt sich jedoch festhalten, dass eine einheitliche Begriffsbestimmung des vergleichbaren Arbeitnehmers im Arbeitsrecht nicht möglich ist. Wie gezeigt, sind hierfür die Funktionen des vergleichbaren Arbeitnehmers in den einzelnen Gesetzen zu unterschiedlich, als dass sich die Kriterien absolut für alle verschiedenen Anwendungsfälle vereinheitlichen lassen.

B. Versuch einer Systematisierung der Kriterien für den vergleichbaren Arbeitnehmer

Eine einheitliche Bestimmung des vergleichbaren Arbeitnehmers nach einheitlichen Kriterien für alle Gesetze ist nicht möglich, da die in den einzelnen Gesetzen niedergelegten Zwecksetzungen und gesetzgeberische Wertungen diesem entgegenstehen. Trotzdem lassen sich gesetzesübergreifende Gemeinsamkeiten bei den Kriterien für die Vergleichbarkeit von Arbeitnehmern finden.

Für den vergleichbaren Arbeitnehmer kommt es in allen hier betrachteten Fällen auf eine Austauschbarkeit mit dem Arbeitnehmer an, mit dem er verglichen werden soll. Danach sind folglich in der Regel die Arbeitnehmer miteinander

---

1451 *Wank*, Die Auslegung von Gesetzen, S. 45.

1452 *Wank*, Die Auslegung von Gesetzen, S. 45.

vergleichbar, die austauschbar sind. Daher lässt sich festhalten, dass das wesentliche Kriterium für die Vergleichbarkeit von Arbeitnehmern, unabhängig davon in welchem Gesetz das Merkmal des vergleichbaren Arbeitnehmers zu Anwendung kommt, die Austauschbarkeit ist.

Die Austauschbarkeit muss in den meisten hier untersuchten Fällen wechselseitig zwischen den zu vergleichenden Arbeitnehmern vorliegen. Eine Ausnahme hiervon stellt der vergleichbare Arbeitnehmer im Rahmen des § 1 III KSchG dar, da hier eine wechselseitige Austauschbarkeit nicht mit der Zwecksetzung der Sozialauswahl vereinbar wäre und diese daher, wie dargestellt, zu Recht abgelehnt wird. Bei § 1 III KSchG kommt es daher für die Austauschbarkeit lediglich darauf an, dass der unmittelbar kündigungsbedrohte Arbeitnehmer mit dem Inhaber des in Frage kommenden fortbestehenden Arbeitsplatzes austauschbar ist.

Die Austauschbarkeit von Arbeitnehmern ist somit in allen hier dargestellten Fällen das wesentliche Kriterium für den vergleichbaren Arbeitnehmer bzw. für die Einstufung eines Arbeitnehmers als im konkreten Fall vergleichbar.

Jedoch wird die Austauschbarkeit nicht einheitlich von Rechtsprechung und Literatur in den verschiedenen Gesetzen bestimmt. Bei genauerer Betrachtung lässt sich jedoch festhalten, dass die Austauschbarkeit im Wesentlichen über zwei Unterkriterien bestimmt wird. Diese sind die rechtliche und die tatsächliche Austauschbarkeit der Arbeitnehmer. Gerade die tatsächliche Austauschbarkeit, die über einen Tätigkeitsvergleich vorgenommen wird, firmiert in der Literatur und in der Rechtsprechung unter zum Teil sehr unterschiedlichen Bezeichnungen. Dies macht es dem Rechtsanwender nicht leichter, den Tätigkeitsvergleich durchzuführen und so den vergleichbaren Arbeitnehmer zu bestimmen, sondern führt im Gegenteil eher zur Rechtsunsicherheit beim Rechtsanwender.

Die Kriterien zur Bestimmung der Austauschbarkeit lassen sich dennoch systematisieren. Zum Teil lassen sich auch Wertungen gesetzesübergreifend übernehmen.

Hierzu soll zwischen der tatsächlichen Austauschbarkeit und der vertraglichen Austauschbarkeit unterschieden werden.

I. Der Tätigkeitsvergleich bzw. die tatsächliche Austauschbarkeit

In den meisten der hier untersuchten Fälle ist ein maßgebliches Kriterium für die Vergleichbarkeit und damit die Austauschbarkeit von Arbeitnehmern ein Vergleich der aktuell ausgeübten Tätigkeit. Eine Ausnahme bildet die Auswahlentscheidung des Arbeitgebers bei der Konkurrenz um eine anderweitige Beschäftigung im Rahmen des § 1 II KSchG. Da bei dieser Auswahl dem vergleichbaren Arbeitnehmer aber keine entscheidende Rolle zukommt, kann diese ausgeklammert werden.

Die Terminologien für diesen Tätigkeitsvergleich im Rahmen der Austauschbarkeit und damit der Vergleichbarkeit von Arbeitnehmern sind zum Teil unterschiedlich. Im Rahmen der Sozialauswahl nach § 1 III KSchG wird in Rechtsprechung und Literatur die Begrifflichkeit der arbeitsplatzbezogenen Austauschbarkeit verwendet. Für den vergleichbaren Arbeitnehmer im Rahmen des TzBfG wird aufgrund der Legaldefinition auf die gleiche oder ähnliche Tätigkeit abgestellt. Der vergleichbare Arbeitnehmer im Rahmen des § 3 AÜG wird ebenfalls mittels eines Tätigkeitsvergleiches bestimmt. Die Kriterien für den Tätigkeitsvergleich werden hier aufgrund der eindeutigen gesetzgeberischen Wertung ebenfalls als gleiche oder ähnliche Tätigkeit bezeichnet.

Auch bei der Bestimmung des mit dem Betriebsrats vergleichbaren Arbeitnehmer im Sinne des § 37 IV BetrVG wird auf einen Tätigkeitsvergleich in Form der gleichen oder im Wesentlichen gleich qualifizierten Tätigkeit abgestellt. Schließlich ist der vergleichbare Arbeitnehmer entscheidender Maßstab bei der Anwendung des allgemeinen arbeitsrechtlichen Gleichbehandlungsgrundsatzes. Hier wird der Tätigkeitsvergleich mit der wesentlich vergleichbaren Lage durch die Kriterien der gleichen oder gleichartigen Tätigkeit durchgeführt.

Trotz der zum Teil unterschiedlichen Terminologien für die Kriterien des Tätigkeitsvergleichs und damit der tatsächlichen Austauschbarkeit gibt es doch zum Teil identische Unterkriterien. Der Tätigkeitsvergleich bei § 37 IV BetrVG wird stärker subjektiv vorgenommen, da der Begriff des vergleichbaren Arbeitnehmers aufgrund des Sinn und Zwecks der Vorschrift hier insgesamt subjektiv ausgelegt wird. Bei § 37 IV BetrVG kommt es neben einem reinen Tätigkeitsvergleich vor allem auf eine ähnliche oder gleiche Qualifikation der Arbeitnehmer an.

Identisch wird der Tätigkeitsvergleich bei der Bestimmung des vergleichbaren Arbeitnehmers im Rahmen des TzBfG und des AÜG durchgeführt, da es in diesen Fällen auf eine gleiche oder ähnliche Tätigkeit der Arbeitnehmer ankommt. Ebenso wie beim Tätigkeitsvergleich im Rahmen des AÜG und des TzBfG wird bei der arbeitsplatzbezogenen Austauschbarkeit ein objektiver Tätigkeitsvergleich vorgenommen, was gerade den Unterschied zum Tätigkeitsvergleich bei § 37 IV BetrVG ausmacht. Im Rahmen des § 1 III KSchG sowie des TzBfG und des AÜG kommt es auf subjektive Merkmale des Arbeitgebers eben nicht an. Daher besteht eine große Ähnlichkeit zwischen den Tätigkeitsvergleichen im Rahmen des AÜG bzw. des TzBfG und der arbeitsplatzbezogenen Austauschbarkeit im Rahmen des § 1 III KSchG. Daher ist es vertretbar, Wertungen aus der arbeitsplatzbezogenen Austauschbarkeit im Rahmen der Prüfung des auswahlrelevanten Personenkreises zu übernehmen. Dies betrifft insbesondere die Frage der Einarbeitungszeit und die Frage nach der Indizwirkung von tariflichen Eingruppierungen. Zwischen der Bestimmung des vergleichbaren Arbeitnehmers bei der Sozialauswahl im Rahmen der Beendigungskündigung und der Änderungskündigung besteht der Unterschied, dass sich im letzteren Fall die Austauschbarkeit auch auf die mit dem Änderungsangebot verbundene Tätigkeit bezieht.

Für die ähnliche Tätigkeit im Sinne des AÜG und des TzBfG sowie bei der arbeitsplatzbezogenen Austauschbarkeit stellt sich, wie im Rahmen der arbeitsplatzbezogenen Austauschbarkeit, die Frage der für den Tätigkeitsvergleich unschädlichen Einarbeitungszeit. Wie gezeigt ist das der Zeitraum, der notwendig ist, einen Arbeitnehmer anzulernen, die Tätigkeit des anderen auszuüben. Diese Einarbeitungszeit darf, um die Austauschbarkeit und damit die Vergleichbarkeit nicht zu ausufernd zu werten, nicht zu lang bemessen sein. Andererseits darf dieser Zeitraum auch nicht zu kurz bemessen werden, da ansonsten das Merkmal des vergleichbaren Arbeitnehmers zu restriktiv ausgelegt wird und der Personenkreis der Arbeitnehmer zu klein wird. Es ist sinnvoll hier einheitliche Wertungsmaßstäbe anzuwenden, da trotz der unterschiedlichen Bezeichnungen letztlich immer ein Tätigkeitsvergleich nach ähnlichen objektiven Kriterien vorzunehmen ist und die Frage zu beantworten ist, ob Tätigkeiten von Arbeitnehmern, wenn sie nicht identisch sind, als ähnlich einzustufen sind.

Die für den Tätigkeitsvergleich unschädliche Einarbeitungszeit ist im Einzelfall zu bestimmen. Vor dem Hintergrund, dass Routinevorsprünge des Arbeitsplatzinhabers bei dem Tätigkeitsvergleich außer Betracht bleiben müssen, dürfte in aller Regel die Einarbeitungszeit einen Zeitraum von 3 Wochen nicht überschreiten. Darüber hinaus können tarifliche Eingruppierungen ein Indiz für eine ähnliche Tätigkeit, also eine tätigkeitsbezogene Austauschbarkeit sein.

II. Die arbeitsvertragliche Austauschbarkeit

Auf eine rechtliche Austauschbarkeit kommt es neben einer tatsächlichen Austauschbarkeit nur für die Vergleichbarkeit von Arbeitnehmern im Rahmen des § 1 III KSchG an. Dies ergibt sich aus dem Zweck der Sozialauswahl, da hier der unmittelbar kündigungsbedrohte Arbeitnehmer nicht nur tatsächlich, sondern auch rechtlich in der Lage sein muss, den Arbeitsplatz des sozial schwächeren Arbeitnehmers zu übernehmen.

Eine Übertragung des Kriteriums der arbeitsvertraglichen Austauschbarkeit für die Bestimmung des vergleichbaren Arbeitnehmers in anderen Gesetzen ist aus verschiedenen Gründen abzulehnen. Im Rahmen des TzBfG ist eine rechtliche Austauschbarkeit aufgrund des eindeutig tätigkeitsbezogenen Wortlautes des Gesetzes nicht überzeugend. Im Rahmen des AÜG widerspricht eine arbeitsvertragliche Austauschbarkeit dem erklärten Willen des Gesetzgebers, der sich bei dem Kriterium des vergleichbaren Arbeitnehmers, ausweislich der Gesetzesbegründung, an der Bestimmung des vergleichbaren Arbeitnehmers im Rahmen des TzBfG orientieren wollte. Auch im Rahmen des § 37 IV BetrVG würde eine rechtliche Austauschbarkeit wenig Sinn ergeben, so dass im Ergebnis zu Recht eine arbeitsvertragliche Austauschbarkeit neben einer tätigkeitsbezogenen Austauschbarkeit nur bei § 1 III KSchG als Kriterium der Vergleichbarkeit erforderlich ist.

Fazit

Dem vergleichbaren Arbeitnehmer kommt, wie gezeigt, als Kriterium in mehreren Gesetzen eine entscheidende und zum Teil sehr unterschiedliche Bedeutung zu. Daher lässt sich der vergleichbare Arbeitnehmer im Arbeitsrecht nicht einheitlich bestimmen, so dass nach dem Grundsatz der Relativität der Rechtsbegriffe der vergleiche Arbeitnehmer als Tatbestandsmerkmal von Gesetz zu Gesetz grundsätzlich unterschiedlich bestimmt wird. Wichtigstes Kriterium für die Bestimmung des vergleichbaren Arbeitnehmers ist dennoch gesetzesübergreifend die Austauschbarkeit der zu vergleichenden Arbeitnehmer. Die Austauschbarkeit wird beim vergleichbaren Arbeitnehmer im Rahmen der Sozialauswahl rechtlich und tatsächlich durch die arbeitsvertragliche und arbeitsplatzbezogene Austauschbarkeit bestimmt. Eine Übertragung der arbeitsvertraglichen Austauschbarkeit auf die Bestimmung des vergleichbaren Arbeitnehmers in anderen Gesetzen ist abzulehnen.

Im Übrigen erfolgt die Bestimmung des vergleichbaren Arbeitnehmers über einen Tätigkeitsvergleich, der je nach Gesetz mal objektiver, wie bei § 2 TzbfG, oder subjektiver, wie bei § 37 IV BetrVG, durchgeführt wird. Identisch sind der Tätigkeitsvergleich und damit die Bestimmung des vergleichbaren Arbeitnehmers zwischen dem TzbfG und dem AÜG. Darüber hinaus ist es sinnvoll, die Wertungen zur für die Vergleichbarkeit unschädlichen Einarbeitungszeit aus § 1 III KSchG auf die übrigen Tätigkeitsvergleiche zu übertragen, da die arbeitsplatzbezogene Austauschbarkeit im Rahmen der Vergleichbarkeitsprüfung große Ähnlichkeiten mit dem objektiven Tätigkeitsvergleich im Rahmen des TzBfG und des AÜG aufweist. Im Rahmen der sozialen Auswahl bei der betriebsbedingten Änderungskündigung wird die arbeitsplatzbezogene Austauschbarkeit wie bei der Beendigungskündigung durchgeführt. Einziger Unterschied ist, dass sich die arbeitplatzbezogene Austauschbarkeit auch auf die Tätigkeit aus dem Änderungsangebot des Arbeitgebers beziehen muss.

Literaturverzeichnis

Adam, Roman — Abschied vom „Unkündbaren", NZA 1999, S. 846–850

Annuß, Georg — Betriebsbedingte Kündigung und arbeitsvertragliche Bindung, Köln 2004

Annuß, Georg/ *Thüsing*, Gregor (Hrsg.) — Kommentar zum Teilzeit und Befristungsgesetz, 3. Auflage München 2012, *Zitiert: Bearbeiter*, in: Annuß/Thüsing Teilzeit- und Befristungsrecht

Arnold, Manfred/ *Gräfl*, Edith(Hrsg.) — Teilzeit- und Befristungsgesetz: Praxiskommentar zum TzBfG und zu angrenzenden Vorschriften mit Gestaltungshinweisen und Beispielen, 3. Auflage 2012, Freiburg, zitiert: *Bearbeiter*, in: Arnold/Gräfl, Teilzeit- und Befristungsgesetz

Ascheid, Reiner — Beschäftigungsförderung durch Einbeziehung kollektivvertraglicher Regelungen in das Kündigungsschutzgesetz, RdA 1997, S. 333–343

Ascheid, Reiner/ *Preis*, Ulrich/ *Schmidt*, Ingrid (Hrsg.) — Großkommentar Kündigungsrecht: Großkommentar zum gesamten Recht der Beendigung von Arbeitsverhältnissen, 4. Auflage München 2012, zitiert: Ascheid/Preis/Schmidt-*Bearbeiter*

Bauer, Jobst-Hubertus/ *Winzer*, Thomas — Vom Personalleiter zum Pförtner? BB 2006, S. 266–272

Bauer, Jobst-Hubertus/ *Krets*, Jerome — Gesetze für moderne Dienstleistungen am Arbeitsmarkt, NJW 2003, S. 537–545

Berkowsky, Wilfried	Die „Betriebsbezogenheit" der Sozialauswahl-Gesetzesbefehl oder Notbremse?, NZA 1996, S. 290–294
Berkowsky, Wilfried	Beschäftigung, Weiterbeschäftigung und Sozialauswahl-Zur Systematik von Beschäftigungsmöglichkeit und Beschäftigungspflicht im Kündigungsrecht, NJW 1996, S. 291–297
Berkowsky, Wilfried	Die betriebsbedingte Änderungskündigung und ihr Streitgegenstand, NZA 2000, S. 1129–1136
Berkowsky, Wilfried	Die betriebsbedingte Kündigung, 6. Auflage, München 2008
Bertram, Olivier	Die AÜG-Reform im Spiegel des EG-Richtlinienentwurfs zur Leiharbeit, ZESAR 2003, S. 205–214
Betz, Christoph	Die betriebsbedingte Änderungskündigung Mittel oder Hindernis bei der Umsetzung freier unternehmerischer Entscheidungen, München 2008, zitiert: *Betz*, die betriebsbedingte Änderungskündigung
Bitter, Walter/ *Kiel*, Heinrich	40 Jahre Rechtsprechung des Bundesarbeitsgerichts zur Sozialwidrigkeit von Kündigungen, RdA 1994, S. 333–358
Boecken, Winfried/ *Joussen*, Jacob (Hrsg.)	Handkommentar Teilzeit- und Befristungsgesetz, 3. Auflage 2012, Baden-Baden: zitiert: *Bearbeiter*, in: Boecken/Joussen, Teilzeit- und Befristungsgesetz
Boemke, Burkhard/ *Lembke*, Mark/ (Hrsg.)	AÜG Arbeitnehmerüberlassungsgesetz: Kommentar, 3. Auflage 2013, Frankfurt am Main, zitiert: *Boemke/Lembke*, AÜG

Boewer, Diedrich	Probleme der Sozialauswahl im Kündigungsschutzprozess unter betriebsverfassungsrechtlichen Aspekten, NZA 1988, S. 1–8
Boewer, Dietrich	Streitgegenstand und Prüfungsmaßstab bei der Änderungsschutzklage, BB 1996, S. 2618–2622
Brodtrück, Lydia	Anmerkung zu LAG Köln Beschluss vom 15.6.2012-5 Ta 161/12- ArbRAktuell 2011, S. 154
Bröhl, Knut	Aktuelle Rechtsprechung des Bundesarbeitsgerichts zur Sozialauswahl, BB 2006, S. 1050–1056
Bröhl, Knut	Zwischenwort zur außerordentlichen ordentlichen Kündigung tariflich unkündbarer Arbeitnehmer, in: Festschrift für Günter Schaub, hrsg. Monika Schlachter/Reiner Ascheid/Hans-Wolf Friedrich, München 1998, S. 55–73
Bütefisch, Wylka	Die Sozialauswahl: Praxisorientierte Darstellung der §§1 Abs. 3, 4 KSchG und 125 Abs. 1 S. 1 Nr. 2 InsO, zugleich Diss. iur. Fernuniversität Hagen 1999, Köln 2000
Conze, Peter	Die Rechtsstellung der unkündbaren Arbeitnehmer im öffentlichen Dienst am Beispiel von §55 BAT, ZTR 1987, S. 99–107
Dänzer-Vanotti, Christoph	Anmerkung zu BAG Urteil vom 7.2.1985-2 AZR 91/84- AuR 1986, S. 126–128
Dathe, Uwe	Die Auswirkung ausgewählter Vereinbarungen auf die Sozialauswahl, NZA 2007, S. 1205–1211
Däubler, Wolfgang	Totale Verdrängung von Equal Pay durch Leiharbeitstarife, DB 2008, S. 1914–1917

Däubler, Wolfgang/ *Bachner*, Michael (Hrsg.)	BetrVG Betriebsverfassungsgesetz mit Wahlordnung und EBR-Gesetz, 14. Auflage Frankfurt am Main 2014, zitiert: Däubler/Kittner/Klebbe/Wedde-*Bearbeiter*
Dudenbostel, Karl	Vergleichbarkeit und Leistungsbeurteilung bei der sozialen Auswahl nach §1 III KSchG, DB 1984, S. 826–831
Dörner, Klemens Maria/ *Luzcak*, Stefan (Hrsg.)	Handbuch des Fachanwalts Arbeitsrecht, 10. Auflage, Köln 2013, zitiert: Dörner, Handbuch des Fachanwalts Arbeitsrecht
Eich, Rolf-Achim	Anmerkung zu ArbG Kassel Urteil vom 5.8.1976-1 Ca 217/76- DB 1976, S. 1677–1678
Etzel, Gerhard/ *Bader*, Peter/ *Fischermeier*, Ernst (Hrsg.) u.a:	Gemeinschaftskommentar zum Kündigungsschutzgesetz und zu sonstigen kündigungsschutzrechtlichen Vorschriften, 10. Auflage, Köln 2012, zitiert: KR-*Bearbeiter*
Färber, Peter	Die horizontale und vertikale Vergleichbarkeit von Arbeitnehmern im Rahmen der Sozialauswahl, NZA 1985, S. 175–180
Fiebig, Stefan/ *Gallner*, Inken/ *Nägele*, Stefan (Hrsg.)u.a.	Kündigungsschutzrecht Handkommentar, 3. Auflage Baden-Baden 2007, zitiert: Handkommentar Kündigungsschutzrecht-*Bearbeiter*
Fliss, Michael	Die örtliche Versetzung – Neue Regeln seit dem 11.4.2006, NZA-RR 2008, S. 225
Gaul, Dieter	Wechselbeziehung zwischen Direktionsrecht und Sozialauswahl, NZA 1992, S. 673–679
Gelhaar, Daniel	Sozialauswahl: Vergleichbarkeit von Arbeitnehmern bei unwirksamer Versetzungsklausel, NJW 2010, S. 2550–2553

Gentges, Peter	Anmerkung zu BAG Urteil vom 7.4.1993-2 AZR 449/91-AP KSchG 1969 §1 Soziale Auswahl Nr. 22
Großmann, Uta	Zur Vergleichbarkeit im Rahmen der Sozialauswahl bei betriebsbedingter Kündigung, zugleich Diss. iur., Universität Bielefeld 2002, 2002
Haag, Oliver	Teilzeitarbeit auf dem Vormarsch, Personal 2003, S. 60–63
Haas, Hermann/ *Salamon*, Erwin	Die Auswahlentscheidung bei der Besetzung von (freien) Arbeitsplätzen in anderen Betrieben gemäß §1 II 2 KSchG, NZA 2006, S. 1192–1195
Hamann, Wolfgang	Gewerbsmäßige Arbeitnehmerüberlassung, Jura 2003, S. 361–368
Hasler-Hagedorn, Katrin	Die „Austauschkündigung“ und die „Freikündigung“ im Rahmen der betriebsbedingten Kündigung, zugleich Diss. iur., Universität Bochum 2012, Baden-Baden 2012
Henckel, Wolfram	Die Anpassung des Rechts der Betriebsübernahme (§613a BGB) an die Insolvenzsituation, ZGR 1984, S. 225–257
Hennecke, Rudolf	Bemessung von Arbeitsentgelt und allgemeine Zuwendungen für freigestellte Betriebsräte, BB 1986, S. 936–942
Henssler, Martin/ *Willemsen*, Heinz Josef/ *Kalb*, Heinz Jürgen (Hrsg.)	Arbeitsrecht Kommentar 6. Auflage Köln 2014, zitiert: Henssler/Willemsen/Kalb-*Bearbeiter*
Hergenröder, Curt-Wolfgang	Rechtsgeschäftlicher Betriebsinhaberwechsel, AR-Blattei SD 500.1

Hergenröder, Curt Wolfgang	Anmerkung zu BAG Urteil vom 15.6.1989-2 AZR 580/88-EZA KSchG §1 Soziale Auswahl Nr. 27
Herschel, Wilhelm	Anmerkung zu ArbG Kassel vom 5.8.1976-1 Ca 217/76, AuR 1976, S. 157
Hess, Harald/ *Schlochauer*, Ursula/ *Worzalla*, Michael/ *Glock*, Dirk u.a.(Hrsg.)	Kommentar zum Betriebsverfassungsgesetz, 8. Auflage Mainz 2011, zitiert: *Bearbeiter*, in: Hess/Schlochauer/Worzalla/Glock/ Nicolai/Rose
Horcher, Michael	Wann muss der Arbeitgeber einen Arbeitsplatz freikündigen? Oder gibt es einen Verdrängungswettbewerb außerhalb der Sozialauswahl?, NZA-RR 2006, S. 393–402
Hromadka, Wolfgang	Möglichkeiten und Grenzen der Änderungskündigung, NZA 1996, S. 1–14
Hromadka, Wolfgang	Die Änderungskündigung- eine Skizze, DB 2002, S. 1322–1326
Hueck, Alfred/ *Nipperdey*, Hans Carl	Lehrbuch des Arbeitsrechts Band I, 7. Auflage Berlin 1963
Ingelfinger, Helmar	Widerspruch des Arbeitnehmers beim Betriebsübergang und Sozialauswahl bei abschließender betriebsbedingter Kündigung, ZfA 1996, S. 591–613
Jobs, Friedhelm	Soziale Auswahl bei der betriebsbedingten Kündigung, DB 1986, S. 538–542
Junker, Abbo	Grundkurs Arbeitsrecht, 12. Auflage, München, 2013
Jüttner, Jens	Der Vorrang der Änderungskündigung vor der Beendigungskünigung, zugleich Diss. iur., Universität Bochum 2010, Baden-Baden 2011

Kania, Thomas/ *Gilberg*, Dirk — Kündigungsrechtliche Bedeutung der Betriebsfiktion gem. §4 BetrVG, NZA 2000, S. 678–682

Kania, Thomas/ *Kramer*, Michael — Unkündbarkeitsvereinbarungen in Arbeitsverträgen, Betriebsvereinbarungen und Tarifverträgen, RdA 1995, S. 287–298

Kerbein, Björn — Betriebsbedingte Kündigung in der Kommunikationsbranche, NZA 2002, S. 889–890

Kittner, Michael/ *Däubler*, Wolfgang/ *Zwanziger*, Bertram (Hrsg.) — Kündigungsschutzrecht, 9. Auflage Frankfurt am Main 2014, zitiert: KDZ-*Bearbeiter*

Kraushaar, Bernhard — Die Sozialauswahl nach §1 III KSchG, AiB 1994, S. 169–182

Krebber, Sebastian — Anmerkung zu BAG Urteil vom 21.4.2005-2 AZR 241/04-, RdA 2006, S. 235, 238

Kreitner, Jochen — Kündigungsrechtliche Probleme beim Betriebsinhaberwechsel, Heidelberg, 1989

Kukat, Klaus — Betriebsbedingte Kündigung und konzernbezogener Kündigungsschutz in der Rechtsprechung des Bundesarbeitsgerichts, BB 2000, S. 1242–1245

Künzel, Markus/ *Flink*, Martin — Arbeitsvertraglicher Sonderkündigungsschutz und Sozialauswahl, NZA 2011, S. 1385–13388

Künzl, Reinhard — Probleme der Sozialauswahl bei betriebsbedingter Kündigung, ZTR 1996, S. 385–397

Lammermann, Rolf — Probleme im Rahmen der betriebsbedingten Kündigung unter besonderer Berücksichtigung der betrieblichen und sozialen Auswahl, zugleich Diss. iur., Universität Bielefeld 1996, Bielefeld 1996

Lange, Raimund — Das Versetzungsverfahren bei betrieblicher Umstrukturierung, BB 2007, S. 1953–1960

Laux, Helga/ *Schlachter*, Monika (Hrsg.) — Teilzeit- und Befristungsgesetz, 2. Auflage München 2011, zitiert: *Bearbeiter*, in: Laux/ Schlachter, Teilzeit- und Befristungsgesetz

Lembke, Mark — Die „Hartz-Reform" des Arbeitnehmerüberlassungsgesetzes, BB 2003, S. 98–104

Lerch, Sascha/ *Weinbrenner*, Lars — Auswirkungen individualrechtlicher Unkündbarkeitsreglungen auf die Sozialauswahl, NZA 2011, S. 1388–1392

Linck, Rüdiger — Die soziale Auswahl bei betriebsbedingter Kündigung, AR-Blattei SD 1020.1.2

Linck, Rüdiger — Die Sozialauswahl bei betriebsbedingter Kündigung, Heidelberg 1989

Loritz, Karl-Georg — Aktuelle Rechtsprobleme des Betriebsübergangs nach §613 a BGB, RdA 1987, S. 63–89

Löwisch, Manfred — Die Verknüpfung von Kündigungsschutz und Betriebsverfassung nach dem BetrVG 1972, DB 1975, S. 349–354

Löwisch, Manfred — Anmerkung zu BAG Urteil vom 2.6.2005-2 AZR 158/04- AP KSchG 1969 §1 Soziale Auswahl Nr. 73

Löwisch, Manfred/ *Rieble*, Volker (Hrsg.) — Tarifvertragsgesetz, 3. Auflage 2012, München

Löwisch, Manfred — Tarifliche Reglungen von Arbeitgeberkündigungen, DB 1998, S. 877–883

Löwisch, Manfred/ *Spinner*, Günter (Hrsg.) — Kommentar zum Kündigungsschutzgesetz, 9. Auflage Heidelberg 2004, zitiert: Löwisch/Spinner-*Bearbeiter*

Lück, Peter — Probleme der Sozialauswahl nach §1 III KSchG. Umfang der Sozialauswahl, Bestimmung und Gewichtung der bei der Sozialauswahl zu berücksichtigenden Sozialdaten und die Berücksichtigung betrieblicher Belange, Frankfurt am Main, 1993

Meinel, Gernod/ *Heyn*, Judith/ *Herms*, Sascha (Hrsg.) — Teilzeit- und Befristungsgesetz, 4. Auflage München 2012

Meisel, Peter — Neue Entwicklungen in der Rechtsprechung des Bundesarbeitsgerichts zur sozialen Rechtfertigung, ZfA 1985, S. 213–247

Meisel, Peter — Die soziale Auswahl bei der betriebsbedingten Kündigung, DB 1991, S. 92–99

Meisel, Peter — Dringende betriebliche Erfordernisse und Berücksichtigung von Leistungsgesichtspunkten bei betriebsbedingter Kündigung, BB 1963, S. 1058–1063

Moll, Wilhelm — Münchener Anwaltshandbuch zum Arbeitsrecht, 3. Auflage, München 2012, zitiert: Moll/*Bearbeiter*-Arbeitsrecht

Moll, Wilhelm/ *Steinbach*, Ute — Sozialauswahl im Rahmen einer betriebsbedingten Kündigung, MDR 1997, S. 711–713

Müller, Gerhard — Zum Bereich der sozialen Auswahl nach §1 III Kündigungsschutzgesetz, DB 1956, S. 965–966

Müller, Wiko — Die betriebsbedingte Kündigung im Kündigungsschutzprozess, DB 1975, S. 2130–2136

Müller-Glöge, Rudi/ *Preis*, Ulrich/ *Schmidt*, Ingrid (Hrsg.) — Erfurter Kommentar zum Arbeitsrecht, 14. Auflage, München 2014, zitiert: ErfK-*Bearbeiter*

Mummenhoff, Winfried	Inhalts gegen Bestandsschutz bei der Sozialauswahl, in: Festschrift für Otto Rudolf Kissel, hrsg. v. Meinhard Heinze/Alfred Söller, München 1994, S. 773–785
Mummenhoff, Winfried	Anmerkung zu BAG Urteil vom 5.5.1994-2 AZR 917/93- AP KSchG 1969 §1 Soziale Auswahl Nr. 23
Oetker, Hartmut	Arbeitsrechtlicher Kündigungsschutz und Tarifautonomie, ZfA 2001, S. 287–340
Oetker, Hartmut	Der auswahlrelevante Personenkreis im Rahmen von §1 III KschG, in: Festschrift für Günter Wiese, hrsg. v. Peter Hanau, Neuwied 1998, S. 333–351
Oetker, Hartmut	Anmerkung zu BAG v. 17.9.1998-2 AZR 725/97- AP KSchG 1969 §1 Soziale Auswahl Nr. 36
Oetker, Hartmut	Anmerkung zu BAG Urteil vom 3.12.1998-2 AZR 341/98- RdA 1999, S. 267–269
Pauly, Holger	Unkündbarkeitsvereinbarungen in Arbeitsverträgen-Kündigung trotz Ausschlusses der Kündigung, AuR 1997, S. 94–99
Pollmann, Michael	Die Sozialauswahl bei betriebsbedingter Kündigung, zugleich Diss. iur., Universität Münster, 1996, 1996
Preis, Bernd	Rahmen und Grenzen der Sozialauswahl, DB 1984, S. 2244–2250
Preis, Ulrich	Legitimation und Grenzen des Betriebsbegriffes im Arbeitsrecht, RdA 2000, S. 257–279
Preis, Ulrich	Aktuelle Tendenzen im Kündigungsschutzrecht, NZA 1997, S. 1073–1089

Preis, Ulrich	Arbeitsrecht: Individualarbeitsrecht-Lehrbuch für Studium und Praxis, 4. Auflage, Köln 2012
Preis, Ulrich	Prinzipien des Kündigungsrechts bei Arbeitsverhältnissen, Eine Untersuchung zum Recht des materiellen Kündigungsschutzes, insbesondere zur Theorie der Kündigungsgründe, München 1987, zitiert: *Preis,* Prinzipien des Kündigungsrechts bei Arbeitsverhältnissen
Raab, Thomas	Europäische und nationale Entwicklungen im Recht der Arbeitnehmerüberlassung, ZfA 2003, S. 389–446
Reim, Uwe	Neue Flexibilität der Leiharbeit, ZTR 2003, S. 106–113
Reiserer, Kerstin	Anmerkung zu BAG Urteil vom 05.06.2008, BB 2009, S. 447–448
Reuter, Dieter	Anmerkung zu BAG Urteil vom 15.12.1994-2 AZR 320/94, JuS 1995, S. 943–944
Richardi, Reinhard/ *Wlotzke,* Otfried/ *Wissmann,* Hellmut/ *Oetker,* Hartmut (Hrsg.)	Münchener Handbuch zum Arbeitsrecht, Band 1 (Individualarbeitsrecht), 3. Auflage München 2009, zitiert: MünchArbR-*Bearbeiter*
Richardi, Reinhard (Hrsg.)	Betriebsverfassungsgesetz mit Wahlordnung, 14. Auflage München 2013, zitiert: *Bearbeiter*, in: Richardi Betriebsverfassungsgesetz und Wahlordnung
Rieble, Volker	Betriebliche versus tarifliche Unkündbarkeit, NZA 2003, S. 1243–1246
Rieble, Volker/ *Klebeck*, Ulf	Lohngleichheit für Leiharbeit, NZA 2003, S. 23–29

Rolfs, Christian/ *Giesen*, Richard/ *Kreikebohm*, Ralf/ *Udsching*, Peter (Hrsg.) — Beck'scher Online-Kommentar zum Arbeitsrecht, München 2014, 31. Edition, Stand 01.03.2014, zitiert: BeckOK-ArbR/*Bearbeiter*

Rolfs, Christian — Das neue Recht der Teilzeitarbeit, RdA 2001, S. 129–143

Rost, Friedhelm — Die Sozialauswahl bei betriebsbedingter Kündigung, ZIP 1982, S. 1396–1406

Rost, Friedhelm — Die betriebsbedingte Kündigung in der Unternehmenskrise und bei Insolvenz, Köln 1987

Rüthers, Bernd/ *Bakker*, Rainer — Arbeitnehmerentsendung und Betriebsinhaberwechsel im Konzern, ZfA 1990, S. 245–283

Säcker, Franz Jürgen/ *Rixecker*, Roland (Hrsg.) — Münchener Kommentar zum Bürgerlichen Gesetzbuch, Band 4: Schuldrecht Besonderer Teil II, §§611–704; TzBfG; KSchG, zitiert: Münchener Kommentar-*Bearbeiter*

Salamon, Erwin — Auswirkungen der AGB-Kontrolle auf die Sozialauswahl bei der betriebsbedingten Kündigung, RdA 2011, S. 266–270

Sansone, Piero — Gleichstellung von Leiharbeitnehmern nach deutschem und Unionsrecht, zugleich Diss. iur., Universität Köln 2010, Baden-Baden 2011

Schaub, Günter — Die betriebsbedingte Kündigung in der Rechtsprechung des Bundesarbeitsgerichts, NZA 1987, S. 217–222

Schaub, Günter — Der Kündigungsschutz bei Änderungskündigungen, RdA 1970, S. 230–237

Schaub, Günter — Aktuelle Fragen zum Kündigungsschutzrecht unter besonderer Berücksichtigung der betriebsbedingten Kündigung, RdA 1981, S. 371–376

Schaub, Günter/ *Koch*, Ulrich/ *Linck*, Rüdiger/ *Vogelsang*, Hinrich (Hrsg.) — Arbeitsrechts-Handbuch, Systematische Darstellung und Nachschlagewerk für die Praxis, 15. Auflage München 2013, zitiert: Schaub, Arbeitsrechtshandbuch-*Bearbeiter*

Schiefer, Bernd — Die Sozialauswahl bei der betriebsbedingten Kündigung, NZA-RR 2002, S. 169–180

Schiefer, Bernd — Problematische Entwicklung der höchstrichterlichen Rechtsprechung zur betriebsbedingten Kündigung, NZA 1995 S. 662–668

Schmalkalden, Manfed/ *Oberrath*, Jörg-Dieter — Die soziale Rechtfertigung der betriebsbedingten Änderungskündigung, NJW 2008, S. 3177–3182

Schmitt, Christopher — Sozialauswahl bei der Konkurrenz um anderweitige Beschäftigung, Berlin 2000

Schneider, Wolfgang — Arbeitsentgelt und Berufsschutz freigestellter Betriebsratsmitglieder, NZA 1984, S. 21–24

Schröder, Dietmar — Die Sozialauswahl bei betriebsbedingten Kündigungen nach §1 III KSchG, ZTR 1995, S. 394–399

Schüren, Peter/ *Wank*, Rolf — Die neue Leiharbeitsrichtlinie und ihre Umsetzung in deutsches Recht, RdA 2011, S. 1–12

Schüren, Peter — Arbeitnehmerüberlassungsgesetz, 4. Auflage München 2009, zitiert: *Schüren*/AÜG

Schwerdtner, Peter — Offene Probleme des Kündigungsschutzes bei betriebsbedingten Kündigungen, ZIP 1984, S. 10–22

Schwerdtner, Peter	Die außerordentliche arbeitgeberseitige Kündigung bei ordentlich unkündbaren Arbeitnehmern, in: Festschrift für Otto Rudolf Kissel, hrsg. v. Meinhard Heinze/ Alfred Söller, München 1994, S. 1077–1095
Sievers, Jochen (Hrsg.)	Teilzeit- und Befristungsgesetz, 4. Auflage Köln 2012
Stahlhacke, Eugen/ *Preis,* Ulrich/ *Vossen,* Reinhard (Hrsg.)	Kündigung und Kündigungsschutz im Arbeitsverhältnis, 10. Auflage, München 2010, zitiert: Stahlhacke/Preis/Vossen-*Bearbeiter*
Streckel, Siegmar	Anmerkung zu BAG Urteil vom13.11.1987-7 AZR 550/86- SAE 1988, S. 320, 321
Thüsing, Gregor	Das Verbot der Diskriminierung wegen Teilzeit und Befristung nach §4 TzBfG, ZfA 2002, S. 249–274
Thüsing, Gregor	Equal Pay bei Leiharbeit, DB 2003, S. 446–451
Thüsing, Gregor (Hrsg.)	Arbeitnehmerüberlassungsgesetz, 3. Auflage 2012, zitiert: *Bearbeiter-AÜG*
Ulber, Jürgen	Personal-Service-Agentur und Neureglung der Arbeitnehmerüberlassung, AuR 2003, S. 7–15
von Hoyningen-Huene, Gerrick	Betriebsbedingte Kündigung in der Wirtschaftskrise, NZA 1994, S. 1009–1016
von Hoyningen-Huene, Gerrick/ *Linck,* Rüdiger/ *Krause,* Rüdiger (Hrsg.)	Kommentar zum Kündigungsschutzgesetz, 15. Auflage München 2013, zitiert: von Hoyningen-Huene/Linck-*Bearbeiter*
von Steinnau-Steinrück, Robert	Nur noch Änderungskündigungen? NJW-Spezial 2007, S. 273–274

Wank, Rolf — Rechtsfortbildung im Kündigungsschutzrecht, RdA 1987, S. 129–160

Wank, Rolf — Teilzeitbeschäftigte im Kündigungsschutzrecht, ZIP 1986, S. 206–210

Wank, Rolf — Das Verhältnismäßigkeitsprinzip bei der betriebsbedingten Kündigung-insbesondere Versetzung statt Kündigung, RdA 2012, S. 139–146

Wank, Rolf — Anmerkung zu BAG Urteil vom 21.4.2005-2 AZR 132/05- AP, KSchG 1969 §2 Nr. 79

Wank, Rolf — Anmerkung zu BAG Urteil vom 15.6.1989-2 AZR/580/88, AR-*Blattei*(D), Kündigungsschutz, Entsch. Nr. 304;

Wank, Rolf — Anmerkung zu BAG Urteil vom 18.10.2000-2 AZR 494/99-, SAE 2002, S. 7–12

Wank, Rolf — Arbeitnehmer und Selbständige, München 1988

Wank, Rolf — Die Auslegung von Gesetzen, 5. Auflage München 2011

Weckesser, Irene — Auswirkungen des im Rahmen des Ersten Gesetzes für Moderne Dienstleistungen am Arbeitsmarkt eingeführten Gleichbehandlungsgrundsatzes in der Arbeitnehmerüberlassung, zugleich Diss. iur., Universität Nürnberg 2008, Erlangen 2008

Weller, Bernhard — Kündigungsschutz in Betrieb und Unternehmen, AuR 1986, S. 225–233

Wiedemann, Herbert — Subjektives Recht und sozialer Besitzstand nach dem KSchG, RdA 1961, S. 1–8

Wlotzke, Otfried/ *Preis*, Ulrich/ *Kreft*, Burkhard (Hrsg.) — Betriebsverfassungsgesetz, 4. Auflage München 2009, zitiert: Bearbeiter, in: Wlotzke/Preis/Kreft, Betriebsverfassungsgesetz

Zwanziger, Bertram — Betriebsbedingte Kündigungen im Lichte der Rechtsprechung, NJW 1995, S. 916–922

Gebraucht wurden die üblichen Abkürzungen, vgl. Kirchner, Hildebert/Böttcher, Eike: Abkürzungsverzeichnis der Rechtssprache, 7. Auflage Berlin/u.a 2012